Albrecht Rothacher

Stalins langer Schatten

Medwedjews Rußland und der
postsowjetische Raum

ARES VERLAG

Umschlaggestaltung: DSR – Digitalstudio Rypka/Thomas Hofer, Graz
Umschlagfoto Vorderseite: Ullstein-Bilderdienst / Karte: Archiv des Verlages

Bildnachweis Innenteil: Ullstein-Bilderdienst: 34, 58, 73, 79, 95, 126, 158, 166, 198, 279, 283, 308 / Karten: APA-Grafik: 6, 7

Wir haben uns bemüht, bei den hier verwendeten Bildern die Rechteinhaber ausfindig zu machen. Falls es dessen ungeachtet Bildrechte geben sollte, die wir nicht recherchieren konnten, bitten wir um Nachricht an den Verlag. Berechtigte Ansprüche werden im Rahmen der üblichen Vereinbarungen abgegolten.

Bibliographische Information Der Deutschen Bibliothek
Die Deutsche Bibliothek verzeichnet diese Publikation in der Deutschen Nationalbibliographie; detaillierte bibliographische Daten sind im Internet unter http://dnb.ddb.de abrufbar.

Hinweis: Dieses Buch wurde auf chlorfrei gebleichtem Papier gedruckt. Die zum Schutz vor Verschmutzung verwendete Einschweißfolie ist aus Polyethylen chlor- und schwefelfrei hergestellt. Diese umweltfreundliche Folie verhält sich grundwasserneutral, ist voll recyclingfähig und verbrennt in Müllverbrennungsanlagen völlig ungiftig.

ISBN 978-3-902475-61-9

Layout: Werbeagentur | Digitalstudio Rypka GmbH, 8143 Dobl/Graz
Gesamtherstellung: Druckerei Theiss GmbH, A-9431 St. Stefan
Printed in Austria

INHALT

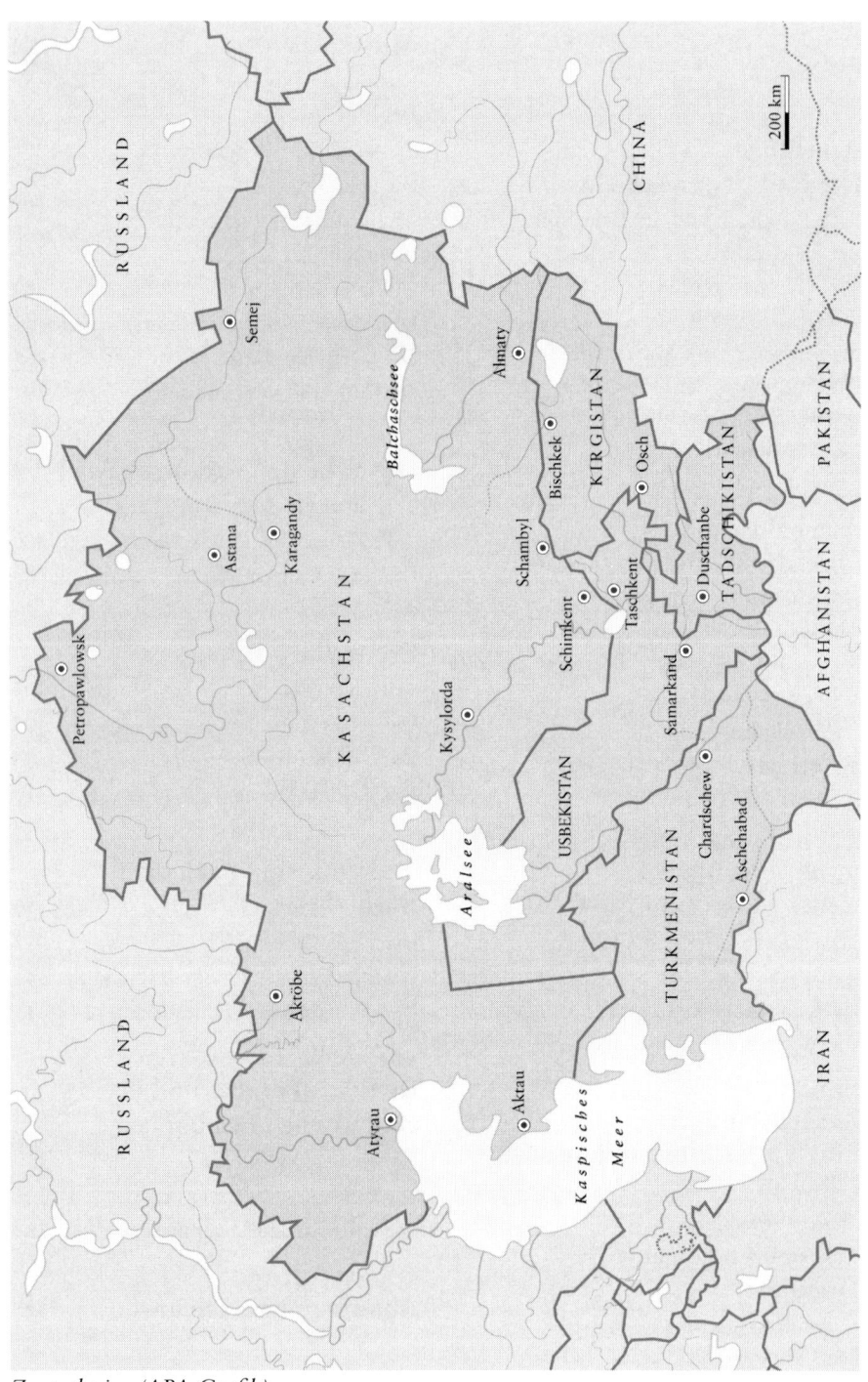

Zentralasien (APA-Grafik)

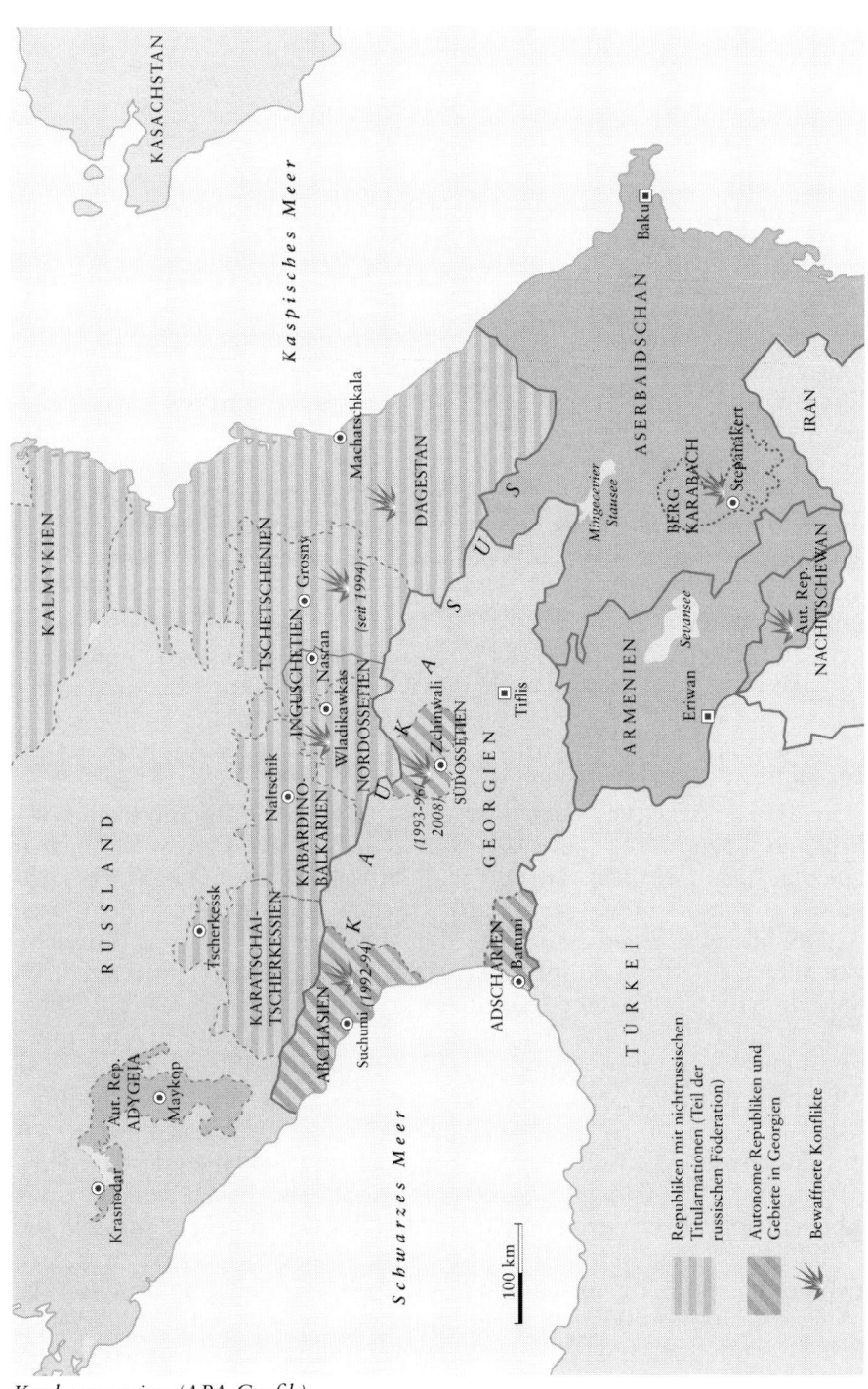

Kaukasusregion (APA-Grafik)

EINLEITUNG

Der Wunsch, mit Rußland in Frieden und Freundschaft zu leben, ist nach den furchtbaren Blutbädern des 20. Jahrhunderts in Mitteleuropa weitverbreitet und nachvollziehbar. Für Europa wie für Rußland sind die Bedrohungen durch die kulturfremde Massenmigration aus dem Süden, den gewalttätigen, oft terroristischen Islamismus und durch die kulturellen, normativen und wirtschaftlichen Diktate einer schrankenlosen, wenig legitimierten Globalisierung des Kapitals gemeinsam. Bestünde da nicht die Möglichkeit eines gemeinsamen Abwehrkampfes der europäischen Zivilisationen – die sich im Westen eher wirtschaftlich denn politisch erfolgreich zur EU zusammengeschlossen haben – mit dem kulturellen, menschlichen, militärischen und weitgehend noch unerschlossenen wirtschaftlichen Potential des europäischen Ostens?

Die Vision ist großartig – und bleibt jenseits der eher tristen Realität grundsätzlich weiter erstrebenswert. Historische Beispiele waren bislang eher kurzlebig: *Tauroggen* (1812) gegen den Imperialismus Napoleons, *Rapallo* (1922) gegen das Diktat der Westmächte. Der Ribbentrop-Molotow-Pakt von 1939 war von beiden Seiten von Anfang an auf gegenseitigen Verrat angelegt. Hitler setzte ihn 1941 um. Stalin hatte seinen Überfall ein Jahr später geplant.[1]

In der jüngeren Vergangenheit erlebten wir den Dilettantismus der Schröderschen „Achse" Paris–Berlin–Moskau–Peking beim US-Angriff auf den Irak. Gebracht hat dies realpolitisch nichts, außer einer nachhaltigen Verstimmung des amerikanischen Verbündeten, von dessen Atomschild wir *nolens volens* weiter abhängen, sowie eines kurzlebigen SPD-Wahlerfolgs im Jahr 2002. Daß der Ex-Kanzler mittlerweile im Sold des vom FSB gesteuerten Gasprom-Monopols steht, paßt ins Bild.

Tatsächlich leiden die Beziehungen des Westens zu Rußland unter einer mehrfachen Hypothek, nämlich der unbewältigten Erblast von 70 Jahren Bolschewismus bzw. der Herrschaft einer Partei, die nach innen und außen mit einem fanatischen Willen zur Macht Konflikte stets mit äußerster Gewalttätigkeit austrug. Schalmeienklänge der Friedensliebe hatten von Lenin und Trotzki bis Breschnew nur die Funktion, den Klassenfeind zu verwirren und aus seinen Reihen „nützliche Idioten" als willfährige Propagandisten zu rekrutieren. Wo es Gelegenheit gab, sich risikofrei fremde Territorien einzuverleiben, da schlug auch schon die junge Sowjetunion skrupellos zu. So bei der Annexion des völkerrechtlich anerkannten, unabhängigen, menschewistischen Georgien 1922, bei der Besetzung und Bolschewisierung der Mongolei 1923 sowie beim kriegerischen Versuch, 1929 in der Mandschurei ein sowjetisches Protektorat zu errichten. Diese Blutspur setzt sich fort mit der Annexion des Baltikums, Ostpolens und Bessarabiens und dem Winterkrieg gegen das nur mit Infanteriewaffen bewaffnete Finnland 1939/40.

Auch nach dem Zweiten Weltkrieg verleibte sich die Sowjetunion weitere nicht-russische Territorien von Nordostpreußen, Karelien, Petsamo über Tannu Tuwa bis nach Süd-Sachalin und den Kurilen ein und tötete, vertrieb oder deportierte die angestammte Bevölkerung. Vom Griechischen Bürgerkrieg (1945–1947) bis zur Invasion Afghanistans (1979–1989) folgte während des Kalten Krieges eine Endlos-Serie weltweiter bewaffneter Interventionen.

Nach der Implosion des überdehnten und überrüsteten Sowjetreiches setzten in der Jelzin-Ära schon bald die Phantomschmerzen über das weitgehend verlorene innere und äußere Kolonialreich ein. An dem unglücklichen Volk der Tschetschenen, das auf der falschen Seite des Kaukasus siedelte, entzündete sich die Frustration über den anscheinend unaufhaltsamen Machtverfall in zwei völkermörderischen Kriegen, dessen Folgen mittlerweile den ganzen muslimischen Ostkaukasus destabilisiert haben.

Mit der autoritären Stärkung der Machtvertikalen durch Putin und den ohne große Anstrengungen hereinströmenden Devisenströmen der Rohstoffhausse ist Rußland sicher kein „Kongo mit Atomwaffen" mehr, als das es Ende der 1990er Jahre noch in Washington gehandelt wurde. Es bleibt aber eine schwierige Mittelmacht – aggressiv im Austeilen, vor allem gegenüber Klein- und Mittelstaaten in der Nachbarschaft, ruchlos im Einsatz seiner Gas- und Ölwaffe, rücksichtslos in seiner Waffenexportpolitik (nach China, in den Iran, Syrien und in den Sudan) und mimosenhaft empfindsam gegenüber jedweder Kritik aus dem In- oder Ausland.

So wird gebetsmühlenartig stets behauptet, der Westen habe die Phase der Schwäche Rußlands mißbraucht, um die EU- und NATO-Osterweiterung voranzutreiben und den westlichen Einfluß in die russische Einflußsphäre der Ukraine, des Südkaukasus und Zentralasiens auszuweiten. Tatsächlich hat der „Westen" diese Regionen in den 1990er Jahren eher sträflich vernachlässigt. Im wirtschaftlichen Niedergang war ihren korrupten post-sowjetischen Regierungen mit Geld und guten Worten nicht zu helfen. Dazu waren die Europäer mit den wesentlich blutigeren Kriegen auf dem Balkan und den EU-Osterweiterungsverhandlungen voll beschäftigt. Die USA hielten diese Weltregion bis 2001 ohnehin nur für einen vernachlässigbaren „Krisenbogen" (arc of crisis, Zbigniew Brzezinski).

Mit dem Krieg gegen die Taliban entdeckten Putin, Bush und die zentralasiatischen Potentaten 2001 dann einen gemeinsamen Feind, der sie vorübergehend einte. Diese Allianz zerbrach dann bald im Verlauf der NATO-Osterweiterung vom Mai 2004, mit den „Farbrevolutionen" in

Georgien, der Ukraine und in Kirgisien, mit der Niederschlagung des Aufstandes von Andischan und der US-Invasion im Irak, durch die Rußland substantielle Wirtschafts- und Ölinteressen im Lande verlor.

Seither gelang es Putin mit chinesischer Assistenz in der Schanghaier Organisation für Zusammenarbeit (SOZ), die USA aus Zentralasien wieder hinauszuwerfen. Er und sein Nachfolger Medwedjew versuchen weiter, die NATO-Aspiranten Ukraine und Georgien nach allen Regeln der Kunst zu destabilisieren: die Ukraine durch Schüren ihrer kulturellen Trennlinien zum russifizierten Osten und zur Krim sowie durch Einflußagenten in ihrer käuflichen politischen Szene. Georgien durch die Stützung und Aufrüstung der von Moskau abhängigen und im September 2008 auch formal anerkannten Separatistenregime in Abchasien und Südossetien bis hin zum Augustkrieg von 2008, den Georgiens ungestümer Staatschef Saakaschwili durch seinen Angriff auf Tschinwali auslöste und dank eines sorgfältig vorbereiteten russischen Gegenangriffs prompt verlor.

Strategisch nutzt Rußland die von ihm 1991 militärisch unterstützten und weiter ungelöst am Köcheln gehaltenen so-(fehl-)genannten „gefrorenen Konflikte" zwischen Moldawien/Transnistrien, Georgien/Abchasien und Südossetien sowie um Berg-Karabach zwischen Armenien und Aserbaidschan, die alle den von Stalin bewußt konfliktträchtig gezogenen Grenzlinien und Territorialentscheidungen entstammen, um

a) Moldawien zu zwingen, zu russischen Bedingungen heim ins GUS-Reich zu kommen;

b) das gleiche mit Aserbaidschan auf Kosten des strategisch weniger wichtigen armenischen Bundesgenossen zu tun und

c) die verhaßten Georgier zu kriegsauslösenden Dummheiten zu provozieren. Dies geschah im Sommer 2008.

Im Falle des Gelingens jener Strategie hätte Rußland den Zugang zum Südkaukasus und zu Zentralasien für den Westen fast zur Gänze abgeriegelt und die Ukraine (mit Hilfe des Klientelregimes in Weißrußland) zu drei Vierteln eingekreist. Die faktische Rekonstruktion der alten Sowjetunion mit einer neuerlichen russischen Führungsrolle rückte dann zum Greifen nah.

Die diesem strategischen Ziel dienenden taktischen Operationen werden taktisch schlau und durchtrieben nach diabolischer Tschekistenart ausgeführt. Ölleitungen explodieren in den kältesten Winternächten. Weinexporte werden dann blockiert, wenn die Lager voll sind, Früchte, wenn die Ernte eingebracht ist. Gewalttätige Demonstrationen erschüttern die Reputation unerfahrener demokratischer Regime. Peinliche Enthüllungen diskreditieren mißliebige Widersacher. Zur Not gibt es massive Drohungen aus der Duma oder aus dem zweiten Glied des Kreml, gefolgt von militärischem Säbelrasseln.

Jene Methoden haben nur einen entscheidenden Nachteil: In ihrer Brutalität erschrecken sie alle Staaten in der russischen Nachbarschaft – ob demokratisch oder nicht – und treiben sie immer mehr in die Arme der vergleichsweise harmlosen und bürokratisierten NATO. Spätestens bei der vorbehaltlosen EU- und NATO-Integration und des radikalen Gesellschafts- und Strukturwandels der drei baltischen Kleinstaaten, die deshalb von Moskau mit besonderer Rachsucht verfolgt werden (unter Schuldgefühlen wegen seiner Politik des Völkermordes in den 1940er Jahren in diesen Staaten leidet der Kreml sicher nicht), hätte den außen- und sicherheitspolitischen Planern die Kontraproduktivität ihrer Politik der Arroganz der Macht klarwerden müssen. Allein, sie schafften es nicht, über ihren Schatten – den Schatten Stalins – zu springen.

Die Kontinuitätslinien der russischen wie der postsowjetischen Nachfolgestaaten (abgesehen von dem weitgehend erfolgreich transformierten Baltikum[2]) kommen nicht von ungefähr. Die russische Revolution von 1917, der Terror des von den Bolschewisten entfesselten Bürgerkrieges, die Zwangskollektivierung und der Holodomor, der militärisch erzwungene Hungertod der freien Bauern der Ukraine und des Ural von 1931/32, und der „Große Terror" Stalins, der gegen die eigenen Genossen und die Generalität und vorrangig gegen die bürgerlichen, geistlichen und intellektuellen Überreste der russischen Gesellschaft und die nationalbewußten Teile und Führungsschichten der ethnischen Minderheiten des Sowjetstaates wütete, hinterließen in jenem Reich der Lüge, des Terrors, der Angst und des Verrats eine kulturell und ethisch verbrannte Erde. Die menschlichen und intellektuellen Verheerungen dieser Zeit konnten auch in den Folgejahrzehnten, die von den lähmenden, ebenso korrupten wie sterilen Diktaturen von Chruschtschow, Breschnew und ihren kurzlebigen Epigonen gekennzeichnet waren, kaum wieder regeneriert werden – sieht man einmal von den Nischen kleiner, mutiger und verfolgter Dissidenten- und Intellektuellenzirkel ab. Es war leichter, die Bourgeoisie zu erschießen als ein die Gesellschaft kulturell und wirtschaftlich tragendes Bürgertum wieder aufzubauen.

Als neuer Charaktertypus entstand unter den Überlebenden der *homo sovieticus* von eingeschüchterten Sklavenexistenzen, schollengebundenen Kolchosbauern und von Kombinatsleistungen abhängigen Werktätigen, deren geringe Ansprüche, nebst Alkoholdeputat und einem mageren Einkommen, gesichert waren. Der Verlust jener kleinen, oft armseligen, aber mittlerweile verklärten Sicherheit nährt heute die Sowjetnostalgie.

Es dominierte als Führungskader weiter der Typus des halbgebildeten, intrigenstarken, macht- und geldgierigen Apparatschik, der uns als vormaliger Parteisekretär oder KGB-Boß in den neuen Inkarnationen „roter Direktor", Bürgermeister, Parlamentspräsident, Provinzgouverneur oder Präsident auf Lebenszeit immcr aufs neue, bis auf die Rolex so austauschbar vertraut, wieder erscheint.

Nach dem Bruch von 1991 setzten die gewendeten Nomenklatura-
Kader, die sich während Gorbatschows Glasnost ideologisch wendi-
ge Hälse antrainiert hatten, ihre Herrschaft in allen postsowjetischen
Nachfolgestaaten nahezu ungebrochen fort. Turbulenzen mit nationalistischen Dissidenten wurden in Georgien und Aserbaidschan schnell und
gewalttätig zugunsten der Apparatschiks Schewardnadse und Alijew geregelt. Während in Mittelosteuropa – von Estland bis Bulgarien (außer
in Iliescus Rumänien) – zunächst Dissidenten die Macht übernahmen,
deren Herrschaft sich dann meist von Wahl zu Wahl im steten Wechsel
mit ex-kommunistischen Sozialisten ablöste, blieben in der Ex-Sowjet-
union zumeist die alten Parteisekretäre an der Macht und ernannten
sich zu Präsidenten und die alte KP zu ihrer persönlichen Staatspartei.
Die Schlüsselstellungen der neuen Staaten wurden von ihren Günstlingen und Vertrauten besetzt. Ein Großteil des liquiden Volkseigentums
wanderte auf ihre Auslandskonten.

In den Kombinaten und Kolchosen herrschten weiter die „roten Direktoren". Alle benutzten mit den neuen ideologischen Versatzstücken – die
Parteilinie und der Parteiname hatten sich schließlich geändert – weiter
die alten Herrschaftstechniken von Netzwerken der Abhängigkeit, des
gegenseitigen Schmierens und der Unterdrückung von Dissidenten und
potentiellen Rivalen. Durch die Unterdrückung privater Eigentumsrechte war im Staatssozialismus das Stehlen – je mehr, desto besser – salonfähig geworden. Mußten unter Andropow und Gorbatschow die Korruption und die Selbstbereicherung der Führungskader noch schamhaft
und vor neidigen KGB-Spionen getarnt werden, konnten sie unter dem
neuen System – es handelte sich schließlich um den Kapitalismus – ganz
hemmungslos und öffentlich mit allen neureichen Geschmacksverirrun-
gen ausgetobt werden, während der Rest der Bevölkerung verarmte.
Die Vernichtung des bürgerlichen Anstands und der christlichen Moral
durch den Bolschewismus ließen eine Brutalität der Selbstbereicherung
und die gewalttätige, oft mörderische Ausschaltung der Konkurrenz zu,
die selbst die wildesten Phasen des anglo-amerikanischen Frühkapitalis-
mus in den Schatten stellten.

In jenem Überlebenskampf der Ruchlosesten und Raffiniertesten
wurden in Rußland, der Ukraine und Kasachstan viele der korrupten
alten „roten Direktoren", die als staatsplanerisch geschulte Ingenieure
eher die technische als die kaufmännische Seite ihrer Unternehmen ver-
standen, von jungen, rabiaten und meist hochintelligenten ehemaligen
Komsomolkadern ausgeschaltet. Diese waren als Schwarzmarkt- und
Rohstoffhändler zu Geld gekommen und versuchten sich nun als Fir-
menakquisiteure; erwiesen sich aber in der Regel als Unternehmer und
Manager als genauso unfähig und noch desinteressierter als ihre Vorgänger. Von Modernisierungsinvestitionen, modernem Marketing und
aktiver Unternehmensführung hielten die meisten nichts. Mit der pro-

duktiven Wirtschaft ging es deshalb in der Oligarchenherrschaft Mitte der 1990er Jahre weiter bergab.

Reizvoller war dagegen die Politik. Als die einzigen Personen mit Geld – sehr viel Geld – gelang es ihnen im Rußland Jelzins und in der Ukraine schnell, die parlamentarische Politik durch den Kauf wichtiger Medien und Abgeordnete sowie durch die Gründung eigener Parteien zu beherrschen. In Kasachstan verhinderte dies der sultanistische Regierungsstil Nasarbajews. In Rußland setzte das Zurückrollen der Oligarchen durch die Geheimdienstseilschaften Putins schon in den ersten Monaten seiner – von ihnen selbst aktiv geförderten – Präsidentschaft ein.

Wie erwähnt, verlief der Zerfall der ehemaligen Sowjetunion in den Republiken unter weitgehender personaler Kontinuität der alten, meist von Gorbatschow inthronisierten Führungskader. In überraschender Schnelle entledigten sich jene KP-Sekretäre ihres lebenslangen marxistisch-leninistischen ideologischen Überbaus und übernahmen schwerelos die konterrevolutionäre neue Phraseologie von Demokratie, Marktwirtschaft und nationaler Souveränität sowie, je nach Bedarf orthodoxe oder moderat-muslimische, religiöse Bekenntnisse, ohne jedoch jenen neuen Bekundungen eine größere Ernsthaftigkeit beizumessen als den vormaligen. Bezeichnend ist dabei die programmatische Dürftigkeit sämtlicher neuer Kreml- und Präsidialparteien. Neben einigen Halbsätzen platter Gemeinplätze gilt das täglich neu gesprochene Wort des Präsidenten. Es blieb jedoch die leninistische Herrschaftspraxis, die, gestählt in den Intrigen und Seilschaftskämpfen der Breschnew-Ära, die Zentralisierung der Macht in der eigenen Person durch die Bildung loyaler Gefolgschaften und die Eliminierung jeglicher Rivalen, potentieller Oppositionsherde oder gar öffentlicher Kritik anstrebte. Wo solch simple Machtvertikalen des direkten Durchgriffs nicht möglich waren, da wurden rivalisierende Sicherheitsdienste, Seilschaften und Kronprinzen gefördert, um mit plötzlicher und unvorhersehbarer Härte gegeneinander ausgespielt, in jähe Ungnade gestoßen und bei passender Gelegenheit, als wäre nichts geschehen und sofern noch am Leben, mit Amt, Würden und überreichen Privilegien versehen, wieder rehabilitiert zu werden.

Wie schon in der kommunistischen Diktatur, so waren auch im neuen System Wahlen zur allfälligen Legitimierung des Alleinherrschers und seiner Staatspartei notwendig. Die neuen Regeln verlangten aber die Zulassung einer gewissen Opposition – in Ermangelung echter Dissidenten meist verstoßener und in Ungnade gefallener Nomenklatura-Genossen –, die sich in konkurrierenden Parteien, Verbänden und Medien organisieren sollten. In den letzten zwei Jahrzehnten wurde dieses lästige Problem durch den Einsatz aller nötigen Register der Staatsmacht – vom Einsatz des Staatsfernsehens über die Wahlfälschung bis hin zum politischen Mord – stets so gehandhabt, daß es durch Wahlen in keinem der zwölf Nachfolgestaaten je zu Machtwechseln kam.

„Die Farbrevolutionen"

Die „Farbrevolutionen", die in Serbien (2000) begannen und sich dann über Georgien (2003) und die Ukraine (2004) bis Kirgisien (2005) ausbreiteten, wurden durch die allzu offenkundigen Wahlmanipulationen diskreditierter unpopulärer Regime ausgelöst. Milošević hatte einen Krieg verloren, Kutschma sich bei einem Mordbefehl auf Tonband aufnehmen lassen, und Schewardnadses und Akajews Familien stahlen Staatsbetriebe wie die Raben. Während der Wahlkampagnen waren die Regime nervös geworden. Der Staatsapparat war verunsichert, Teile der herrschenden Klasse und Oligarchen waren neutral oder oppositionell geworden. Die Opposition selbst hatte mobilisiert und war gegen alle bisherige Erfahrung siegessicher geworden. Sie hatte charismatische Führer wie den 2003 ermordeten Ministerpräsidenten Serbiens, Zoran Đinđić, den ehemaligen Außenminister Serbiens, Vuk Drašković, Michail Saakaschwili in Georgien, Julia Timoschenko und Viktor Juschtschenko in der Ukraine sowie Felix Kulow in Kirgisien. Alle waren sicherlich Ziehkinder der Nomenklatura, doch bereit zum Machtwechsel mit Hilfe des Volkes anstelle der üblichen Palastputsche. Die Massen waren unzufrieden mit den Härten der nur halbvollendeten Transformation, dem Verlust der staatssozialistischen Sicherheiten, der Gratisdienste für Bildung und Gesundheit, der verbilligten Verkehrs- und Energieleistungen, der sicheren Arbeitsplätze und kleinen Renten und Gehälter sowie des hartnäckigen Ausbleibens der Reichtümer, den die Marktwirtschaft für sie verhießen hatte. In ihrer Verelendung in oft ungeheizten Wohnungen erlebten sie in den Hauptstädten täglich den Protz, die Verschwendungssucht, die Amoralität und die kriminellen Umtriebe der Herrschenden und ihrer privilegierten Nutznießer.

Um weiter in den Genuß der dringend nötigen Westgelder (öffentliche Kredite, Hilfsprojekte) zu kommen, mußten die von ihnen abhängigen Regierungen ein Minimum an Freiräumen für Oppositionelle, Parteien, Medien und Vereine einräumen, die dann von einheimischen Dissidenten und amerikanischen Politstiftungen geschickter genutzt wurden als die grobschlächtigen Gegenaktionen der Regime, ihrer Oligarchen und des russischen FSB. Hochmotivierte und einschlägig geschulte Studentenverbände und eine mediale Vernetzung mit einheimischen Sendern und Internetseiten zur Mobilisierung von Demonstranten leisteten auch die sofortige Information der Weltöffentlichkeit. Dies gab den Dissidentenführern (die meist dem Führungsnachwuchs der alten Nomenklatura entstammten) den nötigen Rückenwind und enervierte die alte Garde (Kutschma, Schewardnadse, Akajew) bis zum mehr oder minder freiwilligen Abtritt.

Wie immer fanden jene Revolutionen nicht in Ländern absoluter Verelendung oder totaler Diktaturen statt, sondern in Staaten mit relativer

Verarmung, in denen die Menschen bessere Zeiten erlebt hatten, und in politischen Systemen, in denen eine schwache, korrupte Autokratie aus Schlamperei oder fremdbestimmter Notwendigkeit Freiräume zugelassen hatte, in denen sich Widerstand formieren konnte.

In den anderen sowjetischen Nachfolgestaaten scheiterten solche Versuche bislang – sei es, daß die Repression, wie in Weißrußland, Aserbaidschan und im restlichen Zentralasien, zu stark war und ist, sei es weil eine Massenbasis fehlt, wie in Moldawien, oder weil es, wie in Armenien, an glaubwürdigen und gleichzeitig charismatischen Oppositionsfiguren zu mangeln scheint.

In Rußland selbst bestimmen seit den Jahren 1999/2000 die *silowiki* das Geschehen. Der Begriff *silowiki*, abgeleitet von dem russischen Wort für Macht, bezeichnet in Rußland die Vertreter der Geheimdienste und der Armee, die in der Zeit der Präsidentschaft von Boris Jelzin und erst recht unter Wladimir Putin in wichtige politische Positionen aufrückten. Von marktwirtschaftlicher Theorie und Praxis mögen sie nicht viel verstehen. Doch im Niederhalten und in der Diskreditierung von Oppositionellen aller Art sind sie absolute Profis. Sie sind dabei so gut und geschickt, daß sie beim russischen Durchschnittsbürger mittlerweile als vertrauenswürdig und tüchtig gelten, weil sie das Land vom Durcheinander und politischen Chaos der 1990er Jahre erlöst haben.

Doch ist auch im Westen die Begeisterung für „Farbrevolutionen" stark geschwunden (im Falle der Ukraine war sie seinerzeit in Westeuropa – vor ihrem Gelingen – ohnehin nur durchwachsen gewesen). Zum einen aus Furcht, neue revolutionäre Umstürze könnten nach der Liquidierung der säkularen Opposition in Tadschikistan, Usbekistan, Kirgisien, Aserbaidschan und im Ostkaukasus nur monochrom grün werden – mit einem islamistischen zentralasiatischen Kalifat in der Folge. Zum anderen aus Angst, in Rußland selbst könnte ein gewalttätiges Chaos ausbrechen, das angesichts der Größe des Landes niemand mehr unter Kontrolle brächte. Schließlich haben auch die „Farbrevolutionen" längst nicht alles gehalten, was sie versprochen haben. Am deutlichsten wurde in Kirgisien ein autokratisches Regime durch ein neues mit anderen Günstlingen (diesmal aus dem Süden statt aus dem Norden) abgelöst. Der neue Diktator Bakijew hat aus den Fehlern seines Vorgängers gelernt. Ihn werden keine bezahlten Demonstranten mehr stürzen.

In der Ukraine gibt es angesichts der fortgesetzten Pattsituation zwischen den drei politischen Lagern und den rivalisierenden Oligarchengruppen weiter sichere demokratische Freiräume, ebenso wie im turbulenten Georgien trotz seiner faktischen Kriegsfronten im Norden. Abgesehen von Weißrußland, das über eine gutausgebildete Bürgergesellschaft verfügt und dessen Regime in Gestalt des Diktators Lukaschenko isoliert und von den städtischen Wählern entfremdet ist, scheint das Thema „Farbrevolution" damit weitgehend ausgereizt.

Was bleibt, ist der Generationenwechsel in den Führungsetagen – sei
es der dynastische von Alijew sen. zu Alijew jun. in Aserbaidschan im
Jahr 2003 oder der von Putin zu seinem Ziehsohn Medwedjew. Ob auch
in den anderen Autokratien die eigentlich überfällige Machtübergabe so
reibungslos verlaufen wird, darf füglich bezweifelt werden. Im Gegensatz zu Demokratien und Monarchien ist diese entscheidende Frage in
Präsidialdiktaturen ungeregelt und potentiell destabilisierend. So sind
die beiden über 70jährigen Präsidenten Karimow und Nasarbajew nur
Väter von Töchtern. Mit ihren Schwiegersöhnen haben sie bislang eher
schlechte Erfahrungen gemacht.

So mag es vorkommen, daß, wie mutmaßlich im Fall des Ablebens
des Turkmenbaschi zu Weihnachten 2006, gelegentlich bei der Thronfolge etwas beschleunigend nachgeholfen wird. Im Falle Turkmenistans
übernahm dann der Leibarzt, der später den Sicherheitchef ausboote-
te. Doch sind auch Stammes- und Bürgerkriege, wie in Tadschikistan
(1991–1997), mit externen Interventionen denkbar, für die sich Rußland und China im Rahmen der Schanghaier Organisation für Zusammenarbeit (SOZ) bereits gerüstet und vorbereitet haben.

Regierungs- und Wirtschaftsprobleme

Die Rohstoffhausse, die seit einem halben Jahrzehnt ohne große Eigenan-
strengungen Milliardensummen in die öffentlichen Haushalte und auf die
Nummernkonten der herrschenden Nomenklaturen Rußlands, Kasachstans, Aserbaidschans und Turkmenistans spült, löst auf eine angenehme
Art viele bis dato akute Probleme, wie unbezahlte Renten und Staatsgehälter, fehlendes Geld für die Rüstung und die Sanierung der Flughäfen
und Regierungsgebäude. Sie erübrigen auch unerfreuliche Bittgänge zu
den internationalen Kreditgebern in Washington, New York und London.
Doch gleichzeitig erlauben sie ein Weiterwursteln ohne Strukturreformen.
Mit Subventionen werden die Sowjetdinosaurier der Schwerindustrie wei-
tergeschleppt. Unprofessionell vergebene, faule Bankenkredite werden
mit frischem Geld neutralisiert. Dazu werden Milliardensummen in Pre-
stigeprojekte wie die neue Retortenhauptstadt Astana, die Marmorpaläste
von Aschgabat und die neuen Winterspielorte von Sotschi gepumpt. In
Rußland werden industriepolitische Experimente, wie die Schaffung neuer Luftfahrt-, Automobil-, Metall-, Rohstoff-, Rüstungskonglomerate, die
die japanischen und koreanischen, staatlich gesponserten Erfolgsgeschichten irgendwie imitieren sollen, aufwendig gestartet und von der aktuellen Putin-Regierung als teure Schwerpunkte weiter forciert. Sie dürften
als gemütliche, staatlich geschützte und von wenig kompetenten *silowiki*-Staatsbürokraten geleitete Branchenkartelle dem sich abzeichnenden
verschärften Wettbewerbsverlust aller Nichtenergie- und Nichtmetallin-
dustrien Rußlands als strategisch privilegierte Subventionsvernichter wei-

ter Vorschub leisten. Jene staatsmonopolistischen Kartelle, die entweder direkt von führenden FSB-Kadern oder mittlerweile weisungsabhängigen willfährigen Oligarchen – mit *silowiki* in den Aufsichtsräten – kontrolliert werden, umfassen mittlerweile 40 % des russischen BIP. Der Schaden, den ihr absehbares Mißmanagement anrichten dürfte, wird gewaltig sein.

Denn nicht nur haben Japaner und Koreaner eine andere Arbeitsmoral als russische Männer (im Gegensatz zu ihren tüchtigeren, weniger streit- und trunksüchtigen Frauen), ihre Konglomerate stehen jeweils branchenübergreifend im harten Wettbewerb gegeneinander – auch wenn man die ausländische Konkurrenz mit allen Tricks tunlichst vom Markt fernhält. Die fernöstlichen Erfolgsgeschichten lehren also so ziemlich das Gegenteil von dem, was Putin zu Nutz und Frommen seiner Freunde industriepolitisch gerade praktiziert. Mit Branchenkombinaten kann die Wettbewerbsschwäche der russischen Industrie, deren technologisches Niveau außerhalb des Rüstungs- und Stahlsektors 20–30 Jahre hinter das des Westens, Japans und Chinas zurückgefallen ist, nicht behoben werden. Dazu kommen massive Infrastrukturprobleme, Ausbildungsdefizite und Probleme der Rechtsordnung. Die erfolgreichen Wirtschaften Mittelosteuropas konnten nur dank eines massiven Einströmens von produktivem (im Gegensatz zum spekulativen) Auslandskapital aufholen. Solche produktiven Direktinvestitionen brachten neue Technologien und Managementwissen und halfen das, wie in Rußland, in den technischen Grundlagen gut ausgebildete Potential der einheimischen Industriemeister, Techniker und Ingenieure auf den Stand der zeitgenössischen Technik zu bringen. Wo solche Investitionen – die sonst, wenn überhaupt, nur im leidgeprüften und hartgesottenen Rohstoffbereich stattfinden – abgeschreckt werden, da bleiben eine effektive Wirtschaftsmodernisierung und eine nachhaltige Erholung der Wettbewerbsfähigkeit und der Lebensstandards aus. Abgesehen von Georgien, ist dies derzeit überall in der 1991 gegründeten Gemeinschaft Unabhängiger Staaten (GUS) der Fall.

Die hohen Energie- und Rohstofferlöse alimentieren statt dessen die Nachfrage nach importierten Luxus- und Konsumgütern, solange jedenfalls, bis die Ressourcen entweder erschöpft sind oder im Zuge einer Weltrezession wieder ins scheinbar Bodenlose fallen. Bis dahin ist aber die einheimische Industrie kaputt. Ein echter Mittelstand mit autonom operierenden Unternehmern wird offenkundig weder in Rußland noch in den anderen GUS-Staaten gewünscht und gefördert. Im Gegenteil, wo immer solche Initiativen über den Garagenbetrieb oder die Würstelbude hinauswachsen, werden sie mangels Protektion von den niedrigen Chargen des unterbezahlten hungrigen Beamtenapparats nach allen Regeln der Kunst geschröpft und gemeuchelt. Wer überlebt, für den interessieren sich dann das gleichfalls unproduktive organisierte Verbrechen und lokale Oligarchen mit Übernahmenötigungen.

Obwohl die meisten Regime um 2008 akzeptable bis spektakuläre Wirtschaftsdaten aufweisen – Aserbaidschans Wirtschaftswachstum beträgt seit Eröffnung der Pipeline Baku–Tbilisi–Ceyhan (BTC) 36 % (2007) –, sind diese Erfolge auf trügerischem ölhaltigen Treibsand gebaut. Hohe Inflationsraten von 15 % (Rußland) und 39 % (Ukraine) zeugen von unkontrollierter Liquidität und mangelndem Wettbewerb. Dabei steigen die sozialen Disparitäten zwischen der Milliardärsklasse der Oligarchen, den Millionären der *silowiki*-Spitzen der Staatsbürokratie und der Masse der Bevölkerung, einschließlich der nur mühsam wiedererstehenden Mittelschicht, die immer noch ums Überleben kämpfen muß.

Abgesehen von den immer noch sehr fragilen erfolgreichen Revolutionen in der Ukraine und in Georgien, gibt es im postsowjetischen Raum keine Demokratien. Dabei ist es nahezu unerheblich, ob ein Land sich, wie Moldawien oder Aserbaidschan, im westlichen Lager befindet oder, wie Armenien, Weißrußland oder die Republiken in Zentralasien, zu den russischen Klientelstaaten zählt. Selbstverständlich gibt es auch bei autokratischen Regimes Nuancen. Weißrußland gebührt unter Lukaschenko die zweifelhafte Ehre, die einzig verbliebene Diktatur Europas zu sein. Dennoch sind die Verhältnisse in Minsk zweifellos vergleichsweise erträglicher als etwa in Usbekistan und Turkmenistan, den härtesten der zentralasiatischen Diktaturen. In Kirgisien mag man die „Tulpenrevolution" als mittlerweile gescheitert ansehen. Dennoch gibt es dort weiter die vergleichsweise größten Freiräume Zentralasiens.

Nach dem „demokratischen Chaos" der Jelzin-Jahre haben Putin und seine FSB-Kollegen seit 2000 bekanntlich zügig eine nach außen monolithisch wirkende Autokratie geschaffen. Demokratische Institutionen und die Gewaltenteilung, Wahlen, die Duma, Gebietskörperschaften, Parteien, Medien und Gerichte wurden als Fassaden und Potemkinsche Dörfer gut gestrichen und als Fiktion sorgsam gepflegt. Tatsächlich herrscht unter Putin und bislang auch unter Medwedjew der eiserne Durchgriff der Machtvertikalen in Staat, Gesellschaft und Wirtschaft. Die politische Macht der Oligarchen wurde nach 2000 gebrochen. Die Freiräume, die ihre lautstarken Dispute unter Jelzin schufen – etwa durch die von ihnen kontrollierten konkurrierenden Medien –, wurden eingeebnet und alle wichtigen Sender und Zeitungen auf Kreml-Kurs gleichgeschaltet. Dazu wurde die ohnehin nie sonderlich professionelle und unparteiische Justiz wieder mit den entsprechenden Regieanweisungen „per Telefon" auf Vordermann gebracht. Das Parlament war per Zweidrittelmehrheit für die Kremlpartei und mit zukaufbaren „Oppositionellen" vernachlässigbar geworden – nützlich nur, um kleinere Nachbarn durch bestellte Schimpftiraden und wüste Resolutionen einzuschüchtern. Die regionale Selbstverwaltung war zugunsten des Durchgriffs der Machtvertikalen des Kreml 2004 abgeschafft worden. Spätestens zu diesem Zeitpunkt war die Gewaltenteilung – so imperfekt sie auch zuvor funktioniert haben mag – in Rußland wieder aufgehoben worden.

Immerhin erlaubte die robuste Machtkonsolidierung Putins seinem Nachfolger Medwedjew, mit seinem Segen die Macht mit nur leicht manipulierten Wahlen zu gewinnen. Wahrscheinlich hätte er im März 2008 auch jede Behinderung der Opposition gewinnen können. Eine inszenierte Bombenkampagne und ein dritter Tschetschenienkrieg waren offenkundig nicht mehr notwendig.

Gleichwohl ist das autokratische Rußland Putins und Medwedjews keine totalitäre Diktatur. Es ist ebenso weit entfernt vom terroristisch-massenmörderischen Wüten Stalins wie von der staatssozialistisch totalitär-bürokratischen Diktatur der Breschnew-Ära. Wer sich in Rußland heute des Engagements für die Opposition enthält (ein etwas masochistischer Zeitvertreib für einige Zehntausend) und mächtigen (Staats-) Wirtschafts- und Mafiakreisen nicht in die Quere kommt, der kann eigentlich unbehelligt in Ruhe und in Frieden leben. Das setzt allerdings voraus, daß das Einkommen stimmt, was die Möglichkeit eröffnet, sich von Fährnissen freizukaufen (wie etwa von dem möglicherweise tödlichen Wehrdienst sowie von Verwaltungsschikanen und konfiskatorischen Steuern) oder die nötigen Gesundheits- und Bildungsdienstleistungen dazuzukaufen. Als wohlhabender „neuer Russe" läßt es sich also in Rußland durchaus leben.

Das zwanghafte Nachbeten einer halbseidenen Staatsideologie, die ständige Massenmobilisierung, das Denunziantentum und die Angst vor dem morgendlichen Klopfen an der Haustür sowie das Terrorsystem des Gulag sind längst – wenngleich eine nur unvollkommen bewältigte – Geschichte. Das ist gegenüber den Abgründen des stalinistischen Terrors ein gewaltiger humaner und zivilisatorischer Fortschritt, der allerdings noch in Tschetschenien der Verbreitung bedarf.

Es gehört zum guten Stil, sich im Westen über die autoritäre Restaurierung in Rußland zu entrüsten. Auch dieses Buch bedauert diese Entwicklung. Es gibt jedoch auch das Phänomen der „Putinisierung" Europas[3]. Es bezieht sich auf die Aushebelung der demokratischen Gewaltenteilung durch die Aushöhlung der Macht der Parlamente, die Politisierung der Justiz durch ein ausuferndes Gesinnungsstrafrecht, die Einschränkung der Presse-, Meinungs- und Informationsfreiheit durch eine zunehmende Zensur und die Stärkung der Exekutive durch einen sich ausweitenden politisch korrekten Überwachungs- und Umverteilungsstaat, oft unter dem Vorwand der Erfüllung vager, potentiell weitreichender und intransparent eingeführter EU-Normen. Kein Grund also für jene Parteigänger der politisch korrekten Zensur und Umerziehung, sich allzu moralisch über Putins Machtpolitik nach innen zu entrüsten.

Rußland und wir

Die Diagnose ist pessimistisch – sowohl für EU-Europa wie für Rußland und den Rest Osteuropas. Die Geburtenzahlen sind im Keller. Der
Anteil nichtassimilierungswilliger fremdkultureller Migranten – und
im Falle Rußlands auch autochthoner muslimischer Minderheiten im
Nordkaukasus, in Tatarstan, Baschkirstan und in den russischen Metropolen – steigt angesichts höherer Fruchtbarkeiten und weiteren, kaum
gebremsten Zuzugs unaufhörlich. Die Macht der Demographie und ethnischer Migration sind – vom Untergang des Römischen Reiches bis zur
Besiedlung Amerikas – die wichtigsten Variablen der Weltgeschichte.
Nur ist heute der weiße Mann – auch in seiner eurasischen Heimat – auf
der Verliererstraße.

In Rußland ist angesichts extrem niedriger Geburtenraten, weiterhin hoher Abtreibungsziffern und weiter hoher Sterberaten zumal der
Männer, die ihr irdisches Dasein infolge schlechter Ernährung, hoher
Alkohol- und Drogenabhängigkeit, Verkehrsunfällen, Gewalttätigkeit,
Depressionen und schlechter Gesundheitsversorgung massenhaft vor-
zeitig beenden, die Bevölkerung von 149 Millionen (1989) auf derzeit
141 Millionen (2008) reduziert worden. Nach UNO-Prognosen wird
Rußland um das Jahr 2050 die 100 Millionen-Marke unterschreiten. Bis
dahin dürften große Teile des flachen Landes, des arktischen Nordens
und Ostsibiriens weitgehend entvölkert sein. Die Siedlungsgeschichte
der letzten 200 Jahre dürfte damit rückgängig gemacht werden, es sei
denn, es gibt zuwandernde Nachrücker …

Auch ohne zusätzliche Migrationen wird in Rußland der Anteil der
Muslime von derzeit 14 % bis 2050 auf 20–30 % steigen. Ähnliche
Verhältnisse werden bis dann auch im Westen Europas, in Großbritannien, Belgien, Frankreich und Spanien, herrschen. In den Großstädten
ist bis dahin die angestammte Bevölkerung eindeutig minoritär. Während die russische Bevölkerung unter 100 Millionen schrumpft (und
entsprechend altert) werden die Türkei und der Iran diese Schwelle
im ungefähr gleichen Zeitraum mit entsprechend jungen Populationen
nach oben durchstoßen. Addieren wir die prognostizierten Zahlen der
fünf zentralasiatischen Republiken und Afghanistans, so kommen wir
auf 160 Millionen (2050), die sich angesichts des jetzt schon akuten
Wassermangels und der Versteppung sicher nicht in der Region länger
ernähren werden können, sondern wie bisher in eine Richtung ziehen:
nach Norden.

Weiter im Osten werden dann 1,5–1,6 Milliarden Chinesen knapp
3 Millionen Russen in Fernost und vielleicht 20 Millionen mehr im Rest
Sibiriens gegenüberstehen. Die ethno-ökonomische Übernahme hat
längst begonnen. Zweifellos werden die Chinesen angesichts des russischen Atomwaffenarsenals und der gemeinsamen Gegnerschaft zu den

USA die nötige Geduld und das gesichtswahrende Fingerspitzengefühl für russische Sensibilitäten aufbringen, um den unvermeidlichen Souveränitätstransfer zum gegebenen Zeitpunkt so schmerzfrei wie möglich über die Bühne zu bringen. Ähnlich haben sie sich mit Putins Plazet die 1969 noch heiß umkämpften Ussuri-Inseln angeeignet, ohne daß es irgend jemand außerhalb von Russisch-Fernost groß bemerkt hätte.

Die ethnische Situation in Westeuropa und im Mittelmeerraum wird in vier Jahrzehnten kaum weniger unerfreulich aussehen. West-, Mittel- und Osteuropa befinden sich also im gleichen, sinkenden Boot.

Noch kann von einer gemeinsamen Abwehrfront der europäischen Zivilisationen gegenüber dem drohenden Untergang durch eine fremdkulturelle Umvolkung keine Rede sein. Im Gegenteil. Ohnehin herrscht in den politischen und medialen Klassen auf beiden Seiten der Zustand einer hartnäckigen Realitätsverweigerung, während die Mantren der politisch korrekten Multikulturalität ohne innere Überzeugung aus Opportunismus weiter abgespult werden.

Rußlands militärischer Hauptkunde ist weiterhin China, für Nukleartechnologie der Iran, der seine Erkenntnisse ebenso wie das von China belieferte Pakistan (für Atomwaffen) und Nordkorea (für die Raketentechnik) gerne an den Rest der terroristisch gesonnenen Menschheit weiterleiten wird.

Frappant ist auch die Stoßrichtung der seit Putins Antritt wiederaufgenommenen russischen Rüstungspolitik: Mit ihrem Fokus auf Nuklearwaffen sowie der Wiederaufnahme der Flottenrüstung ist es der Westen, der anvisiert wird, und nicht der islamische Terrorismus, der über die Landgrenzen einsickert und im Ostkaukasus unübersehbar bereits sein Unwesen treibt. Auch die Art der bisherigen russischen Kriegführung in Tschetschenien (ebenso wie früher in Afghanistan) spricht dafür, daß der Generalstab und die politische Führung die asymmetrische Natur des Terrorismus und seine effektive Bekämpfung nicht begriffen haben oder aus ganz anderen Motiven nicht begreifen wollen. Damit hat der Westen zur Zeit in Rußland natürlich einen sehr merkwürdigen Bundesgenossen im Krieg gegen den Terror. Die Art der anlaufenden konventionellen (Wieder-)Aufrüstung der russischen Streitkräfte und die russische Aufkündigung des entsprechenden KSZE-Vertrags über die Begrenzung der konventionellen Streitkräfte in Europa (KSE), der regionale Truppen- und Waffenkonzentrationen limitierte, schaffen an der NATO- und EU-Ostgrenze mittelfristig eine neue Lage, auf die das Bündnis mit einer tiefgestaffelten konventionellen Defensivstrategie reagieren muß. Schon vor dem Augustkrieg von 2008 war es den Russen gelungen, von den Georgiern unbemerkt, genügende Panzer- und Luftwaffenformationen nach Abchasien und Nordossetien zu bringen. Damit muß sich die NATO aber von der liebgewordenen Illusion verabschieden, Soldaten seien nur noch bewaffnete Sozialarbeiter zur Konfliktvermittlung in der

Exotik. Denn nur eine energische und nachhaltige Reaktion wird mit der Dislozierung genügender militärischer Kräfte in Grenznähe jene Kräfte im Kreml zu Raison bringen, die zu glauben scheinen, man könne den durch sinnlose Kriege in der Dritten Welt abgelenkten Westen durch ein neues Drehen an der Rüstungsschraube einschüchtern.

Das gemeinsame demographische Dilemma

Europa hofft, daß Putin unter dem heilsamen Einfluß seines zerebralen Zöglings Medwedjew sein obstruktives Lieblingshobby, die Sammlung postsowjetischer Erde, aufgeben wird und daß Rußland gleichzeitig aus Systemzwängen, dem Mangel an industrieller Wettbewerbsfähigkeit und an technologischen und Managementkapazitäten in der Nachöl- und Nachgas-Ära zur Kooperation mit dem Westen motiviert wird. Diese Hoffnung hat zwar im Zuge des Georgienkrieges einen deutlichen Dämpfer erfahren, doch würde damit die sinnlose Konfrontation mit dem Westen, der im Osten keine exklusiven russischen Einflußzonen dulden will, beendet. In spätestens einem Jahrzehnt, um das Jahr 2020, dürfte der demographische Zangengriff – die chinesische Besiedlung des Fernen Ostens und das muslimische Vordringen über die von ihnen dominierten Republiken des Nordkaukasus und in Zentralrußland in die russischen Metropolen – aufgrund der fortgesetzten eigenen demographischen Schwächung eine strategische Reorientierung notwendig machen. Aufs europäische Mittelmaß geschrumpft, haben die russischen Advokaten des euro-asiatischen Sonderweges – eines anti-westlichen Bündnisses im Stil der SOZ mit China und allerlei „Schurkenstaaten" – keine guten Karten mehr, weil sie weder hinreichende Argumente noch genügend Divisionen haben. Europa, das besonders akut in England, Belgien, Frankreich und Spanien vor nahezu den gleichen demographischen und ethno-religiösen Problemen steht, böte sich als einziger Bundesgenosse an. Die Interessenlage ist weitgehend identisch. Die Augenhöhe des gleichberechtigten Umgangs wird zu diesem Zeitpunkt auch stimmen. Je früher jedoch auf beiden Seiten der Groschen fällt, desto besser für die – derzeit trüben – Zukunftsaussichten der gemeinsamen europäischen Zivilisation.

Dieses Buch hat sehr von den Diskussionen über Rußland und den postsowjetischen Raum profitiert, an denen ich im Rahmen der OSZE, aber auch in anderen Foren, wie dem Renner Institut, der Landesverteidigungsakademie, der Diplomatischen Akademie, der Deutschen Gesellschaft für Osteuropakunde, der Atlantischen Akademie und dem WEU-Institut für Sicherheitsstudien, teilnehmen konnte. Gelegentliche Reisen in die Region, von Königsberg und Kischinew (Chişinău) bis hin nach Ulan Bator, halfen, die nötige Realitätsnähe zu schärfen. Es versteht sich von selbst, daß ich für diese Arbeit nur offene, belegbare Quellen verwendet habe. Einzelne Kapitel sind bereits in früheren – oft wesentlich kürzeren – Veröffentlichungen in Fachzeitschriften, wie „Osteuropa", der „Europäischen Rundschau", der „Österreichischen Militärischen Zeitschrift", den „Blättern für deutsche und internationale Politik", den „Auslandsinformationen" der Konrad-Adenauer-Stiftung, dem „RUSI Journal" des Royal United Services Institute, im „Asia Europe Journal", in „Les dossiers de l'histoire des Armeniens d'Armenie Occidentale", und in verschiedenen Wochenzeitungen erschienen. Sie wurden sämtlich gründlich überarbeitet und aktualisiert.

Rezensenten früherer Bücher bemängelten gelegentlich eine gewisse Schärfe des Urteils, antikommunistische Vorurteile und – aus meiner Sicht weniger berechtigt – anti-russische Tendenzen meiner Publikationen[4]. Es mag sein, daß mein neorealistischer Ansatz, der in anglo-amerikanischen Denkfabriken gängige Münze ist, in der harmonie- und theorieseligen deutschen politischen Publizistik härter erscheint als beabsichtigt. Wir leben alle mit Karl Poppers Irrtumsgewißheit. Natürlich freut man sich als Autor, wenn die eigenen pessimistischen Prognosen nicht eintreffen. Das heißt aber nicht, daß jenes Risiko nie bestanden hätte. In diesem Sinne hoffe auch ich auf rechtzeitige Gegenmaßnahmen, die zu einer gedeihlichen, gutnachbarschaftlichen, gemeinsamen europäisch-russischen Entwicklung eines erfolgreich demokratisierten und marktwirtschaftlich organisierten postsowjetischen Raums ohne hegemoniale Vorherrschaften führen mögen.

Der Leser wird dies unschwer erkennen, dennoch sei der guten Ordnung halber darauf hingewiesen, daß sämtliche meiner Darstellungen und Einschätzungen meinem persönlichen Urteil entsprechen und keinesfalls als irgendwie geartete Verlautbarung meines Arbeitgebers gewertet werden können.

Wien, im September 2008

Albrecht Rothacher

---

1 Siehe auch: Bogdan Musial. Kampfplatz Deutschland – Stalins Kriegspläne gegen den Westen, Berlin 2008.

2 Zur Entwicklung der baltischen Staaten siehe: Albrecht Rothacher: Im wilden Osten. Hinter den Kulissen des Umbruchs in Osteuropa, Hamburg 2002, S. 50 ff.

3 Diesen trefflichen Ausdruck verdanke ich Prof. Dr. Reinhard Rack, MdEP.

4 So der Wiener Ordinarius Dieter Segert, ein ehemaliges SED-Mitglied, in: WeltTrends 11/2003.

GORBATSCHOW UND JELZIN, ZWEI KONTERREVOLUTIONÄRE WIDER WILLEN

Am Anfang stand der Versuch Jurij Andropows, die Gerontokratenherrschaft im Politbüro aufzumischen. Seit Mitte der 1970er Jahre wurde die Sowjetunion von kranken und über 70 Jahre alten Männern beherrscht. Gosplan und die Industrieministerien wurden von Leuten geleitet, die in diese Positionen schon in den 1960er Jahren ernannt worden waren und weiter an den alten Rezepten der forcierten Schwerindustrialisierung und den stets zu steigernden Massenproduktionen festhielten. Im ZK der KPdSU lag 1985 das Durchschnittsalter bei 64. Breschnew hatte seinen ersten Schlaganfall schon 1974 erlitten. Seine von den Ärzten festgestellte, fortgeschrittene Arterienverkalkung wurde den meisten Kollegen im Politbüro verschwiegen. Praktisch war die Sowjetunion führungslos in den sterilen Ritualen des Staatskommunismus erstarrt. Das System wurde deshalb auch „Marxismus-Senilismus" genannt.[1] Der Personenkult um Breschnew nahm immer absurdere Folgen an. Selbst für den Sieg im Zweiten Weltkrieg war sein Einsatz kriegsentscheidend. Einem damaligen Witz zufolge, fragte Stalin Marschall Schukow, wie er Berlin einzunehmen gedächte. Darauf antwortet Schukow: „Das weiß ich nicht, Genosse Stalin. Ich muß erst einmal den Oberst Breschnew um Rat fragen."

Gorbatschow und das Ende der Sowjetunion

Seit den 1960er Jahren war das Wirtschaftswachstum rückläufig. Ab 1978 kam es weitgehend zum Erliegen. Auch die billigen Arbeitskraftreserven waren ab den 1970er Jahren erschöpft. Die Bevölkerungszahlen begannen im russischen Norden der Sowjetunion zu stagnieren. Die Lebenserwartung begann wegen der schlechten Umwelt-, Arbeits- und Ernährungsbedingungen schon in den 1970er Jahren zu fallen: Auf 62,3 Jahre für Männer und 72,5 Jahre für Frauen (1980). Der Überfluß an Metallen und Energieträgern verführte zu niedrigen Preisfestsetzungen. Entsprechend verschwenderisch war die Verwendung. Im Vergleich zur amerikanischen Wirtschaft verbrauchte die sowjetische Wirtschaft viermal soviel Stahl und doppelt soviel Energie, um den gleichen Anteil am Volkseinkommen zu schaffen. Beim Fehlen von Marktpreisen galt bei der Preisfestsetzung das Prinzip „Kosten plus angemessene Marge". Damit hatten die Betriebsdirektoren kein Interesse an sparsameren oder kostengünstigeren Herstellungsverfahren. Ohnehin verschlangen die unproduktiven Rüstungsausgaben 11–13 % des BIP.

Andropow, der 1956 als Sowjetbotschafter den ungarischen Aufstand niederzuschlagen half und als KGB-Chef die psychiatrischen Zwangsbehandlungen von Dissidenten eingeführt hatte, war seit 1973 im Politbüro. Nach Suslows Tod wurde er im Januar 1982 zum neuen Sekretär für Ideologie und Außenpolitik in die zweithöchste Position der Kremlhierarchie befördert. Nach Breschnews Herztod im November 1982 wurde er auf Vorschlag von Verteidigungsminister Ustinow zum Generalsekretär der KPdSU ernannt. Über den Zustand der Sowjetwirtschaft und -gesellschaft machte sich Andropow als ebenso intellektueller wie harter langjähriger KGB-Chef keine Illusionen. Doch statt einer Systemreform sah er das Heil zunächst in der Disziplinierung und Säuberung der in der Breschnew-Ära gründlich korrumpierten Kader. Ein Fünftel aller Minister und regionalen Parteichefs war bald ausgewechselt.

Ins Politbüro holte er energische Führungskräfte aus der Provinz, darunter Jegor Ligatschow, Nikolai Ryschkow und Michail Gorbatschow, der wie er aus Stawropol stammte, wo er seit 1970 Erster Sekretär war und von Andropow, der an einer schweren Nierenkrankheit litt, bei dessen zahlreichen Kuren vor Ort als intelligenter Gesprächspartner geschätzt wurde. Der schwerkranke Andropow, der als Generalsekretär nur einige Monate voll einsatzfähig war, hatte in Absprache mit Außenminister Gromyko und Verteidigungsminister Ustinow eigentlich Gorbatschow als Nachfolger vorgesehen. Nach seinem Tod schlug jedoch die alte Garde in Gestalt von Ministerpräsident Tichonow (79) 1984 den gleichfalls schon siechen Konstantin Tschernenko vor, der mit Billigung vor allem jener Politbüro-Mitglieder, die wie Schtscherbitzki (Ukraine) oder Kunajew (Kasachstan) unter Andropows Säuberungen ein Drittel ihrer Funktionäre verloren hatten, jene Kampagne prompt einstellte. Als Tschernenko 1985 starb, hatte der KGB die nächste Abstimmung besser vorbereitet. Er verhinderte mit einigen listigen Tricks, daß der ukrainische sowie der kasachische Parteichef, die sich beide auf Reisen befanden, rechtzeitig nach Moskau zurückkehren konnten. So konnte sich auf Gromykos Vorschlag mit der diskreten Hilfe des KGB Gorbatschow gegen seine Rivalen Viktor Grischin (Moskau) und Romanow (Leningrad), die beide Anhänger der zentralistischen Orthodoxien waren, am 11. März 1985 durchsetzen.[2]

Gorbatschow, der 1931 in einem Dorf bei Stawropol geboren wurde, studierte ursprünglich Jura und nach einer Komsomolkarriere per Fernkurs Agrarökonomie. Von Andropow empfohlen, wurde der agile Stadtparteichef 1978 von Breschnew als ZK-Sekretär für Landwirtschaft nach Moskau geholt. Die vielen Mißernten, die er zu erklären hatte,

taten seinem Aufstieg offenkundig keinen Abbruch. Wie sein Mentor
Andropow setzte Gorbatschow zunächst auf disziplinäre Rezepte, wie
die Wiederaufnahme des Kampfes gegen Korruption und Alkohol. Damit machte er sich nicht nur Freunde. Als er seinen Feind Kunajew in
Kasachstan wegen Korruption im Herbst 1986 absetzte und durch den
Russen Gennadi Kolbin ersetzte, kam es zu gewalttätigen Ausschreitungen in Alma Ata (heute: Almaty) mit 26 Toten. Die Zerstörung von
Brennereien, Brauereien und das Roden von Weinbergen in Moldawien
und Georgien, wo die Weinkultur – im Gegensatz zum besinnungslosen
Betrinken der Russen – eine zweitausendjährige Tradition hat, schaffte
ebenfalls viel böses Blut. Der Alkoholschmuggel und das Schwarzbrennen beflügelte vorhersehbar – ähnlich wie die Prohibition in den USA
– die Verbreitung und Stärkung der kriminellen Unterwelt. Sie schwäch-
ten auch die Steuereinkünfte der Regierung erheblich. Damals belief sich
der Durchschnittsverbrauch eines städtischen Industriearbeiters auf eine
Flasche Wodka pro Tag, der häufig schon während der Arbeit genossen wurde. Im Stadtbild wie auch auf den Dörfern gehörte der Anblick
völlig Betrunkener schon in den Mittagsstunden zum Üblichen. So begann die Perestroika zuerst als Kampf gegen den Alkohol. Der Verkauf
wurde stark beschränkt. Die Preise wurden so massiv erhöht, daß sie
für den Durchschnittsverdiener unerschwinglich wurden. Alkohol wurde als Prämie sowie als Tauschmittel (eine beliebte Zweitwährung, die
bisher Knappheiten in der Produktion zu überwinden half) verboten.
Dienstliche Gelage wurden untersagt. Toasts hatten mit Limonade zu
erfolgen. Trinkende Chefs wurden entlassen. Dazu kamen volontaristi-
sche Mobilisierungskampagnen mit Appellen, härter zu arbeiten.
    Bald mußte die ernüchterte Sowjetführung einsehen, daß der Stagnati-
onskrise mit disziplinären und propagandistischen Mitteln nicht beizu-
kommen war. Gorbatschow kam zur Überzeugung, daß eine sowjetische
Wachstumspolitik ohne westliche Technologie-Importe nicht möglich
war. Da moderne Fördertechnologie unter das westliche Embargo fiel,
das nach der sowjetischen Invasion Afghanistans (1979–88) verhängt
worden war, war auch die russische Öl- und Gasförderung mit ihrem
veralteten Gerät ohne Neuerschließungen rückläufig geworden. Zudem
waren die Weltölpreise nach saudischen Produktionssteigerungen, die
die Amerikaner urgiert hatten, von $ 27 (1985) auf $ 12 (1986) gefallen. Gorbatschow bat nun die Washingtoner Finanzinstitutionen um
eine Friedensdividende von $ 25 Milliarden als Modernisierungskredite,
biß bei den Amerikanern damit jedoch auf Granit[3].
    Das zwang die sowjetische Führung, ernsthaft über Strukturreformen
nachzudenken, die die zentrale Bürokratie aus Angst vor der Auflösung
der Planungs- und Ministerialapparate abgelehnt hatte. Vorbild war bis
dahin eher die DDR-Vorlage von noch größeren Industriefusionen gewesen, deren Mittel noch am ehesten für nennenswerte Forschungs- und

Entwicklungsaktivitäten (u. a. für den größten Mikrochip der Welt von Robotron, den Honecker voll Unverstand stolz der staunenden Öffentlichkeit vorstellte) mobilisiert werden konnten. An den chinesischen und ungarischen Erfahrungen mit Privatinitiativen in der Landwirtschaft und im Handel bestand zunächst kein Interesse. Obwohl das Haushaltsdefizit angesichts rückläufiger Staatseinnahmen 1988 schon 10 % des BIP ausmachte, wurden aus Angst vor Unruhen Preisreformen, die die Subventionen gestrichen hätten, vom ZK bis zum Januar 1990 verschoben. Der sowjetische Staat steuerte klar in Richtung Zahlungsunfähigkeit. Die Ausweitung der Autonomie der Betriebe, deren Direktoren nunmehr die Guthaben der Firmen verflüssigten und Vorprodukte und Rohstoffe gewinnträchtig ins Ausland zu verschieben begannen, verschlimmerte die Lage zusehends.

Im Gegensatz zur Perestroika zeigte Glasnost als politische Öffnung schnellere Ergebnisse. Doch auch sie wurde nicht begonnen, um die KP-Herrschaft zu beenden, sondern um Breschnews alte Garde zu säubern, der KPdSU neue Akzeptanz und Legitimität zu verschaffen und um den Zugang zu den immer dringender werdenden Westkrediten zu ermöglichen. 1986 rief Gorbatschow für eine Lockerung der Zensur und gegen die lähmende repressive Routine des Kulturbetriebs auf: Transparenz, Dialog, ein neues Denken und eine neue Psychologie seien gefordert.[4] Beim ersten Test, bei der Atomkatastrophe von Tschernobyl im April 1986, versagte die neue Offenheit sogleich. Die Zensur versuchte wie gehabt, ohne Rücksicht auf die tödlichen Folgen unterlassener Schutzmaßnahmen, zu bagatellisieren und zu vertuschen. Kanzler Kohl drückte im Oktober 1986 die damals noch weitverbreitete westliche Skepsis gegenüber Gorbatschow etwas primitiv aus, indem er ihn mit Goebbels verglich.

Doch wurden Gorbatschows Reformbemühungen zunehmend seriöser. Im Februar 1987 ließ er die letzten politischen Gefangenen, darunter Andrej Sacharow, frei. Die Gesellschaft Memorial wurde zugelassen, die sich seither hochverdienstlich um die Rehabilitierung und das Gedenken an die Opfer des Gulags und des Terrors bemüht. Im Dezember 1987 wurde von ihm und Reagan der INF-Vertrag zur Vernichtung landgestützter Mittelstreckenraketen unterzeichnet, der als absolutes Novum gegenseitige Inspektionen und Verifikationen vereinbarte.

Gleichzeitig wuchs der Widerstand des Apparats von Dogmatikern, konservativen Apparatschiks, überforderten Staatsmanagern und Veteranen, als deren Sprecher sich der einstig mit Gorbatschow verbündete Jegor Ligatschow aufschwang. Er erzwang den Sturz von Boris Jelzin, den Gorbatschow Ende 1985 als energischen Privilegienjäger aus Swerdlowsk nach Moskau befördert hatte, wo er mit großem Gusto die korrupten Anhänger Grischins aus dem Moskauer Parteiapparat säuberte. Nach einer dramatischen Rede vor dem ZK wurde er von Gorbatschow den Dogmatikern geopfert.

Zwar sahen Gorbatschows Pläne im Laufe des Jahres 1988 die Verlagerung der Macht von der Exekutive zu den Sowjets, die Möglichkeit konkurrierender Kandidaten bei den Wahlen zu den Sowjets und die Wahl eines kleineren Arbeitsparlaments aus dem akklamatorischen Kongreß der Volksdeputierten mit seinen 2.250 Abgeordneten vor, doch stand für ihn das Prinzip der Einparteienherrschaft nie zur Disposition.

Mittlerweile begann es in den unterjochten Randprovinzen des Sowjetreiches machtvoll zu rumoren. Im November 1988 beschloß das estnische Parlament die Souveränität des Landes. Alle Volksfronten im Baltikum forderten die wirtschaftliche Unabhängigkeit mit einem eigenen Zoll, eigener Währung, einem selbstverwalteten Außenhandel und einem eigenen Staatsbürgerschaftsrecht. Nach Massendemonstrationen in Tiflis wurde in Georgien eine neue Nationaldemokratische Partei gegründet. In Armenien rief die nationalistische Bewegung zum Anschluß des armenisch besiedelten Berg-Karabach auf. Als es im Dezember 1988 in Leninakan (heute: Gjumri), der zweitgrößten Stadt Armeniens, zu einem furchtbaren Erbeben kam, weilte Gorbatschow gerade vor den Vereinten Nationen in New York, um dort die Verminderung des sowjetischen Militärs um 500.000 Mann und die Teilabzüge der Sowjetarmee aus der DDR, der ČSSR und Ungarn bekanntzugeben. Derweil starben in der Industriestadt Leninakan, die zu 80 % zerstört wurde, 55.000 Menschen in den einstürzenden, mit zu wenig Zement errichteten Plattenbauten. Während die örtliche Partei und die Verwaltung versagten, funktionierte nur das – wenngleich für die Katastrophe unzulänglich ausgerüstete – Militär mit Feldküchen und Lazaretten für die Überlebenden. Gorbatschow erschien zu spät vor Ort und fand mit Predigten zur Perestroika die falschen Worte.[5] Im benachbarten Aserbaidschan war der langjährige Parteichef, der KGB-General Gaidar Alijew (1969–1982 Erster Sekretär des Zentralkomitees der Kommunistischen Partei der Aserbaidschanischen SSR), 1987 aus dem Moskauer Politbüro ausgeschlossen worden. Seine Republik löste sich nach einem antiarmenischen Pogrom in der Industriestadt Sumgait bald in der Anarchie auf. Nach dem Versagen der Volksfrontregierung kam es im Juni 1990 zu einem erneuten Massaker an Armeniern in Baku. Diesmal mit 120 Toten.

Im Frühjahr 1989 zeigte sich, daß trotz nur sehr begrenzt zugelassener Konkurrenz ein Fünftel der vorgesehenen Parteisekretäre nicht in den Kongreß der Volksdeputierten gewählt worden war. Dagegen wurde in Moskau der im Oktober 1987 in Ungnade gefallene Boris Jelzin als Anti-Nomenklatura-Kandidat mit 89 % der Stimmen triumphal gewählt. Dennoch blieb eine massive Mehrheit der gewählten Apparatschiks unter den Volksdeputierten gegen die Reformen eingestellt. Im Frühjahr 1989 gab es die ersten Streiks der Bergleute im westsibirischen Kusbass. Jene einstige Arbeiteraristokratie fühlte ihren Abstieg nur allzu

schmerzlich und forderte ein Ende der sich verschärfenden Versorgungsengpässe (Seife, Fleisch, Salat, Zucker etc.), der immer schlechteren
Krankenhaussituation und der Wohnungsnot in ihren trostlosen, smog-
verseuchten Betonstädten. Wegen der vorsintflutlichen, aus den 1930er
Jahren stammenden Förderbedingungen sank die Kohleförderung und
damit auch ihre Prämien. Die Streiks weiteten sich ab Juli 1989 bis
ins Donbass aus. Dort forderten die Kumpels auch die Auflösung der
Parteizellen in den Betrieben, die sie als parasitäre Kostgänger sahen.
Wegen der verheerenden Wirtschaftslage besaß der Staat jedoch kaum
noch Mittel zum Umverteilen. Die zum Juli 1990 angekündigte Verdoppelung der Brotpreise führte zu massiven Angstkäufen und neuem
Chaos. Gorbatschows wegen der Antialkoholkampagne ohnehin schon
angeschlagenes Ansehen sank zu neuen Tiefen. Im Juni 1990 gründeten Anti-Reformkräfte in Rußland eine eigene KP. Dies war umso be-
merkenswerter, als die Gründung einer eigenen russischen Partei schon
zu Lenins Zeiten ein striktes Tabu war, da man wegen der Größe und
potentiellen Macht dieser KP spalterische Probleme für die sowjetische
Gesamtpartei befürchtet hatte. Auch Jelzin, der im Juli 1990 spektakulär aus der KPdSU austrat, forderte vor 100.000 Demonstranten in
Moskau eine Dezentralisierung der Macht an lokale Sowjets und souveräne Unionsrepubliken. Im Mai 1990 war er mit einem Programm zur
russischen Wiedergeburt und seiner Unabhängigkeit vom Zentrum zum
Vorsitzenden des Obersten Sowjets der Russischen Föderation gewählt
worden. Nun begann Jelzin im „Krieg der Gesetze" eine rege legislati-
ve Aktivität als Demonstration von russischer Souveränität im Wider-
spruch zum sowjetischen Recht, Gesetze beschließen zu lassen (die oft
in der Hitze des Gefechts auch untereinander widersprüchlich waren).
Mit dem Ziel der Entmachtung der Zentralregierung richtete er eine
russische Zentralbank ein, liquidierte Branchenministerien, schloß Abkommen mit anderen Unionsrepubliken zum Warenverkehr untereinander und zur gegenseitigen Anerkennung der Souveränität und begann
ab November 1990, sowjetische Exportgüter russischer Herkunft (Öl,
Gas, Gold, Diamanten) im Ausland selbst zu verkaufen. Um das Chaos
zu vervollständigen, versuchte Gorbatschow im Gegenzug, die 21 autonomen Republiken Rußlands gegen die russische Regierung Jelzins auszuspielen. In jedem Fall schien die Sowjetunion fast nur noch auf dem
Papier zu existieren. In einer letzten sinnlosen Gewaltanwendung befahl
Gorbatschow im Januar 1991 OMON und Fallschirmjägereinsätze gegen die Unabhängigkeitsbewegungen in Estland, Lettland, Litauen, der
westlichen Ukraine, Moldawien und Georgien. Dabei gab es in Wilna
beim Sturm des Fernsehsenders 14 und in Riga 4 Tote bei der Besetzung
des Innenministeriums.

Im Juni 1991 wurde Jelzin – bisher Parlamentspräsident – mit 57 %
der Stimmen zum ersten freigewählten Präsidenten der Russischen Föde-

ration gewählt. Sein kommunistischer Gegenkandidat Nikolai Ryschow erhielt nur 17 %. Als erstes machte sich Jelzin daran, die sich auf dem russischen Territorium befindenden Betriebe und Bodenschätze für die Föderation zu reklamieren.

International bekam Gorbatschow eigentlich nur noch aus Deutschland Unterstützung, zumal im Zuge des Deutschland-Vertrags vom September 1990 („Zwei-plus-Vier-Vertrag") und der sich abzeichnenden Wiedervereinigung die „Gorbimania" damals keine Grenzen kannte. Neben der Zahlung von DM 15 Milliarden für den Abzug der Roten Armee aus der DDR und Kreditbürgschaften über DM 27 Milliarden gewährte Kohl Gorbatschow, der noch einmal DM 30 Milliarden wollte, noch einen zusätzlichen Kredit über DM 3 Milliarden. Washington, der Rest des Westens und seine Finanzinstitutionen dagegen sahen keinen Sinn darin, der kollabierenden Sowjetunion Geld hinterher zu werfen, und nannten ein echtes marktwirtschaftliches Reformprogramm, die Unabhängigkeit für das Baltikum, die Reduzierung der Militärausgaben und das Ende der Kubahilfe als Bedingungen. Das wurde jedoch von den von Gorbatschow selbst ernannten Hardlinern aus dem Sicherheitsapparat in der Sowjetregierung abgelehnt. Um den absehbaren Zerfall der Sowjetmacht zu verhindern, diskutierte jener Zirkel immer intensiver die Ausrufung des Notstandes. Dies erfolgte während des Augustputsches von 1991, als Gorbatschow trotz der angespannten Lage und einer Vielzahl von Warnungen – auch durch US-Präsident Bush sen.[6] – praktischerweise auf der Krim urlaubte. Er weigerte sich dort jedoch, die vorgelegte Notstandsverordnung zu unterzeichnen, und wurde daraufhin von seinem meist betrunkenen Vizepräsidenten Janajew aus Gesundheitsgründen für abgesetzt erklärt. Die Putschisten müssen sich ihrer Sache sehr sicher gewesen sein, denn ihre militärische und geheimdienstliche Vorbereitung des Putsches ließ sehr zu wünschen übrig. So konnte sich Jelzin frei bewegen, und die meisten Verkehrs- und Kommunikationslinien blieben offen. Jelzins Aufruf zum Generalstreik gegen den „reaktionären Putsch" und seine Übernahme des Oberbefehls über die in Rußland befindlichen Streitkräfte wurden landesweit medial verbreitet. Als schließlich am 21. August 1991 der Sturm der Panzer auf das Weiße Haus an der Verbrüderung der ausgeschickten Truppen mit den beherzten, von einem furchtlosen Jelzin bestärkten Demonstranten scheiterte, wurden die Putschisten verhaftet. Der zurückkehrende Gorbatschow wurde wegen des Putsches seiner engsten politischen Mitarbeiter von Jelzin öffentlich demontiert und zum Rücktritt als Generalsekretär der KPdSU gezwungen. Die Partei wurde innerhalb Rußlands und in den meisten anderen Republiken verboten. Der sich in den nächsten Tagen und Wochen auflösenden Sowjetunion präsidierte er noch bis zum bitteren Ende im Dezember 1991. In der Retrospektive scheint es so, als sei der Putsch eher an der Schwäche seiner Urheber als an der Stärke der

Verteidiger der jungen Demokratie gescheitert. So hat es, von einigen Großdemonstrationen mit insgesamt 300.000 Teilnehmern in St. Petersburg, Moskau, Nischi Nowgorod und in Jelzins Heimat Swerdlowsk abgesehen, keinen echten Massenwiderstand gegeben.[7]

Fünf Jahre Glasnost hatten das Glaubens- und Mythensystem der kommunistischen Indoktrination und Propaganda zerstört, so daß der ganze wirtschaftliche und moralische Niedergang für die meisten unbeschönigt einsichtig wurde. Folgerichtig fiel seine Fassade in sich zusammen.

Die Irrungen und Wirrungen der Ära Jelzin

Boris Jelzin wurde 1931 in einem Dorf bei Swerdlowsk geboren, wo er später Bauwesen studierte. Als Direktor eines Baukombinats wurde er 1976 Erster Parteisekretär des Bezirks und ab 1981 Mitglied im ZK. Er galt als loyaler, tatkräftiger und entscheidungsfreudiger Technokrat und wurde deshalb von Gorbatschow nach dem Sturz Grischins im Dezember 1985 als Erster Sekretär des Stadtparteikomitees nach Moskau geholt, um den Parteiapparat dort von dessen korrupten Gefolgsleuten zu säubern. Vor Ort fand Jelzin, nach außen volksnah, Gefallen an den ersten Vorboten der Marktwirtschaft, wie Straßencafés und Verkaufsständen, denen er großzügig Lizenzen erteilen ließ. Weniger Gefallen fand er an Gorbatschows puritanischer Alkoholkampagne. Als Jelzin mit seinen gnadenlosen Säuberungen des Parteiapparats zu viele Kostgänger des Politbüros traf, wurde er schließlich auf Initiative Ligatschows nach einem offenen Disput auf einer ZK-Sitzung im Oktober 1987 abgesetzt: Gorbatschow hatte zu seiner Verteidigung keinen Finger gerührt.

Für sein erstaunliches Comeback im Mai 1989, als er mit 89 % der 6,8 Millionen Stimmen im Wahlkreis von Moskau in den Volksdeputiertenkongreß gewählt wurde, hatte er sich mit Sacharow, dem demokratischen Oppositionsführer, verbündet und als Kämpfer gegen KP-Privilegien profiliert. Im September 1989 hatte er sich bei einem Besuch in den USA von der Überlegenheit des kapitalistischen Systems überzeugen lassen und sich zum „Sozialdemokraten" bekehrt, als er erlebte, daß das Angebot in den Supermärkten nicht nur – wie in der Sowjetunion – zu Dekorationszwecken oder für Parteibonzen existierte, sondern tatsächlich für die „Arbeiterklasse" erschwinglich war. Im Februar 1990 forderte Jelzin die volle Legalisierung von Privateigentum, die Autonomie der Betriebe und das Recht auf Vereinigungs- und Versammlungsfreiheit. Im Juli 1990 trat er dann aus der KPdSU aus. Doch blieb Jelzins Demokratieverständnis eher formal, d. h. im Abhalten von Wahlen und der Anerkennung ihrer Ergebnisse, beschränkt. Er teilte den Kinderglauben der ihn umgebenden jungen Reformer und der amerikanischen neoliberalen Transformationsberater in die Automatik der Wohltaten von Entstaatlichungen. Sobald die Privatisierungen durchgezogen seien, würden eine funktionierende Marktwirtschaft, ein demokratisches System und eine wohlhabende Bürgergesellschaft quasi urwüchsig entstehen. Mit jenen schlichten neuen Grundüberzeugungen verfolgte Jelzin im politischen Alltag einen weitgehend ideologiefreien Pragmatismus, der sich meist als situativer autoritärer Populismus äußerte.

Im Laufe seiner wechselhaften Laufbahn mutierte der einstige Gebietsparteisekretär und nachmalige Parteirebell und Volkstribun in seiner ersten Amtszeit zum unsteten Reformer und Populisten und in der zweiten Amtszeit ab 1996 dann endgültig zum wetterwendischen byzantinistischen Autokraten, der mehr und mehr den wechselnden Einflüsterungen seiner selbstsüchtigen „Familie" sowie seinen krankheitsbedingten Launen unterlag.

Diese Mutationen waren umso bedeutsamer und folgenschwerer, als in jener Übergangsphase Personen und nicht Institutionen, deren Regeln und Kompetenzen stets neu angepaßt wurden, prägend waren. Dies wurde deutlich an dem folgenreichen Eindringen der räuberischen Finanzoligarchen um Potanin und später Beresowski und Abramowitsch in Jelzins Führungszirkel um 1996 und der machthungrigen *silowiki* mit Primakow, Stepaschin und Putin als Premierminister ab 1997.

Margarete Mommsen ist zuzustimmen, daß der demokratische Aufbruch an dem Fehlen einer Dissidentenelite scheiterte, die gegenüber der Nomenklatura der Partei, die nach wie vor – von Gorbatschow über Jelzin bis Putin – den *homo sovieticus* repräsentierte, keine Führungsalternative aufwies. In jener „Demokratie ohne Demokraten"[8] gab es keine Einsicht in die Notwendigkeit von Gewaltenteilung und in institutionelle Verfahren statt der personalisierten Macht, die sie so gerne und öffentlich auslebten. Ja selbst die jungen Reformer um Tschubais und Gajdar tobten ihre neoliberalen Konzepte der „Schocktherapie" *made in America* mit dem Dogmatismus leninistischer Konvertiten aus, der sich um die Schwierigkeiten der realen postsowjetischen Lebenswelt und den Überlebenskampf der Zukurzgekommenen ebensowenig scherte wie Lenin um die Verhungernden des Bürgerkriegs.

Angesichts des wachsenden Chaos und der massiven Opposition der Duma gegen den Reformkurs Jegor Gajdars, der als Premierminister gerade 35 Jahre alt war, wurde er im Dezember 1992 durch den „roten Direktor" Viktor Tschernomyrdin ersetzt, der als langjähriger Unionsminister für die Gasindustrie sein Ministerium samt angeschlossenem Pipelinenetz schlicht zur Gasprom mit sich selbst als neuem Generaldirektor privatisiert hatte. So gab es in jener ersten Amtsperiode drei Seilschaften im Kreml, die der Jungreformer („Laborleiter"), die Gajdar und Tschubais aus ihren Instituten mitgebracht hatten, die Gruppe der „roten Direktoren", die über Tschernomyrdin die Nähe der Macht suchten, sowie jene altgedienten Apparatschiks, die Jelzin selbst in seiner Präsidialverwaltung etablierte, zumal er für echte Dissidenten keine Verwendung hatte. Jene drei Seilschaften spielte er in einem stets in Bewegung gehaltenen Personalkarussell gegeneinander aus.[9]

Gleichzeitig experimentierte Jelzin mit neuen Institutionen, unabhängig davon, ob diese in der Verfassung vorgesehen waren oder nicht. So wurden kurzfristig Konsultativorgane wie ein „Staatsrat" und ein „Präsidentenrat" geschaffen und wieder abgeschafft. Am wichtigsten ist sicher seit 1991 die Präsidialadministration, die aus dem bürokratischen Apparat des ZK in großen Teilen übernommen wurde. Nach US-Vorbild wurde 1992 ein nationaler Sicherheitsrat geschaffen, der, oft nicht ohne Grund „Politbüro" genannt, gleichfalls zu einem großen Apparat ausgebaut wurde.

In der Zeit der „Doppelherrschaft" von Präsident und Duma von 1992–1993 wurde die Präsidialverwaltung unter Ruslan Chasbulatow als Parlamentspräsident ähnlich aufgebläht. Prompt wurde er im klarsichtigen Volksmund zum „Obersten Sowjet".

In jenen chaotischen frühen Jahren, als ein kommunistisch dominiertes Parlament mit dem radikal-reformerisch gesonnenen Präsidenten um Macht und Inhalte rang, wurden von beiden Seiten an die 300 Verfassungsänderungen durchgesetzt, die sich so widersprachen, daß im Frühjahr 1993 frei nach Nikolai Gogol von den „Aufzeichnungen eines Wahnsinnigen"[10] die Rede war. Jelzin löste das Problem, indem er das Weiße Haus der Duma im Herbst 1993 von Panzern beschießen ließ und die Abgeordneten verjagte.

In der neuen Verfassung vom Dezember 1992 stand wie in den meisten post-sowjetischen Republiken (d. h. allen außer dem Baltikum) die französische Präsidialverfassung Charles de Gaulles' Pate, mit einer Dominanz der Exekutive und schwach ausgebildeten Rechten der Staatsduma und des Föderationsrates, den damals noch die Gouverneure als Zweite Kammer der Föderativen Republik bildeten.

Wie in allen Präsidialregimes (Frankreich, USA) bildeten sich auch in Rußland bald informelle Entscheidungsgremien als Küchenkabinette von Beratern und Freundeskreisen um den Präsidenten heraus, wo die eigentlichen Entscheidungen fielen, die dann in den verfassungsmäßig vorgesehenen formellen Institutionen nur noch abgesegnet und ausgeführt wurden. Das war insofern nichts Neues, als schon in der sowjetischen Elite informelle Netzwerke in der kommunistischen Nomenklatura gepflegt wurden. Eine Praxis, die somit nahtlos in eine postsowjetische Oligarchie überleitete. Physisch wurde der Zugang zu Jelzin ohnehin von seinem langjährigen Vertrauten und Leibwächter Korschakow kontrolliert, der 1985 als KGB-Major für seinen Personenschutz zuständig war und ihm auch während der Zeit der Ungnade (1987–1990) die Treue hielt. Korschakow nutzte diese Vertrauensstellung und sein Kommando über die divisionsstarken Kremltruppen für seine Geschäftsinteressen ein Jahrzehnt lang bis zur Ankunft Putins weidlich aus.

Die wichtigste Kamarilla war der „Präsidentenklub", der etwa zehn Personen umfaßte. Dazu gehörten anfangs neben Korschakow (der mittlerweile zum Generaloberst befördert worden war), Tschernomyrdin, die Machtminister (Innen, Verteidigung, FSB), Büroleiter Iljuschin, Tennislehrer Tarpischtschew und Tochter Tatjana. 1995 stießen Borodin als Chef der Kremlverwaltung, der Moskauer Bürgermeister Luschkow und Beresowski als erster Oligarch dazu. Eine Zeitlang dominierte auch ein Triumvirat, bestehend aus Korschakow, dem FSB-Chef Michail Barsukow und Vizepremier Oleg Soskowez, der als Apparatschik gleichzeitig „roter Direktor" in den Grundstoff- und Rüstungsindustrien war. In jedem Fall waren stets Einflüsterer aus dem militärisch-industriellen Komplex, den Rohstoffindustrien und Geheimdienstkreisen präsent. Erst als sich jener Zirkel 1996 unfähig zeigte, den Präsidialwahlkampf vernünftig zu organisieren und zu finanzieren, und Jelzins Wiederwahl ernstlich gefährdet erschien, warf er das Triumvirat hinaus und ging statt dessen ein Naheverhältnis zu den jungen Reformern um Tschubais (der Soskowez als Wahlkampfmanager ablöste) und den Oligarchen ein.

Im Kampf gegen Sjuganow und die angesichts der Stärke kommunistischer und antidemokratischer Kräfte in der Duma nur allzu reale Gefahr einer Restauration des alten Systems wurden alle Register der oligarchisch kontrollierten Medien und der kreativen Stimmzettelauszählung gezogen, so daß Jelzin mit einiger Nachhilfe dann doch zum Wahlsieger erklärt werden konnte. Er erlitt jedoch während des Wahl-

Der russische Präsident Boris Jelzin (Mitte) begrüßt im Kreml die Oligarchen Wladimir Gussinski, Vitali Malkin, Wladimir Potanin und Michail Chodorkowski (v. l. n. r.; 1998).

kampfs dank seines rastlosen Einsatzes und Trinkens einen schweren
Herzinfarkt, so daß die reale Macht temporär – bis Mitte 1997, als Jelzin
wieder einsatzfähig wurde – bei Tschubais als Chef der Präsidialadministration lag, der nunmehr auch den Zugang zum kranken Präsidenten
kontrollieren konnte. Wegen der nunmehr starken Einflußmacht der
Oligarchen, die Jelzins Wahlkampf bestritten und finanziert hatten und
nun den Lohn ihres staatsbürgerlichen Engagements einstrichen, wurde
das Wirken dieser *semibankirschtschina* (Siebenbankentruppe) an den
Schaltstellen der Macht auch als „Herrschaft der sieben Bankbarone"
bezeichnet: in Analogie zur Herrschaft der sieben Bojaren in der Zeit der
Wirren von 1610–1612.[11] Einer der mächtigsten Oligarchen, Wladimir
Potanin, wurde zum Ersten Vizepremier für Finanz- und Wirtschaftsfragen ernannt und war somit für die 1996 vereinbarte Privatisierung der
bislang noch staatlichen Grundstoffindustrien zuständig.

Praktischerweise konnte er dabei die Auktionen von Norilsk Nickel,
des größten Nickelkombinats der Welt, und des Telekom-Giganten
Swjasinvest vorbereiten, die dann alle rein zufällig zu seinen Gunsten
ausgingen. Dabei fühlte sich Gussinski übervorteilt, der bislang nur ein
stark verschuldetes Medienreich besaß, das er zu Jelzins Gunsten im
Wahlkampf wacker eingesetzt hatte, und sich nun nicht ganz zu Unrecht
um die Früchte des Sieges betrogen fühlte. Der beginnende Krieg der Oligarchen endete damit, daß sie sich gegenseitig öffentlich diskreditierten
und damit ihren kollektiven Einfluß verspielten. Auf Jelzins Anweisung
setzte Tschubais Beresowski als Chef des nationalen Sicherheitsrates ab,
einen Posten, den vorher kurzfristig General Alexander Lebed ausgefüllt
hatte, der damals unbedankt im August 1996 mit dem Abkommen von
Chasanjurt den ersten Tschetschenienkrieg beendet hatte. Beresowski
rächte sich, indem er in seinen Medien enthüllen ließ, daß Tschubais als
Vorschuß für ein nie geschriebenes Buch $ 95.000 erhalten hatte. Dieser
hatte bis dahin, da er wie alle jungen Reformer als Staatsbediensteter
unterbezahlt war, ein makelloses Image pflegen können.

Im März 1998 entließ Jelzin Tschernomyrdin als Premierminister,
dessen zunehmend selbstbewußtes und stärkeres öffentliches Auftreten
ihm mißfiel. Sein Nachfolger wurde der bisherige Energieminister Sergej
Kirijenko, ein parteiloser Technokrat ohne Bindung zu den Oligarchen.
Kirijenko fiel schon im Herbst 1998 der russischen Finanzkrise zum
Opfer, als im Zuge der seinerzeitigen Asienkrise festgestellt wurde, daß
der russische Staat und die meisten seiner Banken illiquide waren. Als
der IWF als Bedingung für seine Finanzhilfe verlangte, die öffentlichen
Finanzen und die Bankenaufsicht müßten saniert werden, wurde diese
Forderung vom Premierminister und von Tschubais und Gajdar unterstützt; für die Oligarchen, die ihre Banken für ihre Privatinvestitionen
mißbraucht hatten und in der Krise auf Kosten der Einleger sanierten,
war dies jedoch nicht akzeptabel. Weil er einen Sündenbock brauchte

und die Ursachen der Krise kaum verstand – allgemein schienen sich Jelzins Kenntnisse der Ökonomie auf die Prämissen, daß Privatisierungen gut und die Inflation schlecht sei, zu beschränken –, wurde Kirijenko bei nächster Gelegenheit entlassen. Sein Nachfolger wurde der vormalige Außenminister Jewgenij Primakow, der eine KGB-Karriere hinter sich hatte und dank einer ihm gewogenen Duma-Mehrheit versprach, gegen die Oligarchen vorzugehen. Als Gegengewicht gegen den machtvoll agierenden Primakow engagierte Jelzin auf Einflüsterung seiner „Familie", zu der nach der Ablösung des Triumvirats, mit der Schaltstelle Tatjana Djatschenko als „Imageberaterin" des Präsidenten, sein Memoirenschreiber Jumaschew, der spätere Präsidialamtsleiter Woloschin und die Oligarchen Beresowski und Abramowitsch gehörten,[12] den vormaligen General der FSB-Grenztruppen Bordjuscha zum Präsidialchef und Leiter des nationalen Sicherheitsrats. Als Bordjuscha aber nicht gegen Primakow agitierte, wurde er auf Druck der „Familie" bald wieder entlassen. Primakow selbst wurde nach der Bewältigung der Rußlandkrise wegen der nahenden Präsidentenwahl von 2000 zu gefährlich und deshalb im Mai 1999 überraschend gekündigt.

Sein Nachfolger wurde wiederum ein KGB-Veteran, nämlich der FSB-Generalleutnant Sergej Stepaschin. Als auch dieser begann, eigene politische Ideen zu entwickeln und vor allem die Recherchen von Generalstaatsanwalt Jurij Skuratow nach den verschwundenen IWF-Milliarden nicht unterband, war seine Ministerpräsidentschaft nach drei Monaten vorbei. Sein Nachfolger wurde im Herbst 1999 ein „Mann aus dem Nichts", ein gewisser Wladimir Putin, der erst im Juli des Vorjahres FSB-Chef geworden war. Er hatte sich in der FSB-Kampagne zur Diskreditierung von Skuratow als scheinbar bedingungsloser Gefolgsmann der Interessen der „Familie" ausgezeichnet und – ebenso beruhigend – keinerlei eigene politische Ideen und Konzepte laut werden lassen. Darüber hinaus besaß er keine eigene Hausmacht.

Für die Duma-Wahlen im Dezember wurde aus Tschernomyrdins zerfallender Partei der Macht „Unser Haus Rußland" und anderen Überläufern die programmfreie Kreml-Partei „Einheit" mit dem Bären-Logo gegründet. Mit einer geschickten Werbekampagne, die den vor Kraft strotzenden, energischen Putin mit seinen martialischen Posen im Vergleich zu dem siechen Jelzin in den Vordergrund rückte, mit dem medialen Rückenwind durch Beresowskis Medien und mit dem beginnenden Anti-Terrorkreuzzug in Tschetschenien gelang es der Putin-Partei aus dem Stand, 23 % der Stimmen zu holen, knapp hinter den 24 % für die wohlorganisierte KP. Seine Angstgegner Luschkow und Primakow als Hauptrivalen für die künftige Präsidentschaftswahl erreichten mit „Vaterland. Ganz Rußland" nur 13 %. Nach einer fortgesetzten Negativkampagne gegen die beiden gelang es Putin im März 2000, 53 % der Stimmen auf sich zu vereinen.

Seiner schwachen Hausmacht eingedenk akzeptierte Putin in seinem ersten Kabinett noch mit Michail Kasjarow einen Mann der „Familie" als Ministerpäsidenten und mit Woloschin einen Präsidialamtschef des Vertrauens sowohl der Oligarchen wie des Jelzin-Klans. Sein Kabinett enthielt jedoch schon einige von Putins Ex-Kollegen vom KGB und der Stadtverwaltung aus St. Petersburg. Mit Nikolai Patruschew hatte er einen Vertrauten als Nachfolger im FSB ernannt. Durch Sergej Iwanow als Sekretär des Nationalen Sicherheitsrates gelang es ihm im Mai 2000, diesen zu seiner persönlichen Machtbasis auszubauen. Bald folgte durch Alexej Miller der Zugriff auf die sprudelnden Bargeldbrunnen von Gasprom und über Gasprom der Durchgriff zu Gussinskis Medienreich ...

Nach dem Angriff auf Jukos im Jahre 2003 wurden dann mit Kasjarow und Woloschin die letzten Repräsentanten der „Familie" entmachtet. Obwohl Putin sich streng an sein Amnestieversprechen hielt, muß sich der alternde Jelzin in lichten späteren Minuten doch häufig gefragt haben, wie er sich in seinem Nachfolger als einer vermeintlich pflegeleichten, willensschwachen grauen Maus so getäuscht haben konnte.

1 Maria Huber: Moskau, 11. März 1985. Die Auflösung des sowjetischen Imperiums, München 2002, S. 36.
2 Ibid., S. 20.
3 Ibid., S. 79.
4 Ibid., S. 98.
5 Ibid., S. 127.
6 Werner Adam: „Alle Warnungen in den Wind geschlagen", in: Frankfurter Allgemeine Zeitung, 18. August 2001.
7 Huber, op. cit., S. 254 f.
8 Margareta Mommsen: Wer herrscht in Rußland? Der Kreml und die Schatten der Macht, München 2003, S. 17.
9 Ibid., S. 33.
10 Ibid., S. 28.
11 Ibid., S. 65.
12 Ibid., S. 83.

DIE AUTOKRATIE PUTINS: DIE HERRSCHAFT DER *SILOWIKI* UND IHRE FOLGEN

Nach den erratischen Irrungen und Wirrungen Jelzins in den krisenhaften 1990er Jahren ist Rußlands Politik mit dem Antritt Putins 1999/2000 zwar nicht erfreulicher, so doch einigermaßen vorhersehbar geworden. Seine Innenpolitik setzte wieder die zentralisierte „Machtvertikale" einer im Kreml beheimateten Präsidialverwaltung durch, die von Vertrauten des Machtapparates (*silowiki*), persönlichen Bekannten und Vertrauten Putins aus St. Petersburg beherrscht wurde. Sie unterdrückten ohne viel Skrupel die Opposition, die Pressefreiheit, die regionale und kommunale Selbstverwaltung, die erst embryonale Bürgergesellschaft und die Unabhängigkeit der Justiz und mutierten den oligarchischen Kapitalismus der späten Jelzin-Ära zurück zu einer Form des Staatskapitalismus.

In seiner Außenpolitik verfolgte Putins Rußland die Sammlung der post-sowjetischen Erde in seinem „Nahen Ausland" durch die erneute Sicherung von Einflußsphären in Zentralasien, im Iran, im Südkaukasus, in Osteuropa und auf dem Balkan. Weltpolitisch verfolgt es im Bündnis mit China das strategische Ziel einer multipolaren Weltordnung und stützt sich dabei neben seiner Energieexportpolitik auch auf seine modernisierten Atomwaffen, ein neuaufgelegtes Flottenbauprogramm und – in geringerem Maße – auf seine immer noch umfangreichen Landstreitkräfte. Diese Politik ist in erster Linie gegen den als zunehmend bedrohlich und wachsend angesehenen Einfluß der USA gerichtet. Sie wird durch Destabilisierungsversuche bei potentiellen US-Verbündeten (Georgien, Ukraine, Moldawien, Aserbaidschan), durch Waffenexporte nach China, Indien, in den Iran, den mittleren Osten und nach Afrika und durch ständige Initiativen, Europa durch Ausnutzung der außenpolitischen Diskrepanzen innerhalb der EU zu neutralisieren, durchzusetzen versucht.

Putins politische Biographie

Sein Großvater diente – und überlebte – als Lenins und Stalins Koch. Sein Vater diente im Krieg zunächst bei der baltischen U-Boot-Floote und später bei einer Partisanengruppe des MKWD hinter den deutschen

Linien bei Leningrad. Schwerkriegsversehrt arbeitete er dann in einer
Waggonbaufabrik. Die Mutter verdiente als Hilfe im Einzelhandel und
als Putzfrau dazu. Putin wurde 1952 in einer Industrievorstadt Lenin-
grads geboren, in der die Zerstörungen und Erinnerungen des Krieges
und der Blockade noch frisch waren. Wegen des knappen Wohnraums
bewohnte seine Familie ein Zimmer in einer Gemeinschaftswohnung,
in dem die Nutzung von Küche und Toilette gemeinsam war. In jenem
rauhen proletarischen Milieu geriet der jugendliche Wladimir zunächst
einmal auf die schiefe Bahn. Nachdem die Miliz und die erzieherische
Hand des Vaters einschritten, disziplinierte er sich als Oberschüler und
relativ erfolgreicher Judoka.[1] Schon als Jugendlicher hatte er angefangen, Spionageromane zu lesen und Deutsch zu lernen, um sich für eine
Laufbahn beim KGB vorzubereiten. Als er sich als 16jähriger im Leningrader Direktorat als Freiwilliger melden wollte, wurde ihm bedeutet,
der Geheimdienst rekrutiere nur Hochschulabsolventen für die Offi-
zierslaufbahn, die Jura und Fremdsprachen studiert hatten. Daraufhin
studierte er an der Staatlichen Universität Leningrad Jura, im kommunistischen System keine sonderlich anspruchsvolle Disziplin.

Er lebte damals weiter bei seinen Eltern und scheint in seiner Studienzeit außer Sport und schwerer physischer Ferienarbeit in der Bauindu-
strie und beim Holzfällen keine Zerstreuungen gehabt zu haben. Nach
dem Hochschulabschluß trat Putin in die Dienste des Leningrader KGB,
wo er sich in der Spionageabwehr und der Überwachung von Dissidenten bewährte. Nach einer Ausbildung zur Auslandsspionage in Moskau
kehrte er wieder nach Leningrad zurück, diesmal um Ausländer zu überwachen und zur Mitarbeit in seinem Dienst zu bewegen. In Personalbe-
urteilungen wird er als gut in der Beobachtung und Auswertung, aber als
schwach in der Kommunikation und im zwischenmenschlichen Umgang
beschrieben. Nach zehn Jahren Dienst im KGB in Leningrad wird Putin
1985 als Major zum stellvertretenden Leiter der Dresdner *residentura*
versetzt. Offiziell wird er Direktor des Hauses für deutsch-sowjetische
Freundschaft. Im Vergleich zu westlichen Hauptstädten gilt die Stelle in
der mitteldeutschen Provinz als wenig glamourös, zumal seine Berichterstattung nach Moskau stets noch von der vorgesetzten Stelle in Karls-
horst genehmigt und durchgesehen werden muß. In Dresden nahm er
recht gemischte Zuständigkeiten wahr, so für die Spionageabwehr, die
Industriespionage in der sächsischen Industrie (Robotron) und die Anwerbung von ausländischen Besuchern und von Stasi-Offizieren für den
KGB, von denen sich einer übrigens bald in den Westen absetzte. Das
Leben in der kleinen Sowjetkolonie zu Dresden ging seinen geruhsamen
Gang. Putin konnte sich seinem Familienleben mit zwei kleinen Töchtern widmen, entwickelte eine Neigung zum guten Radeberger Pils und
wurde 1987 routinemäßig zum Oberstleutnant befördert. Er entwickelte dem Vernehmen nach eine starke Sympathie für deutsche Kultur und

Arbeitsdisziplin,[2] nahm gleichzeitig die Schwächen des DDR-Systems illusionslos wahr und war doch von seinem plötzlichen Zusammenbruch überrascht und schockiert. Als während der demokratischen Revolution von 1989 eine aufgebrachte Menschenmenge vor seiner *residentura* demonstrierte, ließ er vertrauliche Dokumente vernichten und lenkte die Demonstranten erfolgreich von dem Gebäude ab, während sich die sowjetische Garnison neutral verhielt und sein Ersuchen zum Eingreifen ablehnte. Zum Demokraten wurde er damals nicht bekehrt.

Nach der Wiedervereinigung kehrte er im Januar 1990 nach Leningrad zurück. Dort erhielt er an seiner *alma mater* der Leningrader Staatsuniversität den Posten des Vizerektors, der für Auslandskontakte und ausländische Studenten zuständig war – eine Stellung, die traditionell dem KGB vorbehalten war. Obwohl Putin kein Geheimnis aus seinen Sympathien für die Putschisten vom August 1991 und seinen guten Beziehungen zum beteiligten KGB-General Wladimir Krjutschkow gemacht hatte, wurde er vom St. Petersburger Bürgermeister Anatoli Sobtschak, einem demokratischen Reformer, zu einem seiner Stellvertreter ernannt. Als solcher wurde er für die Auslandsbeziehungen der Stadt, einschließlich der Anwerbung von Auslandsinvestitionen verantwortlich. Wie viele Politiker der turbulenten Wendezeit fand es Sobtschak nützlich, gute und direkte Beziehungen zu den weiter intakten Strukturen des KGB zu pflegen. Während er selbst es genoß, im Rampenlicht zu stehen und auf Empfängen demokratische Toasts zu bringen, zeichnete sich Putin bald als effektiver Stadtverwalter im Hintergrund aus. Als solcher konnte er sicher die offensichtliche Korruption in Sobtschaks Umgebung nicht übersehen, noch war es ihm möglich, Kontakten mit der in St. Petersburg allmächtigen Mafia aus dem Wege zu gehen, zumal in Fragen, die die Casinos der Stadt betrafen. Allerdings ist von einer persönlichen Bereicherung Putins nichts bekannt.[3]

1994 wurde er zum Ersten Stellvertretenden Bürgermeister der Millionenstadt ernannt. Als solcher war er für die Kampagne zur Wiederwahl Sobtschaks zuständig, die dieser gegen Wladimir Jakowlew, seinen einstigen Vizebürgermeister, auszufechten hatte. Putin sah diese Aufgabe anscheinend etwas zu entspannt und kümmerte sich lieber vorrangig um den Abschluß seiner Dissertation zur Ressourcenpolitik der Region. So verlor Sobtschak die Wahlen, vor allem auch, weil die Wähler von seiner korrupten Verwaltung und der verrottenden öffentlichen Infrastruktur genug hatten. Als Jakowlew, dem Putin seinen „Verrat" nie verzeihen sollte, gewann, flüchtete Sobtschak ins Exil nach Paris, um Korruptionsanklagen zu entgehen, und Putin brauchte einen neuen Job.

Schließlich wurde er dank seiner St. Petersburger Beziehungen (*blat*) Stellvertretender Leiter der superreichen Kreml-Verwaltung, deren notorisch korrupter Chef Pawel Borodin die Liegenschaften und Fahrzeugflotten der Zentralverwaltung kontrollierte. Wiederum schien ihn

die später in der sogenannten „Mabetex-Affäre" gerichtsnotorische Bestechlichkeit seines Chefs nicht zu stören. 1998 wurde Putin stellvertretender Leiter der Präsidialverwaltung, wo er für die Beziehungspflege
zu den 89 Gouverneuren Rußlands zuständig war. Er muß sie damals
so geliebt haben, daß er sie als Präsident drei Jahre später als erstes ent-
machtete. Zunächst einmal war jedoch Putins neugewonnener Zugang
zur „Familie" Jelzins wichtiger, die damals von Jelzins Tochter Tatjana Djatschenko und dem Oligarchen Beresowski dominiert wurde. Als
Höfling war Putins Arbeitsstil von Diskretion, Kompetenz und loyaler
Zuarbeit geprägt. Trotz aller Zurückhaltung stellte er jedoch sicher, daß
seine Rolle nicht unbemerkt blieb. Im Juli 1998 wurde er in einer der
sich in Jelzins Spätphase beschleunigenden Personalrochaden zum Chef
des FSB ernannt. Auch in dieser Funktion führte er gehorsam Befehle
aus.

Er entließ einige überalterte oder müde gewordene Generäle und beließ ansonsten alles beim alten. An Untersuchungen von Korruption höheren Orts war er nicht interessiert.

So wurden Recherchen, die allzu nahe an den Kreml und die Zentralbank führten, die Dollarmilliarden an internationalen Finanzhilfen, die
nach der Krise von 1998 geflossen waren, veruntreut hatte, unvermittelt
gestoppt.[4] Zur Belohnung wurde er bald zum Leiter des nationalen Sicherheitsrates befördert. Im August 1999 wurde Putin Premierminister,
nachdem Jelzin überraschend Sergej Stepaschin, ebenfalls ein vormaliger
KGB-Offizier und FSB-Chef, nach nur drei Monaten Amtszeit gekündigt hatte. Mit Putin war die Absprache ziemlich eindeutig: Das Amt
der Premierministers und die Nachfolge Jelzins winkten im Austausch
für eine wasserdichte Amnestie, generöse Pensionsregelungen und den
Schutz der „Familien"-Interessen durch Putin und seine FSB-Kollegen.

Ein Problem war Putins geringer Bekanntheitsgrad und seine geringe
Popularität gegenüber Rivalen wie Moskaus Bürgermeister Lukanow
und Ex-Premier Primakow. Da kam die „Invasion" Dagestans durch
den tschetschenischen Terroristenführer Schamil Bassajew und die Bombenserie in russischen Städten, die ohne Beweise den verhaßten Tsche-
schenen angelastet wurde, just im rechten Moment, um den zweiten,
diesmal sorgsam vorbereiteten Tschetschenienkrieg auszulösen und Putin als harten Mann für Recht und Ordnung zu profilieren.

Vor den Parlamentswahlen im Dezember 1999 attackierten Beresowskis Medien Putins Hauptrivalen Primakow, Luschkow und Jakowlew
und ihre Partei „Vaterland – All-Rußland" massiv, untergriffig und erfolgreich. So wuchs Putins aus der Retorte geschaffene Partei „Einheit"
von 4 % in den ersten Umfragen auf 24 % am Wahltag, während „All-
Rußland" nur 13 % der Stimmen bekam.

Wladimir Gussinski, der sich als Medien-Oligarch mit Luschkow und
Primakow verbündet hatte, wurde das erste Opfer von Putins Rache. Da

er bei Gasprom stark verschuldet war, konnte er ohne große Schwierigkeiten enteignet werden und entschwand nach einem kurzen Aufenthalt
in einer Arrestzelle ins Exil nach Spanien und Israel. Diaschenko und
Borodin wurden ebenfalls bald aus dem Kreml entlassen, und nachdem
er während des Kursk-Desasters eine feindselige Presse erfahren mußte,
nahm sich Putin bald seinen einstigen Förderer Beresowski vor. Diesmal
war ein altes Dossier, das dessen ungetreue Aneignung ausländischer
Ticketerlöse von Aeroflot dokumentierte, sehr praktisch.

Im Mai 2000 belebte Putin eine alte zaristische Tradition und ernannte
Generalbevollmächtigte in sieben nationalen Distrikten, um die 89 Gouverneure und die Einhaltung des nationalen Rechts in ihren Provinzen
zu überwachen. Putin begann auch, korrupte oder ungehorsame Gouverneure per Präsidialerlaß zu entlassen oder sie durch unablässige Korruptionsuntersuchungen zu zermürben und zum Rücktritt zu nötigen. So
warf sein alter Feind Jakowlew 2003 in St. Petersburg das Handtuch.

Durch die Ernennung seiner St. Petersburger Gefolgsleute Alexej
Miller und Dimitri Medwedjew an die Spitze von Gasprom und durch
die Entlassung des korrupten „rote Direktoren"-Paars Wjachirew und
Tschernomyrdin schaffte sich der Kreml einen direkten Zugang zu dessen Geldströmen und Gashähnen als Hauptinstrumente für die Energieexportpolitik. Im März 2001 hatte Putin seine *silowiki*-Gefolgsleute
in die Kontrolle aller Machtministerien gebracht: Verteidigung, Inneres
und der nationale Sicherheitsrat. Im März 2003 wurden die meisten der
früheren KGB-Funktionen, einschließlich der Grenztruppen und Kom-
munikationsdienste, wieder unter dem Dach des FSB vereint. Er erhielt
auch zeitweise die Kontrolle über alle Militäroperationen in Tschetschenien. Die Jelzin-Ära war also definitiv vorbei, als der frühere KGB de-
moralisiert, unterbezahlt und funktionslos war und seine Offiziere und
Agenten massenhaft bei privaten Sicherheitsfirmen, den Oligarchen und
der Mafia anheuerten.

In der Duma vereinigten sich die Fraktionen von „Einheit" und „Vater-
land-All Rußland" nachdem Luschkow und Primakow es ratsam gefunden hatten, sich mit Putin zu versöhnen. Der Kreml betrieb dann weiteres Parteienmanagement. So wurde von den Kommunisten eine weitere
sozialistische Partei abgespalten. Auch wurde eine neue grüne Partei
(„Leben") gegründet. Abgeordneten wurden nicht allzu subtile Anreize
geboten, zur Fraktion von „Einheit" überzulaufen. Für die Mehrheits-
findung war dies kaum notwendig, denn der Kreml konnte zur Not stets
auf Schirinowskis rechtsradikal-krawallierende Liberaldemokraten zählen, im entscheidenden Moment für gewisse Zuwendungen richtig und
verläßlich abzustimmen. Die Duma-Wahlen im Dezember 2003 brachten der „Einheit" mit etwa 37 % der Stimmen zwei Drittel der Mandate.
Als Ergebnis degenerierten die parlamentarischen Debatten seither zu
eher folgenlosen Pflichtübungen. Die Haushalts- und Gesetzesvorlagen

des Kreml werden üblicherweise ohne Änderungen abgenickt. Für viele überfällige Wirtschafts- und Steuerreformen war dies kein Schaden. So konnte nach einer Steuerreform eine flache Einkommensteuer von 13 % eingeführt werden. Die Körperschaftssteuer wurde von 35 % auf 24 % gekürzt. Städtischer und landwirtschaftlicher Grund und Boden wurden erstmals seit der Oktoberrevolution wieder handelbare Güter. Während der Ära Jelzin hatte der Widerstand der Kommunisten diese wichtigen, für eine funktionierende Marktwirtschaft und die ländliche Entwicklung unverzichtbaren Reformen stets verhindert. Mit den niedrigen Steuersätzen verbesserte sich die Steuerehrlichkeit zusehends: das Steueraufkommen verdoppelte sich binnen Jahresfrist.

Derweil entwickelte sich die russische Wirtschaft, angeheizt von der weltweiten Energie- und Rohstoffhausse, prächtig. Die Durchschnittseinkommen in der Boomstadt Moskau stiegen auf $ 630 monatlich. Landesweit sollen es $ 385 sein. 1992 waren es noch $ 70 gewesen. Von 145 Millionen Russen haben 25 Millionen jetzt ein Mittelschichteinkommen des EU-Durchschnitts. Dabei leben 30 Millionen weiter unter der Armutsgrenze.[5]

Putin hat sich gelegentlich enttäuscht über das vergleichsweise geringe investive Engagement der deutschen Wirtschaft in Rußland geäußert.[6] Dies mag daran liegen, daß Deutschland über keine internationalen Energiekonzerne von der Größe Shells oder der BP verfügt (deren Entwicklungsinvestitionen seither vom Kreml via Gasprom kalt enteignet wurden). Auch wurden mit der Kreml-Definition einer Vielzahl strategischer Industrien, in denen Auslandsinvestitionen unerwünscht sind, auch deutsche Interessenten (etwa Siemens im Falle von Silowije Machinery) frustriert.

So schrecken in der Kreml-AG eine ausufernde Bürokratie und eine niedrige Arbeitseffizienz produktive Auslandsinvestitionen ebenso ab wie eine endemische Korruption, die sich seit Putins Machtübernahme verzehnfacht haben soll.[7] Auch hat die Rechtssicherheit mit mindestens 80 Auftragsmorden im Jahr keinesfalls zugenommen. Was der Erdöl- und Erdgasboom geleistet hat, war laut Roland Haug in erster Linie der Auftrieb für das staatsbürokratische Machtkartell.[8] So gibt es seit Putins zweiter Amtszeit keine Entmonopolisierungsreformen mehr, und als einzige Planungssicherheit der Großunternehmen gilt die Beziehungspflege zu den Seilschaften an der aktuellen Kremlspitze, die sich in allen Aufsichtsräten breitmachen und von der reichen Kremlvermögensverwaltung materiell großzügig begünstigt werden.

Das System Putin

In Putins staatszentrierter Entwicklungsphilosophie war die Konsolidierung der Staatsmacht stets wichtiger als die Demokratie. Zudem hegte er seit der mißglückten Gouverneurswahl von St. Petersburg eine starke Abneigung gegen Wahlkämpfe und ihre Versprechungen. Während seiner eigenen Präsidialwahlkämpfe lehnte er die Beteiligung an substantiellen Debatten ebenso konsequent ab wie irgendwelche programmatischen Aussagen.[9] Für Putin ist persönliche Freiheit nur in einem starken Staat möglich, der in der Lage ist, das Individuum auch effektiv zu verteidigen.[10]

Putin hat eindeutig die Staatsgewalt rezentralisiert und die – ohnehin nur schwächlich wiedererstandene – russische Bürgergesellschaft wieder staatlicher Kontrolle unterworfen. Informelle elitäre Netzwerke haben formelle institutionelle Abläufe überlagert. Öffentliche Kritik und Kontrolle sind unerwünscht. In Rußlands autoritärer Tradition verstärkt sich damit wieder das sattsam bekannte Phänomen des „Rechtsnihilismus": Recht wird als Herrschaftsinstrument benutzt. Gesetze werden so vage und umfassend interpretationsfähig formuliert, daß sie jedes Verhalten nahezu jederzeit strafwürdig erscheinen lassen – mit dem Ergebnis, daß die Bürger Gesetze gewohnheitsmäßig ignorieren, solange sie glauben, sie bleiben unentdeckt und unbestraft.[11]

Das mag man als Erbe byzantinistischer Traditionen erklären, in denen als Caesaropapismus, der Einheit von geistlicher und weltlicher Macht, die Herrschaft heilig und ihre Kritik undenkbar war. Bis 1905 waren die Zaren allmächtig und für ihre Taten nur vor Gott rechenschaftspflichtig. Die demokratische Verfassung von 1993 folgte ohnehin, wie in vielen anderen Ländern der ehemaligen Sowjetunion, dem Muster der zentralistischen Präsidialverfassung der französischen 5. Republik. Unter Putin erodierte die ohnehin schon schwächliche Gewaltenteilung weiter. Im Sinne der Ideologie des russischen Sonderwegs favorisierte Putin einen starken Staat, der auf der Machtvertikale zentralistischer Befehlsstränge und einem starken Militärapparat beruht. Dabei sind politischer Machtwettbewerb und freie Medien inkompatibel mit dem übergeordneten Ziel der wirtschaftlichen und etatistischen Konsolidierung. Putins demokratische Bekenntnisse wirken demgemäß stets nur halbherzig und widersprüchlich. Oft werden Chaos und das Risiko des Staatsverfalls als Risiken einer demokratischen Entwicklung angesprochen.[12] Staatsmacht und Großmachtsaspirationen haben demgegenüber klar Vorrang vor einer nachrangig wünschenswerten demokratischen Entwicklung. Entsprechend scharf wird die Kritik an einschlägiger russischer Politik zurückgewiesen und die Vision einer „Farbrevolution" in Rußland und seiner Nachbarschaft mit allen Mitteln konterkariert.

Jelzin war ein geschickter Schmied von Kompromissen gewesen. Er hatte deshalb die Herausbildung von regionalen Machtzentren und der Oligarchen, die große Teile der vormaligen Staatswirtschaft kontrollierten, zugelassen. Während 1998/99, als Sergej Primakow ein starker Premierminister war, konnte dieser mit einer parlamentarischen Mehrheit dem Präsidenten sogar Paroli bieten. Dies war für Putin ein Menetekel. Er setzte schon im Jahr 2000 klar auf die Durchsetzung der Machtvertikale, das heißt der strengen Befehlshierarchie vom Kreml zu allen nachgeordneten Staatsorganen. Deshalb der erste Blitzkrieg gegen die autonomiegesonnenen Gouverneure und ihre Unterordnung unter seine Generalbevollmächtigten, die nicht umsonst fast alle *silowiki*-Generäle waren. Der Bundesrat, Rußlands zweite Kammer, verlor sein Vetorecht. Im Jahr 2004 gingen die Gouverneure dort auch ihrer Sitze verlustig. Sie wurden statt dessen mit Sitzen in der rein zeremoniellen neuen Staatskammer entschädigt. Später wurde auch ihre Direktwahl zugunsten der Ernennung durch den Kreml abgeschafft. Für den Verlust der direkten Demokratie und Macht wurden die Gouverneure durch die Ausweitung ihrer Wiederbestellung gewonnen. Statt der Begrenzung auf maximal zwei Amtsperioden konnten sie nunmehr bei Wohlgefälligkeit auf deren vier hoffen.

Rußlands erste Kammer, die Duma, wurde seit 1999 zunehmend von der Präsidialverwaltung kontrolliert, die die Fraktionen nahezu nach Gutdünken manipulieren konnte.[13] So wurden ohne große Umstände synthetische Kremlparteien, zuerst „Einheit Bär", dann „Einiges Rußland", gegründet. In ihre Ränge wurden systematisch ursprünglich unabhängige Abgeordnete, die in Einzelwahlkreisen direkt gewählt worden waren, rekrutiert. Wie erwähnt, erhielt „Vereintes Rußland" in den Wahlen von 2003 37 % der Stimmen. Doch hatte sie bald dank der Anwerbung von Abgeordneten aller Parteien eine komfortable Mehrheit von 310 von insgesamt 450 Sitzen. Dies half, entgegen den früheren Blockaden ein marktgerechtes Grunderwerbs- und Einkommenssteuerrecht einzuführen, das bislang von den Traditionskommunisten blockiert worden war. Nur die Kommunisten blieben als eine ernsthafte Opposition. Die Mißachtung der Duma durch den Kreml zeigte sich unter anderem an den Ministerernennungen Putins offensichtlich: kein einziger Parlamentarier wurde je ernannt. Als Retro-Innovation wurde jedoch ein neuerliches konsultatives Organ, eine „Gesellschaftliche Kammer", erfunden. Dort können sich 126 ernannte Mitglieder, die aus der Welt des Sports, der Religion, Kultur, Wirtschaft und Wissenschaft stammen, zu politischen Fragen beratend äußern, ohne dabei jegliche politische oder kontrollierende Mandate zu haben. Das Ganze erinnert fatal an das sowjetische Muster einer Volkskammer, wo die Untertanen ihre Petitionen einreichen durften.

Die freien Massenmedien waren von Putin schnell als Staatsfeinde identifiziert worden. Er nutzte die Unbeliebtheit der Oligarchen, um zuerst die Medienreiche von Gussinski und Beresowski zu enteignen. Bis 2003 war die staatliche Kontrolle über alle Fernsehsender wiedereingeführt. Nur im Internet und in städtischen Zeitungen mit geringer Auflage herrscht noch Meinungsfreiheit. Doch auch für sie gibt es Tabuthemen, wie zum Beispiel die Themen Korruption im Kreml, soziale Massenproteste, militärische Gewalt in Tschetschenien und Fehler bei der Terrorbekämpfung. Eine Gesetzesnovelle weitete im Jahr 2006 die Definition von verbotenem „Extremismus" auf jegliche unerwünschte Kritik an Behörden aus.

Um jedwede „Farbrevolution" in Rußland auszuschließen, sind Staatsjugendverbände geschaffen worden, die sich „Nashi" (Die Unsrigen) oder „Molodaja Gwardia" (Junge Garde) nannten, die Parteijugend von „Vereintes Rußland". Da „Vereintes Rußland" ein eher virtueller, mitgliederfreier Wahlverein ist, wurden ab 2006 formelle Bündnisse mit einer Vielzahl von Vereinen und Verbänden abgeschlossen, um eine gewisse gesellschaftliche Präsenz – allerdings ohne politische Mitbestimmungsmöglichkeiten – herzustellen. Dazu zählen Frauen-, Jugend- und Sportklubs, Wohlfahrts- und Berufsverbände, Gewerkschaften etc. Außer der bedingungslosen Unterstützung des Kreml hat „Vereintes Rußland" weiter kein wirkliches Parteiprogramm.

Dabei sind die Ähnlichkeiten mit den Volksfrontstrategien der Kommunisten und ihren Vorfeldorganisationen nicht zu übersehen. Sowjetnostalgie ist auch in der Wiedereinführung der sowjetischen Hymne und der patriotischen und vormilitärischen Pflichtausbildung in den Schulen sichtbar.

Jedoch ist Putins innerer Machtzirkel von 12 oder 15 Männern nicht monolithisch und operiert nicht ohne erhebliche Spannungen. Rivalisierende informelle Netzwerke existierten schon zu Sowjetzeiten. Während Jelzins zweiter Amtszeit wurden bekanntlich einige der Oligarchen als eine zweite Einflußgruppe in seine „Familie" kooptiert. Das mochte sogar eine gewisse Berechtigung haben, denn es gab keine organisierte Wirtschaftslobby, die diesen Namen verdient hätte. Als Putin zum Präsidenten bestimmt und gewählt wurde, wurde er zunächst von zwei Mitgliedern der Jelzin-Familie mit guten Beziehungen zu den Oligarchen eingerahmt. Dies waren Michail Kasjarow als Premierminister und Alexander Woloschin als Leiter der Präsidialverwaltung, auf die er in Ermanglung einer eigenen Machtbasis noch einige Zeit angewiesen blieb. Putin befreite sich nach und nach, indem er systematisch seine eigenen Leute aus St. Petersburg in Schlüsselpositionen beförderte. Unter ihnen war eine Minderheitenfraktion von „liberalen" Anwälten und Volkswirten, darunter Dimitri Medwedjew, Dimitri Kozak (der für den Kaukasus zuständig wurde), Finanzminister Alexej Kudrin und Wirtschaftsminister German Gref. Die Mehrheitsfraktion bestand aus *silowiki*-Figuren, die auf KGB-Karrieren zurückschauen konnten. Dazu zählten Igor Setchin, Viktor und Sergej Iwanow sowie Nikolai Patruschew. Bis 2003 funktionierte die Kohabitation von Jelzins „Familie" und den St. Petersburgern. Man zerstritt sich gründlich über die Jukos-Affäre, in deren Folge sowohl Woloschin wie Kasjarow ihre – schon im Schwinden befindliche – Macht und Positionen verloren. In der Folge veränderte sich der oligarchische Kapitalismus in Rußland hin zum heutigen Staatskapitalismus.[14] Seither gibt es einen anhaltenden Kampf unter den verschiedenen St. Petersburger Seilschaften um die weitere Einflußmacht und den Genuß der Früchte ihrer Kontrolle über einen stetig wachsenden Teil der russischen Wirtschaft (Rosneft, Gasprom, Rosoboroexport, Almas Antey, Aeroflot, die Russischen Eisenbahnen etc.). Putin handelt dabei als distanzierter und kaum vorhersehbarer Schiedsrichter. Inwieweit Medwedjew ihn in dieser Rolle ablösen wird – und sich dabei von seinem Mentor machtpolitisch entscheidend emanzipiert –, muß freilich abgewartet werden.

Das Recht war in Rußland immer ein Instrument der Machtausübung gewesen. Entsprechend gering war und ist das Ansehen der Richter. Die Gehälter sind niedrig und die Korruption entsprechend hoch. Freisprüche sind weiterhin selten. Wie in unseligen Sowjetzeiten gibt es bei politischen Prozessen auch wieder die „Telefonjustiz"; Verfahren, in denen dem Richter vom Kreml die Schuldsprüche und Strafzumessung per Telefon diktiert werden. Die Richter sind auch heute ständig von Disziplinarmaßnahmen bedroht, sollten sie zu viel Unabhängigkeit demonstrieren. Ein Prokurator, eine einzigartige russische Institution, die dereinst als das „Auge des Zaren" geschaffen wurde, um über Staatsanwälten und Richtern zu wachen, kann jederzeit jedes Urteil kassieren und ein neues Verfahren anordnen. In heiklen politischen Fällen kann er die ausschließliche Untersuchungsbefugnis an sich ziehen. Das wurde vom Generalstaatsanwalt Ustinow für die Fälle Kursk, Jukos und Beslan und von seinem Nachfolger Tschaika bei den Morden an Anna Politkowskaja und Alexander Litwinenko und für Jukos II getan. Dabei sind seine Schlußfolgerungen und Entscheidungen eindeutig politisch motiviert.[15] Für die beiden Rußlandexpertinnen Margareta Mommsen und Angelika Nussberger bleibt als Resümee ihrer gründlichen Analyse von Putins Herrschaft: sie könne, weil sie zu zentralisiert und personalisiert sei, nicht von Dauer sein.[16] Unter Medwedjew wird sich herausstellen, wie begründet diese Prognose ist.

Der KGB an der Macht?

Im folgenden soll die Frage interessieren, inwieweit die Machtübernahme durch Putin und seine St. Petersburger KGB-Kollegen auch die Beherrschung des ganzen Landes durch ehemalige Geheimdienstoffiziere bedeutete? Thierry Wolton, ein bekannter französischer KGB-Experte, ist dieser Überzeugung. Und dies passierte nicht ungeplant und absichtslos. In dem oft gewalttätigen Chaos der 1990er Jahre hatten sich die KGB-Leute in der Anarchie des demokratischen Umbruchs, als Oligarchen und Mafiosi um die Macht und die Kontrolle von Schlüsselunternehmen kämpften, als noch halbwegs intakter Ordnungsfaktor unersetzbar gemacht.

Die Qualifikation der KGB-Agenten, die anfänglich oft die analphabetischen Folterknechte und Massenmörder im Dienste der Revolution, der Zwangskollektivierung und von Stalins „Großem Terror" der Jahre 1936–1939 waren, kam nicht von ungefähr. Als Alexander Schelepin KGB-Chef war (1958–1961), wurde der Geheimdienst graduell von einem brutalen Machtinstrument, das vorrangig verhaftete, folterte, deportierte und tötete, in eine elitäre politische Polizei umgeformt.[17] Drei Jahrzehnte später, etwa Mitte der 1980er Jahre, waren 88 % der KGB-Offiziere Hochschulabsolventen, darunter ein gewisser Wladimir Putin. Gleichzeitig wird die Erinnerung an Stalins Terror und die Rolle des KGB bzw. des NKWD unterdrückt.

Ursprünglich war der Geheimdienst der untergeordnete bewaffnete Arm der Partei. Seit den 1960er Jahren jedoch wurden die KP- und KGB-Funktionen immer mehr vermischt, so daß schließlich an der Spitze eine Art „partei-tschekistische Oligarchie" entstand.[18] Dies galt vor allem, als Jurij Andropow 1967 KGB-Chef wurde und 1973 ins Politbüro einrückte. Von 1978 an wurde der KGB sogar formal der Partei gegenüber gleichberechtigt, da beide nur noch direkt dem Politbüro unterstellt waren. In dem Maße, indem die Wirtschaftskrise, die Demoralisierung der Bevölkerung und die Korruption des Parteiapparats in den 1980er Jahren um sich griffen, war eigentlich nurmehr der KGB in der Lage, die propagandistischen Desinformationen des Apparates auf ihren Realitätsgehalt hin zu überprüfen und halbwegs realistische, interne Lageberichte zur Wirtschafts- und Gesellschaftskrise der Sowjetunion zu verfassen.

Damals konnte der KGB dank seiner Kontrolle der sowjetischen Außenhandelsgesellschaften genügend Kapital im Ausland transferieren. Als Andropow schließlich – wenngleich schon todkrank – Generalsekretär der KPdSU (1982–1983) wurde, erlaubte er ausgewählten Intellektuellen, Systemreformen zu durchdenken und eine „Perestroika" zu entwickeln, die die Stagnation, Korruption und Rückständigkeit der Breschnew-Ära bewältigen sollte. Andropows Kampf gegen die Korruption beendete den usbekischen „Baumwollschwindel"[19], bei dem sich die usbekische Parteiführung durch inflationierte Planerfüllungszahlen jahrelang unbehelligt bereichert hatte, und begann eine Kampagne gegen den Alkoholismus, so daß sich Funktionäre nur noch mit Mincralwasser für ihre Friedensliebe und Sollübererfüllungen zutoasten durften. Für echte Strukturreformen genügte dies nicht. Auch lebte Andropow dafür nicht mehr lange genug. Obwohl sein unmittelbarer Nachfolger, Konstantin Tschernenko, ein konservativer Mann des Apparates wurde (und im März 1985 bald starb), plazierte Andropow zu Lebzeiten künftige Reformer für Glasnost und Perestroika, wie Gorbatschow (der wie er aus Stawropol kam), Ligatschow und Jakowlew, die nach Tschernenkos Abgang die Macht übernehmen konnten.

Gorbatschows Politik des Glasnost war grundsätzlich der Versuch, die diskreditierte KP durch die Rückgewinnung von Legitimität und Meinungsführung an der Macht zu erhalten, dabei die kommunistische Politik als freiheitlich zu verkaufen, um dringend benötigte westliche Finanzhilfen zu erhalten und gleichzeitig Breschnews korrupte Seilschaften aus der Partei zu säubern.

Als sich die Krise der Sowjetunion vertiefte, mußte sich Gorbatschow mehr und mehr auf den KGB stützen und ihm einen weiten Handlungsspielraum für den Kampf gegen Sabotage und Wirtschaftsverbrechen und gleichzeitig umfangreiche Privilegien im Außenhandel und im Technologieerwerb einräumen.[20] Von 1986–1988 wurden erstmals seit der Neuen Ökonomischen Politik (NEP; 1921–1927) wieder private Handwerker und Dienstleister erlaubt. Ihnen folgten die Befreiung aller Staatsfirmen von den Diktaten des Plans und die Zulassung von „Kooperativen" auf den Gebieten des Bankwesens, des Außenhandels und für Gemeinschaftsunternehmen mit Auslandskapitalbeteiligung. Diese Möglichkeiten wurden hauptsächlich von jungen Komsomol-Funktionären und KGB-Offizieren genutzt, vor allem solcher seiner 6. Generaldirektion, die die Kontakte mit kapitalistischen Firmen pflegte. Da wurde die Kenntnis westlicher Geschäftspraktiken, Exportmärkte und Zugang zu Fremdkapital sehr hilfreich, zumal jene Direktion zum Zwecke der Industriespionage und Technologiebeschaffung über ein weites Netz an kleinen Außenhandelsgesellschaften und Briefkastenfirmen verfügte, die man jetzt für den Eigenbedarf aktivieren konnte. Als Ergebnis entstand im Rußland Anfang der 1990er Jahre eine Art komsomol-tschekistischer Kapitalismus[21] mit einem sehr eng begrenzten Kreis an Nutznießern des Systemwechsels. Die prominentesten Komsomol-Gewinner waren sicher Michail Chodorkowski mit Jukos und als Vertreter des Tschekisten-Typs Wladimir Potanin, der Eigner von Norilsk Nickel, dessen Vater ein hochrangiger Beamter des Außenhandelsministeriums war. Dazu gab es als dritte Kategorie noch die Klasse der „roten Direktoren", die sich im Zuge der „Coupon-Privatisierung"[22] „ihre" ursprünglichen Staatsunternehmen aneigneten.

Der KGB versuchte auch Perestroika-Reformen und die Säuberung vergreister Politbürocliquen in Osteuropa und in nichtrussischen Sowjetrepubliken durchzusetzen, indem er Dissidentengruppen zu infiltrieren und steuern suchte und Volksfronten unter Einschluß der nationalen kommunistischen Parteien gründen ließ. Dieses Rezept funktionierte nur in Rumänien, wo der mutmaßliche KGB-Agent Ion Iliescu nach einem Palastputsch und einem manipulierten Volksaufstand gegen das „Karpatengenie"[23] und *conducator* Ceauşescu nebst Gattin an Weihnachten 1989 verhaften und erschießen ließ. Andernorts radikalisierten sich die demokratischen Oppositionsbewegungen zusehends, so daß sie sich der geheimdienstlichen Manipulation weitgehend entzogen.

In dem Maße, in dem Gorbatschow die Kontrolle über die Ereignisse in der sowjetischen Peripherie entglitt – die Unabhängigkeitsbewegung im Baltikum gewann zusehends an Stärke, während sich Ausschreitungen und pogromartige ethnische Konflikte im Südkaukasus häuften –, stützte er sich mehr und mehr auf den KGB und die Männer des militärisch-industriellen Komplexes. Er ernannte Hardliner, darunter Vizepräsident Janajew, Premier Pawlow, Innenminister Pugo, KGB-Chef Krytschkow und Verteidigungsminister Jasow, alles Männer, die später Anführer des Putsches werden sollten, und befahl gewalttätige *speznaz*-Einsätze[24] im Baltikum, die vor allem in Litauen viele Todesopfer forderten.

Den Ausgang des Putsches vom August 1991 wartete Gorbatschow in seiner Ferienwohnung auf der Krim in sicherer Entfernung ab, zumal er von dem Ereignis schon vorher Wind bekommen hatte. Als der Putschversuch am unerwarteten Widerstand Jelzins und der Moskauer Bevölkerung scheiterte, distanzierte er sich umgehend, ebenso wie von den Militäreinsätzen, die er in den aufmüpfigen Sowjetrepubliken befohlen hatte. Der Putsch war von seinen siegesgewissen Führern schlecht vorbereitet, zu wenige Truppen mobilisiert worden. Geplante Verhaftungen wurden nicht durchgeführt, und die Kommunikationsverbindungen nicht unterbrochen. Jelzin konnte ungehindert von seiner Datscha in das Zentrum Moskaus fahren, um dort den Widerstand zu organisieren und mobilisieren.

Nach seinem Scheitern waren die Strafen für die Putschisten, gemessen an ihren Verbrechen, dem Versuch der gewaltsamen Beseitigung der verfassungsmäßigen Ordnung, erstaunlich milde. Nach wenigen Jahren wurden alle amnestiert. Allerdings hatte es bei einigen an der Planung Beteiligten eine Reihe mysteriöser Selbstmorde und Fensterstürze gegeben. Laut Wolton wurde das Scheitern des Putsches von zu vielen mittleren Dienstgraden unter den Moskauer Tschekisten und Bürokraten gewollt, die schon von der Transformation zu gewinnen begonnen hatten und den neuen Wohlstand nicht durch den reaktionären Putsch wieder verlieren wollten.[25]

In dem Maße, in dem die Sowjetunion zu desintegrieren begann, konnte sich auch Gorbatschow als ihr Präsident nicht mehr halten. Im Dezember 1991 sah er sich zum Rücktritt gezwungen. Der KGB jedoch überlebte dank einer Serie von Umorganisationen – am wichtigsten war dabei die organisatorische Abtrennung der Auslandsspionage als SWR – und wiederholter Umbenennungen. Sein Unterdrückungsapparat, seine Archive, das Agentennetz im In- und Ausland, seine Expertise, Kontakte, sein ideologischer Pragmatismus und das Interesse an Selbstbereicherung blieben intakt. In jener Frühphase des wilden russischen Kapitalismus war vor allem das Netzwerk an Briefkastenfirmen nützlich, daß der KGB auf Zypern, in anderen Teilen Südeuropas und in den üblichen Steueroasen auf-gebaut hatte, galt es doch, die großen Vorratslager von Edelmetallen, Öl und Waffen ins Ausland zu verschieben, um so an den großen Differenzen zwischen den niedrigen Binnenpreisen und den hohen Weltmarktpreisen ohne viel Anstrengungen reichlich zu verdienen.[26]

Um Jelzin gab es verständlicherweise keine geborenen Demokraten. Er und seine Berater waren alle die Produkte der sowjetischen Erzie-hung, die ihre neuen neoliberalen Orthodoxien mit der Inbrunst und Rücksichtslosigkeit von Konvertiten praktizierten. Lokale, soziale und kulturelle Probleme wurden bei der großen Kuponprivatisierung eben-so ignoriert wie die Monopolstellung der gigantischen Kombinate in Mono-Industriestädten. Wie erwähnt, nötigten die „roten Direktoren" dann meist ihren Belegschaften die Kupons billig ab und übernahmen so wieder preiswert die Kontrolle und einen Großteil der Aktien ih-rer Betriebe. Oft genug wurden Dispute auch gewalttätig gelöst. Der Aluminiumkrieg von Krasnojarsk allein kostete 140 Tote. Zwischen 1993 und 2001 gab es alljährlich zwischen 29.000 bis 33.000 Morde.[27] In einem Jahrzehnt entspricht dies einer mittleren Großstadt. In etlichen dieser Fälle waren aktive oder frühere KGB-Agenten involviert. Einige der verwendeten Gifte, zum Beispiel radioaktives Kadmium, stammte aus KGB-Laboratorien. Von den 800.000 privaten Wach- und Sicher-heitsleuten in Rußland sind ein Drittel ehemalige Tschekisten.

Der Zugang des KGB zu Jelzins „Familie" wurde durch die schnel-le Beförderung von Alexander Korschakow erleichtert, der als KGB-Major Jelzins Leibwächter wurde und bald als Lieblings-Trinkkumpan zum General und Kommandeur über die 40.000 Mann starken Kreml-truppen ernannt wurde. Diese Position ermöglichte ihm auch den Zu-gang und die Kontrolle über die lukrativen Waffenexporte, die über den staatlichen Rüstungskonzern Rosoboronexport liefen. Bemerkenswer-terweise ließ Jelzin nur führende Parteikader säubern, nicht aber ehe-malige KGB-Funktionäre. Da er aus Angst vor einem Putsch alle Sicher-heitsstrukturen unter seiner Kontrolle im Kreml zentralisieren wollte, ernannte er deshalb führende ehemalige KGB-Offiziere, wie Primakow, Stepaschin und schließlich auch Putin, in das Amt des Premierministers. Putin machte damals den Witz, es gäbe keine Notwendigkeit für einen Putsch des FSB, er sei bereits an der Macht.[28]

Putin hatte sich in Jelzins Augen für den Job empfohlen, weil er als eifriger und gehorsamer Beamter galt, der auch in Spitzenpositionen nicht durch sonderliche Eigeninitiativen aufgefallen war. Auch seine frühere KGB-Karriere war nur durchschnittlich gewesen, ohne große Errungenschaften oder übergroßen Ehrgeiz. Nach seinen Tagen in der St. Petersburger Stadtverwaltung (1991–1996) waren alle Untersuchun-gen zur Korruption im Außenhandel der Stadt (für den er zuständig war) im Sande verlaufen. Ein Duma-Abgeordneter, der zu viel Interesse zeigte, wurde vergiftet und ein wißbegieriger Staatsanwalt entlassen.²⁹ Nach Sobtschaks Abgang wiesen die Finanzen (für die Putin auch verantwortlich war) der eigentlich reichen Stadt ein Defizit von $ 600 Millionen auf. St. Petersburg stand kurz vor dem Konkurs.³⁰ Als FSB-Chef half Putin Sobtschak im November 1997 bei dessen Flucht nach Frankreich, womit er sich auch selbst einen Gefallen tat. Als Sobtschak kurze vor Beginn von Putins Präsidentschaft aus seinem Exil zurückkehrte, starb er sehr bald an einem schweren Herzversagen in der ostpreußischen Provinz.

Zum dringlichsten Problem bestimmte Putin die wachsende Anarchie in Tschetschenien. Schon vor dem ersten Tschetschenienkrieg hatte der Kreml durch Kommandos die abtrünnige Provinz zu destabilisieren versucht. Gleichzeitig ließ er den unübersehbaren, massiven Waffenschmuggel zu, der die tschetschenische Bedrohung wachsen ließ. Der Beginn des sorgfältiger geplanten zweiten Tschetschenienkrieges und die mysteriöse Bombenserie in russischen Städten halfen, Putins ursprünglich hoffnungslose Zustimmungsrate von 1 % auf mehr als 50 % zu steigern. Damit übertraf er bei weitem seine vorher wesentlich mächtigeren Rivalen Luschkow und Primakow, die die Unterstützung durch Gussinskis Medien genossen.

Doch auch nach seinem Wahlsieg im Jahr 2000 gab es weiter ungelöste Seltsamkeiten im Hinblick auf die Tschetschenienkampagne und dem mit ihr verbundenen Terrorismus. So gelang es 2002 dem gesamten tschetschenischen Terrorteam, sich unbehindert im Herzen Moskaus zu versammeln, Munition zu lagern, um nach der Stürmung des Dubrowka-Theaters ausnahmslos erschossen bzw. vergiftet zu werden – ausgenommen der Anführer, der wundersamerweise durch den Truppenring entkam. Auch vor Putins Wiederwahl 2004 explodierte eine Bombe, für die niemand die Verantwortung übernahm. Dabei kamen 40 Menschen in der Moskauer Metro um. Thierry Wolton bemerkte dazu, daß auch dieser Anschlag die Handschrift der Tschekisten trägt, die aufgrund ihrer bürokratischen Einstellungen stets nach dem gleichen Muster vorgingen.³¹

Die im Jahre 2000 erfolgte Machtübernahme der Tschekisten blieb für Rußlands Politik, Rechtssystem und Wirtschaft nicht folgenlos. Nicht nur wurden alle öffentlichen Ehrungen für die vergangene Arbeit des KGB wieder eingeführt, darunter der „Tag des Tschekisten" am 20. Dezember, dem Gründungsdatum der Tscheka im Jahre 1917. Die FSB-Organe wurden wieder ermächtigt, Wohnungen zu durchsuchen und vorbeugende Verhaftungen vornehmen zu können. Die 1993 abgeschafften *propiska*-Aufenthaltsverpflichtungen wurden als *registratura* wieder eingeführt. Patriotische Programme und Wehrertüchtigungsprogramme wurden wieder zu Pflichtfächern in den Schulen. Dabei wird eine nationalistische Propaganda subventioniert, die die Überlegenheit von Rußland, seiner orthodoxen Kirche, der slawischen Kultur und des sowjetischen Fahnenruhmes im Zweiten Weltkrieg nach allen Regeln der Kunst ausbreitet. Ein Extremismusgesetz, das im Juli 2007 entsprechend modifiziert wurde, droht für die Verleumdung von Staatsbediensteten Gefängnisstrafen von bis zu sechs Jahren an. Damit ist eine kritische Presseberichterstattung nahezu unmöglich geworden. Seit 2004 werden kritische Nichtregierungsorganisationen als fünfte Kolonnen des Westens angegriffen.

Mittlerweile hat der FSB alle Staatsinstitutionen infiltriert: die Justiz, Diplomatie, die Armee, die Steuerbehörden etc.[32] Nach 2000 war laut Wolton eine große Säuberung des Sicherheitsapparates erfolgt, bei der 85 % der Staatsanwälte und 70 % der regionalen Polizei- und FSB-Chefs ihre Stellung verloren hatten und durch Vertraute des Präsidenten und seines Machtkreises der St. Petersburger *silowiki* ersetzt worden waren. Die formalen Institutionen der Demokratie und der Gewaltenteilung, Parlament, Justiz, Wahlen und die Medien, wurden kunstvoll zu leeren Potemkinschen Dörfern umgestaltet. In der Wirtschaft kontrollieren Putins Männer (Frauen spielen keine Rolle) alle großen Staatsholdings, Erdöl, Erdgas, das Transportwesen, die Massenmedien und Rüstungsindustrien, darunter auch jene Konzerne, die ungehorsamen Oligarchen (Gussinski, Beresowski, Chodorkowski) wieder weggenommen und effektiv verstaatlicht wurden. Etwa zwei Dutzend Gefolgsleute von Putin (und einige ihrer Söhne) kontrollieren damit Firmen, die 35 % von Rußlands GDP ausmachen und einen Marktwert von $ 350 Milliarden darstellen.[33] Die überlebenden Oligarchen (Potanin, Fridman, Deripaska, Abramowitsch etc.) tun gut daran, die Wünsche des Kreml zur Chefsache zu machen und sie möglichst unverzüglich zur allgemeinen Zufriedenheit umzusetzen. Das gilt auch für die Akquisition von Kunstschätzen ebenso wie für Infrastrukturinvestitionen und Aufsichtsratsmandate. Die Entwicklung von Klein- und Mittelbetrieben und einer echten mittelständigen Unternehmerkultur wird dagegen weiter durch Hunderte von Lizenzen behindert, die der unterbezahlten örtlichen Beamtenschaft willkommene Gelegenheiten bieten, sich durch ständige Kontrollen und Erpressungen das Gehalt aufzubessern. Schwächen in der industriellen Fertigung, sieht man einmal von der Stahl- und Rüstungsindustrie ab, sowie die eklatanten Defizite in der öffentlichen und sozialen Infrastruktur, an der die *silowiki* desinteressiert sind, behindern auch in Zeiten des Rohstoffbooms weiter Rußlands Wettbewerbsfähigkeit.

Anna Politkowskajas Analyse des „Putinismus"

Die Autorin, die im Herbst 2006 von einem noch unbekannten Auftragskiller vor ihrer Wohnung erschossen wurde, verwendete gegenüber Putins Regime eine deutliche Sprache. Politkowskaja nannte es despotisch, rachsüchtig, kritikresistent und von Korruption und organisiertem

Verbrechen durchsetzt. Putin selbst verhalte sich weiter wie ein ewiger Tschekist, ein zynischer, das Volk verachtender KGB-Oberstleutnant, den höchsten Dienstgrad, den er in 17 Jahren einer wenig bemerkenswerten Laufbahn im Geheimdienst erreichte.[34] Dessen ungeachtet tolerierten die Russen Putins Herrschaft bis zum Ende seiner Präsidentschaft.

Da Politkowskaja keine falschen Rücksichten nahm und mutig die Übeltäter in den von ihr recherchierten Artikeln beim Namen nannte, waren ihre Feinde nicht auf den Kreml beschränkt. Es waren auch russische Offiziere und tschetschenische Bandenchefs, die in Tschetschenien Drogen und Waffen schmuggeln, vergewaltigen, Geiseln nehmen und Lösegelder erpressen,[35] Offiziere, die Rekruten schinden und als rechtlose Arbeitssklaven verpachten, Gangster und örtliche Oligarchen in Jekaterinburg und Bauleiter und korrupte Polizisten und Richter in Moskau, die einen Naturpark abholzen ließen. Von jenen Unholden hatte jeder ein Motiv, den Auftragsmörder zu engagieren. Morde werden in Rußland schon aus nichtigeren Motiven heraus verübt.

So beschreibt Politkowskaja den Aufstieg eines Gangsters, eines gewissen Pawel Fedulew, von einem kleinen Alkoholschmuggler zum Tycoon von Jekaterinburg, dem ehemaligen Swerdlowsk, einer großen Industriestadt in Westsibirien. Fedulews Geschäftsidee war relativ einfach gestrickt: Er kaufte sich mit Hilfe von Krediten in Firmen ein und übernahm die Kontrolle, indem er Geschäftspartner und Gläubiger umbringen ließ und eng mit Teilen der örtlichen Polizei und Justiz zusammenarbeitete. Als Ergebnis blutiger Gefechte und gezielter Morde übernahm er schließlich die Kontrolle des gewaltigen Uralmach Metallkombinats, von Uralkhimmach, Uraltelekom und drei Hydrolysewerken. Unter seinen engsten Verbündeten wurde der örtliche Polizeikommandeur, ein gewisser Owchinnikow, von Putin zum Vizeminister des Inneren befördert, und der offen korrupte Chef des Landgerichts bekam seine Amtszeit verlängert.[36] Die Episode strafte dem Anspruch des Regimes Lügen, das organisierte Verbrechen und die Korruption bekämpfen zu wollen.

Die Autorin dokumentiert auch gewissenhaft das Versagen der Behörden, auf die die Geiselnahmen im Moskauer Dubrowka-Theater vom Oktober 2002 und in der Volksschule in Beslan im September 2004 professionell zu reagieren. Beide Male hatte das Ziel der Liquidierung aller Geiselnehmer Vorrang vor der Rettung des Lebens der Geiseln. Verhandlungen wurden vom Kreml strikt abgelehnt. In Moskau wurde ein geheimes Giftgas verwendet, das nicht nur 40 Terroristen, sondern auch 90 Geiseln tötete. Wegen der weiteren Geheimhaltung seiner Zusammensetzung konnten die vergifteten Geiseln in den Moskauer Spitälern nicht angemessen behandelt werden. Die Geiselnehmer (und einige mit ihnen verwechselte Geiseln) waren ohnehin schon per Kopfschuß vor Ort liquidiert worden.[37] In Beslan wurden die Explosion und der Einsturz der Schule, die die meisten Kinder töteten, vom massiven, taktisch sinnlosen Feuer der vorgeblichen Befreier ausgelöst. Nach den Dramen wurden unabhängige Untersuchungen und Kritik in den Medien massiv unterdrückt.[38]

Nach Politkowskaja repräsentiert Putins Herrschaft einen „Neo-Sowjetismus", in dem eine neue Geheimdienst-Nomenklatura versucht, die Macht zu rezentralisieren und sich an dem neuen, hybriden Kapitalismus nach Kräften zu bereichern. Gleichzeitig werden alle möglichen Rivalen, wie die Mittelschichten, mittelständige Unternehmer, unabhängige Oligarchen oder regionale und lokale autonome Machtzentren, rücksichtslos unterdrückt. Leider ist es schwierig, Politkowskajas Analyse zu widersprechen.

Alexander Litwinenkos Vermächtnis

Alexander Litwinenkos Buch „Eiszeit im Kreml. Das Komplott der russischen Geheimdienste" (dt. 2007) ist in Rußland verboten. Sein Autor, ein früherer FSB-Oberstleutnant, wurde öffentlich in London im November 2006 mit Polonium vergiftet. Der Mörder hinterließ eine radioaktive Spur, die ohne viel Umstände direkt zu einem geheimen staatlichen Laboratorium führte. Die Auftraggeber hatten sich offenkundig nicht die geringste Mühe gegeben, Spuren zu verwischen. So gewinnen die oft schockierenden Enthüllungen Litwinenkos über Rußlands Staatsterrorismus eine neue Glaubwürdigkeit, einschließlich der Gewißheit des sterbenden Opfers, der grausame, für Verräter bestimmte Mord müsse von Putin selbst befohlen worden sein.

Litwinenkos Bruch mit dem FSB erfolgte laut seinem Bericht 1998, als ihm befohlen wurde, den Oligarchen Beresowski zu ermorden. Statt dessen warnte er sein Opfer (nach eigener Darstellung aus reiner „Menschenfreundlichkeit"), wurde neun Monate lang inhaftiert, um schließlich mit seiner Familie (und Beresowskis Hilfe) nach London zu entkommen. Dort recherchierte er, wie das FSB 1994 und 1999 Bomben in russischen Städten plazierte und sie den Tschetschenen anlastete, um die Vorwände und die öffentliche Stimmung für die beiden Kriege gegen die kleine abtrünnige Republik zu schaffen.

Litwinenko beschreibt auch Fälle von Lynchjustiz durch den Geheimdienst, von Fusionen von Verbrecherbanden mit FSB-Einheiten und systematischen Versuchen des FSB und anderer russischer Geheimdienste, das Land zu destabilisieren und Jelzins frühe demokratische Reformperiode zu diskreditieren, um Putin und seinen Kollegen den Weg zur Macht zu ebnen, der 1999/2000 erfolgreich abgeschlossen wurde. Tschetschenien diene laut Litwinenko jetzt vor allem als Übungsgelände für FSB-Agenten, die dort ihr Handwerk lernten und sich die praktische Durchführung von Entführungen, Folter und Mord aneigneten.

Ganz offensichtlich sind einige von Litwinenkos Behauptungen plausibler und besser begründet als andere. So erscheint der behauptete Generalplan zur nationalen Destabilisierung etwas weit hergeholt, wenn Gangsterbanden die Manager und Eigner von Energie- und Metallunternehmen aus Gewinnsucht töten oder Geheimdienstagenten Unterweltbosse liquidieren oder verschiedene Geheimdiensttruppen sich gegenseitig und die Polizei beim Versuch der Übernahme lukrativer Schwarzmarkt- und Schmuggelgeschäfte bekämpfen. Zudem bewegen sich Auftragsmorde auch nach Putins Übernahme bei rund 80 offiziellen Fällen pro Jahr. Ihnen fallen gelegentlich auch *silowiki* in den Rüstungsbetrieben zum Opfer.

1991 wurde der KGB umstrukturiert, und zwar in den SWR für die Auslandsspionage, in die FAPSI als Föderale Agentur für Regierungsfernmeldewesen und Information, in den Bundesgrenzdienst und in den Sicherheitsdienst des Präsidenten, der aus seiner Leibwache und der streng geheimen Direktion für Sonderprogramme bestand. Durch die sich anschließende Serie von Umorganisationen und Umbenennungen konnte der KGB weiter die meisten seiner Funktionen, seine Archive und den Großteil seines Personals und seiner Agenten erhalten. Von der Kontrolle durch die KP und ihrer Ideologie befreit, konnten die Nachfolgeorganisationen dank ihrer Netzwerke und Personalressourcen die Möglichkeiten der wilden neuen Marktwirtschaft besser ausbeuten als die meisten anderen Zeitgenossen. Von Anfang an konnte der FSB durch General Korschakow den Zugang zu Präsident Jelzin kontrollieren. Andere, wie zum Beispiel Bürgermeister Anatoli Sobtschak, wurden von ihrem Stellvertreter, in diesem Fall von einem gewissen Wladimir Putin, überwacht.

Sobald Jelzin vom FSB im ersten und dann im zweiten Tschetschenienkrieg verfangen worden war, wurde er laut Litwinenko vor dem Ende seines zweiten Mandats zum Rücktritt und zur Übergabe der Macht an den FSB im Gegenzug für ein Immunitätsversprechen gezwungen.[39]

Zur psychologischen Vorbereitung des Tschetschenienkriegs machte sich der FSB schon früh an die Arbeit. Angeblich wurde schon im November 1994 ein FSB-Hauptmann bei dem Versuch, eine Moskauer Eisenbahnbrücke zu sprengen, von seiner eigenen Bombe getötet.[40] Aber die meisten Bomben jener Destabilisierungskampagne wurden in öffentlichen Bussen von einer Bande von Auftragsmördern plaziert, die im Auftrag des FSB von einem Agenten namens Maxim Lazowsky geleitet wurde.[41] Die Bomben wurden schon damals tschetschenischen Terroristen in die Schuhe geschoben, ohne daß allerdings nennenswerte Anstrengungen unternommen wurden, dies zu beweisen oder die Schuldigen zu fangen. In Rußland wurde damals eine FSB-Dienststelle mit dem unverfänglichen Namen „Büro zur Analyse des organisierten

Verbrechens" (*vympel*) ins Leben gerufen. Laut Litwinenko war seine Hauptaufgabe die Liquidation von Unterweltbossen, politischen Gegnern und unerwünschten Zeugen mit Hilfe von Auftragsmördern und nach einer Weile die Eliminierung der Auftragsmörder selbst.[42] So wurde im Jahr 1996 die Lazowski-Bande ebenso liquidiert wie jener Moskauer Polizeioffizier, der den Fall untersucht hat.[43]

Als Putin 1999 den Posten des FSB-Chefs aufgab, um Premierminister zu werden, ernannte er seinen loyalen Gefolgsmann Nikolai Patruschew zum Nachfolger, der nach Angaben von Litwinenko für die Bombenkampagne von 1999 verantwortlich gewesen sein soll.[44] Sie ging schief, als in der Provinzstadt Ryazan Säcke mit dem Sprengstoff Hexagon und scharfen Zündern in dem Erdgeschoß eines mehrstöckigen Wohnhauses entdeckt und von der örtlichen Polizei rechtzeitig entschärft wurden. Sie wurden zuerst offiziell als Helden gefeiert, die einen tschetschenischen Terroranschlag vereitelt hatten. Als allerdings die tüchtige Polizei dann drei flüchtige FSB-Agenten als Urheber verhaftete, änderte Patruschew seine Sprachregelung, nannte das Ganze eine Anti-Terror-Übung und behauptete, eine nähere Analyse habe ergeben, daß Hexagon tatsächlich harmloser Zucker und die Zünder Attrappen gewesen seien. Die Beweisstücke, einschließlich des „Zuckers", wurden dann diskret auf einem Sprengplatz entsorgt. Litwinenko kann glaubhaft nachweisen, daß diese Behauptungen Lügen gewesen waren. Die Durchführung dieser „Übung" widersprach, um nur ein Argument zu nennen, allen einschlägigen strengen Dienstvorschriften, die unter anderem die Information der örtlichen Polizei verlangten und die Einbeziehung von unbeteiligten Einwohnern verboten.[45] Jedoch explodierten andere Bomben der gleichen Bauart nahezu gleichzeitig in Moskau, Wolgadonsk und in Buinaksk (Dagestan), wobei insgesamt 300 Menschen ums Leben kamen. Diesmal wurden offiziell wieder die Tschetschenen beschuldigt. Später fingen die Tschetschenen einen FSB-Oberleutnant auf Sabotagefahrt, der vor laufender Kamera einem Auslandssender die Beteiligung an den Bomben in Buinaksk sowie seine Kenntnis von FSB-Morden an ausländischen Rot-Kreuz-Helfern in Tschetschenien gestand. Natürlich ist gegenüber einem solchen „Geständnis" in Gefangenschaft stets eine gesunde Portion Skepsis ratsam.

Litwinenko hat jedoch auch einen kaukasischen Geschäftsmann ausfindig gemacht, den ein früherer Schulkamerad und nunmehriger FSB-Agent unter falschen Vorspiegelungen dazu gebracht hatte, für ihn die Lagerräume in den Erdgeschossen der Wohnhäuser anzumieten, die später in die Luft flogen. Nachdem die zweite Bombe explodierte, informierte er die Polizei über die weiteren angemieteten Örtlichkeiten, verhinderte so ihre Explosion und flüchtete. Danach schrieb ihn das FSB zur Fahndung aus und bezeichnete ihn als Gefolgsmann des wahhabitischen Terroristen Chattab.[46]

*Verstarb am 23. November 2006 an den Folgen ei-
ner Polonium-Vergiftung: Putin-Kritiker Alexander
Litwinenko, ehemals KGB-Agent und FSB-Offizier
(hier auf einem Bild aus dem Jahre 2002). Vor seinem Tod behauptete Litwinenko, seine Vergiftung
sei auf Betreiben des Kreml erfolgt.*

Gleichzeitig unternahm Schamil Bassajew im August 1999 praktisch
unter den Augen einer sowjetischen Grenzgarnison eine sinnlose „Invasion" einiger Dörfer im benachbarten Dagestan; seiner Bande fiel freilich niemand in den Arm, um sie von ihrem mörderischen Tun abzuschrecken. Da Bassajew der Oberkommandierende eines beträchtlichen
Kontingentes tschetschenischer Söldner gewesen war, die in dem von
Rußland gesponserten Krieg gegen Georgien in Abchasien auf russisch-
abchasischer Seite 1991–93 gekämpft hatten und für diese Führungs-
aufgabe in diesem schmutzigen Krieg auch von dem militärischen Geheimdienst GRU ausgebildet worden waren,[47] vermutete Litwinenko in
Bassajew einen *agent provocateur* des FSB, der den Auftrag hatte, die
Herrschaft des legitimen tschetschenischen Präsidenten Aslan Maschadow (1997–2005) mit allen Mitteln zu diskreditieren. Zusammen mit
der Bombenkampagne sollten seine Gewalttaten die öffentliche Meinung für den schon seit Sommer 1999 vorbereiteten zweiten „kleinen,
erfolgreichen Krieg" aufheizen, den Putin brauchte, um sich bei den
Wahlen von 1999/2000 als harter Mann, der Recht und Ordnung ener-
gisch durchsetzen konnte, darzustellen. Litwinenko behauptet in seinem
Buch auch, der FSB habe systematisch die Strafkolonien auf der Suche nach gewalttätigen Kriminellen nordkaukasischer Herkunft durch-
kämmt; diese wurden dann in Tschetschenien mit dem Befehl laufen-
gelassen, Ausländer und gemäßigte tschetschenische Politiker[48] zu
entführen und zu ermorden. Später sabotierte der FSB dann unermüdlich alle Versuche Maschadows und der tschetschenischen Führung, ein
friedliches Ende des zweiten Krieg zu verhandeln.[49] Putin, Patruschew
und Sergej Iwanow (ein früherer FSB-General, der von 2001–2007 Verteidigungsminister Rußlands war) sollen nach Litwinenko entschieden
haben, daß ein Krieg während der Wahlkampfzeit die richtige Ablen-
kung für ihre Machtübernahme darstellte.

Litwinenko dokumentiert weiter, daß etliche Unterweltbanden – etwa in Russisch-Fernost, Samara etc. – vom FSB und der GRU infiltriert worden waren. Die ursprünglichen Bandenchefs waren schließlich eliminiert worden, und die Geheimdienste hatten dann die Geschäftslinien (Auftragstötungen, Schutzgelderpressungen, Schmuggel von Drogen und Waffen usw.) auf eigene Rechnung selbst übernommen und weitergeführt. Sie stellten stets sicher, daß Auftragsmörder nach einer Weile selbst liquidiert wurden, daß es keine Zeugen und keine polizeilichen Untersuchungen gab.[50] Der FSB soll Mitte der 1990er Jahre aktiv auch an den Kämpfen um etliche zu privatisierende Staatsfirmen, zum Beispiel in der Öl- und Aluminiumindustrie und beim Autokonzern Wolga, mitgemischt haben. Dies sei auf Anweisung von Korschakow mit Billigung von Patruschew erfolgt.[51] Litwinenko wußte um das Risiko und hat seine Enthüllungen mit dem Tode bezahlt. Wären sie die üblichen Räuberpistolen und Verschwörungstheorien gewesen, die sich gerne um Geheimdienste ranken, hätten seine Mörder, die möglicherweise mit Deckung der Kremlführung aus den Reihen des FSB kamen, sicher nicht den Aufwand und die Kosten seiner offenen Exekution auf sich genommen.

„Achtung Religion"

Im Januar 2003 wurde eine weder künstlerisch noch von der Publikumsfrequenz besonders beeindruckende antiklerikale Kunstausstellung mit dem sinnigen Titel „Achtung Religion" in Moskau von religiösen Aktivisten angegriffen und zerstört. Dies wäre – außer für die Betroffenen – nicht sonderlich bemerkenswert gewesen, hätte nicht die folgende politisch-justizielle Kettenreaktion ein bemerkenswertes und beunruhigendes Licht auf den Stand der Meinungs- und Kunstfreiheit in Rußland geworfen. So wurden die sechs von der Miliz verhafteten Delinquenten, die sich als Aktivisten der russisch-orthodoxen Kirche identifizierten, bald freigesprochen. Nach einer wilden Medienkampagne und einer entsprechenden Duma-Resolution nahm sich die Justiz der Organisatoren im Moskauer Sacharow-Zentrum an und machte ihnen, nebst einer Künstlerin, mit der Anklage, nationale und religiöse Zwietracht gestiftet zu haben, den Prozeß. Der Ablauf der Ereignisse wurde von Michail Ryklin als Ehemann der Künstlerin – durchaus parteiisch – als die erste postsowjetische Strafverfolgung von Gotteslästerung dokumentiert und kommentiert. Die beiden Organisatoren wurden schuldig gesprochen und zu milden Geldstrafen verurteilt, die Künstler mangels Beweisen freigesprochen. Laut Ryklin repräsentiert das Urteil einen signifikanten Wechsel in der Kulturpolitik, weil sie der orthodoxen Kirche die Rolle eines Zensors in religiösen und künstlerischen Angelegenheiten zubilligt und eine Allianz der Kirche mit dem zunehmend autoritären Staat gegen die Glaubens- und Meinungsfreiheit darstellt. Dieses Bündnis von Kirche und Staat geht auf die Zarenzeit zurück. Es wurde brutal von der bolschewistischen Revolution und Stalins Großem Terror unterbrochen, als Kirchen und Klöster geschlossen und zerstört und Priester und Gläubige deportiert oder erschossen wurden. Erst während des Krieges (1943) wurde die Orthodoxie wieder im patriotischen Dienst für den atheistischen Staat begrenzt und streng kontrolliert zugelassen.[52] Viele Priester, darunter der aktuelle Patriarch, wurden gezwungen, für den KGB zu arbeiten.[53]

Unter Putin rückte die Orthodoxie zu einer nützlichen Kraft auf, die die angeschlagenen Werte, Traditionen und den sozialen Zusammenhalt der russischen Titularnation aufrechtzuerhalten hilft. Die in der ekklektischen Sammelausstellung gezeigten Arbeiten der Künstler (die im übrigen zumeist ein recht simpel gestricktes Agitprop-Muster aufwiesen, so zum Beispiel in einer Sequenz, die Hakenkreuz, Hammer und Sichel und das Kreuz im Zusammenhang, oder christliche Symbole, wie den Fisch oder das Lamm, entstellt bzw. das mäßig witzige Bild Christi mit einem Coca-Cola-Logo und der Aufschrift „Dies ist mein Blut" zeigte) wurden in der öffentlichen Kampagne gegen die mittlerweile längst geschlossene und entsorgte Ausstellung als Beweis einer antirussischen Subversion durch jüdische Intellektuelle gewertet.[54] Viele antisemische Töne wurden laut, obwohl laut Ryklin die meisten Künstler nichtjüdisch waren.

Sobald jener Präzedenzfall von kultureller Zensur geschaffen worden war, wurde das juristisch geschärfte Instrument der politischen Korrektheit bald gegen andere unliebsame Gruppen angewandt, zum Beispiel gegen die politische Rechte, deren Partei „Heimat" im Dezember 2005 auf Anweisung des Kreml von den Wahlen zur Moskauer Stadtduma ausgeschlossen, von den Medien boykottiert und fortan mit Strafverfahren überzogen wurde.[55] Nachdem das Ehepaar Ryklin weitere Todesdrohungen erhalten hatte, wanderte es im November 2007 nach Berlin aus, wo die Ehefrau, Anna Michailtschuk, im März 2008 mutmaßlich Selbstmord beging.

1 Peter Truscott: Putins Progress, London 2005, S. 30 f.
2 Ibid., S. 56.
3 Ibid., S. 72.
4 Ibid., S. 92.
5 Roland Haug: Die Kreml AG, Stuttgart – Leipzig 2007, S. 165.
6 Ibid., S. 162.
7 Ibid., S. 173.
8 Ibid., S. 178.
9 Truscott, op. cit., S. 344.
10 Ibid., S. 126.
11 Margareta Mommsen und Angelika Nussberger: Das System Putin, München 2007, S. 15.
12 Ibid., S. 26.
13 Ibid., S. 39.
14 Ibid., S. 68.
15 Ibid., S. 117.
16 Ibid., S. 189.
17 Thierry Wolton: Le KGB au pouvoir. Le systeme Poutine, Paris 2008, S. 19.

18 Ibid., S. 21.
19 Über Jahrzehnte hinweg hatten als „Baumwollmafia" bezeichnete Kreise der ehemaligen Usbekischen Sozialistischen Sowjetrepublik auf Geheiß der Moskauer Zentralplaner auf Baumwoll-Monokulturen gesetzt und dafür unter anderem den Großteil des Wassers aus den Zuflüssen zum Aralsee abgezapft. Als die geforderten Ertragssteigerungen ausblieben, erhöhte die Parteiführung die Produktion alljährlich auf dem Papier und ließ sich dafür fürstlich entlohnen.
20 Wolton, op. cit., S. 34.
21 Ibid., S. 43.
22 Bei der Coupon-Privatisierung erfolgt die Umwandlung von Staatseigentum in Privateigentum durch ausgegebene Coupons. Jeder Bürger eines Landes erhält kostenlos Coupons, die in Aktien und Anleihen von staatlichen Unternehmen investiert werden können. In manchen ehemals kommunistischen Ländern wurde dieser Weg gewählt, um vergemeinschaftlichtes Kapital an die Staatsbürger zurückzugeben.
23 So (u. a.) nannten die rumänischen Zeitungen Ceaușescu in der Zeit seiner Alleinherrschaft.
24 Speznaz = russische Spezialeinheit.
25 Wolton, op. cit., S. 57.
26 Ibid., S. 68.
27 Jonathan D. Weiler: Human Rights in Russia. A Darker Side of Reform. Bolder, CO 2004, S. 36.
28 Wolton, op. cit., S. 119.
29 Ibid., S. 134.
30 Ibid., S. 135.
31 Ibid., S. 152.
32 Ibid., S. 154.
33 Ibid., S. 192.
34 Anna Politkowskaja: La Russie selon Poutine, Paris 2005, S. 7, 339 ff.
35 Vgl. dazu u. a. Anna Politkowskaja: Tschetschenien – Die Wahrheit über den Krieg, Köln 2003.
36 Anna Politkowskaja: La Russie selon Poutine, S. 218.
37 Ibid., S. 281.
38 Ibid., S. 365.
39 Alexander Litwinenko: Blowing up Russia. The Secret Plot to Bring Back KGB Terror, London 2007, S. 3.
40 Ibid., S. 5.
41 Ibid., S. 21.
42 Ibid., S. 25.
43 Ibid., S. 43.
44 Ibid., S. 51.
45 Ibid., S. 80.
46 Ibid., S. 270.
47 Ibid., S. 102 ff.
48 Ibid, S. 117, 219.
49 Ibid., S. 150.
50 Ibid., S. 186.
51 Ibid., S. 191, 150.
52 Michail Ryklin: Mit dem Recht des Stärkeren. Russische Kultur im Zeichen der „gelenkten Demokratie", Frankfurt/Main 2006, S. 213.
53 Ibid., S. 23.
54 Ibid., S. 58.
55 Ibid., S. 229.

DIMITRI MEDWEDJEW, RUSSLANDS NEUER PRÄSIDENT

Seine Wahl am 2. März 2008 stand fest. Ziehvater Putin hatte ihn persönlich ausgewählt und alle Rivalen innerhalb des Kreml zur Gefolgschaft vergattert sowie seinen potentiell stärksten Gegner unter den Oppositionellen, Ex-Premier Michail Kasjarow, von den Wahlen ausgeschlossen. Seit Monaten berichten die Staatsmedien nur Positives über Medwedjew. Auch seine Gegner, die finsteren Geheimdienstleute der Machtvertikalen, die *silowiki*, wagten es nicht, über ihn die sonst zu erwartenden wahren oder fabrizierten Schmutzgeschichten des *kompromat* zu verbreiten. So schreiben denn auch die Westmedien in Ermanglung eigener Recherchen nur Positives: fleißig, schüchtern, höflich, belesen, zurückhaltend sei der 43jährige Thronfolger, ein gehorsamer Befehlsempfänger Putins, dessen Weste als Prädikatsjurist im Gegensatz zu seinem Meister von keinerlei Geheimdienstuntaten befleckt ist. Das Wildeste ist noch seine Leidenschaft für die Rockmusik und seine Lieblingsgruppe, die gealterten Recken von „Deep Purple". Kann ein solcher Jüngling als neuer Zar das rastlose, gewalttätige Riesenreich beherrschen, aus dem Schatten seines übermächtigen Vorgängers treten und die von Putin an die Macht und ihre Futtertröge gebrachten Geheimdienstseilschaften in die Schranken weisen? Oder ist er vielmehr als vorübergehender Platzhalter und Marionette des aktuellen Präsidenten geplant, dem er nach einer Anstandsfrist wieder den Sessel räumen wird?

Herkunft und Hochschuljahre

Medwedjew wurde 1965 in einer Plattenbauvorstadt von Leningrad als einziges Kind in eine Mittelschichtenfamilie geboren. Sein Vater lehrte Ingenieurwissenschaften am Leningrader Technologieinstitut. Die Mutter war Englischlehrerin und jüdischer Herkunft, was den Bildungswillen des jungen Dimitri beflügelt haben dürfte. Dessen behütete Herkunft konnte gegenüber Putin, der als Sohn eines kriegsversehrten Waggonbauarbeiters und einer Putzfrau in Arbeitervierteln großgeworden und sich auf der Straße als Jugendlicher durchgeschlagen hatte, bis ihn etwas verspätet der Ehrgeiz packte, kaum unterschiedlicher gewesen sein. Medwedjew schloß sein Jurastudium 1987 an der Leningrader Staatsuniversität ab, also zwei Jahre nach Beginn von Gorbatschows Reformen. Die dortige Juristische Fakultät hatte einen relativ liberalen Ruf und sich früh Expertenwissen auf dem Gebiet des Privat- und Firmenrechts erworben – Disziplinen, die es bekanntlich in der Sowjetunion vorher nicht geben durfte. Medwedjew schloß ein Dissertationsstudium an, das er 1990 mit einer Doktorarbeit zur Rechtspersönlichkeit von Staatsfirmen in einer Marktwirtschaft erfolgreich abschloß. Das Thema war im postsowjetischen Kontext neu und brandaktuell. Während der 1990er Jahre lehrte Medwedjew weiter Römisches und Privatrecht an seiner *alma mater*. Seine früheren Studenten schildern ihn als freundlichen, ausgeglichenen, ruhigen – und etwas langweiligen – Lektor. Er publizierte etliche Fachartikel zu Fragen des Wirtschaftsrechts und wurde 1991 Mitautor eines Lehrbuchs zum Privatrecht, das, mittlerweile in seiner 6. Auflage, weiterhin verwendet wird.

Karriereanfänge in St. Petersburg

Einer von Medwedjews Professoren war der spätere liberale Bürgermeister von St. Petersburg, Anatoli Sobtschak. Ihm diente er zunächst als Hochschulassistent, später als Wahlkampfhelfer und nach der gewonnenen Wahl als Rechtsberater für Verträge und Investitionsabkommen. In dieser Funktion arbeitete er viel mit Wladimir Putin zusammen, der gleichfalls als ehemaliger Student von Sobtschak nach seiner Demobilisierung vom KGB in Dresden zunächst im Auslandsamt in der gemeinsamen *alma mater*, der Leningrader Staatsuniversität, ein Auskommen gefunden hatte, um ab 1991 dann für Sobtschak das Komitee für Auslandsbeziehungen der Stadtverwaltung zu leiten. 1994 wurde Putin zum stellvertretenden Bürgermeister befördert. In dieser Zeit wurde Medwedjew Direktor für Rechtsfragen bei Ilim Pulp, einer der größten russischen Zellstoff- und Papierfabriken, die damals zum Objekt der ruppigen Übernahmebegierden des Oligarchen Oleg Deripaska (Rusal-Aluminium, Magna, Hochtief, Strabag) wurde. 1999 verließ Medwedjew Ilim, verkaufte seine Aktien dem Vernehmen nach mit viel Gewinn und wurde auf Einladung Putins im November 1999 zunächst stellvertretender Leiter des Amtes des Ministerpräsidenten.

Im Kreml

Nach Jelzins Ablöse durch Putin wurde er bald der stellvertretende Chef der mächtigen Präsidialadministration, die noch von Jelzins Kabinettchef Alexander Woloschin geführt wurde. Gleichzeitig diente Medwedjew Putin als eine Art Privatsekretär und war für seinen Terminkalender verantwortlich. Woloschin wurde als letztes Mitglied von Jelzins übelbeleumundeter „Familie" im Jahre 2003 von Medwedjew abgelöst. Zunächst wurde er mit der Reform des Beamtentums betraut, erreichte jedoch außer einer deutlichen Stellenvermehrung wenig. Im November

2005 wurde Medwedjew zu einem der beiden stellvertretenden Ministerpräsidenten befördert. Während sein Rivale Sergej Iwanow die
undankbare Aufgabe der Armeereform mit unwilligen Generälen und
geschundenen Wehrpflichtigen bekam, erhielt Medwedjew einen Fonds
von € 11 Milliarden, die er fortan für „nationale Projekte" ausgeben
durfte. Ab 2006 konnte er damit fast so oft wie der Präsident täglich im
Fernsehen bei der Einweihung neuer Krankenhäuser, Schulen, Wohn-
bauten und Kolchosstallungen auftreten. Die gleichgeschalteten Massenmedien sorgten dafür, daß Kritik an der Ausführung und Auswahl
jener nationalen Projekte nicht laut wurde.

Im Gasprom-Aufsichtsrat

Schon bald nach Putins Wahl zum Präsidenten wurde Medwedjew als
Abgesandter Putins in den Aufsichtsrat von Gasprom entsandt. Dank
seines korrupten Managements hatte es der Erdgasförder- und Pipeline-
Monopolist verläßlich geschafft, rote Zahlen zu schreiben. Medwedjews
erste Aufgabe war es, den bisherigen Vorstandchef Rem Wjachirew, der
zusammen mit Ex-Premier Tschernomyrdin Gasprom seit der Wende
kontrolliert und gemolken hatte, durch Alexej Miller, einen weiteren Pu-
tin-Vertrauten aus St. Petersburg, zu ersetzen. Mit dem Gespann Miller–
Medwedjew stieg Gasprom mit einem Börsenwert von $ 350 Milliarden
zur drittgrößten Firma der Welt auf. Es schluckte den Sibneft-Konzern
des Oligarchen Abramowitsch und zwang BP und Shell mit einigen un-
sauberen Tricks zur Herausgabe der von ihnen aufwendig entwickelten
Erdgasfelder. Shell wurde mit der Enteignung bedroht, weil es bei der
Erschließung in Nordsachalin Umweltschäden angerichtet habe, und BP,
weil es aus seinem nordsibirischen Feld die zugesagte Fördermenge nicht
eingehalten habe. Das konnte BP auch nicht, weil Gasprom die notwen-
digen Transportleitungen nicht baute. Auf Sachalin ist seit der Gasprom-
Übernahme der Umweltschutz auch kein Thema mehr.

   Das Geschäftsmodell von Gasprom ist ziemlich einfach gestrickt: wenig
selbst erschließen, billig in Zentralasien einkaufen, teuer zu Weltmarktpreisen verkaufen, und, wenn Abnehmer- und Transitländer politische
Schwierigkeiten machen, ihnen im Winter, wenn es am kältesten ist, den
Gashahn zudrehen. So geschehen gegenüber der Ukraine, Weißrußland,
Georgien und dem Baltikum. Dazu verwendet Gasprom die meisten Erträge, um sich in west- und osteuropäische Verteilernetze einzukaufen,
durch Tiefseegasleitungen in der Ostsee und im Schwarzen Meer die
lästigen Transitländer zu umflanken und europäische Versorgungsalter-
nativen (Nabucco-Pipeline) auf dem Balkan und dem Südkaukasus zu
konterkarieren. Käufliche Westpolitiker, darunter ein abgewählter Bundeskanzler, helfen bei dem Ziel, die westeuropäische Abhängigkeit vom
Russengas weiter zu erhöhen. Diese Strategie ist nicht auf dem Mist

Medwedjews oder Millers gewachsen. Sie wurde von Putin höchstpersönlich schon in seiner St. Petersburger Dissertation entwickelt und unter seiner direkten Anleitung durchgesetzt. Dazu zählten auch die Enteignung von Jukos und die Inhaftierung ihres Besitzers Chodorkowski. Seine Werte gingen an den von den *silowiki* um Igor Setschin kontrollierten staatlichen Ölkonzern Rosneft. Falls Medwedjew gegen die Art und Schaffung der neuen staatlichen Energiemonopole und den Einsatz der Energielieferungen als außenpolitische Waffe Rußlands Vorbehalte hatte, so hat er sie ein Jahrzehnt lang für sich behalten. Putins Entscheidungen hat er mit freundlichem Nachdruck nach außen vertreten. Für das Alltagsgeschäft bei Gasprom war ohnehin Miller zuständig.

Weiter kontrolliert Gasprom die Medien der aus Rußland vertriebenen Oligarchen Gussinski und Beresowski. Nach dem Austausch vieler Redakteure sind die meisten, darunter alle jene, die für die Fernsehkanäle arbeiten, auf Regierungskurs getrimmt.

Putins Wahl

Wie jeder gute Tschekist läßt Putin seine Umgebung über seine wahren Absichten und Entscheidungen so lange wie möglich im unklaren. Vom Zeitpunkt der Verdrängung der Familie Jelzin und der Oligarchen von der Macht hat er auf zwei Gruppen gesetzt, zu denen er aus früherer beruflicher Verbindung Vertrauen hat: ehemalige KGB-Offiziere und Armeegeneräle, die er als *silowiki* auf 75 % der Führungspositionen ernannte, und St. Petersburger Juristen und Ökonomen, die 21 % seiner Ernennungen ausmachten. Am besten war natürlich, sie konnten, wie er, beide Eigenschaften in sich vereinigen.

Wie in allen Diktaturen, deren Nachfolge dank personalisierter Machtstrukturen ungeregelt ist, brachen unter Putins nervös gewordenen Gefolgsleuten Ende 2007 offen Diadochenkämpfe aus. So wurde im Oktober General Bulbow, der Chef der Antidrogenpolizei, vom FSB verhaftet. Er hatte den Drogenschmuggel und die Geldwäsche höchster Geheimdienstkreise untersuchen lassen. Hier kämpften zwei *silowiki*-Fraktionen, die Polizeiführung und der Generalstaatsanwalt, gegen die FSB-Spitze um FSB-Chef Patruschew und den Ex-FSB-General und Vizepremier Igor Setschin. Einen Monat später wurde von den *silowiki* ein Exponent der „liberalen" St. Petersburger-Fraktion, Vizefinanzminister Storschak, am Flughafen vor einer Dienstreise nach Südafrika wegen der angeblichen Veruntreuung von $ 43 Millionen verhaftet. Sein Chef, Finanzminister Kudrin, wartete im Flugzeug vergeblich auf das Eintreffen seines Stellvertreters. Während jener Fraktionskämpfe ging der erst im Herbst ernannte Premier Viktor Subkow im Kreuzfeuer unter. Medwedjew dagegen konnte sich aus den Auseinandersetzungen im Windschatten von Putin unbeschädigt heraushalten. So muß Putin klargeworden sein, daß er beim Machtantritt eines seiner hartgesottenen *silowiki*-Freunde ähnlich schnell ausgebootet werden würde, wie er dies selbst seinerzeit – beim Amtsantritt im Jahr 2000 noch als Marionette der Oligarchen verspottet – mit Jelzin, Korschakow, Beresowski und Co. gehalten hatte. Wollte er noch eine politische Rolle behalten, sei es als Premier, als Chef der Gasprom, als Präsident einer Russisch-Weißrussischen Föderation oder mit der Option einer Rückkehr nach dem Rücktritt eines Interims-Präsidenten, so konnte dies nur mit seinem pflegeleichten Adoptivsohn Medwedjew erfolgen, der als sanftmütiger Technokrat und Exponent der relativ machtlosen Petersburger Geistesarbeiter auf das Machtwort des Ex-Präsidenten gegenüber den machtversessenen *silowiki* noch lange angewiesen sein würde. Im Kreml-Jargon hieß das bald, den Delphin gegen die Haie zu verteidigen. Falls das Experiment Medwedjew scheiterte, würde ein Premier Putin nach einem Rücktritt ganz legal als Premier und verfassungsmäßiger Amtsnachfolger sein Amt wieder übernehmen und sich darin auch noch wiederwählen lassen können.

Rußland unter Präsident Medwedjew

Ob Rußland, in dem es historisch dank seiner personalisierten zentralisierten Machtstruktur auf Dauer nur ein einziges Machtzentrum gegeben hat, mit einer Dualität der Macht, der Doppelspitze eines Präsidenten Medwedjew und eines Premiers Putin, lange leben wird, ist zweifelhaft. Schon bald versuchten die meisten Gefolgsleute Putins, einschließlich vormaliger Rivalen wie Sergej Iwanow, sich bei Medwedjew durch Versicherung ihrer unbedingten Loyalität zurückzuversichern. Falls Medwedjew seine nahezu unbegrenzte institutionelle Macht beherzt nutzt, könnte Putin schneller aufs Altenteil geschickt werden, als er es wohl jemals für möglich gehalten hätte. Noch steht jene Macht jedoch nur auf dem Papier.

Die ersten öffentlichen Ankündigungen Medwedjews klingen ähnlich demokratisch wie jene Putins zu früheren Wahlkampfzeiten: der Staat soll durch die Bürgergesellschaft kontrolliert werden, nur freie Medien könnten freie Informationsflüsse gewährleisten. Der in Rußland verbreitete Rechtsnihilismus, die Mißachtung der Gesetze durch die Bürger und ihr Mißbrauch durch die Behörden, sei zu beenden. Nur durch den Schutz von Privateigentum könne ein freies Unternehmertum entstehen. Auch der Ton macht in einer personalisierten Herrschaftsstruktur die Musik, die die ausführenden Organe in ihrem Handeln orientiert. Es ist kaum vorstellbar, daß ein Medwedjew die öffentliche Hinrichtung des „Verräters" Litwinenko durch Polonium angeordnet haben könnte.

Sicher hat Medwedjew in den vergangenen Jahren an Putins Seite Institutionen eines starken Staates mitgeschaffen: eine verstaatlichte Energiewirtschaft, Staatsholdings in allen Schlüsselbereichen der Wirtschaft, nicht zuletzt von Gasprom kontrollierte Medien und eine Energieexportpolitik im Lichte von Rußlands Machtinteressen. Wirtschaftsliberalität sieht anders aus.

Als modernisierungsorientierter Technokrat und geschulter Jurist sollte Medwedjew eigentlich die Brutalität des rechtsfreien russischen Auftretens gegenüber Tschetschenen und Bürgerrechtlern im Inneren und gegenüber kleineren Nachbarländern wie Georgien und Estland ablehnen. Während des Augustkriegs 2008 hat er die Vorgaben Putins, der sich kurz nach dem russischen Gegenschlag in Wladikawkas zum Leiter der Operationen aufschwang, jedoch ohne Abstriche umgesetzt, und zwar von der Behauptung eines georgischen Genozids bis hin zur Anerkennung der beiden Separatistenrepubliken, die der bisherigen Doktrin von der Unverletzlichkeit der Grenzen im postsowjetischen Raum widerspricht.

Von Sowjetnostalgie, der Affinität zur russischen Orthodoxie, dem russischen Sonderweg und dem manischen Drang Putins zur Sammlung postsowjetischer Erde dürfte Medwedjew persönlich weitgehend frei sein. Damit könnte er, so die westeuropäische Hoffnung noch vor dem Kriegsbeginn im Juli 2008, im Verein mit einer neuen amerikanischen Administration ab 2009 auf dem vom Mißtrauen zerrütteten eurasischen Kontinent wieder für einen vertrauensbildenden Neuanfang sorgen. Diese Hoffnungen haben sich nach dem Georgienkrieg freilich weitgehend verflüchtigt.

Die neue Personalpolitik: Das Tandem Medwedjew–Putin

Die pompöse Machtübergabe am 7. Mai 2008 war trotz des aufgeblasenen pseudo-monarchischen Aufwandes ein historisches Novum. Ein amtierender Präsident hatte allen Einflüsterungen zur Verfassungsänderung widerstanden und übergab sein Amt in bester körperlicher und geistiger Verfassung seinem ausgesuchten Nachfolger. Mit der ersten Militärparade seit 1991 mit 6.000 Mann in neuen Uniformen und mit altem schweren Gerät feierten sich die beiden Ungedienten am 9. Mai und mochten hoffen, daß das herzerwärmende Schauspiel die massiven Preiserhöhungen der alten Regierung für die staatlich gesetzten Preise für Gas, Strom, Eisenbahn und Telekom um bis zu 40 % im Zuge der allgemeinen Teuerungen überstrahlen würde.

Putin hatte schon im Vorfeld des Machtwechsels die Aufsicht über die Regionalverwaltungen und Gouverneure auf das Amt des Premierministers übertragen lassen und den Vorsitz der Regierungspartei „Einiges Rußland" übernommen, die in der Duma bekanntlich eine Zweidrittelmehrheit genießt. Medwedjew wurde also praktisch eingemauert. Das Spitzenpersonal der Regierung im „Weißen Haus" und des Präsidialamtes im Kreml wurde zwar etwas rotiert. Es gab die Demontagen der feindseligen *silowiki*-Führer Nikolai Patruschew vom FSB und von Viktor Tscherkessow von der Anti-Drogenbehörde sowie des mutmaßlich allzu korrupten Leonid Reiman vom Telekom-Ministerium. Zwei weitere *silowiki* wurden abgesetzt: Wladimir Ustinow (Justiz) und Viktor Iwanow (Putins Ex-Stabschef). Dagegen wurden nur zwei echte Medwedjew Vertraute befördert: Alexander Konowalow zum Justizminister und Igor Schuwalow zum stellvertretenden Ministerpräsidenten für Außenwirtschaftsfragen. Schuwalow soll die russische Wirtschaft zur WTO-Reife führen, und Konowalow, der mit Medwedjew in Petersburg nicht nur zusammen studierte, sondern auch gemeinsam lehrte, hat angekündigt, der Telefonjustiz und der Korruption der Richter den Garaus zu machen.[1] Medwedjews bisher härtester Widersacher, Igor Setschin, wurde stellvertretender Ministerpräsident für Industrie- und Energiefragen. Vielleicht war dies auch eine Beförderung, um ihn unter Putins direkte Aufsicht zu stellen. Dagegen wurde Viktor Subkow, der bisherige Kurzzeitpremier, zu Medwedjews Nachfolger im Aufsichtsrat von Gasprom ernannt.

Damit kontrollieren die *silowiki* mit Subkow (Gasprom) und Setschin (Rosneft) jetzt noch vollständiger die entscheidenden Spieler und Futtertröge der russischen Energiewirtschaft. Auch ist der neue FSB-Chef Alexander Bortnikow, dem zuvor die Kontrolle der Großunternehmen unterstand und der die Oligarchen abhören, zittern und abstrafen ließ, von je her ein enger Vertrauter Putins.[2]

Zwischen Putin und Medwedjew wurden die Regierungskompetenzen fast paritätisch aufgeteilt. So sind dem Premierminister (Putin) die Vizepremiers Subkow (Landwirtschaft), Schuwalow (Außenwirtschaft), Setschin (Energie, Industrie), Schukow (Bildung, Gesundheit, Sotschi), Sergej Iwanow (Industrie, Rüstung), Kudrin (Finanzen) und Sobjanin (Leiter Regierungsapparat) sowie Kozak als Minister für Regionalentwicklung unterstellt. Für Präsident Medwedjew dagegen arbeiten Lawrow (Außen), Serdjukow (Verteidigung), Nurgaljew (Innen), Konowalow (Justiz), Schoigu (Zivilschutz) und Bortnikow (FSB). Es sind also teilweise Putin-Leute in Medwedjews Mannschaft und umgekehrt auch einige seiner Loyalisten in Putins Team. Medwedjews Stabschef ist Sergej Nadrischkin, ein vormaliger stellvertretender Ministerpräsident, ein Verwaltungsmann ohne eigenes Gewicht. Sein Stellvertreter jedoch ist Wladislaw Surkow, ein schillernder Charakter. Tschetschenischer Herkunft, arbeitete er zunächst für Chodorkowski und die Menatep-Bank, um anschließend Putins Wahlstratege und Chefideologe der gelenkten „souveränen Demokratie" zu werden. Surkow (ursprünglich: Dudajew) gilt als der Erfinder der Kreml-Parteien, ihrer gesellschaftlichen Vorfeld-Strategien und der Staatsjugend „Nashi". Er wird jedoch als genügend intelligent und flexibel eingestuft, um sich zur Not auch an Medwedjews Kurs anzupassen.

Deutlich wird die Fokussierung von Putin und den meisten seiner *silowiki* auf Wirtschaftsagenden. Nicht, daß sie als Geheimdienstoffiziere davon allzu viel verstünden. Sie wollen jedoch nationale Syndikate und Konglomerate als internationale Gewinner basteln, so dies nach ihrer

Meinung die Japaner mit ihren *keiretsu* und die Koreaner mit den *chaebol* in den 1950er bis 1970er Jahren angeblich vermocht hatten.[3] Solche Kartelle wurden bereits neben dem Öl- und Gasbereich mit Gasprom und Rosneft auch mit dem Luftfahrtholding OAK, dem Stromkonzern UES, dem Pipelinemonopolisten Transneft, dem Schiffahrtsunternehmen Sowkomflot und der VTB-Bank gebildet. In allen Aufsichtsräten und Vorständen machen es sich Regierungsleute und *silowiki* gemütlich. Für sie ohne Zweifel ein sehr schöner und einträglicher Nebenverdienst. Offenkundig soll das System nunmehr ausgebaut und Moskau zum internationalen Finanzzentrum aufgebaut werden.

Medwedjew, der aus seiner Gasprom-Zeit das Geschäft und seine Untiefen kennt, warnte jedoch bereits, man möge die weniger strategischen, vom Staat kontrollierten Betriebe vor solchen Emissären verschonen und bitteschön die Firmen lieber von Fachleuten leiten lassen.

In den ersten Monaten ihres Tandems wurden Reibungen nach außen nicht offenkundig, wiewohl Surkow vor Jugendvertretern seiner „Naschi" warnte, destruktive Kräfte versuchten, einen Keil zwischen Putin und Medwedjew zu treiben, um die Errungenschaften Putins zu gefährden. Putin selbst ließ sich den Wechsel am wenigsten anmerken. Er ließ sich in Paris im Juni 2008 wie ein Staatschef empfangen und sprach in seiner Regierungserklärung wie selbstverständlich über die Streitkräfte, obwohl sie zu den Kompetenzen des Präsidenten gehören. Gleichzeitig äußerte sich Medwedjew in seiner Präsidialadresse nicht zur Außenpolitik, wiewohl er dafür zuständig ist.

Es ist jedoch nicht nur das Ausland, das Erwartungen gegenüber Medwedjew pflegt. Die altgedienten Gouverneure Mintimer Schaimijew (Tatarstan) und Murtasa Rachimow (Baschkirstan), die von ihrer angeblich bevorstehenden Ablöse Wind bekamen, baten – da sie als 70jährige Altfunktionäre nichts zu verlieren hatten – um die Wiedereinführung der Direktwahlen für ihre Posten. Sie wurde bekanntlich 2004 nach dem Beslan-Massaker um des Anti-Terror-Kampfes willen als Errungenschaft Putins abgeschafft.

Auf die im Mai 2008 erfolgte Schließung einiger Internet-Seiten und eines kleinen Krawall-Blattes angesprochen, entgegnete Medwedjew, in Rußland sei die Presse frei.

Ein ihm nahestehender *think tank*, das „Institut für moderne Entwicklung", forderte nach seinem Antritt eine Perestroika des politischen Systems: Auslandsinvestitionen seien für die Modernisierung nötig. Die Parteienkonkurrenz sei zu stark eingeschränkt, das Parlament zu schwach, das Präsidentenamt überdimensioniert und gefährlich. Die Staatsmacht erdrücke den Mittelstand.

Medwedjew wird sich entscheiden müssen. Bislang spricht er löblich von der Herrschaft des Rechts und dem Respekt vor dem Privateigentum. Er hat einen Anti-Korruptionsrat ernannt, dessen Vorsitz er selbst

wahrnimmt. Einen solchen Rat hat es schon früher unter Putin gegeben.
Er traf sich nur einmal und verlief dann im Sande. Das Volumen der öffentlichen Korruption wird auf $ 240 Milliarden geschätzt. Damit spielt
Rußland in der Liga von Indonesien und Nigeria. Doch gibt es weiter
kein Gesetz gegen Korruption noch eine Definition des Begriffes oder
eines Verhaltenskodexes für Beamte. Traditionell ist die Ankündigung
des Kampfes gegen die Korruption die Ankündigung einer Säuberung
politischer Gegner. Dazu ist Medwedjews Macht noch zu ungefestigt.
Doch bleiben ihm innenpolitisch anhand der überdeutlichen Vorgaben
seines Vorgängers harte Entscheidungen nicht erspart.

Außenpolitik: Alter Wein in neuen Schläuchen?

Medwedjews erste offizielle Reisen führten ihn nach Kasachstan, China
und Deutschland. Putin war seinerzeit als erstes nach Usbekistan gefahren. Diesmal war die Symbolik die Aufmerksamkeit für den eigenen
Hinterhof, die Pflege des größten Bundesgenossen und die Kultivierung
des wichtigsten westlichen Umfallerkandidaten. Beim EU-Rußland-Gip-
fel im Juni 2008 in der prächtig herausgeputzten westsibirischen Ölstadt
Chanty-Mansisk entzückte er seine an Putins Wutanfälle und zynische
Witze gewöhnten Westbesucher durch seine sachliche freundliche Art
und seinen stets verbindlichen Ton. Man vereinbarte, die Verhandlungen
über ein neues Partnerschaftsabkommen zu Themen wie unter anderem
der Energie, Umwelt und Sicherheit aufzunehmen, ein Unterfangen, das
zweifellos Jahre dauern dürfte.
    Denn in der Sache blieb Medwedjew hart. Er attackierte die Balten we-
gen ihrer vorgeblich schlechten Behandlung russischer Nachkriegssiedler
und ihres Mangels an Respekt vor sowjetischen Siegesdenkmälern. Er
erklärte, sich in den Streit zwischen BP und ihren russischen Konsortial-
partnern nicht einmischen zu wollen, die gerade mit massiver Staatshil-
fe die Briten aus ihrem Gemeinschaftsunternehmen BP-TNK heraushe-
belten. Es blieb auch die russische Blockade der EU-Kosovo-Politik im
VN-Sicherheitsrat. Es blieben auch die neuen Exportzölle auf russische
Holzexporte nach Finnland zu Nutz und Frommen der russischen Pa-
pier- und Zellstoffindustrien. Pikantes Detail am Rande: Hauptgewin-
ner ist der Oligarch Zachar Smuschkin, Besitzer der größten Papier-und
Zellstoffgruppe Ilim, für den sein bleibender Freund Medwedjew dereinst als Chefjustiziar arbeitete. Es intensivierten sich die Attacken auf
Georgien im Frühsommer 2008. Russische Truppenmassierungen in der
Rebellenprovinz Abchasien und Schießereien und Flugraumverletzungen
in Südossetien. Nach neuerlichen tödlichen Schußwechseln wurde
Saakaschwili in einer klassischen Desinformationskampagne bedeutet,
der südossetische Rebellenführer Kokoiti genieße nicht länger das Vertrauen Moskaus. Das verführte Saakaschwili zu seiner verhängnisvollen

Entscheidung, Tschinwali handstreichartig am 7. August 2008 anzugreifen. Vom sorgfältig vorbereiteten russischen Gegenschlag wurden die Georgier völlig überrascht. Nach zwei Tagen schwerer Kämpfe drohten die Russen, bei Gori das Land zu teilen. Erst durch die Vermittlung von EU und OSZE wurde der russische Vorstoß eingebremst.

Es drohte auch der russische NATO-Botschafter der Ukraine, durch eine NATO-Mitgliedschaft würden alte Territorialfragen wieder akut, darunter die der Krim. Ohnehin müsse die Schwarzmeerflotte, die sich im Augustkrieg durch den Beschuß der georgischen Häfen ausgezeichnet hatte, in Sewastopol bleiben. Tschechien wurde nach Unterzeichnung der US-Radarstationierung durch Karl Fürst Schwarzenberg im Juli 2008 der russische Ölhahn zu 60 % abgedreht – wie üblich wegen Instandsetzungsarbeiten.

Bei seiner Berliner Rede vom Juni 2008 forderte Medwedjew einen europäischen Gipfel, der ein europäisches Haus schaffen und die alten Blöcke wie die NATO und die OSZE überwinden solle. Dazu sei angemerkt, daß die OSZE selbst in ihrer neuen Inkarnation zu Beginn der 1990er Jahre justament als solche Institution gemeinsam vom Westen wie Jelzins Rußland konzipiert worden war, doch an der bald wieder fortgesetzten russischen Blockadepolitik an diesem Anspruch weitgehend scheitern mußte. Da die russischen Taten lauter bleiben als ihre Worte, bleibt das aktuelle Risiko der westlichen Selbsthynose angesichts der charmanten und intelligenten Persönlichkeit Medwedjews außerhalb der deutschen medialen und politischen Klasse (die nicht zuletzt seit der „Gorbimania" der 1980er Jahre sich stets aufs neue international als geistig nicht besonders anspruchsvoll darstellt) relativ gering. Medwedjew wird Putin und seinen *silowiki* offenkundig in der Außenpolitik noch lange den Vortritt lassen. Die zu erwartenden Flitterwochen mit einem neuen amerikanischen Präsidenten werden in den ersten Monaten des Jahres 2009 sicher euphorische Erwartungen stiften, die unter Eindruck der realpolitischen Realitäten, dem russischen Bestehen auf exklusiven Einflußzonen und ihrer westlichen Verweigerung (denn Henry Kissinger, der zynische Schüler Metternichs, ist schon lange in Pension), dann wieder frustriert werden dürften. Dennoch sind zivilisierte Umgangsformen und fortgesetzte Dialogforen sicher weiter kein Nachteil. Sie wurden unter Jelzin entwickelt, existierten unter Putin weiter und dürften auch unter Medwedjew gepflogen werden.

Das ist nicht immer sehr produktiv, aber sicher besser, humaner und billiger als alle gewalttätigen Alternativen.

---

1 Süddeutsche Zeitung, 29. Mai 2008.
2 Frankfurter Allgemeine Zeitung, 13. Mai 2008.
3 In Wirklichkeit sind diese Konzerngruppen keine Kartelle, sondern stehen branchenübergreifend im heftigen Wettbewerb untereinander, siehe: Albrecht Rothacher: Die Rückkehr der Samurai. Japans Wirtschaft nach der Krise, Heidelberg 2007, S. 17 ff., und Paresh Mistry und A. Rothacher: „Hyundai's Flight of Icarus", in: A. Rothacher (Hg.): Corporate Globalization. Business Cultures in Asia and Europe, Singapur 2005, S. 69–83.

POSTSOWJETISCHE INDUSTRIE-POLITIK: VON DEN „ROTEN DIREKTOREN" ZU DEN NEUEN STAATSOLIGARCHEN

Die Umkehrung der Oktoberrevolution ist sicher eine der spannendsten Vorgänge der Zeitgeschichte. Alle Transformationsländer erlebten dabei Fälle illegitimer und unverhältnismäßiger privater Aneignung von Volkseigentum. Oft wurden diese jedoch auf dem Rechtsweg, bei demokratischen Machtwechseln und in der Folge des Wettbewerbs in einer immer besser funktionierenden Marktwirtschaft korrigiert. Doch in wenigen Ländern – von Kasachstan und der Ukraine einmal abgesehen – wurde öffentliches Eigentum so skrupellos und ungleich von einer Handvoll gut plazierter, politisch begünstigter Nomenklatura-Kapitalisten angeeignet wie in Rußland. Der Einfachheit halber lassen sich drei Phasen unterscheiden: in der frühen Jelzin-Ära (1991–1994) die Fabriksaneignungen der „roten Direktoren", die die Anteilsscheine ihrer Belegschaften billigst aufkauften. Nach der Wiederwahl Jelzins (1995/96) die Übernahmen der Grundstoffindustrien durch die Jelzin-Oligarchen und von dem Zeitpunkt des Amtsantrittes Putins (2000–2008) an die teilweise Wiederverstaatlichung und die wachsende Wirtschaftskontrolle durch den Kreml in Gestalt der Staatsoligarchen, meist aus St. Petersburg stammender, Putin in einem personalen Loyalitätsverhältnis ergebener ehemaliger Geheimdienstoffiziere, der *silowiki*, und ehemaliger Spitzenbeamten der Petersburger Stadtverwaltung.

Wirtschaftssteuerung à la Putin

Während jener Wechsel wurde jeweils ein Teil der kurzzeitigen Besitzer wieder enteignet, so etliche „rote Direktoren" durch die Jelzin-Oligarchen (am härtesten wurde dies von Oleg Deripaska in der Aluminiumindustrie durchexerziert) und nach Putins Antritt zunächst gegenüber den Gasprom-Direktoren (Tschernomyrdin und Wyachirew). Dann waren die unbotmäßigen Oligarchen Wladimir Gussinski, Boris Beresowski und Michail Chodorkowski als Exempel brutaler Abschreckung an der Reihe. Mittlerweile erfolgten nach und nach die Zwangsverkäufe aller vom Kreml als strategisch definierter Industrien – sowie ausländischer Beteiligungen wie von Shell und BP – an direkt kontrollierte Staatskonzerne, wie Gasprom (Erdgas), Rosneft (Öl), Surgutneftegas, Rosoboronexport (Rüstung) sowie an vom Kreml wohl gelittene, sich seinen industriepolischen Imperativen unterwerfende Oligarchen wie Oleg Deripaska (Rosal), Alexej Mordechai (Severstal), Leonid Reiman (Telecominvest) und Waleri Jaschin (Svyazinvest). Häufig ist das von Putin ernannte Personal, wie Alexej Miller und Dimitri Medwedjew bei Gasprom, Sergej Bogdantschikow und Igor Setschin bei Rosneft, Wladimir Jakunin und Alexander Schukow bei den Russischen Staatsbahnen, Viktor Iwanow bei Aeroflot und Almaz-Antey (Rüstung), Alexej Kudrin bei Alrosa (Diamanten) und der Wneschtorgbank, nicht Besitzer nennenswerter Anteile, sondern sehr gut bezahlte, angestellte Vorstände bzw. als Teil von Putins innerem Machtzirkel Aufsichtsratschefs mit Ministerämtern. Sie sind Millionäre, und da jenes staatskontrollierte Eigentum noch nicht voll privatisiert wurde, (noch) keine Milliardäre wie die überlebenden Jelzin-Oligarchen.

Der eine, Aluminium-Magnat Oleg Deripaska (rechts), ist im Kreml noch gelitten, der andere, Michail Chodorkowski, ehemaliger Vorstandsvorsitzender des inzwischen insolventen Ölkonzerns Jukos, befindet sich mittlerweile im Gefängnis von Krasnokamensk nahe der chinesischen Grenze. (2001)

Der Anteil der von den Staatsoligarchen kontrollierten Wirtschaft wird mittlerweile auf 40 % geschätzt. Ging es Putin zunächst nur um die Öl- und Gasförderung als zu „strategischen Sektoren" bestimmten Grundstoffindustrien, so hat er seit 2005/2006 insgesamt 40 Wirtschaftssektoren mit mehr als 1.000 Unternehmen, von der Rüstungs-

und Weltraumindustrie, über die Diamanten-, Gold-, Platin-, Nickel-, Titanium-, Vanadium- und Aluminiumgewinnung und -verhüttung bis hin zum Schiffbau und zur Flugzeug-, Automobil- und Papierindustrie, als strategisch definiert,[1] bei denen tunlichst monopolistische Konglomerate entstehen und ausländische Beteiligungen auf die Rolle technologiespendierender Minderheitenaktionäre reduziert werden sollten. Die Einnahmen bei den Rohstoffexporten sollen, so forderte Putin in seinen jährlichen Ansprachen an die versammelten Oligarchen, neben einheimischen Infrastrukturinvestitionen zur Wiederherstellung der russischen Weltgeltung und zum besseren Zugang zu ausländischen Technologien vorrangig in Beteiligungen an ausländischen Unternehmen gesteckt werden. Gasprom etwa investiert seit Jahren auf Geheiß des Kreml fast seine gesamten Gewinne schon notorisch in den Versuch ost-, mittel- und westeuropäische Gasvertriebsnetze – von Armenien bis Portugal – zur Kontrolle der Leitungswege bis zum Endverbraucher aufzukaufen. Gleichzeitig hat es die Erschließung neuer Gasfelder so vernachlässigt, so daß zur Versorgung der wenig lukrativen Binnennachfrage in Bälde das Gas knapp zu werden droht.

Dabei bestätigt sich, daß Geheimdienstoffiziere in den byzantinistischen Intrigen der Kremlseilschaften geschulte, taktisch geschickte und harte Verhandlungsführer sind, aber kaum ausgebildete Wirtschaftsmanager, zumal sie auch vor ihren Ernennungen in die Spitzenpositionen in aller Regel firmen- und branchenfremd waren. Unternehmen, die von den Boompreisen bei Rohstoffexporten profitieren können, machen Gewinne, ebenso wie der russische Staat dank seiner Export- und Gewinnsteuern und mittlerweile $ 470 Milliarden an Gold- und Fremdwährungsreserven. Gleichzeitig häuft die verarbeitende Industrie, wie etwa die Automobilindustrie, sofern im Staats- oder Oligarcheneigentum, angesichts weiterhin kaum verkäuflicher Produkte nichts als Schulden an. Allein ihre Auslandsschuld beläuft sich derzeit auf $ 260 Milliarden. Tendenz: rasch steigend. Auch sind die Staatseisenbahnen und die monopolistischen E-Werke (UES) des Anatoli Tschubais so marode wie eh und je. Von der Steuerpolizei und den periodischen Razzien der Staatsanwaltschaft eingeschüchtert, haben die überlebenden Jelzin-Oligarchen, nachdem ihre ursprünglichen Überlebensbedingungen, die von Putin im Juli 2000 lediglich als politische Abstinenz und Steuerehrlichkeit definiert worden waren und seither nach und nach ausgeweitet wurden, ihre 1995/96 spottbillig erworbenen Industriebeteiligungen durch „freiwillige" Zahlungen meist nachgebessert und angeblich hinterzogene Steuern nachgezahlt. Sie müssen weiter den Kremlherrn durch faktische Sondersteuern, wie die Spende im Ausland für $ 100 Millionen zurückerworbener imperialer Fabergé-Eier durch Viktor Wechselberg, die Bezahlung der Feiern zum 300jährigen Bestehen von St. Petersburg ($ 360 Millionen) oder der von Oleg Deripaska gesponserte Neubau des Flughafens in Putins Ferienort Sotschi über $ 1,5 Milliarden, bei Laune halten. Gasprom und Potanins Interros bauen dort in Krasnaja Poljana bis 2014 zwei neue Skiorte mit neuen Pisten, Liften und Zufahrtsstraßen für je $ 270 Millionen, und dies sicher nicht, weil es dort Nickel oder Erdgas gibt.

Realiter mühen sich die meisten Oligarchen – allen voran Roman Abramowitsch, der reichste unter ihnen –, ihr Geld und ihren Lebensmittelpunkt so schnell und so diskret wie möglich ins westeuropäische oder karibische Ausland oder nach Israel zu schaffen. Vorgeblich folgen sie der Kreml-Strategie, durch Auslandsinvestitionen Rußlands geopolitischen Einfluß wiederherzustellen. Wiewohl unzureichend in der Methode, versucht der durch absichtsvoll geschürte innere Fraktionskämpfe nicht immer konsistente Putinsche Staat eine geopolitisch begründete Remonopolisierung der Schlüsselbetriebe, die durch ein personales Machtkartell der führenden Staatskader kontrolliert werden. Die Monopolwirtschaft der „Putin AG", die 40 % der russischen Wirtschaft umfaßt, wird dann zur Exekutive des autoritären Staats, der Staat zum Agenten der die Schlüsselindustrien kontrollierenden Machtclique. Das ist Stamokap in vulgärmarxistisch-leninistischer Reinkultur. Die Imperialismustheorie Lenins, dessen Statuen vielleicht nicht umsonst überall noch im Land herumstehen, beschrieb 1917 sehr anschaulich die äußere Aggressivität eines solchen Systems: seine Sucht nach Einflußsphären, abhängigen Märkten und exklusiven Rohstoffquellen und den Wunsch, wirtschaftlich-imperiale Rivalen zu unterwerfen oder zu vernichten. Ein Schelm, wer dabei an die russische Außen- und Energiepolitik 90 Jahre später denkt. Die Sicht der Welt als Nullsummenspiel ist die gleiche.

Vorgeblich geht es bei jener personalisierten monopolistischen Industriepolitik und der staatlichen Kontrolle der Verwertung der Bodenschätze um die Wiederherstellung von Rußlands einstigem Einfluß und Weltgeltung, so Putin explizit in den 1999 veröffentlichten Thesen seiner *kandidat*-Dissertation am Petersburger Bergbauinstitut von 1997.[2] Bei genauerer Betrachtung der Methoden und Ergebnisse, die wirtschaftlich oft suboptimal sind und Rußlands langfristigen Interessen häufig widersprechen, geht es jedoch in erster Linie entweder um die Sicherung persönlicher Macht oder um die Sicherung des Reichtums. Folgerichtig wollten Gerüchte lange nicht verstummen, nach denen Putin nach der Bestellung eines verläßlichen Nachfolgers aus dem Kreis seiner Petersburger *Gefolgsleute* selbst die Leitung der dann fusionierten Gasprom und Rosneft als größtem integrierten Energiekonzern der Welt und damit einen würdigen Arbeitsplatz für einen Ex-Präsidenten übernehmen wird, um dann im neuen Gasprom-Wolkenkratzer in St. Petersburg, der gegenwärtig mit einer Höhe von 400 m und $ 2 Milliarden Baukosten projektiert wird,[3] stilvoll zu residieren und von dort dem deutschen Angestellten seiner Tochter Nord Stream AG, einem ehemaligen Kollegen namens Gerhard Schröder, gelegentliche Arbeitsanweisungen zu erteilen. Dieses Szenario ist bekanntlich noch nicht eingetreten.

Wer bei jener Abfolge von „roten Direktoren"/Jelzin-Oligarchen/ Staatsoligarchen–Stamokap unter die Räder kam, war nicht nur das eigenständige, mühsam nachwachsende mittelständische russische Unternehmertum, das ungeschützt sowohl der Willkür der Oligarchen wie der korrupten, mißgünstigen staatlichen Verwaltung ausgeliefert blieb, und nicht zuletzt auch die russische Bevölkerung insgesamt, die von dem von ihr geschaffenen (Volks-)Eigentum weiter ausgeschlossen ist und durch die fortgesetzte Mißwirtschaft und Kapital- und Ressourcenverschwendung der vereinigten Oligarchien weiter um die Früchte ihrer Arbeit betrogen bleibt.

Wie konnte es zu dieser Fehlentwicklung kommen?

Die „roten Direktoren"

Schon 1986 war einer Gruppe junger Reformer um Jegor Gaidar und Anatoli Tschubais die Einsicht gekommen, daß die Krise der sowjetischen Wirtschaft nur durch den Kapitalismus zu sanieren war. In St. Petersburg scharten sie in Sommerseminaren Gleichgesinnte um sich, die nach der Machtergreifung Jelzins und seiner Apparatschiks den nötigen wirtschaftlichen und reformerischen Sachverstand einbrachten. Als „McKinsey-Revolutionäre" glaubten sie an die „Schocktherapie" und waren von einem leninistischen Glauben beseelt, das Leiden des Volkes in der Gegenwart sei für eine bessere Zukunft notwendig. An einer persönlichen Machtbasis waren sie wenig interessiert. Dies überließen sie Jelzin, von dessen erratischen Launen und taktischen Winkelzügen sie abhängig blieben. Als „umgekehrter Marxismus" war es ihr Hauptanliegen, so schnell wie möglich Eigentumsrechte an Private zu übertragen. An wen und wie dies geschah, war vergleichsweise zweitrangig.[4] So waren die „roten Direktoren" die großen Gewinner der großen „Coupon-Privatisierung" bei den Industriebetrieben. Wie Igor Jawlinski, der Chef der liberalen „Jabloko"-Partei, seinerzeit zu recht bemerkte, handelte es sich bei der Auflösung der Sowjetunion 1991 nicht um eine demokratische Revolution wie sonst in Mittelosteuropa, sondern – ähnlich wie in Rumänien im Dezember 1989 – um einen Putsch der Nomenklatura. Entsprechend kontrollierte sie weiter das Gesetz des Handelns, zumal dann, als es um die Verteilung des Volkseigentums ging. In den Jahren 1992 und 1994 wurden in einer ersten Privatisierungswelle individuelle Fabriken durch die Verteilung von Anteilsscheinen („Coupons") zu 50 % an die Belegschaften, zu 9 % an die leitenden Angestellten und zu 41 % an Regierungsstellen und Dritte übereignet.[5] Schon während der Perestroika hatten die Direktoren die Kunst perfektioniert, durch die Vorschaltung persönlich kontrollierter teurer Lieferanten und die

Nachschaltung von Zwischenabnehmern verbilligter Endprodukte durch Strohmänner und Verwandte ihre Firmen zugunsten der eigenen (Auslands-)Konten zu melken. So besaßen sie genügend Kapital, um ihren Belegschaften, die zuvor oft monatelang keinen Lohn erhalten hatten, die scheinbar wertlosen Coupons, die einen nominellen Wert von 10.000 Rubel (damals € 30) hatten, billig abzukaufen. Oft genügten einige Flaschen Wodka und Südfrüchte in den normalerweise trostlosen Firmenläden. Daß die Direktoren nach dem Erwerb der Anteilsmehrheiten ihre Firmen weiter ausbeuteten, Gewinne ins Ausland verschoben und die Belegschaften selten bezahlten, störte zunächst relativ wenig.

Zu den bekanntesten „roten Direktoren" zählen Wagit Alekperow (Lukoil), Wladimir Bogdanow (Surgutneftegas), Alexej Mordechai (Severstal) sowie Tschernomyrdin und sein Nachfolger Rem Wjachirew (Gasprom). Gasprom war bis 1989 das sowjetische Ministerium der Gasindustrie und Tschernomyrdin der Minister gewesen, bis er sein Ministerium, nebst allen zugehörigen Gasleitungen, Förderanlagen, Vertriebssystemen und Gasfeldern, zur halbstaatlichen Privatfirma und sich selbst zu ihrem Generaldirektor machte. Tschernomyrdin und sein Nachfolger wirtschafteten dann so, daß Gasprom alle Investitionen einstellte, dennoch zuverlässig rote Zahlen schrieb und keine Steuern zahlte und sie selbst immer reicher wurden. Der im Jahr 2000 als Aufsichtsratsvorsitzender von Vizepremier Medwedjew abgelöste Tschernomyrdin hatte im Ruf gestanden, bei einem Gehalt von $ 8000 im Jahr $ 5 Milliarden mit seinen beiden Söhnen über Transfergeschäfte mit Tochterbetrieben aus der Muttergesellschaft abgezweigt zu haben. Putin ließ auch Wjachirew bald nach seinem Antritt entmachten und ihn als Generaldirektor 2001 hinauswerfen. Er wurde durch den ihn ergebenen branchenfremden Alexej Miller ersetzt, der bei einem Gehalt von nunmehr $ 1,4 Millionen nicht stahl, brav Putins Wahlkämpfe bezahlte und zu weiteren Gefallen – etwa dem Ankauf und der Gleichschaltung der meisten wichtigen elektronischen und Druckmedien – stets zur Verfügung stand.

Die „roten Direktoren" hatten typisch nach einer technischen Lehre Ingenieur- oder Metallurgiewesen studiert und sich als parteitreue Fabrikleiter durch formale Planerfüllungen, geschickte Aushilfen auf dem Schwarzmarkt und informelle Gefälligkeiten gegenüber der Parteihierarchie während der Breschnew-Ära hochgedient. Doch bald mußten auch die ideologiegeleiteten jungen Reformer feststellen, daß die „roten Direktoren" als Eigner ihre über Jahrzehnte verinnerlichten schlechten Eigenschaften, die Maximierung des Ausstoßes, das Ignorieren von Märkten, Kundenwünschen, Innovationen und Qualitätskriterien, das private Abzweigen von Profiten, das Nichtbezahlen von Schulden, Gehältern und Rechnungen etc., durchaus nicht abzulegen gedachten. Außerdem waren als Erbe der Sowjetzeit ihre Fabriken als Produktionsanlagen zu groß, als Einzelfirmen allerdings zu klein dimensioniert. Deshalb wurde ab 1994 eine neue, kleinere, jüngere und deutlich aggressivere Eigentümerschicht begünstigt.

Die Entstehung der russischen Oligarchie

Neben den „roten Direktoren" hatte sich bis 1994 eine zweite Unternehmergruppe entwickelt: Sie hatte sich durch die geschickte Nutzung der „Schlupflochwirtschaft", die durch inadäquate Gesetze, Importprivilegien, Exportlizenzen, bestechliche Beamte, Politiker und Richter ermöglicht wurde, geschickt und skrupellos schnell Reichtum erworben. Jene künftigen Oligarchen waren oft naturwissenschaftlich gebildete Akademiker jüdischer Herkunft, die noch zu Komsomolzeiten Kooperativen gegründet hatten, nach etlichen lukrativen Export-/Importgeschäften Banken errichteten, mit denen sie gewinnträchtig die Konten von Behörden und Großfirmen führten, um anschließend gezielt Industriebeteiligungen zu erwerben. Der Zugang zum Hof von Jelzin war über Tschubais von Boris Beresowski geebnet worden, der die Autobiographie des Präsidenten verlegte, ihn mit Tantiemen bei Laune hielt, Tochter Tatjana Djatschenko befreundete und mit seinem Fernsehkanal ORT für eine positive politische Berichterstattung sorgte. Als 1995 Jelzins Wiederwahl durch die öffentliche Unzufriedenheit und die Stärke des Kommunisten Sjuganow akut gefährdet schien, schlossen die jungen Reformer, die den Kapitalismus in Gefahr sahen, mit den Oligarchen – zu jener Spitzengruppe zählten damals Potanin, Gussinski, Chodorkowski, Aven, Fridman, Smolenski und Beresowski –, die um ihren Besitz fürchteten, einen faustischen Pakt: Die Oligarchen würden dem zahlungsunfähigen Staat mit Krediten über die Runden helfen, die Wahl Jelzins finanzieren, Jelzins bisherigen Wahlkampfmanager General Korschakow, seinen unfähigen Leibwächter und Trinkkumpanen, hinauswerfen, General Lebed als potentiellen Rivalen kooptieren, mit Tschubais als Manager seinen Wahlkampf revitalisieren und mit ihren Medien unterstützen. Im Gegenzug würde der Staat seine Kronjuwelen, die bislang von der Privatisierung ausgenommenen Öl- und Metallurgiekonzerne, an die Oligarchen verpfänden. Nach dem Sieg von Jelzin und der Oligarchie wurden dann Jukos (Chodorkowski), Norilsk Nickel und Sidanco (Potanin), Sibneft (Beresowski) und Tyumen Öl (Fridman, Wechselberg) in getürkten Auktionen für etwa 2 % ihres späteren Kapitalwertes an die Oligarchen verschoben.[6] Ziel war es, eine gegenüber Jelzin und einer liberalen Wirtschaftsordnung loyale Kapitalistenelite zu schaffen. Die betroffenen „roten Direktoren", ausländische Interessenten und Minderheitenaktionäre wurden dabei weggeschoben.

Jener in Davos geschlossene Pakt der Oligarchen hielt jedoch nicht lange. Schon 1997 zerstritten sie sich über die Beute. Gussinski, dessen Presse und Fernsehsender NTV Jelzin unterstützt hatte, hegte Ansprüche auf die Telekomholding Svyasinvest, die Potanin ihm mit einem höheren Gebot jedoch mit Unterstützung der jungen Reformer streitig machte. Gussinski und Beresowski begannen darauf eine denunziatorische Medienkampagne mit Korruptionsvorwürfen gegen Potanin und die Reformer, in dessen Folge sowohl Tschubais wie Beresowski ihre Regierungsämter verloren.[7]

Ursprünglich hatten die jungen Reformer die romantische Erwartung gehegt, der russische Kapitalismus würde sich – gleichsam im Zeitraffer – analog zum amerikanischen Kapitalismus des 19. Jahrhunderts entwikkeln. Schließlich waren ruchlose Räuberbarone wie Vanderbilt, Rockefeller, Carnegie und J. P. Morgan, die damals Monopole mißbrauchten, Minderheitenaktionäre ausbooteten, Politiker und Richter bestachen, binnen einiger Jahrzehnte zu respektablen Mäzenen und nach drei Generationen zu Stützen des Ostküstenadels mutiert.

Die russischen Oligarchen Wladimir Gussinski (links) und Boris Beresowski auf einem Empfang in Moskau (1998).

Nach einigen Jahren phänomenalen Neureichtums war freilich von einem zivilisierenden Einfluß der neuen Milliarden bei den Oligarchen wenig zu spüren. Die 36 russischen Milliardäre auf der Forbes-Liste von 2004 hatten 1985 nur wenige tausend Rubel besessen.[8] In der gleichen Zeit halbierte sich das russische Volkseinkommen. Ein Drittel der Bevölkerung lebte unter der Armutsschwelle. Nicht ohne Grund waren jene manipulativen und oft gewalttätigen Räuber, die die Magnumflaschen in den Bars von St. Tropez mit dem Säbel köpften und Hostessen nach Courchevel in den französischen Alpen in Kompaniestärke einfliegen ließen, in Rußland universell verhaßt. Die Lebenshaltungskosten der Oligarchen betragen laut Wladimir Potanin, der es eigentlich wissen sollte, im Durchschnitt $ 2–3 Millionen im Jahr. Roman Abramowitsch dürfte diesen Durchschnitt stark erhöht haben. Im November 2006 gab er für eine zweiwöchige Kur auf dem Lauserhof in Tirol, wo sein edler Körper von einem 30köpfigen Team umhegt wurde, € 1,5 Millionen aus.[9]

Nach einer 2004 veröffentlichten Weltbankstudie wurden ihre Betriebe zwar besser geführt als jene, die im Staats- oder Regionalbesitz verblieben waren oder von „roten Direktoren" geleitet wurden.[10] Die Oligarchen waren als Unternehmenshändler jedoch weniger effiziente Manager als jene echten Unternehmer kleinerer Neubetriebe, die sie jedoch dank ihrer Finanzmacht, Kontrolle der Exportgeschäfte und politischen Privilegierung in den von ihnen dominierten Sektoren (Metallurgie, Energie, Fahrzeugbau, Medien und Banken) zu erdrücken drohten. Das schnelle Wachstum der oligarchischen Geschäftsimperien erfolgte weniger durch die absatzorientierte Ausweitung von Markt- und Produktionsanteilen als durch den einigermaßen wahllosen Zukauf von Produktionsstätten und neuen Geschäftsfeldern, die die Kontrolle lukrativer Exportmärkte (mit Rohstoffen, die steuersparend billig an *off-shore*-Töchter verkauft und von diesen dann zu realen Weltmarktpreisen weiter veräußert wurden) versprachen und die durch einschlägige Zuwendungen politischer Privilegien der Zentral- und Regionalbehörden (Steuerkonzessionen, Finanzhilfen, Marktprotektion, verbilligte Fracht- und Elektrizitätskosten) begünstigt wurden. Den neuen Mittelständlern waren diese die Entwicklung der russischen Volkswirtschaft verzerrenden Möglichkeiten – die stets einschlägige großzügige Zuwendungen an die politische Klasse voraussetzten – kaum zugänglich.

Die russische Krise von 1998

Wie üblich halfen internationale Kredite, die sich anbahnende, durch Mißwirtschaft selbstverschuldete Katastrophe hinauszuzögern. Irgendwann setzten sich die harten Realitäten jedoch unabweisbar durch. Am 17. August 1998, als das offizielle Moskau in den Sommerdatschen döste, war die Zahlungsunfähigkeit des russischen Staates erreicht. Wegen des Ausfalls von Steuerzahlungen und ausbleibender Gewinne der Staatsunternehmen konnte der Staat seine fälligen Auslandsschulden und -zinsen nicht mehr zahlen. Der Rubel mußte krisenhaft abgewertet werden. Sein Wert wurde von 6 Rubel auf 28 Rubel pro Dollar mehr als geviertelt. Als Ergebnis konnten auch etliche überschuldete russische Großbanken ihre Auslandsverbindlichkeiten nicht mehr begleichen und schlitterten, von panischen Sparern belagert, in den Konkurs. Die prominentesten Pleiten waren die der SBS-Agrobank von Alexander Smolenski und die der Inkom-Bank von Wladimir Winogradow, bei deren Zusammenbruch allein 260.000 Sparer ihr Geld verloren, während die Eigner ihr Kapital zum Teil in Milliardenhöhe zuvor ins Ausland verschoben hatten. Sie selbst setzten sich rechtzeitig in ihre dortigen Villen ab. Die Kommunisten nutzten den Verlauf der Krise prompt zur Agitation gegen jüdische Banker, die Rußland angeblich ruinierten.[11]

Den meisten anderen Oligarchen allerdings gelang es, auch ihre Vermögen in Rußland durch alsbaldige Exporterlöse zu retten. Doch auch sie – Chodorkowski tat sich damals besonders unrühmlich hervor[12] – betrogen ihre in- und ausländischen Schuldner, indem sie ihre verpfändeten Sicherheiten durch Aushöhlung des hinterlegten Aktienkapitals und die Verschiebung der Unternehmenswerte auf Tochterfirmen rechtzeitig in Sicherheit brachten und ihren Schuldnern nur wertlose Firmenhülsen darbrachten.

Nach einigen Monaten erholte sich die russische Wirtschaft, als erstes die Verbrauchsgüterindustrie aufgrund der durch den niedrigen Rubelkurs verteuerten konkurrierenden Importe. Die überlebenden Oligarchen kauften die untergegangenen Bankengruppen und Unternehmen billig auf.

Als Ergebnis der Krise, ihrer ungleichen Verteilung von vielen Verlierern und wenigen Gewinnern und den offenkundigen Sündenböcken erlitt die politische Reputation der Reformer, die eigentlich eine zweite Welle von Wirtschaftsreformen zur Konsolidierung der Rechtsstaatlichkeit, des Eigentumsschutzes und geordneter Staatsfinanzen durchsetzen wollten, einen irreparablen Schaden. Dazu kamen Korruptionsenthüllungen in den Medien Gussinskis und Beresowskis, nach denen die vorgeblich unbestechlichen Reformer bis zu $ 100.000 an Vorschüssen für nie geschriebene Bücher erhalten hatten.

Als wieder einmal die Ablösung eines öffentlich als unfähig qualifizierten Premiers (Sergej Stepaschin) bevorstand, empfahl Beresowski Jelzin 1999 einen unbekannten „zähen Burschen" als Premier, der ihm zuvor als energischer Vizebürgermeister von St. Petersburg aufgefallen war.[13] Putin hatte, wie bereits erwähnt, nach seiner Zeit als Oberstleutnant und Leiter der KGB-*residentura* in Dresden 1990 seine Geheimdienstlaufbahn beendet und war unter dem Petersburger Reformbürgermeister Sobtschak zum Vizebürgermeister für Wirtschaftsfragen aufgestiegen. Zu Beginn seiner Laufbahn dort war Tschubais sein Vorgesetzter gewesen. Spätere Staatsoligarchen waren Untergebene oder Kollegen, darunter Alexej Miller und Waleri Golubew (Gasprom), Igor Setschin (Rosneft), Leonid Reiman (Telecominvest) und Wladimir Kogan (Promstroibank).

Nach Sobtschaks Wahlverlust wurde Putin 1996 stellvertretender Leiter der Kremlverwaltung und 1998 FSB-Chef, bis er von Beresowski und seinen Leuten (Abramowitsch und Jelzins Stabschef Woloschin) im

Juli 1999 dem siechen Präsidenten als Premier empfohlen wurde. Jelzin, der nur an der Immunität für sich und seine Familie interessiert war, ernannte Putin bald zu seinem Nachfolger. Bei den allfälligen Präsidialwahlen sorgten neben dem siegreichen kleinen Krieg in Tschetschenien wiederum die Finanzen und die Medienmacht der Oligarchen für das gewünschte Wahlergebnis.

Putins Antritt als Präsident

Auch noch nach seiner Wahl wurde Putin in in- und ausländischen Medien als „graue Maus" und Kreatur der Oligarchen verspottet. Der „Economist" schrieb von Beresowskis „Puppen-Präsidenten". Ihm wurde in wohlwollenden Kommentaren dringend empfohlen, er solle sich zuerst vom Diktat der Oligarchen befreien. So urteilte das „Handelsblatt"[14]: „An seinem künftigen Umgang mit den Oligarchen wird zu messen sein, ob Putin eigene Wege geht – oder ob er doch nur der Nachlaßverwalter des Jelzin-Erbes und der Hüter der Interessen der dubiosen Seilschaften um den früheren Kremlherrn bleibt."

Damals sah man auch die Pressefreiheit in erster Linie durch die Kontrolle der wichtigsten Fernsehkanäle (ORT – Beresowski und NTV – Gussinski) und Printmedien durch manipulative Oligarchen gefährdet.[15] Abgesehen von den linken Zeitungen „Prawda" und „Trud" gab es in Rußland keine Medienkritik am oligarchischen Firmenerwerb.[16] Im „Krieg der Oligarchen" von 1997 wurden die eigenen Medien rücksichtslos zur Förderung der eigenen Geschäftsinteressen und zur Diffamierung der politischen und wirtschaftlichen Gegner eingesetzt – ebenso wie während der Präsidialwahlkämpfe von 1996 und 2000. Sie hatten auch keinerlei Skrupel, von ihren Sicherheitsdiensten abgelauschte Telefonate und einschlägiges wahres oder fabriziertes *kompromat* zu veröffentlichen. Gussinkis Mostgruppe allein beschäftigte mehr als 1000 Sicherheitsleute. Die meisten hatten ihr Handwerk beim KGB gelernt.

Wider alle Erwartungen und zu Beresowskis öffentlicher Empörung zeigte sich der „undankbare" Putin jedoch wenig willfährig und begann mit Hilfe seiner Petersburger Vertrauten und *silowiki*-Verbindungen bekanntlich schnell ein autoritäres Regime seiner machtorientierten Zuarbeiter aus dem Sicherheitsapparat anstelle des übernommenen Oligarchen-Regimes aufzubauen, dessen Zerstrittenheit eine gewisse Pluralität wahrte. Da er ohne Hausmacht und Eigenmittel an die Macht gekommen war, hatte er sich zunächst zu gleichen Teilen auf die *silowiki* und liberale Wirtschaftskreise gestützt. In dem Maße, wie er seine Macht konsolidierte und durch den direkten Zugriff auf Gasprom seine eigenen politischen Finanzen organisierte, verengte sich seine Unterstützerbasis zunehmend auf die St. Peterburger *silowiki*-Szene höherer Ex-KGB-Offiziere und Stadtbeamter als disziplinierte, machtorientierte Ebenbilder seiner selbst, eine denkbar enge Rekrutierungsbasis für eine Hausmacht und für Rußlands politökonomische Führungselite.

Im Juli 2000 eröffnete er 21 versammelten Oligarchen, sie könnten ihren dubios erworbenen Besitz behalten, vorausgesetzt, sie zahlten ihre Steuern korrekt, bestächen keine Beamten mehr und mischten sich nicht mehr in die Politik ein. Ähnliche Warnungen gingen an die Provinzgouverneure und an die Kremlverwaltung. Nach Tschekistenart folgten auf die Warnungen nach kurzer Pause abschreckende Exempel.

Der korrupteste aller Gouverneure, Jewgenij Nasdratenko aus der Fernostprovinz, der in Wladiwostok bislang unumschränkt im Verein mit dem organisierten Verbrechen geherrscht hatte, wurde im Februar 2001 von seinem Posten entfernt. Von Anfang an stand auch Rem Wjachirew, der bislang allmächtige Chef der miserabel geführten Gasprom, auf Putins Abschußliste. Er wurde als erster „roter Direktor" gegangen und durch Alexej Miller, einen verläßlichen Mann Putins, ersetzt. Seither kontrolliert der Kreml direkt Gasprom und dessen Finanzen.

Den Chef der Kreml-Verwaltung, Pawel Borodin, der als Herrscher aller öffentlichen Liegenschaften die Verfügungsgewalt über alle russischen Botschaften, Staatsgebäude, Staatsdatschen, Staatsjachten, etliche Flugzeuge, Fuhrparks, Paläste und Hotels – die in Rußland selbstverständlich den Erben der rechtmäßigen Eigner nie zurückerstattet wurden – und unter Jelzin eine notorische Berühmtheit für den Empfang von Schmiergeldern genoß,[17] ließ Putin, der Borodins Wirken als sein ehemaliger Stellvertreter nur allzu gut kannte, mit einem netten Trick entsorgen.[18] Gegen Borodin lag ein US-Haftbefehl wegen Geldwäsche vor. Da erhielt er eine persönliche Einladung von George W. Bush zu seiner Amtseinführung, fühlte sich deshalb sicher und flog prompt nach New York, wo ihn die anonym alarmierten US-Behörden am Flughafen festnahmen. Die gefälschte Einladung beeindruckte sie wenig. „SingSing" statt präsidialem Dinner mit Kerzenschein. Da dürften sich einige FSB-Kader königlich amüsiert haben.

1 Frankfurter Allgemeine Zeitung, 17. Oktober 2006 und 1. Februar 2007, New Europe, 1. April 2007, Financial Times, 11. Mai 2007.
2 Harley Balzer: „Vladimir Putin on Russian Energy policy", in: The National Interest, November 2005.
3 Erich Follath, Matthias Schepp: „Der Konzern des Zaren", in: Der Spiegel, 5. März 2007.
4 Chrystia Freeland: Sale of the Century. The Inside Story of the Second Russian Revolution, London 2005, S. 52.
5 Financial Times, 6. August 2002.
6 Freeland, op. cit., S. 172 ff.
7 Freeland, op. cit., S. 277.
8 Marshall I. Goldman: „Putin and the Oligarchs", in: Foreign Affairs, Nov./Dez. 2004.

9 „Luxuskur um 1,5 Millionen", in: Österreich, 16. November 2006.
10 Andrew Jack: „A map of Russia's new empires", in: Financial Times, 7. April 2004; Christian Caryl: „Tycoon Takeover", in: Newsweek, 19. April 2004.
11 International Herald Tribune, 9. April 1999.
12 Financial Times, 16. Juni 2004.
13 Elfie Siegl: „Putin und die Oligarchen", in: Frankfurter Allgemeine Zeitung, 8. Juli 2000.
14 „Zukunft der Oligarchen ist Putins Lackmustest", in: Handelsblatt, 27. März 2000.
15 Le Monde, 25. April 1997.
16 The Economist, 14. November 1997.
17 The Economist, 18. September 1999, Süddeutsche Zeitung, 15. September 2000.
18 Süddeutsche Zeitung, 2. Februar 2001.

OLIGARCHENSCHICKSALE I –
IN UNGNADE GEFALLEN

Wladimir Gussinski war mit Abstand der naheliegendste Kandidat für die Oligarchensäuberung. Der mit Luschkow und seinem Stadtsyndikat Sistema verbündete und verbandelte Gussinski war hochverschuldet und mit den meisten Oligarchenkollegen zerstritten. Kurz nach Putins Antritt als Präsident fiel er als erster im Juni 2000, zumal auch seine Organisation des Russisch-Jüdischen Kongresses dem Kreml schon zu Jelzins Zeiten auf den Nerv ging. Als zweiter war Boris Beresowski, der politisch mächtigste der Oligarchen, an der Reihe. Er hatte mit dem Stolz des Königsmachers Putins Instruktionen souverän ignoriert und mußte deshalb gehen. Nummer 3 wurde Michail Chodorkowski. Er war in seiner Unabhängigkeit und mit seinen im Vergleich zu den eher taktisch-gerissenen Oligarchen-Kollegen überlegenen strategischen und wirtschaftsführerischen Talenten als überzeugendster Herausforderer der Kremlmacht ihrem primitiven Energienationalismus und ihren selbstsüchtigen Wirtschaftsinterventionen zu gefährlich geworden. Deshalb mußte er jetzt am härtesten zur allgemeinen Abschreckung büßen.

Mit periodischen staatsanwaltschaftlichen und steuerpolizeilichen Untersuchungen zu den üblichen Delikten (Geldwäsche, Betrug, Steuerhinterziehung, Bilanzfälschung, Devisenvergehen, Bestechung, Erpressung und Auftragsmorde) werden der Rest der Jelzin-Oligarchen eingeschüchtert und gefügig gehalten. In alljährlichen Konferenzen werden sie in den Kreml zum Befehlsempfang bei dem Präsidenten bestellt.[1] Jedes Jahr müssen sie auch bangen, ob die begehrten *vertuschka*-Direktlinien zu den Sondertelefonen des Kreml wieder verbunden werden. Wer unverbunden bleibt, muß dies als unheilverkündendes Zeichen der Ungnade deuten. Dazu werden Oligarchen der zweiten Garnitur weiter enteignet, wenn sie auf Kreml-Befehl nicht rechtzeitig verkaufen – vor allem im Energie- und Grundstoffsektor, wo die Begehrlichkeiten der Kreml-Seilschaften besonders stark sind.

Im Jahr 2007 erlitt der Inguschete Michail Guzerijew als Eigner des neuntgrößten Ölkonzerns Russneft eine solche Sonderbehandlung, weil er zum Zorn des Kreml nicht freiwillig an Gasprom verkaufen wollte, die Kreise des Kreml bei Jukos Scheinauktionen störte und dem Kreml nicht genehme Politiker in seiner Heimat unterstützte.[2] Daß seine Russneft mit € 1,9 Milliarden Umsatz € 120 Millionen Gewinn im Jahr macht und das schnellste Wachstum aller russischen

Ölfirmen hinlegte, beeindruckte in Moskau niemanden. Wegen Überschreitung der staatlich fixierten Höchstfördermengen und angeblicher Steuerhinterziehung wurden im Juni 2007 alle Aktien eingefroren. Guzerijew flüchtete ins Ausland. Sein Konzern ist damit praktisch führungslos. Das Ende in Gestalt einer preisdiskontierten Übernahme durch Lukoil oder den kremlnahen Oleg Deripaska ist somit nahe.

Rechtzeitig den Ausstieg schaffte Kacha Bendukidze. Der Georgier hatte 1993/94 billig konkursreife Maschinenbaukonzerne, wie Uralmasch, die Ischorkije-Werke in Petersburg und die Werft Krasnoe Sormowo in Nischni Nowgorod, aufgekauft, saniert und zur größten Schwermaschinen-Gruppe Rußlands (OMZ) fusioniert.[3] Mit seinen wichtigen Verbindungen zur Öl- und Gasindustrie, zur Metallverhüttung, zur Rüstungsindustrie, zum Atomkraftwerks- und Schiffbau erregte Bendukidze das Mißfallen des Kreml, der sich in Gestalt der üblichen staatsanwaltschaftlichen Razzien unübersehbar äußerte. Er verkaufte seine Atominteressen rechtzeitig an Gasprom und seine OMZ-Anteile an den Kreml-genehmen Potanin und zog sich mit seinen verbliebenen Milliarden in seine georgische Heimat zurück. Dort wirkte er seit der „Rosenrevolution" unter Präsident Saakaschwili von Ende 2004 bis Ende 2007 als Staatsminister für Wirtschaftsreformen und Entwicklung. Seit dem 31. Januar 2008 ist er Leiter der georgischen Staatskanzlei. Er räumte dort seit Juni 2004 nach einer radikalen Steuersenkung mit allen korruptionsfördernden Lizenzen, Steuerkonzessionen und Subventionen so rabiat auf, daß die kriegsgeschädigte georgische Wirtschaft bei allen sozialen Härten solcher Roßkuren, die Bendukidze in Georgien viel Widerstand eingebracht hat, mittlerweile mit kaukasischen Tigersprüngen wächst.

Wladimir Gussinski

(* 1952), der aufgrund seiner politischen Verstrickungen bereits einige Male angesprochen wurde, entstammt einer jüdischen Industriellenfamilie, die unter Stalin verfolgt wurde. Ein Großvater wurde erschossen, eine Großmutter jahrelang in einem Gulag gefangengehalten. Als Studienabbrecher schlug er sich zu Sowjetzeiten als Taxifahrer und Schwarzhändler durch. Während der Perestroika organisierte er Theater- und Konzerttourneen und produzierte in einer „Kooperative" massenhaft billige Kupferarmbänder, die als modische Amulette teuer verkauft wurden. Mit den Erträgen gründete er die Mostbank (die nach der Krise von 1998 untergehen sollte). Der Durchbruch erfolgte, als Moskaus Bürgermeister Luschkow die Abwicklung der Stadtfinanzen auf die Mostbank übertrug und zahlreiche öffentliche Bauaufträge an Gussinkis Baufirmen verschob.

Schon früh kaufte sich Gussinski in den führenden Medien ein und ließ kritische Berichte über den ersten Tschetschenienkrieg zu. 1996 verbündete er sich kurzfristig im Pakt von Davos mit Jelzin und trug tatkräftig zu dessen Sieg über den Kommunisten Sjuganow bei. Mit billigen (eigentlich als nicht rückzahlbar angesehenen) Gasprom-Krediten weitete er dann sein Medienimperium um das landesweite NTV-Fernsehnetz, Satellitenfernsehen, Radiostationen, Kinos und Zeitschriftenverlage aus.[4] Insgesamt wurde sein persönlicher Besitz auf $ 1,5 Milliarden geschätzt. Als Gussinski jedoch bei der versuchten Übernahme der Telefongesellschaft Svyazinvest gegenüber Potanin den kürzeren zog, begann er gegen die jungen Reformer, Jelzin und die anderen Oligarchen eine zügellose Medienkampagne. Dabei instrumentalisierte er den von ihm 1996 selbst gegründeten, geleiteten und finanzierten Russischen Jüdischen Kongreß, der dann Teil des Jüdischen Weltkongresses wurde. Jelzin konterte mit der Gründung einer von Roman Abramowitsch finanzierten Gegenorganisation, der Chabad-Lubawitscher-Bewegung, die seither das offizielle Wohlwollen des Kreml genießt, und ließ Gasprom die politischen Kredite von $ 211 Millionen an Mediamost fällig stellen, die Gussinski nicht bedienen konnte.

Die Mostgruppe war damals durch die Krise von 1998 und nicht zuletzt durch Gussinskis erratischen Managementstil angeschlagen.[5] Nach Putins Machtantritt, der seine Karikierung als häßlicher Zwerg in der satirischen Puppenschau „Kukly" im NTV genausowenig goutierte wie die kritischen Reportagen und Hintergrundberichte zu seinem neuen Tschetschenienkrieg, wurde kurzer Prozeß gemacht. Am 13. Juni 2000 wurde Gussinski unter Betrugsverdacht (wegen des Kaufes des St. Petersburger Fernsehens um nur $ 10 Millionen) in das berüchtigte Gefängnis Butyrka eingeliefert. Dort wurde ihm sehr schnell klargemacht, wer „der Wolf im Wald" ist. Nach nur wenigen Tagen in einer Massenzelle mit Totschlägern und AIDS-kranken Drogensüchtigen unterschrieb er die Übertragung seiner Medien an Gasprom und verließ nach seiner Freilassung fluchtartig Rußland. Diese wurden prompt gleichgeschaltet. Manche Journalisten fanden noch vorübergehend in Beresowskis Redaktionen Zuflucht. Nach der Abwehr einiger internationaler Haftbefehle wirkt Gussinski, dem 25 % an der Tageszeitung und dem Kabelsender Ma'ariv gehören, als einflußreicher Meinungsführer der russischjüdischen Emigranten in Israel, wo er, wie vordem in Rußland, schon mehrfach die politischen Seiten gewechselt hat.

Boris Beresowski

(* 1946) war bis 2000 mit $ 3 Milliarden zwar nicht der reichste, aber zweifellos der mächtigste aller Oligarchen. Er machte auch kein Geheimnis daraus. Sein eingestandenes, schlichtes Geschäftsprinzip als graue Eminenz der zweiten Jelzin-Präsidentschaft war: „Jeder kann gekauft werden. Jeder hat seinen Preis."[6] Der Mathematiker Beresowski hatte sein erstes Geld während der Perestroika mit dem Verkauf von Software-Programmen an staatliche Institute verdient. Dann gelang es ihm auf wundersame Weise vom Hersteller Avtovas Tausende von Ladas zum offiziellen Niedrigpreis zu erwerben und sie zum Marktpreis weiter zu veräußern. Avtovas bestand erst zwei Jahre später auf der Bezahlung, als die Hyperinflation die zu bezahlenden Beträge auf Bruchteile reduziert hatte. Mit dem Erlös begründete er die landesweite Autohandelsgesellschaft Logowas, mit der zugunsten der Avtovas-Direktoren und für die eigene Rechnung zehntausende Ladas auf ähnliche Art weiter gewinnbringend abgesetzt wurden. Später verkaufte Beresowski über eine Finanztochter $ 50 Millionen an Avtovaz-Wandelanleihen an russische Kleininvestoren, denen er statt Zinsen und Tilgung als Rückzahlung 100.000 Ladas aus einer neuen Fabrik versprach. Da diese nie gebaut wurde, nutzte er die $ 50 Millionen, um ein Drittel der Avtovaz-Aktien für sich selbst zu erwerben. Da Avtovas durch die hohen Entnahmen des Managements in eine finanzielle Schieflage geriet und nur durch eine staatliche Umschuldung gerettet werden konnte, ließ Beresowski nur 14.000 PKWs an seine Anleihenehmer verlosen. Der Rest ging leer aus. Dazu kaufte er sich in das vormalige Staatsfernsehen ORT mit seinen 16.000 landesweiten Sendestationen und beim Moskauer Sender TV6 ein.

Tschubais hatte seinerzeit Beresowski am Hof Jelzins eingeführt, um dort den unstet-selbstsüchtigen Einfluß General Korschakows, des Präsidenten Leibwächter und Zechgesellen, zu neutralisieren.[7] Dies gelang nur allzu gut. Als Lohn für seinen Wahlkampfeinsatz erhielt Beresowski 1996 einen kontrollierenden Anteil (51 %) am Sibneft-Konzern für nur $ 100 Millionen und an Aeroflot. Insgesamt war sein Besitz damals $ 3 Milliarden wert. Beresowskis Aufgabe war es gewesen, eine Allianz der Regionalgouverneure zugunsten Jelzins zu zimmern und medial zu unterfüttern, um so die Moskau-zentrischen Kampagnen von Luschkow und Primakow zu unterlaufen. Da er mittlerweile am Politisieren und an den Hofintrigen mehr Gefallen gefunden hatte als an der Unternehmensführung, überließ er die Leitung von Sibneft seinem Juniorpartner Roman Abramowitsch, der bereits einige Branchenerfahrungen im Ölhandel mitbrachte und relativ ehrgeizlos und umgänglich wirkte.

Im November 1996 ließ sich Beresowski zum Vizepräsidenten des nationalen Sicherheitsrates ernennen und begann, vorzugsweise über die Präsidententochter Tatjana Djatschenko, sich in alle wichtigen Regierungsentscheidungen einzumischen. Seinen Einflüsterungen werden auch die Entlassungen der Premiers Kirijenko und Tschernomyrdin zugeschrieben. So wuchs die Zahl seiner Feinde bald exponentiell. Der FSB sammelte eifrig geeignetes *kompromat*. Die Mitschnitte seiner Telefonate mit Djatschenko und mit Tschetschenenführern wurden bald veröffentlicht.[8] In die Funktionen eines GUS-Exekutivsekretärs weggelobt, entwickelte er beim Wiederbelebungsversuch jenes halbtoten Staatsbundes soviel unerwünschte Energie und Eigeninitiative, daß Jelzin ihn schließlich auf Betreiben einer von den Kommunisten organisierten Parlamentsmehrheit im März 1999 wegen „Amtsanmaßung" feuerte. Dies schreckte Beresowski nicht lange vom Zentrum der Macht ab. Für die Wahl Putins zum Premier war er erneut hilfreich – ebenso wie für die Erneuerung des Gouverneursbündnisses und die Organisation der Kremlpartei Jedinstwo (Einheit) für Putins Präsidialwahl. Putin hätte die Wahl sicher auch dank des „kleinen, siegreichen" zweiten Tschetschenienkrieges gewonnen, der mit den mutmaßlich vom FSB veranstalteten Bombenattentaten begründet worden war. Doch fühlte sich Beresowski nach der Wahl berufen, sowohl den Krieg wie Putins Attacken auf die Regionalautonomie und auf Gussinski und andere Unternehmer öffentlich zu kritisieren. Als Beresowski nach Gussinskis Abgang auch Putins Aufforderung zur politischen Abstinenz vom Juli 2000 ignorierte und das erbärmliche Versagen der Marine- und Staatsführung beim tragischen Untergang des Atom-U-Bootes „Kursk" im August in seinen Medien unerschrocken dokumentierte, war für den sich persönlich provoziert fühlenden Putin das Maß voll. Nach KGB-Tradition erfolgten nach den ignorierten Warnungen mit kurzem Verzug „organisatorische Konsequenzen".

Als Betrugs- und Geldwäscheermittlungen bei Auslandstöchtern von Aeroflot sich bedrohlich verdichteten – bei ihren Flugscheinverkäufen hat Beresowski mutmaßlich $ 28 Millionen in die eigene Tasche abgezweigt (möglicherweise aber auch bis zu $ 220 Millionen) –, übertrug er seine Sibneft, Aeroflot und Medienanteile an seinen Kompagnon Abramowitsch und setzte sich fluchtartig ins Londoner Exil ab.

Dort mußte er seither erleben, wie sich Abramowitsch kampflos mit dem Kreml arrangierte, die Medien gleichschalten ließ[9] und Sibneft, wie befohlen, an Gasprom verkaufte. In seinem Exil trotzt Beresowski den Auslieferungsversuchen des Kreml, mußte dort aber nicht nur die Ermordung der beiden Mitbegründer der von ihm bezahlten Partei „Liberales Rußland", Wladimir Golowjew und Sergej Juschenko, sondern auch 2006 noch spektakulärer und grausamer die Vergiftung eines Zuträgers, nämlich des Ex-FSB-Offiziers Litwinenko, erleben. So rief er im „Guardian" im April 2007 zum gewaltsamen Sturz Putins auf, da friedliche Methoden zwecklos seien. Später milderte er diesen Aufruf freilich wieder ab. Es ginge ihm nur, so Beresowski, um unblutige Methoden des Machtwechsels.

Michail Chodorkowski

Die meisten Oligarchen fühlten sich eher als Firmenhändler denn als Manager ihrer schnell, billig und oft zufällig erworbenen Unternehmen. Nur der bereits erwähnte Michail Chodorkowski (* 1963) versuchte nach 2000 noch eine Sonderrolle als politisch verantwortlicher Unternehmer zu spielen. Von einer neuen messianischen Mission für politische und Unternehmensreformen beseelt, restrukturierte er seinen Jukos-Konzern, finanzierte die Opposition und hielt sich auch sonst nicht an die Vorgaben der neuen Kremlherren. Sein Schicksal zeigt die Grenzen des Werkes der Reformer und der demokratischen Transformation Rußlands. In der Konfrontation mit dem autoritären Interventionsstaat wurde das Privateigentum des reichsten Mannes Rußlands ebenso irrelevant wie der Grundrechtsschutz der russischen Verfassung.

Michail Chodorkowski begann als Komsomolsekretär am Mendelejew-Institut für Chemietechnik. In Gorbatschows Perestroika gründete er 1987 ein Zentrum des wissenschaftlich-technischen Schaffens der Jugend (NTTM). Ein solches Zentrum hatte das Privileg, die nahezu wertlosen Transferrubel, mit denen die Dienstleistungen von Forschungsinstituten bezahlt wurden, in zehnfach kaufkräftigeres Bargeld umzutauschen. Chodorkowski nützte seine Gelder zum lukrativen Import von Computern, zum Holzexport und zur Entwicklung von russischer Buchhaltungssoftware. Angesichts des Unvermögens der Staatsbanken gründete er aus dem NTTM die Menatep-Bank, die als eine der ersten Privatbanken bald als hochprofitable Finanzagentur für Staatsfirmen und Regionalbehörden fungieren sollte. Allein das Finanzministerium deponierte $ 600 Millionen in der Menatep-Bank, Devisen, mit denen der Banker erfolgreich in anderen Fremdwährungen spekulieren konnte. 1991 wurde Chodorkowski Berater von Premier Iwan Silajew und hatte so Zugang zu allen Privatisierungsinformationen.[10] Er nutzte sie, um unter anderem die Apatit-Düngerwerke billig zu übernehmen. Ein erster feindlicher Übernahmeversuch des Süßwarenherstellers „Roter Oktober" scheiterte jedoch. Der folgende Kauf von Jukos erfolgte dann einvernehmlich mit dessen „roten Direktoren". Im Zuge des Paktes der Oligarchen erwarb Chodorkowski 2005/06 für $ 309 Millionen den Ölkonzern Jukos, der 2003 vor seiner Zerschlagung durch den Kreml $ 35 Milliarden wert werden sollte. Im Gegensatz zu den meisten Oligarchen, die sich hauptsächlich für Mittelentnahmen ins Ausland begeisterten, begann Chodorkowski Jukos, das in den vorigen 6 Monaten keine Löhne gezahlt und mit $ 3,5 Milliarden Schulden nur Verluste gemacht hatte, mit harter Hand zu sanieren. Tausenden alkoholisierter Mitarbeiter und diebischer Manager wurde gekündigt. Minderheitenaktionäre wurden an die Wand gedrückt und mit Bruchteilen ihrer Einstiegspreise aus zwischenzeitlich entkernten Unternehmen abgefunden. So wurden durch massenhafte Neuemissionen von Aktien die Börsenwerte der wertvollsten Jukos-Töchter Jugansneftegas, Samaraneftegas und Tomskneft um 98 % entwertet.[11] Gleichzeitig nutzte Chodorkowski wie alle Oligarchen bestehende Steuerschlupflöcher zum verbilligten Ölverkauf an Zwischengesellschaften in Steueroasen und zum dortigen gewinnträchtigen Weiterverkauf zu Marktpreisen aus. Mitte der 1990er Jahre war Chodorkowskis Reputation nicht die beste. Die Menatep-Bank galt als so korrupt, daß US-Bürgern wegen ihrer Unterweltbeziehungen Geschäftskontakte verboten waren. Die US-Währungsbehörde ermittelte wiederholt wegen des Verdachts der Geldwäsche.[12] Während der Krise von 1998 mußten westliche Banken die Hälfte ihrer Kredite an Jukos, das damals kunstvoll zur Unternehmenshülle ausgehöhlt worden war, abschreiben, insgesamt $ 236 Millionen.

Mit steigenden Ölpreisen und einem finanziell wieder gesundeten Unternehmen begann Chodorkowski jedoch ab 2000 sein Geschäftsgebahren wahrnehmbar zu ändern. Statt der üblichen Entnahmen waren die Reinvestitionsraten bei Jukos hoch. Chodorkowski begann, den Konzern mit transparenten Bilanzen und nach westlichen Managementgrundsätzen mit dem Ergebnis beträchtlicher Wertsteigerungen zu führen. Er stellte PR-Berater ein, hörte auf sie, begann, größere Beträge für Hochschulen, Spitäler und Museen zu spenden und gründete nach dem Vorbild von George Soros die Stiftung „Offenes Rußland" zur Förderung bürgergesellschaftlicher Projekte und Erziehung. Dazu „kultivierte" er US-Parlamentarier, Wall-Street-Banker und Meinungsführer, die seine paulinische Läuterung vom reuigen Sünder zum Musterknaben des Westkapitals mit großer öffentlicher Sympathie begleiteten.[13] Dies umso mehr, als der im Gegensatz zu den anderen Oligarchen gutaussehende Chodorkowski, wenn er wollte, vor großem Publikum außerordentlich höflich, zurückhaltend und gewinnend wirken konnte und er in seinem persönlichen Lebensstil nicht der bei seinen Mitoligarchen üblichen neureichen Verschwendungssucht huldigte.[14] Als Lohn jener Mühen multiplizierte sich der Börsenwert von Jukos bald auf $ 35 Milliarden.

Mit dieser beträchtlichen Marktkapitalisierung wollte Chodorkowski seinen Konzern in einer freundlichen Übernahme mit Abramowitschs Sibneft fusionieren und als erstes russisches transnationales Unternehmen in einen Weltkonzern, zum Beispiel in ExxonMobil, an dem Chodorkowski und Abramowitsch dann 30 % besessen hätten, einbringen.[15]

Diese Absicht war ein inakzeptabler Teil jenes immer länger werdenden Sündenregisters des Oligarchen, dessen Eigenmächtigkeiten aus Kremlsicht die Staatsmacht in dem als strategisch wichtig angesehenen Energiesektor unerträglich herausforderten. Neben der beabsichtigten Einbringung russischer Kronjuwelen in einen US-dominierten multinationalen Konzern gehörten dazu weiter sein Plan, Ölpipelines aus dem südsibirischen Angarsk ins chinesische Datsin in der Mandschurei und nach Murmansk (für den Export in die USA) zu bauen. Dies hätte das staatliche Transneft-Transportmonopol und die staatlich kontrollierte Exportpolitik untergraben.

Dazu bezahlte er offen die zerstrittene liberale Opposition in Gestalt der sozialliberalen „Jabloko" und der wirtschaftsliberalen „Union der rechten Kräfte" sowie durch Teilhaber aus dem Kreis der alten „roten Direktoren" auch die Kommunisten und Teile der Kremlpartei „Einiges Rußland". In der rücksichtslosen Sabotage einer Erdölsteuer in der Duma hatte er zum Zorn des Kreml bereits erfolgreich seine überfraktionellen Muskeln spielen lassen und dabei alle Kompromißvorschläge des Finanzministeriums verworfen.[16] Dazu hielten sich damals hartnäckig Gerüchte, Chodorkowski wolle bis 2008 aus dem Geschäftsleben aussteigen und sich als sozial-liberal gesonnener Demokrat um die Nachfolge Putins bewerben.[17]

Schließlich hatte er im Februar 2003 Putin direkt die Korruption seiner *silowiki*-Seilschaften bei einem Kremlvortrag vorgeworfen: es handelte sich um den überteuerten Kauf der privaten Savernaja Neft durch die staatliche Rosneft.

Im März 2003 wurde Chodorkowski ein letztes Mal in den Kreml bestellt. Er informierte Putin über den Fortgang seiner Fusionspläne mit Sibneft und der geplanten Zukunft als internationaler Konzern, der den Namen „Juksi" tragen sollte, und bestand auf seinem Recht, als russischer Staatsbürger Oppositionsparteien seiner Wahl unterstützen zu dürfen. Dem Vernehmen nach hörte Putin mit freundlichem Wohlwollen zu.

Im Juni/Juli 2003 liefen die ersten Durchsuchungen und Verhaftungen an. Mit dem über die Jahre gesammelten *kompromat* des FSB wurde Pitschugin, der Sicherheitschef von Jukos, wegen eines angeblichen Auftragsmords am Bürgermeister von Neftejugansk inhaftiert und später zu 20 Jahren Haft verurteilt. Als letzte Warnung für Chodorkowski wurde dann sein Stellvertreter Platon Lebedew wegen Wirtschaftsvergehen verhaftet. Im Oktober war die Reihe an Chodorkowski, der alle Möglichkeiten ausgeschlagen hatte, sich rechtzeitig ins Ausland abzusetzen. Nach einer gelenkten Medienkampagne wurde er in einem offenkundigen Schauprozeß wegen Betrugs und Steuerhinterziehung zu neun Jahren Haft (später auf acht Jahre reduziert) verurteilt.[18] Hauptgrund war die Nutzung damals halblegaler Mittlerfirmen, an die Öl verbilligt verkauft wurde, um es dann in *offshore*-Steueroasen zu Marktpreisen steuerschonend weiterzuverkaufen. Angesichts der konfiskatorischen Natur postsowjetischer Gewinnsteuern war jener Weg für jeden Oligarchen obligatorisch – sonst wäre er beim Kleinhandel geblieben.

Jukos wurden nun die Konten eingefroren. Zur Pfändung der angeblichen Steuerschuld wurden die Aktien des Konzerns zu ähnlich unterbewerteten Kursen wie beim Erwerb durch Chodorkowski beschlagnahmt. Jukos wurde Stück um Stück zerlegt, und seine Filetstücke nach und nach über Briefkastenfirmen in einer sorgfältig von Igor Setschin, Putins Kabinettschef, konzipierten Operation an das von ihm selbst geleitete

Rosneft verschoben.[19] Rosneft, das sich bisher als Staatskonzern durch geringe Aktivität auszeichnete, schoß mit jenen billigen Zugewinnen an modernisierten Verarbeitungs- und Förderkapazitäten und neuen Ölfeldern von einem Börsenwert von knapp $ 6 Milliarden auf $ 90 Milliarden hoch.[20] Da vergaß auch ein westliches Bankenkonsortium seine moralischen Skrupel und finanzierte alle jene Ankäufe (angesichts astronomischer Steuerforderungen gingen alle Erlöse an den russischen Fiskus) in Höhe von $ 22 Milliarden.[21] Um sich gegen Schadenersatzklagen zu wappnen, sah der Kreml gerne die Beteiligung westlicher Ölkonzerne an den Zwangsauktionen. So bemühten sich als nützliche Idioten die italienischen Konzerne Eni und Enel um einen Zuschlag – nur um die erstandenen arktischen Gasfelder sofort zum gleichen Preis an Gasprom weiterzuverkaufen, denn ohne das Gasprom-Leitungsmonopol waren sie ohnehin wertlos.[22] Auch BP beteiligte sich an einer jener Pseudo-Auktionen, in der irrigen Hoffnung, durch nette Gesten an den Kreml ihr riesiges, teuer erschlossenes Kowytka-Gasfeld behalten zu können.

Jukos wurde also vom Staat zermalmt. Die von Chodorkowski finanzierte liberale Opposition von „Jabloko" und der „Union der rechten Kräfte" hatte sich gegenseitig zerstört. Sie scheiterten beide im Dezember 2003 am Einzug in die Duma. Chodorkowski, der sich mit seiner „Offenes Rußland"-Stiftung als Philantroph wie George Soros oder Bill Gates sah, sitzt zwar nicht, wie oft beschrieben, im Gulag, aber doch in einem überfüllten Strafgefängnis im sibirischen Krasnokamensk unweit der chinesischen Grenze ein. Im Angesicht seines totalen Scheiterns schreibt er in der Haft offene Briefe, die sich ausführlich und selbstkritisch mit dem bisherigen Geschäftsgebaren der Oligarchen und der Politik der Liberalen im Licht einer neuen, sozialdemokratisch anmutenden Gemeinwohlorientierung auseinandersetzen.[23] Ob jener Reinkarnationsversuch als neuer Sacharow für glaubwürdig zu halten ist, liegt freilich im Auge des Betrachters.

Während die meisten Menatep- und Jukos-Hauptaktionäre sich ins für sie sichere Israel geflüchtet haben,[24] bemüht sich im Westen eine rührige Lobby, angeführt vom ehemaligen US-Außenhandelsminister Stuart Eizenstat, um seine Freilassung und Anerkennung als politischer Gefangener. Das Brüsseler Büro APSA und der Londoner Anwalt Robert Amsterdam wurden als europäische Lobbyisten engagiert.[25] Auch Lord Owen und Otto Graf Lambsdorf, den Eizenstat seit den Verhandlungen zur Zwangsarbeiterentschädigung schätzt, sind in Sachen Chodorkowski aktiv.[26] Auf Initiative des früheren litauischen Präsidenten Vytautas Landsbergis haben schon mehr als 100 Europaparlamentarier einen Brief an Putin unterschrieben. Beeindruckt hat dies den Adressaten wenig.

Schon ist angesichts des ungebrochenen Willens des Häftlings eine weitere Anklage in Vorbereitung mit dem Ziel, seine vorzeitige Entlassung und Klagen gegen die manipulative Enteignung seines Vermögens zu verhindern.[27] Es handelt sich um Vorwürfe der Geldwäsche ausgerechnet durch seine Stiftung „Offenes Rußland", die Chodorkowski und Lebedew zusätzliche 15 Jahre einbringen könnten.

1 Financial Times, 8. Februar 2007.
2 Die Presse, 14. April 2007; Frankfurter Allgemeine Zeitung, 22. Juni 2007; Gerald Hosp: „Ein ‚harter Brocken' wird weich", in: Frankfurter Allgemeine Zeitung, 4. August 2007.
3 The Economist, 31. Juli 2004.
4 Financial Times, 22. November 2000.
5 Financial Times, 17. Juni 2000.
6 The Economist, 25. März 2000.
7 Neue Zürcher Zeitung, 4. November 1996.
8 Süddeutsche Zeitung, 9. Februar 1999; Financial Times, 27. September 1999.
9 Neue Zürcher Zeitung, 7. April 2001.
10 Waleri Panjuschin: Michail Chodorkowski. Vom Jukos-Chefsessel ins sibirische Arbeitslager, München 2006, S. 69.
11 Floyd Norris: „Investors in Russia, Beware", in: International Herald Tribune, 9. April 1999.
12 Wall Street Journal, 3. September 1999.
13 International Herald Tribune, 22. Juni 2004.
14 Elke Windisch: „Wer ist Michail Chodorkowski?", in: Der Tagesspiegel, 15. Mai 2005.
15 Panjuschin, op. cit., S. 189.
16 Financial Times, 28. Oktober 2003 und 31. Juli 2003.
17 Times, 28. Juli 2003.
18 Michael Ludwig: „Politischer Schauprozeß", in: Frankfurter Allgemeine Zeitung, 31. Mai 2005.
19 Panjuschin, op. cit., S. 231.
20 Financial Times, 3. Mai 2007 und 11. Mai 2007.
21 Financial Times, 21. März 2007.
22 Financial Times, 5. April 2007.
23 Johannes Voswinkel: „Der Moral-Oligarch", in: Die Zeit, 8. Dezember 2005.
24 Frankfurter Allgemeine Zeitung, 31. Mai 2005.
25 Robert R. Amsterdam: „Die Invasion des russischen Kapitals", in: Die Presse, 19. Mai 2007; Simon Taylor: „Khodorkovsky lawyer says EU firms must back human rights", in: European Voice, 16. November 2006.
26 Focus, 12. Juli 2004.
27 Frankfurter Allgemeine Zeitung, 6. Februar 2007.

OLIGARCHENSCHICKSALE II – SUPERREICH, WILLFÄHRIG UND (NOCH) GELITTEN

Roman Abramowitsch

Von Roman Abramowitsch (* 1966), dem nach Chodorkowskis Abtritt mit $ 19 Milliarden reichsten Russen, sind politische Worte, die den Kreml erzürnen könnten, nicht zu erwarten. Trotz einer für Oligarchenverhältnisse freundlichen Informalität im Umgang führt er einen Lebensstil der Sonderluxusklasse mit drei Großjachten, einer privaten Boeing, Wochenendschlössern an der Côte d'Azur, einer Stadtresidenz in London und einer Landvilla mit 420 ha in Surrey zur werktäglichen Vermögensverwaltung.

Als Vollwaise – die Mutter starb bei einer Abtreibung, der Vater bei einem Arbeitsunfall – wuchs Abramowitsch bei Verwandten auf. Eher fleißig als begabt, absolvierte er nach der Oberschule in Moskau im nordrussischen Uchta ein Industrieinstitut und seinen Militärdienst als Artillerist. In den frühen 1990er Jahren versuchte er sich mit Kleinfirmen in zwanzig verschiedenen Sparten von Leibwächterdiensten bis zur Reifenerneuerung, bis er – nicht zuletzt durch das Verschieben undokumentierten Heizöls von Königsberg ins Baltikum – genug Kapital gesammelt hatte, um mit dem Kauf einer Ölausfuhrlizenz in den lukrativen Ölexporthandel mit seinen hohen Spannen und direkten Devisenerträgen einsteigen zu können.[1]

Der Durchbruch kam 1995, als Beresowski, der sich mit seinem direkten Zugang zur Familie Jelzins lieber um die Pflege der politischen Landschaft kümmerte, den umgänglichen Abramowitsch mit seinem Fachwissen auf dem Ölsektor als Juniorpartner mit Managementaufgaben betraute.

Für knapp $ 200 Millionen erstanden beide 1996 den neu vertikal integrierten Sibneft-Konzern, in dem das Förderunternehmen Nojabrskneftegas und Rußlands größte und modernste Raffinerie im Omsk verbunden wurden – ein Unternehmen, das Ende 2003 $ 15 Milliarden wert sein sollte. Minderheitenaktionäre und der Fiskus wurden auch bei Sibneft durch rabattierte Ölverkäufe an Tochterunternehmen und den teuren Weiterverkauf und die übliche Manipulation von Aktienkursen und Dividendenausschüttungen nach Oligarchenart geschädigt.

Die hohen Steuerersparnisse und Gewinne erlaubten es Sibneft auch, neue Ölfelder zu erschließen und in Raffinerien und Tankstellennetze zu investieren.

Beresowski, der als einziger Oligarch Zugang zu Jelzins „Club des Präsidenten" hatte, führte Abramowitsch bei Hofe ein, wo dieser bald dank geeigneter Geschenke das Vertrauen von Präsidententochter Tatjana Djatschenko gewann und zum Kassenwart der Jelzinschen Privatfinanzen aufstieg.[2]

Als günstige Diversifizierung erwarb Abramowitsch zusammen mit Oleg Deripaska 1999 die frisch fusionierten Russischen Aluminiumhütten (Rusal), die 70 % der Produktion Rußlands und 10 % des Weltaluminiums herstellten.

Bei der Präsidentenwahl 2000 war Abramowitschs Rolle die Finanzierung der neuen Kremlpartei „Jedinstwo" (Einheit). Gemeinsam mit Beresowski stärkte er ihre landesweite Ausdehnung durch die Anwerbung der Regionalgouverneure gegen Putins Rivalen Luschkow, der als Bürgermeister Moskau und Umgebung beherrschte. Nach den siegreichen Wahlen verbat sich Putin bekanntlich Beresowskis Kabinettslisten. Nachdem Beresowski ins Exil gezwungen und genötigt worden war, seine Sibneft-, Aeroflot- und ORT-Anteile an Abramowitsch zu verkaufen, stimmte der der Gleichschaltung seiner Medien eilfertig zu.

Roman Abramowitsch dürfte im Westen neben Boris Beresowski aufgrund seines luxuriösen Lebensstils und des Kaufs des Fußballclubs Chelsea London zu den bekanntesten russischen Oligarchen gehören. Das Bild zeigt ihn bei der Amtseinführung von Roman Kopin, seinen Nachfolger als Gouverneur von Tschukotka, im Juli 2008.

Im Dezember 2000 begann Abramowitsch als Kandidat der Kremlpartei seine Kampagne um den Gouverneurssitz von Tschukotka, den seit der Perestroika vernachlässigten Nordostzipfel Sibiriens mit seinen noch verbliebenen 70.000 Einwohnern. Es gelang, den zunächst unwilligen Platzhirsch Nazorow mittels einer hilfreichen Korruptionsuntersuchung des Kreml zum freiwilligen Verzicht zu überreden und nach dem Verteilen von Südfrüchten mühelos mit einem Minimum an Wahlkampf als einziger Kandidat zu gewinnen. Als Gouverneur begann Abramowitsch auf Kosten von Sibneft ein Programm der Kinderverschickung an die Schwarzmeerküste. Er baute ein neues Krankenhaus und sorgte dafür, daß die Gehälter wieder pünktlich bezahlt wurden. Für ihn selbst brachte das Amt eine willkommene Immunität und für Sibneft die Nutzung von Steuervorteilen, konnte doch in jener abgelegenen Einöde die Regionalsteuer von 14,5 % auf 3,1 % gesenkt werden. Prompt machte Sibneft alle seine Gewinne mit seiner Vertriebstochter in der Hauptstadt Anadyr.

Mittlerweile stopfte die Duma jenes Steuerschlupfloch, und die gelegentlichen Flugreisen aus dem warmen Westeuropa ins kalte Anadyr stellten sich als zu beschwerlich und die einheimischen Tschuktschen mit immer neuen Konsumwünschen als wenig dankbar heraus. So bekundet Abramowitsch kein Interesse an einer zweiten Amtszeit mehr. Präsident Putin besteht jedoch auf weiteren Wohltaten Abramowitschs für diese abgelegene Region, einschließlich der Finanzierung einer verbesserten Verkehrsanbindung nach Alaska.

Wie die meisten Oligarchen gehört Abramowitsch zur jüdischen Minderheit Rußlands, die als Ergebnis des latenten Antisemitismus in der Sowjetunion und ihres Ausschlusses von vielen öffentlichen und sicherheitsrelevanten Führungsfunktionen informelle Netzwerke bildete und sich, obwohl weitgehend säkularisiert, nach der bolschewistischen Ausmerzung unternehmerischer Neigungen unter den Slawen, neben den Kaukasusvölkern als erste wieder durch unternehmerische Initiativen und Mut zum Risiko auszeichnete.[3] Abramowitsch fand zum Beispiel nichts dabei, als Hauptaktionär von Omsk-Becon von der alljährlichen Schlachtung von 300.000 Schweinen zu profitieren. Er folgte auch dem Geheiß Jelzins und später Putins, eine chassidische Gegenorganisation gegen den von Gussinski 1996 gegründeten und als Lobby immer mächtiger werdenden Russisch-Jüdischen Kongress zu finanzieren.[4]

Schon 1998 hatte sich das russische Wirtschaftsprüfungsamt für die Privatisierung von Sibneft interessiert und festgestellt, daß die Regierung $ 2,7 Milliarden beim Verkauf seiner ersten Hälfte für $ 100 Millionen bei einem Marktwert von $ 2,8 Milliarden verloren hatte. 2005 gelang es Abramowitsch, eine Steuernachforderung in Höhe von über $ 1 Milliarde auf $ 300 Millionen zu reduzieren. Auch gab es auf der Suche nach einem verschwundenen Stabilitätskredit des IWF über $ 4,8 Milliarden Razzien der Steuerfahndung bei Sibneft und bei

Abramowitsch-Firmen in Montreux. Unübersehbar begann der Kreml kompromittierendes Material (*kompromat*) gegen Abramowitsch zu sammeln. Im Laufe des Jahres 2002 leitete er deshalb den Verkauf seiner Beteiligungen in Rußland ein: so an Omsk Becon, Aeroflot (26 %), Rusal (25 %) und die PKW-Holding Ruspromauto (37 %).

Abramowitsch begann, die Ausschüttungen von Sibneft von $ 1,2 Milliarden (2003) auf $ 2,5 Milliarden zu maximieren und die Investitionen herunterzufahren. Ende 2005 verkaufte er seine Sibneft-Anteile (72 %) an Gasprom für $ 13 Milliarden – schätzungsweise zum halben Marktwert. Seine restlichen Anteile (25 %) an Rusal gingen für $ 2 Milliarden an Derispaska, der damit in den Alleinbesitz der zweitgrößten Aluminiumschmelze der Welt gelangte.

Obwohl er sich mit $ 3 Milliarden noch an dem westsibirischen Stahlkonzern Evraz (40 %) – einem Kandidaten für eine russische oder internationale Stahlfusion – beteiligte,[5] hat Abramowitsch seinen Lebens- und Finanzmittelpunkt unverkennbar nach Westeuropa verlegt. Obwohl öffentlichkeitsscheu, sind sein verschwenderischer Lebensstil und seine teuren Spielzeuge, von den Riesenjachten ($ 420 Millionen) angefangen bis hin zum Chelsea Football Club ($ 400 Millionen Kosten) sowie sein Streben nach Akzeptanz in der britischen Oberschicht, unvermeidlich publizitätsträchtig. Mutmaßlich dürfte er die Lust an manchen jener teuren Hobbies ebenso schnell verlieren wie an seiner politischen Karriere in Tschukotka. Eine Investitionsstrategie für seine liquiden Milliarden ist bislang, außer dem Kauf einiger Prestige-Immobilien wie des Waldschlössels am Attersee (€ 15 Millionen) und eines Geschäftshauses am Wiener Kohlmarkt (€ 27 Millionen), nicht zu erkennen.

Im März 2007 ließ sich der mittlerweile anderweitig liierte Abramowitsch von seiner zweiten Frau Irina vor einem russischen Gericht scheiden. Von einem englischen Gericht hätte die Mutter seiner zwei Kinder bis zu $ 5 Milliarden erwarten können. Vor dem russischen Gericht erhielt sie nach Auskunft eines Anwaltes „so viel, wie Abramowitsch zu zahlen bereit ist".[6] Seine Bereitschaft belief sich auf $ 300 Millionen (2 % seines Vermögens), genug zum lebenslangen Shopping bei Harrods.

Oleg Deripaska

(* 1968) wuchs in den 1970er Jahren in einem Kosakendorf bei Krasnodar als Halbwaise bei seinen Großeltern und Verwandten auf. Als Studienabbrecher suchte er sich 1991 die härteste Branche zum Geldverdienen aus: den Aluminiumhandel und die Bauxitverhüttung. Bei Aluminiumpreisen von $ 70 pro Tonne auf dem russischen Markt und $ 1600 auf dem Weltmarkt lockten die Spannen jede Menge lichtscheuer Geschäftemacher. Mit Gewinnen aus dem Aluminiumexport kaufte Deripaska die Voucher von Aluminiumhütten auf, so daß er mit 26 Jahren schon im Aufsichtsrat von Sajansk-Aluminium saß. Im Verbund mit den berüchtigten Brüdern Lew und Michail Tschernoi und ihrer Trans-World Group kaufte er in der Folge weitere Aluminiumhütten auf, die er 1996 zur Sibirien Aluminium (Sibal) fusionierte. Damals wurde der Kampf um die Alumiumhütten weniger mit Auktionen als mit Kalaschnikows und Sprengstoff ausgetragen. Mehr als 100 Tote gab es in dieser Branche während der 1990er Jahre. Als den Gewinnern des Aluminiumkrieges, den Brüdern Tschernoi, in Rußland der Boden wegen staatsanwaltlicher Ermittlungen in ihre Unterweltverbindungen und im Hinblick auf ihre Auftragsmorde zu heiß wurde, setzten sie sich nach Israel ab. Deripaska nutzte ihre Abwesenheit, um seine einstigen Lehrmeister und Kompagnons 1997 auszubooten, und zahlte sie nach einem längeren Rechtstreit aus.[7] Andere Aluminiumwerke erwarb er günstig, weil sein Freund Tschubais als Chef der Vereinigten Elektrizitätswerke UES sie – so die NKAZ-Aluminiumschmelze im sibirischen Kunerowo – wegen unbezahlter Stromrechnungen in den Konkurs trieb[8] oder weil gegen ihre Vorbesitzer Strafverfahren liefen (die nach dem Verkauf sofort eingestellt wurden)[9]. Andere Aluminiumhütten, so die Krasnojarsker, Bratsker und Nowokuznezker Aluminiumwerke, hatte Roman Abramowitsch über Sibneft erworben und brachte sie 2000 in das Gemeinschaftsunternehmen Rusal ein, aus dem er ab 2003 seine Anteile an Deripaska verkaufte. 2007 fusionierte Derispaska dann seine Rusal (66 %) mit Viktor Wechselbergs Sual (23 %) und den Aluminiuminteressen von Glencore (12 %) – das im Besitz des dubiosen, von Bill Clinton an dessen letzten Amtstag als US-Präsident amnestierten US-Schweizers Marc Rich ist – zum russischen Aluminiummonopolisten.[10] Dabei genießt er die billigsten Energiepreise der Welt in Gestalt benachbarter sibirischer Flußkraftwerke, für deren Strom es außerhalb seiner Hütten weit und breit keinen Abnehmer gibt. Für die Einfachprodukte seiner Hütten (Folien, Dosenbleche und Materialien für die Bauwirtschaft) sind die Elektrizitätspreise der größte Kostenfaktor („Energie in Dosen").

Als russischer Monopolist muß er eigentlich nur noch die Begehrlichkeiten der Kremlherren abwehren. Hatte es für ihn in den 1990er Jahren genügt, die Tochter von Jelzins Stabschef, Polina Jumaschewa, zu ehelichen, der später selbst Jelzins Tochter heiratete, so mußte er sich unter dem wenig romantischen Putin erst einmal mit $ 100 Millionen von Steuerermittlungen loskaufen. In Sotschi, Putins Urlaubsort, spendiert er für die Winterolympiade von 2014 einen neuen Flughafen und einen riesigen Sportkomplex. Bei der neuen Diversifikationsstrategie seines Konzerns, der 2001 gegründeten Basic Elements mit Sitz in Krasnojarsk, folgt Deripaska bei allen wichtigen Geschäftsentscheidungen getreulich den Vorgaben des Kreml, auch bei jenen im Ausland, wie bei seinem Einkauf von beträchtlichen Minderheitsanteilen bei Hochtief, Strabag und Magna im Frühjahr 2007.

Basic Elements besteht als Grundstoffholding neben dem mit 44 % dominanten Aluminiumbereich (Rusal) mit seinen 47.000 Beschäftigten und $ 6,7 Milliarden Umsatz (2005) aus 5 weiteren Branchenbeteiligungen:

- RusPromAvto mit der Kontrolle über den zweitgrößten Hersteller Gaz und seiner international wenig wettbewerbsfähigen Jahresherstellung von 55.000 PKWs des Typs Wolga und 170.000 LKWs in Nischni Nowgorod. Hier soll das technologische Wissen von Magna zum Einsatz kommen.
- Die Bauwirtschaft (Glavmostroi): Nach Übernahme der Bauholding Raswitije, die ein Drittel des Moskauer Baumarktes bedient, sollen die Beteiligungen an Hochtief (10 %) und Strabag (30 %) das technologische Aufholen und die vom Kreml verlangten landesweiten Infrastrukturinvestitionen ermöglichen, einschließlich der Sportkomplexe für die Olympischen Winterspiele von Sotschi 2014.
- Flugzeuge (Aviakor),
- Banken (Sojus) und
- Versicherungen (die zweitgrößte Versicherungsgesellschaft Ingostrach).

Im Fall der Zellstoff- und Papierfabrik Ilim Pulp Enterprise bemühte sich Deripaska im Jahr 2002 vergeblich um die feindliche Übernahme. Sie widerstand dem Versuch, durch bestochene Richter eine Privatisierungsentscheidung von 1994 anzufechten, zwei Drittel der Aktien zu konfiszieren und umstandslos billig an Deripaska verkaufen zu lassen. Nach Protesten ausländischer Minderheitenaktionäre und der Belegschaft verlor Deripaska bei einer seiner seltenen Niederlagen letztlich den „Krieg der Wälder"[11].

Sein ruppiger Akquisitionsstil hart am Rande der Legalität führte dazu, daß Deripaska jahrelang kein Visum für die USA erhielt und er auch aus Davos – einem jährlichen „Muß"-Termin für Oligarchen – ausgeladen wurde.[12] Natürlich interessiert sich auch die russische Staatsanwaltschaft periodisch für alte Aluminiumgeschäfte und tote Vorbesitzer.

Ein Kapitel für sich stellen die Beziehungen zwischen Deripaska und den österreichischen Unternehmen Magna, Hochtief und Strabag dar. Magna, der PKW-Teile- und Auftragsproduzent des Austro-Kanadiers Frank Stronach, sah sich Anfang 2007 vor düsteren Perspektiven: Der sichere Rückgang der Aufträge durch seine siechenden US-Hauptkunden General Motors, Ford und Chrysler, das Auslaufen der Fertigungen des Chrysler Voyager, der Mercedes-E-Klasse und womöglich auch des BMW-Abzugs aus seinem PKW-„Cluster" in Graz. So wurde Stronach von der Vision „Jeeps für Rußland" beflügelt und überließ Deripaska für 150 Millionen 20 % seiner Anteile an Magna, des einstigen Steyr-Daimler-Puch-Werkes, und ihren 14.000 Mitarbeitern in Österreich.

An Hochtief wollte Deripaska ursprünglich einen Anteil von 25 %. Als dieser an den spanischen Baukonzern ACS für € 1,3 Milliarden ging, blieben für ihn nur 3 %, die er jedoch bald auf 9,9 % aufstockte.

Für die Strabag SE, den größten Straßenbaukonzern Deutschlands und Österreichs, lockten vor allem die 7–8-%-Margen in Rußland, gegen die sich die 2–3 % in Mitteleuropa vergleichsweise bescheiden ausnehmen. Der Bedarf an neuen Flughäfen, Bahnhöfen, Brücken, Straßen, Tunnels und Autobahnen ist in dem Riesenreich nahezu unersättlich. Von Ernst & Young wird dieser Investitionsbedarf bis 2010 auf € 260 Milliarden geschätzt. Die Infrastruktur aus der Sowjetzeit ist nach mindestens zwei Jahrzehnten der Vernachlässigung in einem offenkundig kritischen Zustand. Russische Bauunternehmen sind technisch und wirtschaftlich zu schwach für die Großdimensionen des nötigen Ausbaus (€ 23,5 Milliarden allein für Flughäfen bis 2010; € 82 Milliarden für die E-Wirtschaft bis 2011 etc.).[13] Die Strabag mit ihrem Vorstandsvorsitzenden Hans-Peter Haselsteiner an der Spitze könnte durch den von der Raiffeisenbank eingefädelten Einstieg Deripaskas ihr bislang nur auf Moskau begrenztes Rußlandgeschäft landesweit auf € 1 Milliarde jährlich ausweiten.[14] Im Industriebau könnte sich die Strabag-Tochter Zöblin (Stuttgart) engagieren. Die Kaufentscheidung über € 1,05 Milliarden für 30 % der Strabag traf Deripaska dem Vernehmen nach „aus dem Bauch heraus" in 5 Minuten. Innerhalb von drei Wochen war der Verkauf abgewickelt.

Ob und wie lange Deripaska bei jenen deutsch-österreichischen Betrieben Minderheitenaktionär bleiben will, ist eine schwer zu beantwortende Frage. In der Vergangenheit hat er seine Partner immer zur Aufgabe gezwungen und sie zu seinen Bedingungen ausbezahlt. Von der Persönlichkeitsstruktur gehört Deripaska als erster Sieger des Aluminiumkrieges sicher zu den härtesten Vertretern der nicht gerade zart besaiteten Oligarchen. Deripaska ist dafür bekannt, daß er weder Rivalen noch geschäftliche Fremdbestimmung duldet. Persönliche Schwächen sind nicht erkenntlich. Sein Geld vergeudet er auch nicht auf Jachten und den Bars der Côte d'Azur. Als einzigen Luxus kaufte er im Londoner Nobelviertel Belgrava eine GBP-25-Millionen-Villa – „um Hotelkosten zu sparen". Im Gegensatz zu Hans-Peter Haselsteiner (64) und Frank Stronach (76) ist Deripaska (40) nicht nur einige Jahrzehnte jünger. Sein Einfluß wird auch in dem Maße steigen, in dem sich ihre Firmen auf dem russischen Markt engagieren und von ihm abhängig werden.

Wladimir Potanin

(* 1961) verdiente im Metallhandel seine ersten Millionen. Als Sproß der Nomenklatura, dessen Vater im Außenhandelsministerium als Generaldirektor hochrangig plaziert war, gilt er als einziger Nichtjude in der Spitzenriege der ersten Oligarchengeneration. 1993/94 gründete er mit Michail Procherow die Oneximbank, die dank der Abwicklung der Zolleinnahmen mit ihren praktischen Devisenbeständen zur größten Privatbank Rußlands aufstieg und 2002 zur Rosbank als neuer Hauptbank seiner Interros-Gruppe fusionierte.

Der „Financial Times" bekannte Potanin („Why I became a Russian Oligarch"), er sei deshalb Oligarch geworden, weil die „roten Direktoren" so unerträglich schlechte Manager gewesen seien und mit der von ihm selbst entwickelten Oligarchenprivatisierung von 1996 entmachtet werden mußten.[15] Von Jelzin 1996/97 zum Vizepremier für Privatisierungfragen ernannt, bediente er seine Interros-Gruppe dabei selbst großzügig. Sie erhielt 51 % an Sidanco, der viertgrößten Ölgesellschaft, für $ 130 Millionen, 38 % an Norilsk Nickel für $ 170 Millionen und 25 % am Telekomkonzern Svyazinvest für $ 1,875 Milliarden, eine Entscheidung, die bekanntlich den selbstzerstörerischen „Krieg der Oligarchen" von 1997/98 auslöste.

Am wertvollsten war sicher die damals marode und hochverschuldete Norilsk Nickel, die nicht nur 20 % des Weltmarktes für Nickel bediente, sondern durch Zukäufe bald zu einem der größten Weltmarktproduzenten von Gold, Platin, Kobalt, Paladium und anderen Edelmetallen aufstieg.

Von Sidanco verkaufte Potanin 1997 einen Anteil von 10 % für $ 570 Millionen an BP, das an dieser Beteiligung jedoch keine große Freude haben sollte, da es sich bald herausstellte, daß der Mehrheitsaktionär seine Öleinnahmen als Goldesel für die ihm wichtigere Norilsk Nickel mißbrauchte. 2001 verkaufte er seine Sidanco-Anteile dann für $ 1,1 Milliarden an die Alfa-Gruppe von Fridman.

Mit dem Kreml Putins kollidierte Potanin 2004, als er sich zu 20 % an dem südafrikanischen Bergbaukonzern Gold Fields beteiligen und die Goldinteressen beider Konzerne unter seiner Führung fusionieren wollte. Damit hätte er den Gutteil seines Norilsk-Nickel-Kapitals ins sichere Ausland gerettet. Als die üblichen ersten Ermittlungen eingeleitet wurden, nahm Potanin eiligst von seinen Plänen Abstand. Schon im Juli 2000 hatte er „freiwillig" $ 140 Millionen für den Kauf von Norilsk-Nickel nachbezahlt[16] und seither brav die Kreml-Partei „Einiges Rußland" finanziert.

Während der Jahre 2007/08 trennten sich Potanin und sein langjähriger Geschäftspartner Michail Prochorow (* 1965) und teilten ihre Vermögen von je $ 15 Milliarden an der gemeinsamen Interros-Holding hälftig. Während Potanin sich unter anderem als Trustee des Guggenheim-Museums (eine Ehre, die eine jährliche Spende von $ 1 Million voraussetzt) um die Anerkennung in der internationalen Gesellschaft und Geschäftselite bemüht, machte Kollege Prochorow, den das Wirt-

schaftsmagazin „Forbes" zu den zehn reichsten Russen zählt, eher unerwünschte Schlagzeilen, als er in dem von neureichen Russen heim-
gesuchten Skiort Courchevel im Januar 2007 von der französischen
Polizei wegen Zuhälterei festgenommen wurde, da er den Aufenthalt von
16 Callgirls („Mannequins") in seinem Hotel finanziert hatte.[17] Nach
vier Tagen Untersuchungshaft wurde er allerdings wieder entlassen.

Daß die Bergwerks- und Hüttenkomplexe von Krasnojarsk bis Norilsk
entlang des rohstoffreichen Laufs des Jennisej sämtlich in den 1930er bis
in die 1960er Jahre von den Sklavenarbeitern des Gulag, darunter auch
von deutschen Kriegsgefangenen und Zivilverschleppten, mit Millionen
Opfern erschlossen und erbaut wurden, scheint die bisherigen Eigner
der Hauptförderstätten, Derispaska, Potanin und Procharow, wenig zu
stören. Auf die abseitige Idee, den weniger werdenden Überlebenden
jener Hölle auf Erden als Teil der Rendite Entschädigungen als Erleich-
terungen für ihren kargen Lebensabend zu zahlen, sind sie bislang nicht
gekommen. Offensichtlich interessiert das Thema auch die einschlägigen US-Anwälte und die Weltöffentlichkeit nicht.

Michail Fridman

Wie Abramowitsch begann Michail Fridman (* 1964) mit dem Kleinhandel und dem Fensterputzen, wie Gussinski handelte er mit Theater-
karten und wie Menatep, die Oneximbank oder die Mostbank wurde
seine Alfa-Bank mit der Verwaltung der Konten und Devisenbeständen
russischer Ministerien groß und reich. Der Durchbruch erfolgte, als Anfang der 1990er Jahre sein Partner Pjotr Aven russischer Außenhan-
delsminister wurde. Fridman erhielt schnell und unbürokratisch eine
lukrative Lizenz für Ölexporte. Als größter Importeur für unverpackten
Tee traf es sich später auch günstig, daß die Zölle und Steuern auf im-
portierte Teebeutel verdoppelt wurden.

Bei der großen Oligarchenprivatisierung von 1996/97 erhielt Fridman,
dessen Kurs an Jelzins Hof damals nicht allzu hoch stand, nur einen
Bauchladen vergleichsweise mittelgroßer Firmen, darunter Zementwer-
ke, die Moskauer Supermarktkette Perekrystok und den Wodkadestil-
ler Smirnow. Dazu kaufte er sich mit Viktor Wechselberg und Leonid
Blawatnik beim viertgrößten Ölkonzern Tyumen Öl (TNK) für knapp
eine Milliarde $ ein. Das Gros des Kaufpreises wurde damals generös
gestundet und konnte später bequem aus den Erträgen des Konzerns
beglichen werden.

Heute macht Fridmans für Oligarchenverhältnisse leutselige und
freundliche Art etliche übliche Geschäftspraktiken der frühen Jahre vergessen. So hatte seine Alfa-Gruppe im November 2002 einen Seelenver-
käufer namens „Prestige" gechartert, der zuvor nur noch als schwim-
mender Vorratstank in der Ostsee gedümpelt hatte, um russisches Öl

von Windau (Lettland) nach Singapur zu bringen. Das Schiff lief prompt vor der spanischen Nordwestküste auf. Der Ölpest, vor deren Kosten sich die Alfa-Gruppe erfolgreich drückte, standen Profiterwartungen von $ 400.000 für die unsichere Fracht gegenüber.[18]

Mit einem gemeinsamen Ölfeld machte BP schlechte Erfahrungen. Zusammen mit der TNK hatte man es für $ 500 Millionen entwickelt, nur um 1998 zu entdecken, daß sich Fridman mit einigen Tricks die alleinige Kontrolle der Erträge gesichert hatte. Als BP im Jahr 2003 50 % des Tyumen-Konzerns für $ 6,15 Milliarden erwarb, bezahlte BP, das dringend neue Ölquellen brauchte, für sein Ölfeld zum zweiten Mal.[19] Mit dem zwischenzeitlich fusionierten Sidanco-Konzern ist TNK-BP heute mit fünf Raffinerien und 1.600 Tankstellen der drittgrößte Ölkonzern Rußlands. Wegen seiner ausländischen Beteiligung hat der Kreml die Firma allerdings von der Erschließung neuer Ölfelder mit „strategischen" Dimensionen ausgeschlossen.

Alfa kontrolliert auch die zweit- und drittgrößten Mobiltelefongesellschaften Rußlands, nämlich Vimpel und Megaphon. Als Fridman beide fusionieren wollte, störte er die Kreise des als „Putinokraten" damals unantastbaren Leonid Reiman, der als Telekom-Minister bis zu seiner Emtlassung 2008 dienstliche und geschäftliche Interessen in diesem Sektor verquickt hatte.[20] Bald wurden die üblichen, astronomischen Steuernachforderungen laut. Dennoch enthält sich auch Fridman jeglicher regimekritischer Töne. Wiewohl Vizepräsident des Russisch-Jüdischen Kongresses, dessen erste Präsidenten Gussinski und Leonid Newschin (einstens Chodorkowskis Stellvertreter) im israelischen Exil weilen, finanziert er brav die Kremlparteien.

Im November 2006 bekundete er Interesse am Einstieg bei Vodaphone – 20 % für einen Preis von € 22,4 Milliarden[21] –, in der einst die deutsche Mannesmann, die im Röhrengeschäft mit Rußland groß und berühmt geworden war, spurenlos verschwunden ist. Einmal mehr der Versuch, das meiste Kapital ins sichere Ausland zu verlegen …

Viktor Wechselberg

(* 1957; auch Wekselberg), ein promovierter Mathematiker, hatte sich mit dem Exil-Russen Leonid Blawatnik zusammengetan, der der gemeinsamen Renova-Holding US-Kapital zuführte. Aus dem Aluminiumkrieg ging Wechselberg durch die Übernahme von Raffinerien im Ural und in Ostsibirien mit ihren großen Bauxitvorkommen und mit dem Stromproduzenten Irkutskenergo nach Deripaska als zweiter Sieger hervor. Seine Sibirien-Ural-Aluminiumgesellschaft (Sual) brachte er 2003 mit einem Anteil von 20 % in Deripaskas Rusal ein.

Wie erwähnt, ist Wechselbergs Renova an der TNK-BP und am Telekomunternehmen Svyazinvest mit gut einem Viertel beteiligt.

Wenig Freunde machte sich Wechselberg in der Schweiz, wo er zusammen mit den Österreichern Georg Stumpf und Ronny Pecik (einem gebürtigen Kroaten) als „Heuschrecken" die venerablen, aber etwas daniederliegenden Rüstungs- und Maschinenbauer Oerlikon, Sulzer und Saurer sowie die deutsche M. und W. Zahnder erwarb.

Mit 40.000 Beschäftigten und $ 10,5 Milliarden Jahresumsatz hat die Renova-Gruppe als Beteiligungsgesellschaft Viktor Wechselberg bisher ein Privatvermögen von $ 10,7 Milliarden eingebracht.

Jurij Luschkow und Sistema

Als König von Moskau spielt Luschkow (* 1936) schon seit Perestroika-Zeiten eine Sonderrolle als paternalistisch-populistischer Chef der (trotz heftiger Konkurrenz durch Neapel, Lüttich und Köln) wahrscheinlich korruptesten Stadtverwaltung Europas. Nach einer Zeit als Generaldirektor eines Chemiekonzerns fiel ihm 1987 als Vizebürgermeister auch die Genehmigung von Kooperativen zu, was er dazu nutzte, unter anderem einen gewissen Gussinski stark zu fördern. Als Bürgermeister blockierte Luschkow ab 1992 sämtliche Privatisierungen im Großraum Moskau und beteiligte statt dessen die Stadtverwaltung mit dem Segen Jelzins an allen örtlichen Unternehmen.

Eine jener Holdings wird praktischerweise von seiner Frau Jelena Baturina geführt, der auf $ 3,1 Milliarden geschätzten einzigen Oligarchin Rußlands, die einem Mischkonzern vorsteht, der im Immobilienbereich, in der Bauwirtschaft und in der Zement- und Plastikindustrie tätig ist.[22] Ihre Gesellschaft erzielte einige unerwünschte Publizität, als sie Ende 2006 ihren Bruder Viktor Baturin hinauswarf, der statt des abgefundenen Anteils von 1 % ($ 20 Millionen) auf die Ausbezahlung von 25 % ($ 500 Millionen) klagt. Viktor Baturin hat übrigens als Hobby das historische Gestüt Georgenburg (das nach 1945 als Kriegsgefangenenlager diente) bei Insterburg erworben, das er sanieren ließ und wo er wieder Trakehner züchten läßt. Jetzt will er noch das dazugehörige, total abgewirtschaftete Schloß (einst Bischofssitz) erwerben, stößt dabei jedoch noch auf offizielle Widerstände.

Die größte Moskauer Holding Sistema wird freilich von Luschkows Gefolgsmann Wladimir Jewtuschenko geleitet. Er ist mit Jelena Baturinas Schwester verheiratet. Sistema war ursprünglich die von Jewtuschenko geleitete Abteilung für Wissenschaft und Technik (MCST) der Moskauer Stadtverwaltung, die von ihm 1993 mit allem Personal und allen Kompetenzen in eine Privatfirma mit Sistema als vorgeschalteter Holding umgewandelt wurde. Ohne Sistema-Beteiligung findet deshalb in Moskau nichts statt. Das mußte auch Ikea als ethisch korrekter Konzern feststellen, als dessen erstes Geschäft in Moskau wegen angeblicher Sicherheitsmängel just zu Beginn der Weihnachtssaison 2003 geschlossen wurde.[23]

Entsprechend diffus ist die vorgebliche Strategie jenes Gemischtwarenladens: von der Kontrolle der Bank von Moskau, sechs weiterer Lokalbanken, des Mobilfunkkonzerns Mobile Telesystems, der Versicherung Rosno (die später für $ 750 Millionen an die Allianz verkauft wurde), der Moskauer Intourist-Hotels, der regionalen Zeitungen und Fernsehsender, der Central Fuel Company, der Moskauer Raffinerie und der Moskauer Brauerei. Am wichtigsten ist für Sistema wohl die Telekommunikation[24], weswegen im Aufsichtsrat auch ein gewisser Ron Sommer als Vertreter des Hedgefonds Blackstone sitzt, der an Sistema mit 4,5 % beteiligt ist. Mit einem Umsatz von $ 10,9 Milliarden macht Sistema $ 900 Millionen politisch begünstigten Jahresgewinn. Jewtuschenkos persönliches Vermögen wird auf $ 6,3 Milliarden geschätzt.

1 Dominic Midgley und Chris Hutchins: Der Milliardär aus dem Nichts – Roman Abramowitsch, Hamburg 2005, S. 51.
2 Midgley und Hitchins, op. cit., S. 78.
3 Midgley und Hutchins, op. cit., S. 138.
4 Ibid., S. 145.
5 New Europe, 4. Juni 2006.
6 Financial Times, 15. März 2007.
7 Der Standard, 5. Juni 2007.
8 Financial Times, 25. Juli 2000.
9 Catherine Belton: „Rusal's Deripaska: ,I don't need to defend myself'", in: Financial Times, 13. Juli 2007.
10 International Herald Tribune, 10. Oktober 2006, Frankfurter Allgemeine Zeitung, 25. September 2006.
11 New York Times, 14. August 2002.
12 Financial Times, 24. Januar 2001.
13 Jens Hartmann: „Rußland wird grundsaniert", in: Die Welt, 5. Juni 2007.
14 Die Presse, 30. April 2007 und 12. Mai 2007.

15 Financial Times, 29. August 2000.
16 Financial Times, 21. Juli 2000.
17 „Der Milliardär als Zuhälter?", in: Die Presse, 13. Januar 2007.
18 Streats, 22. November 2002.
19 Robert Cottrell: „One slick customer", in: Financial Times, 15. März 2003.
20 „Die nebulöse Rolle des Leonid Reiman", in: Frankfurter Allgemeine Zeitung, 28. Juli 2005; „FT Investigation. MegaFon diplomacy: a disputed stake pits an oligarch against a Putin ally", in: Financial Times, 24. April 2006.
21 Financial Times Deutschland, 3. November 2006.
22 Die Presse, 20. Januar 2007.
23 Rüdiger Jungblut: Die 11 Geschäftsgeheimnisse des Ikea-Erfolgs, Frankfurt/M. 2006, S. 145.
24 Financial Times, 28. Mai 2007.

ENERGIEPOLITIK ALS WAFFE

Gasprom zuerst

Am Anfang war die Gasprom. Nach Putins Antritt als Präsident wurde als erstes der Aufsichtsrat gesäubert.[1] Im Juli 2000 löste Dimitri Medwedjew Tschernomyrdin im Vorsitz ab. Die Mehrheit der 11 Sitze ging von seinen Gefolgsleuten auf die Repräsentanten des Staates über, darunter Wirtschaftsminister German Gref und als Vertreter der Auslandsinvestoren (6,4 %) der Honorarkonsul Rußlands in NRW Burghardt Bergmann, seines Zeichens Vorstand von Eon Ruhrgas.[2] Knapp 12 Monate später wurde Rem Wjaschirew als Vorstandschef von Alexej Miller abgelöst, der zu St. Petersburger Zeiten Putin als Abteilungsleiter für Außenwirtschaftsbeziehungen loyal und fleißig zugearbeitet hatte. Bald hatte die Geschäftspolitik von Gasprom mit seinem Monopol über die russischen Erdgasleitungen und Verteilersysteme die Qualität einer Stellvertreterfunktion (proxy) für den russischen Staat. Wladimir Milow, Chef des Moskauer Instituts für Energiepolitik und ehemaliger russischer Vize-Energieminister, beobachtete: „Putin kontrolliert effektiv die Firma und trifft alle strategischen Schlüsselentscheidungen."[3] So verhinderte er die eigentlich schon beschlossene Zerlegung des Monopols in wettbewerbsbeflügelnde Bestandteile und erhöhte den Aktienbesitz des Kremls auf 51 %.

Doch führte jene Kreml-Dominanz eher zur ungebrochenen Fortsetzung der Gebräuche eines dinosaurierartigen Sowjetbetriebs, der nur von der weitgehend anstrengungsfrei hereinströmenden Liquidität des weltweiten Erdgasbooms belebt und zum Wildwuchs animiert wird. Bei einem Kaufpreis von $ 100 pro 1000 m³ zentralasiatischen Erdgases und einem Weiterverkaufspreis von $ 270 im Westexport dürften Gewinne im Pipelinetransport auf für ökonomisch nicht vorbelastete Gemüter nicht allzu schwer fallen. So arbeiten 40 % der Belegschaft weiter in Randbereichen wie Porzellanfabriken, Hühnerfarmen und der Bewirtschaftung von Schwarzmeerkurorten. Allein im Jahr 2004 stiegen die Personalkosten der 400.000 Mitarbeiter mit ihren 16 Monatsgehältern ohne nennenswerte Produktivitätsverbesserungen um 30 Prozent.

Das Medwedjew-Miller-Management hat zweifellos die Praxis der offenen Plünderung des Firmenkapitals – Tschernomyrdin soll zum Beispiel über seine beiden Söhne und die Gaspromtochter Stroitransgas $ 5 Milliarden abgezweigt haben – eingestellt. Statt dessen diversifi-

zierte Gasprom weiter in branchenfremde Sektoren, etwa als führender
Medienkonzern, als neuer Mehrheitseigner der Sibirischen Kohle- und
Energiegesellschaft (SUEK) mit 77 Kohlegruben und 27 Kohlekraftwer-
ken, der Moskauer Kraftwerke Mosenergo und als Ölproduzent mit
dem Kauf der Sibneft.

Dazu wurde eher ins Ausland zur Erschließung von Exportmärkten in
Vertriebsnetze bis zum Endverbraucher investiert und die Erschließung
neuer Gasfelder, trotz stark rückläufiger Ausbeute in den drei größten
Feldern, zurückgestellt, ebenso wie die nach Überschreiten ihrer Lebens-
dauer nötige Erneuerung eines Drittels der sich über 463.000 km er-
streckenden Leitungsrohre und der Hälfte aller Pumpstationen. Wegen
ungenügender Leitungskapazitäten werden alljährlich 50 Milliarden m³
Erdgas in Rußland verloren oder abgefackelt. Da die Gasprom bei den
niedrigen Binnenpreisen von $ 45 pro 1000 m³ nur im Export Geld
verdienen kann, vernachlässigt sie die Absatznetze im eigenen Land und
propagiert dort statt Gas- eher die Kohleheizung.[4]

Als Abrechnungsstellen für abhängige Kunden werden weiter – eigentlich höchst entbehrliche – völlig intransparente Inkasso- und Verrech-
nungsgesellschaften als Gemeinschaftsunternehmen meist unbekannter
Teilhaber dazwischengeschaltet.

Eine davon, RosUkrEnergo, wickelte sämtliche Erdgaslieferungen
der Gasprom in die Ukraine ab. Da sie als Hauptquelle der politischen
Korruption und der Finanzierung russischer Einflußagenten gilt, hatte
Julia Timoschenko als erste Reformmaßnahme als Premierministerin
direkte Preisverhandlungen und offene Tarife unter Umgehung von
RosUkrEnergo durchgesetzt (die nach ihrem erzwungenen Abtritt durch
Juschtschenko 2005 bald wieder rückgängig gemacht wurden).[5] Offiziell ist Gasprom an RosUkrEnergo, mit Sitz im schweizerischen Zug, mit
50 % beteiligt. Die andere Hälfte wurde bis 2007 von der österreichischen Raiffeisen International als mutmaßlicher Strohmann für unbekannte Interessen vertreten.[6] Die Gasprom-Interessen wurden dabei
von Konstantin Tschuitschenko wahrgenommen, einem – wie könnte es
anders sein – Ex-KGB-Offizier aus St. Petersburg. Eine ähnlich obsku-
re Zwischengesellschaft, die die turkmenischen Gasexporte durch das
einzig zur Verfügung stehende Gaspromnetz absetzt, ist die EuralTrans-
Gas mit Sitz in Budapest, bei der der notorische „Kreml-Paten" Semjon
Mogiljewitsch[7], der als eine der maßgeblichen Größen der organisierten
Kriminalität in Rußland gilt, noch beteiligt sein soll. Warum jene teuren
und überflüssigen Zwischenhändler toleriert werden, ist eigentlich un-
erfindlich, da ihre parasitäre Rolle nur den Reingewinn von Gasprom
schmälert. Es drängt sich deshalb der Verdacht auf, daß die großzügige
Alimentierung jenes obskuren Zwischenreiches gewollt sein könnte ...

Die Energieexportpolitik: Das Ende der Freundschaft (Druschba)

Ins Bild paßt daher die Unterordnung der Unternehmensinteressen unter die strategischen Imperative der russischen Energiepolitik. Da Erdgas – im Gegensatz zum Öl – wegen der Kosten und Risiken der Gasverflüssigung viel stärker von Pipelines abhängt, sucht Gasprom sein Leitungsnetz neben den bisherigen Sojuz- und Jamal-Ost-West-Hauptleitungen durch die Nordstromlinie („North Stream") durch die Ostsee von Viipuri/Wyborg in Karelien über Greifswald bis Dänemark, die Niederlande und Frankreich, durch die Blaustromlinie („Blue Stream") quer durch das Schwarze Meer in die Türkei und durch eine von Putin vorgeschlagene Südstromlinie („South Stream") in den Balkan bis nach Italien zu erweitern. Damit wird offen die Absicht der EU-Energiepolitik konterkariert, einen Teil des Erdgases unabhängig von Rußland direkt aus Zentralasien und dem Iran über die Nabucco-Pipeline zu beziehen, die von Aserbaidschan über Georgien und die Türkei bis nach Baumgarten in Österreich projektiert ist. Dabei setzt die russische Gegenstrategie auch bei den Quellen an. Der von Rußland geschürte Streit um die Seegrenzen des Kaspischen Meers blockiert den Bau transkaspischer Pipelines. Nach dem ungeklärten Tod des turkmenischen Diktators Nijasow im Dezember 2006 akzeptiert jetzt sein Nachfolger Berdymuhammedow den Ausbau der Gasleitungen, die sein Erdgas – die fünftgrößten Reserven der Welt – entlang des Ostufers nach Norden in das Gaspromnetz einspeichern. In dem verarmten Armenien kaufte sich Gasprom mit dem Erwerb von ArmRosGas in den Pipelinebau mit dem Iran ein. Prompt wurde der Diameter der Leitungen auf 70 cm verkleinert, so daß nur der Binnenbedarf Armeniens gedeckt wird und für den Export in Drittländer und für eine Einspeisung iranischen Gases in die Nabucco nichts mehr bleibt.[8]

Mit ähnlicher Absicht sucht Transneft seine Ölhauptleitungen von der Druschba-Trasse (Freundschaft), die durch Weißrußland und Polen bis nach Schwedt führt, zu einem neuen Ölhafen in Primorsk am Finnischen Meerbusen für Direktexporte per Tanker umzuleiten. Die Anschluß-Pipelines ins Baltikum, nach Windau (Lettland) und zur Raffinerie Mazuzeikai (Litauen) hat Transneft bereits abgestellt.

Trotz deutlicher Vorbehalte gegen die russische Energiepolitik, die vor Preisverhandlungen mit abhängigen Kunden gern im Januar, wenn die Kälte am kältesten und der Bedarf am höchsten ist, den Öl- und Gashahn „wegen Instandsetzungsarbeiten" abdreht (so mit Weißrußland 2007 und mit der Ukraine 2006) oder wie im Falle Georgiens und Litauens 2006 im Grenzgebiet die Gas- bzw. Ölpipelines explodieren läßt[9], so lassen sich die EU-Staaten, die in Energiefragen bereits seit der ersten Ölkrise hinsichtlich Solidarität und Weitsicht einem Hühnerhof gleichen, gerne auseinanderdividieren. Deutschland, Ungarn, Italien und Griechenland sind dabei am flinkesten, aber längst nicht allein. In dem für sie wichtigsten EU-Gasmarkt bekundet Gasprom bei allen größeren Vertriebsgesellschaften sein Kaufinteresse: ob Centrica in Großbritannien, RWE oder Eon Ruhrgas. Obwohl sich Gasprom die Sympathiewerbung einiges kosten läßt – so wurde eine US-Werbefirma für $ 11 Milliarden für eine bessere PR beauftragt und der Gelsenkirchener Fußballclub Schalke 04 mit angeblich € 125 Millionen bis 2012 gesponsert – scheiterten größere Einstiege bislang an politischen Vorbehalten. So ist Gasprom bislang nur an Wingas, einer BASF-Tochter, die in Mitteldeutschland ein 2500 km langes Vertriebsnetz betreibt[10], an der ungarischen Foldgas, an der weißrussischen Beltransgaz und an regionalen Netzen in Bulgarien zu je 50 % beteiligt sowie mit bis zu 37 % an den führenden Gasgesellschaften des Baltikums[11] und an der italienischen Eni. Dazu hat Gasprom in Ungarn Borsod Chemie übernommen und in England Pennine Natural Gas, eine kleinere Gasvertriebsgesellschaft. Alle jene Investionen sollen zusammen mit längerfristigen Lieferverträgen den russischen Anteil am EU-Erdgasmarkt von derzeit 25 auf 33 % (2010) erhöhen.[12] Dies ist ein Anteil, der eine beträchtliche Abhängigkeit beinhaltet, fallen doch, sollte Nabucco endgültig scheitern, alternative Lieferanten weitgehend aus. Periodisch spricht Putin auch die Idee eines weltweiten Produzentenkartells für Erdgas mit Ländern wie Algerien, Kasachstan, Turkmenistan, Iran, Venezuela und Katar in Analogie zur OPEC an.

Für die eigenen Öl- und Gasfelder hat Putin mit der Liquidierung von Jukos als klare Linie ausgegeben: keine Kontrolle durch Ausländer oder Privatkonzerne, also auch nicht durch Lukoil. So wurden als erstes die Eigner des Gasförder- und Verflüssigungsprojektes Sachalin II, Shell (55 %), Mitsui (25 %) und Mitsubishi (20 %), 2006 nach einer ziemlich durchsichtigen Kampagne angeblicher Umweltbeeinträchtigungen (plötzlich entdeckte der Kreml sein Herz für Grauwale und den Sachaliner Lachs) kurz vor der Fertigstellung gezwungen, 50 % und eine Aktie an Gasprom für $ 7,45 Milliarden abzutreten. Damit waren, wenig überraschend, laut Putin alle Umweltprobleme des Projekts erledigt.[13] Sachalin II gilt als eines der kompliziertesten Förderprojekte überhaupt. Von einer Förderplattform soll in den nördlichen Küstengewässern das Gas gefördert und dann durch eine Pipeline durch ganz Sachalin nach Jushno-Sachalinsk im Süden gebracht, dort verflüssigt und dann in zumeist japanische Kraftwerke verschifft werden. Bei ihrer Aneignungsstrategie störte die russische Seite wenig, daß Gasprom über keinerlei Erfahrungen in der Gasverflüssigung verfügt.

Als nächstes war TNK-BP mit seinem arktischen Kowytka-Gasfeld an der Reihe. Daß jenes Unternehmen zur Hälfte russisch, nämlich im Besitz der Oligarchen Wechselberg, Blawatnik und Fridman, ist und an dem Gasfeld zu 11 % die Regionalregierung von Irkutsk und zu 26 % Pota-

nins Interros beteiligt waren, war kein Hinderungsgrund für die Über-
eignungskampagne des Kreml. Dem Konsortium wurde der Vorwurf gemacht, es fördere vertragswidrig zu wenig Gas. Ihm wurden deshalb, wie
vordem Sachalin II, der Lizenzentzug und Strafgelder angedroht. Leider
konnte das Konsortium nicht mehr als 2,5 Milliarden m³ für den regionalen sibirischen Markt fördern, denn Gasprom als Gasleitungsmonopo-
list weigerte sich hartnäckig, die nötige Großleitung für den Export nach
China zu bauen. Putin wartete taktvoll den G8-Gipfel von Heiligendamm
ab. Dann mußte TNK-BP seinen Anteil an dem ohne die Kooperation
Gasproms nutzlosen Erdgasfeld zum Schleuderpreis von € 670 Millionen
an den Kremlkonzern abtreten.[14] Im Laufe des Jahres 2008 versuchten
dann die drei vereinten Oligarchen unter aktiver Mithilfe des Kreml, die
Briten ganz aus dem Gemeinschaftsunternehmen zu vertreiben.

Auch bei der Erschließung des riesigen Stockman-Gasfelds, das sich in
350 m Tiefe in der Barentssee 500 km weit im Arktischen Meer befindet, durfte als bislang einziger Ausländer die französische Total nur als
mit 25 % untergeordneter Teilhaber an der Infrastrukturentwicklung
und als Dienstleister und Lieferant der von Gasprom nicht gemeisterten
Technologien in Frage kommen.

Rosneft

Rosneft war ursprünglich mit den verstreuten Überbleibseln der staatlich
gebliebenen Mineralölbetriebe ein kleines, schlecht geführtes Licht in
der boomenden, weithin privatisierten russischen Mineralölwirtschaft.
Zwischen 2000 und 2004 wuchs seine Produktion gerade einmal um
3 %, während Abramowitschs Sibneft um 26 % zunahm.

Rosnefts Stunde schlug, als es zu Diskontpreisen die Filetstücke von
Chodorkowskis Jukos-Imperium in getürkten Auktionen zugeschlagen
bekam und damit noch vor Lukoil von Platz 8 zum Branchenführer in
Rußland aufstieg.

Rosneft wurde nach jahrelanger Mißwirtschaft von Sergej Bogdantschikow, einem Ölmanager aus Sachalin, der seit 1998 dem Vorstand
vorsitzt, saniert. Dem Aufsichtsrat steht Igor Setschin vor, ursprünglich
Putins rechte Hand in St. Petersburg und jetziger Vizechef der Kreml-
verwaltung. Als führende Mitglieder der Tschekisten-Fraktion im Kreml
sorgten sie dafür, daß Rosneft und nicht Gasprom den Zuschlag für
das Jukos-Erbe bekam.[15] Chodorkowski hatte sich noch 2003 bei einer
seiner letzten Unterredungen mit Putin über die Korruption bei Rosneft
beschwert.

Ähnlich wie Gasprom verbraucht Rosneft seine Erträge, um die Akti-
va von Konkurrenten einzukaufen. Entsprechend liegen Neuinvestitio-
nen, die Geschäftsentwicklung und die Behebung des Raffineriemangels
darnieder. Für einen Staatskonzern ist dies nichts Neues.

Der fragwürdige „Staatskapitalismus" der „Putinokraten"

Das Strickmuster der russischen Industriepolitik der Putin-Ära ist relativ simpel:

Ziel war die Wiederherstellung der Staatskontrolle über die Grundstoff- und andere strategische Industrien, ihre Organisation möglichst als Monopole oder Duopole, ihre Leitung durch Gefolgsleute aus einem kleinen Kreis von Vertrauten des Präsidenten mit ähnlichen Biografien (KGB, Jurastudium) und dem gleichen geographischen Hintergrund (St. Petersburg) oder durch ständigen Ermittlungsdruck gefügig gemachte Oligarchen, die Beschränkung der Rolle des Auslandskapitals auf marginale Minderheitenbeteiligen und Technologielieferanten in jenen Schlüsselsektoren; und umgekehrt: die akquisitorische Auslandsexpansion der russischen Staats- und Privatwirtschaft in jenen Sektoren auf Kremlgeheiß.[16]

Jene Auslandsstrategie wird von den Oligarchen willig angenommen, erlaubt sie ihnen doch, mit dem Segen des Kreml ihr Vermögen höchst legal und patriotisch ins Ausland zu verbringen. So kaufte Norilsk Nikkel die US-amerikanischen Stillwater-Bergwerke, die kanadische LionOre und die OM-Gruppe in Cleveland, Abramowitschs Evraz Holding Oregon Steel und HC Vitkovice Steel in Mährisch-Ostrau. Die von Putin verordnete Fusion aller Binnenfluglinien zur AirUnion übernahm die ungarische Malev, während Aeroflot – Aufsichtsratsvorsitzender ist Vizepremier Sergej Iwanow – als internationale Fluglinie zwischenzeitlich versuchte, Alitalia zu ersteigern. Alekperows Lukoil kaufte für $ 3 Milliarden drei Raffinerien in der Ukraine, Bulgarien und Rumänien nebst 2.000 Tankstellen[17] sowie das Tankstellennetz „Jet" von Conoco in Belgien, Finnland und Osteuropa. Fridmans Alfa-Gruppe erwarb für $ 2,5 Milliarden den Mobilfunker Turkcell. Die staatliche Vneschtorgbank beteiligte sich zu 5,4 % am europäischen Rüstungs- und Luftfahrtkonzern EADS. Deripaskas deutsch-österreichische Bau- und PKW-Investitionen wurden bereits erwähnt. Hauptzielländer russischer Investitionen sind laut Kapitalmarktstatistik jedoch weiter die Bahamas, die Jungferninseln und Zypern. Hier wird ein Vielfaches an Schwarzgeld „am reinsten" gewaschen.

Als bislang größten Coup hatte Severstal von Alexej Mordaschow Ende 2006 mit dem Segen des Kreml versucht, das Luxemburg-lothringische Acelor (vormals: Arbed und Ucilor) zu übernehmen[18], wurde jedoch von dem Inder Lakshmi Mittal mit € 26,9 Milliarden ausgestochen, der nunmehr der bei weitem größte Stahlhersteller der Welt ist. Severstal blieb der Erwerb der vergleichsweise bescheidenen Rouge Industries in Detroit für $ 300 Millionen.

Obwohl im Binnenland angesichts unterentwickelter Märkte, schlechter Infrastrukturen und der Rechtsunsicherheit durch die Korruption und Behördenwillkür nur wenig investiert wird, bemüht sich der Kreml durch Interventionen um Konsolidierungen und Zwangsmodernisierungen.

So erhielt Sergej Chemezow, der Generaldirektor des lukrativen Rüstungsmonopolisten (Hauptkunden: China, Indien) Rosoboronexport – er stammt übrigens nicht aus Petersburg, sondern lebte im gleichen Block wie Putin in Dresden –, die Anweisung, den notleidenden Lada-Produzenten Avtovas mit seinen Absatzproblemen, Streikdrohungen und wachsenden Schulden zu übernehmen und zu sanieren.[19] Deripaska soll nach dem Willen Putins das gleiche Wunder mit Hilfe von Magna beim Wolga-Hersteller Gaz vollbringen. Bei LKWs und Nutzfahrzeugen scheint dies wegen des russischen Baubooms in den Jahren 2007 und 2008 zu gelingen. Bei PKWs sucht man sein Heil im Nachbau ausländischer, zumal amerikanischer Modelle.[20]

Über den weltweit zweitgrößten Diamantenförderer Alrosa wurde die Regierungskontrolle verstärkt, die Anteile der Regionalregierung von Jakutien übernommen und Finanzminister Alexej Kudrin als Aufsichtsratschef inthronisiert.[21] Er organisiert jetzt den Griff nach Afrika mit Schürfrechten im Kongo und in Angola, wo De Beers, der Weltmarktführer, in Ungnade gefallen ist. Im Gegenzug haben es westliche Bergbauunternehmen auch außerhalb des Energiesektors in Rußland schwer. So wurden der Peter Hambro Mining, die am Amur nach Gold schürft, wegen angeblich verletzter Umweltauflagen nach und nach die Lizenzen entzogen.[22]

Staatliche Dachgesellschaften wurden im Sommer 2007 auf Anweisung Putins auch in der Flugzeugherstellung und in der Atomenergieherstellung zur „Konsolidierung" aller staatlichen und privaten Firmen der Sektoren gebildet. So leitet Vizepremier Sergej Iwanow die neue Flugzeugbauholding und Ex-Premier Sergej Kirijenko die Atomenergoprom, die von der Uranförderung bis zum Bau und Betrieb von AKWs den gesamten Sektor kontrollieren und in den nächsten 12 Jahren den Bau von 26 neuen Atomkraftwerken durchführen soll.

So ähnelt der „Kreml" mehr und mehr einem Netz staatskontrollierter Konzerne, deren strategische Entscheidungen vom Kreml eng kontrolliert und angeleitet werden und deren operative Kontrolle im Aufsichtsrat durch Putins Minister und durch persönliche Vertraute im Vorstand ausgeübt wird. Dabei ließ Putin als Präsident eine gewisse Dualität durch mindestens zwei rivalisierende Fraktionen zu, nämlich der Tschekisten um Sergej Iwanow[23] und seine Luftfahrtindustrie sowie um Igor Setschin bei Rosneft und der Wirtschafts-„Liberalen" um Medwedjew bei Gasprom, die er wechselseitig begünstigte, gegeneinander ausspielte und bis Ende 2007 über seine Absichten in Sachen Nachfolge im Dunkeln ließ.[24] Dazu gibt es noch andere Putinisten, die unter ihm zu Wirtschaftsmacht und Reichtum aufgestiegen sind: die Bänker Sergej Pugatschew (Mezhprombank) und Wladimir Kogan, der den Petersburger Finanzmarkt dominiert, Wladimir Jakumin, der Chef der Russischen Eisenbahnen, und der Telekom-Minister und -Oligarch Leonid Reiman, die alle rein zufällig Putins Wege in Petersburg zuvor gekreuzt hatten. Nach seiner Ernennung zum Präsidenten gab Medwedjew den Aufsichtsrat an den Kurzzeitpremier Viktor Subkow (2007–2008) ab. So wurde Gasprom dank Subkow, eines in der Wolle gefärbten *silowiki*, auch von ihnen übernommen.

Obwohl unter Putin die Kapitalvernichtung der „roten Direktoren", die Mißbräuche der Oligarchen und das blutige Wüten der mafiosen Verteilungskämpfe weitgehend eingedämmt wurden, ist die politische Ökonomie Rußlands mit ihren staatskapitalistischen Monopolisierungen von umfassenden marktwirtschaftlichen Strukturen und Gebräuchen und einer nachhaltigen Transformation noch weit entfernt. Ja, mit jedem Jahr der Putinschen Herrschaft entfernte sie sich weiter von diesem Ideal. Die hohe Liquidität des russischen Staates, der Oligarchen und der exportierenden Grundstoffindustrien darf nicht darüber hinwegtäuschen, daß jene Scheinblüte ausschließlich der boomhaft gestiegenen Nachfrage nach Energie und Rohstoffen aus China, Indien, Europa und Südostasien geschuldet ist, bei einer internationalen Krise jäh wegbrechen könnte und mit einer nachhaltigen Gesundung der russischen Wirtschaft, ihrer Nachfragekraft, Unternehmenssanierungen und Wettbewerbsfähigkeit rein gar nichts zu tun hat. Im Gegenteil, die leicht hereinströmenden, wenig beschäftigungsrelevanten und höchst ungleich verteilten „Petro-Dollars" und „Erdgas-Euros" verzerren als „holländische Krankheit" nur die Wirtschaftsstrukturen. Sie erhöhen den Rubelkurs, begünstigen Luxusimporte, schädigen die produktiven Industrien und die Landwirtschaft, verführen durch leichtfertige Kreditvergaben hochliquider Banken zur Spekulation und zur fortgesetzten Finanzierung nicht wettbewerbsfähiger Verlustträger und begünstigen einen aufgeblähten unproduktiven Dienstleistungssektor von Sicherheitsdiensten und Nachtclub-Landschaften.

Martin Wolf, Mitherausgeber und Chefkommentator der „Financial Times Deutschland", nannte Putins Rußland einen „zentralisierten und korrupten Petrostaat"[25]. Die Dauerkontrollen und Wirtschaftsinterventionen des Putin-Netzwerkes im Kreml und seiner abhängigen Gefolgsleute in den Chefsesseln haben die Gewaltenteilung aufgehoben, politisch-persönliche Willkür und das Streben nach politischen Renten zum Geschäftsprinzip gemacht. Ohne Rechtssicherheit für Eigentumstitel, Geschäftslizenzen und legitime Gewinne blüht die legale wie illegale Kapitalflucht ins Ausland. Mit der Begünstigung des Komprador-Kapitalismus, des kurzfristigen ausbeuterischen Gewinnmaximierens und Absahnens auf Kosten langfristiger Unternehmensentwicklungen, kamen vorhersehbar die Unternehmensreformen, die mühsamen Re-

strukturierungen und das Bemühen nach Unternehmens- und Markt-
transparenz, die nach dem Ende der Krise von 1998 zaghaft eingesetzt
hatten, zum Erliegen.

Für Rußlands Wirtschaftspartner sind deshalb sowohl ein produktives
Engagement in Rußland selbst als auch gezielte russische Auslandsinvestitionen von gesunden Vorbehalten begleitet. Die Klagen sind vielfältig
und vielstimmig[26]: die Großunternehmen werden für politische Ziele in-
strumentalisiert, staatliche Institutionen und Gerichte seien durch Korruption und politische Willkür entwertet, dem geistigen oder wirtschaftlichen Eigentum anderer werde nur geringer Respekt entgegengebracht,
ausländische Partner werden eher als nützliche Idioten zur Lieferung
von fehlender Technologie und Kapital gesehen. Wenn sie in Rußland
ernsthaft Geld zu verdienen beginnen, werden sie vom Staat bestohlen,
erpreßt oder enteignet. Auch führt die enge Verflechtung von Staat und
Wirtschaft zur Abschottung der interessantesten Sektoren. Die Unter-
nehmensführungen sind weiter intransparent. Die Qualität des Managements läßt oft zu wünschen übrig. *Last but not least* haben sich die skru-
pellosesten Konzernchefs durchgesetzt: die geläuterten Chodorkowskis
blieben auf der Strecke, die Deripaskas gewannen.

Nach seiner Amtseinführung sprach Medwedjew 2008 zwar von ga-
rantierten Eigentumsrechten und meinte, daß der Anteil des Staates an
der Wirtschaft nicht weiter ausgeweitet werden solle. Doch ist Putin als
Ministerpräsident weiter für die Wirtschaftsagenden zuständig. Seine
silowiki-Freunde sind weiterhin in allen Aufsichtsräten der wichtigen
Konzerngruppen strategisch plaziert.

Rechtfertigend wird gelegentlich das staatskapitalistische Entwick-
lungsmodell Putins mit der Nachkriegsentwicklung Japans und Sin-
gapurs und das Oligarchensystem mit den südkoreanischen Chaebol-
Konzerngruppen verglichen.[27] Diese Vergleiche hinken gewaltig. Die
Chaebol (ebenso wie die japanischen Vorkriegs-Zaibatsu) sind über
Holdings geleitete Konzerne, die von ihren Eignern über Jahrzehnte
systematisch aufgebaut wurden und sich im mörderischen Wettbewerb
mit anderen Konzerngruppen in den Sektoren der Schwerindustrie, der
Konsumgüterindustrie und Industriedienstleistungen auf dem Binnen-
und den Exportmärkten entwickelten. Sie sind nicht, wie in Rußland,
die zufällig zusammengekauften Konglomerate politischer Glücksritter. Auch beruhen die Exporterfolge der japanischen und koreanischen
Qualitätshersteller in erster Linie auf dem Bestehen im gnadenlosen
Wettbewerb des Binnenmarktes, auf der professionellen Meritokratie
der Unternehmenskulturen und des konfuzianisch geprägten Arbeits-,
Wissens- und Innovationsethos der Belegschaften und ihres Managements. Die merkantilistische Außenhandelspolitik beider Länder war
sicher hilfreich, aber nicht entscheidend. In dem als Stadtstaat von der
internationalen Umwelt viel abhängigeren, stärker etatistisch struktu-

rierten Singapur sind die Regierung und die öffentlich gelenkten Unternehmen von einer noch vorbildlicheren strikten Professionalität, Innovationsfreude und Unbestechlichkeit. Die Attraktivität für hochwertige Auslandsinvestitionen von der Petrochemie über den Finanzsektor bis hin zur Biotechnologie ist unstrittig, in den Ergebnissen offenkundig und für den Wirtschaftsstandort zukunftssichernd. Von all dem kann in Putins autoritärer Freunderlwirtschaft keine Rede sein. Weder die „roten Direktoren" aus der Ära Gorbatschow noch die Oligarchen Jelzins noch die Staatsoligarchen Putins orientieren sich an Leitbildern wie der Marktwirtschaft, an innovativem Wettbewerb und an einem kaufkraftschaffenden Massenwohlstand. Es geht den meisten um politisch begünstigte Gewinnentnahmen und den Bau neuer Firmenimperien mit den dazugehörigen Statussymbolen. Allem Neongeflimmer von Moskau und St. Petersburg zum Trotz weist Putins „Stamokap" für Rußland nach den gescheiterten Versuchen seiner beiden Vorgänger einmal mehr einen Holzweg in die Stagnation. Damit wird ein hoher Preis für den direkten Zugriff der herrschenden Elite auf die Gewinne und Ressourcen der profitabelsten Grundstoffindustrien gezahlt, der im Namen eines vorgeblichen nationalen Interesses erfolgt. Das um die Früchte seiner harten (oft genug Sklaven-)Arbeit der letzten 90 Jahre betrogene russische Volk hat eine bessere Zukunft verdient.

1 Financial Times, 1. Juli 2000.
2 Werner Sturbeck: „In Rußlands Diensten", in: Frankfurter Allgemeine Zeitung, 24. November 2006.
3 Arkady Ostrovsky: „Energy of the state: how Gasprom acts as lever in Putin's power play", in: Financial Times, 14. März 2006.
4 Die Presse, 10. Februar 2007.
5 Dimitri Popov und Ilia Milstein: Julia Timoschenko. Die Zukunft der Ukraine nach der Orangenen Revolution, Köln 2006, S. 351.
6 Andreas Bornefeld: www.netstudien.de/Russland/wjachirew.htm
7 Semjon Mogiljewitsch wurde Anfang 2008 in Rußland festgenommen.
8 New Europe, 12. November 2006.
9 Der Spiegel, 18. Dezember 2006.
10 Frankfurter Allgemeine Zeitung, 16. November 2006.
11 Albrecht Rothacher: Im wilden Osten. Hinter den Kulissen des Umbruchs in Osteuropa, Hamburg 2002, S. 54 und 74.
12 „Special report. Gasprom in Europe", in: Financial Times, 21. Dezember 2006.
13 Frankfurter Allgemeine Zeitung, 12. Dezember 2006; Handelsblatt, 22. Dezember 2006.
14 Frankfurter Allgemeine Zeitung, 2. Juni 2007, Die Presse, 23. Juni 2007.
15 Frankfurter Allgemeine Zeitung, 15. Juli 2006.
16 Der Standard, 31. Mai 2006.
17 Rothacher, op. cit., S. 504; Stefan Wagstyl: „Lukoil extends its reach across Europe", in: Financial Times, 24. Januar 2007.
18 Financial Times, 27. Mai 2006, 31. Mai 2006, 16. Juni 2006 und 21. November 2006.
19 Der Standard, 2. Juni 2007; Financial Times, 19. April 2007.
20 Manager-Magazin, 20. Februar 2008; Wirtschaftsblatt, 3. September 2008.
21 Financial Times, 16. Dezember 2006.
22 Financial Times, 1. Dezember 2006 und 15. Dezember 2006.
23 Interview: „Steeled to succeed – Ivanov sets out his tough vision for Russia's future", in: Financial Times, 19. April 2007.
24 Eduard Steiner: „Wenn der Kreml das Sagen hat", in: Der Standard, 19. Juni 2007.
25 Martin Wolf: „How Russia slipped on the road to Yeltsin's new era", in: Financial Times, 25. April 2007.
26 Michael Ludwig: „Die Russen kommen", in: Frankfurter Allgemeine Zeitung, 22. November 2006.
27 Robert Cortrell: „Russia's rising tycoons", in: Financial Times, 6. August 2002.

RUSSLANDS MILITÄR: NACH DEM NIEDERGANG DIE WENDE – NEUE STRATEGISCHE HERAUSFORDERUNGEN FÜR DEN WESTEN

Das sowjetische bzw. russische Militär wurde schon 1812 und 1941 fatal unterschätzt. Jedesmal schien es dafür gute Gründe zu geben. Stalin hatte in den Jahren des „Großen Terrors" von 1936–1939 seine Militärelite fast vollzählig erschießen lassen. Gut zwanzig Millionen Menschen waren dem Bürgerkrieg, den Hungersnöten und dem Terror der Bolschewisten von 1917–1938 zum Opfer gefallen. Die Sowjets hatten im Winterkrieg von 1939/40 gegen Finnland massiv versagt. Wenn der Angstgegner Frankreich in sechs Wochen zu bezwingen war, konnte da nicht für die Befreier von Stalins Terror das Erreichen der Linie Archangelsk–Astrachan nur eine Frage der Marschgeschwindigkeit sein? Auch Napoleon glaubte, mit einer Strafexpedition nach Moskau gegen die schlecht gerüsteten, unzulänglich ausgebildeten zaristischen Truppen würde es sein Bewenden haben. Von dort aus würde er mit Hilfe der bezwungenen Russen gegen seinen eigentlichen Gegner, die Briten, wie weiland Alexander der Große gen Britisch Indien marschieren.

Heute scheint die Lage ähnlich. Bedrohungsszenario aus dem Osten: null. Die konventionelle Rüstung des Kalten Krieges gegen einen Sturm aus dem Osten wird von den NATO-Planern mit höhnischer Herablassung quittiert. Panzerdivisionen: verschrotten, Bunker: zuschütten, Zivilschutz: weg damit. Es zählen nur noch schnelle Eingreiftruppen zur Terrorbekämpfung und zur „Verbreitung der Demokratie" in Ölgebieten. Tatsächlich wurde die russische Armee unter Gorbatschow und erst recht unter Jelzin nach dem Zerfall der Sowjetunion von 5,3 Millionen (Rote Armee) auf 1,1 bis 1,2 Millionen Mann abgeschmolzen. Neues Kriegsgerät wurde trotz der Krisen in den 1990er Jahre keines mehr angeschafft. Im ersten Tschetschenienkrieg scheiterte das Militär, das zuvor den Krieg in Afghanistan (1979–1989) verloren hatte, wiederum erbärmlich.

Die Wiederaufrüstung

Doch hat sich seit Putins Machtergreifung und den ständig steigenden Öl-, Gas- und Rohstoffeinnahmen das Blatt gewendet. Zwar blieb die große Heeresreform bislang aus. Doch wurden statt der schwerfälligen Divisionsstruktur für den Kampf im Gebirge selbständige Bataillone gebildet. Für das in der Sowjetarmee fehlende Unteroffizierkorps wurde ein System von Zeitsoldaten (*kontraktniki*) eingeführt, die statt der Wehrpflichtigen jetzt in Tschetschenien mit mehr Erfolg kämpfen. Hatte in den 1990er Jahren die Rüstungsindustrie nur dank Exporten – hauptsächlich nach China, Indien und den Iran – überleben können, so werden jetzt Neuentwicklungen auch an die eigene Truppe geliefert. Vorrangig wurden dabei zunächst die Raketentruppen bedacht. Hatten doch aus Sicht der russischen Generäle nur ihre Atomwaffen sie vor dem Schicksal der Serben, die sich 1999 gegen den Bombenkrieg der NATO nicht hatten wehren können, erspart.[1] So wurde im Dezember 2007 eine neue Interkontinentalrakete RS 24 mit 7.000 km Reichweite getestet. Die Topol M wurde als landgestützte mobile Rakete mit 10.000 km Reichweite, die auch auf Ziele in Europa als Mittelstreckenwaffe eingesetzt werden kann, schon seit 2005 dutzendfach bei der Truppe eingeführt. Dazu sind zwei große Unterseekreuzer im Bau, die mit seegestützten Bulowa-30-Atomraketen ausgerüstet werden sollen. Bis 2015 soll die gesamte Atomwaffe mit ihren derzeit 635 Interkontinentalraketen, 930 sonstigen nuklearen Trägersystemen und 7.700 Sprengköpfen komplett modernisiert sein. Ziel ist es, als Weltmacht wieder ernst genommen zu werden. Deshalb auch die hysterische Reaktion seitens Rußland gegen das noch embryonale Raketenabwehrsystem der USA und die geplanten ersten Stationierungen in Böhmen und Pommern. Sollte es denn einmal funktionieren, so fürchten russische Planer, dann könnte die Zweitschlagsfähigkeit der russischen Raketenwaffe nach einem amerikanischen Erstschlag gefährdet und ihre Raketentruppe damit entwertet sein.[2] Gleichzeitig betonte kürzlich Generalstabchef Jurij Balujewski, Rußland behalte sich das Recht auf einen atomaren Erstschlag vor, sollte es oder seine Bündnispartner in ihrer Souveränität oder territorialen Integrität bedroht werden.[3]

Als eher „konventionelle" Waffe wurde im September 2007 eine Vakuum-Bombe getestet. Sie hat die Druck- und Hitzewirkung einer Atombombe, allerdings ohne die Strahlenentwicklung. Zwei Explosionen erfolgen. Die erste streut eine brennbare Substanz in die Luft. Die zweite bringt das Aerosol zur Explosion. Durch den entstehenden Überdruck und die Hitzewelle werden Bunker, Raketensilos, Höhlen, Gebäude, Keller und Schanzungen restlos zerstört. Jene „Mutter aller Bomben" gilt als vier Mal stärker als die thermobarischen Bomben, die die USA im März 2002 ohne viel Erfolg gegen al-Qaida in den Höhlen Ostafghanistans eingesetzt hatten.

Ebenfalls der Projektion der russischen Macht und des strategischen Einsatzes fern des eigenen Küstenvorfelds gilt die anlaufende Modernisierung der in den 1990er Jahren von 430 auf 270 einsatzfähigen

Kampfschiffen nahezu halbierten Kriegsmarine. Mit dem Bau neuer Kreuzer und der aufwendigen Modernisierung der U-Boot-Flotte soll der Zugang zu den Weltmeeren, der Einsatz auf den großen Schiffahrtsrouten zur Sicherung der Rohstofftransporte und der Einsatz im Mittelmeer, im Mittleren Osten, im Nordatlantik und Pazifik zum politischen Flaggezeigen wieder möglich werden. Raketen-U-Boote dienen dabei der allgemeinen Abschreckung. Der gewaltige Aufwand, der ein auf 10 bis 15 Jahre dimensioniertes Flottenbauprogramm, zu dem dann auch wieder Flugzeugträger – der letzte, die „Kuznetsow", wurde an Indien verkauft – gehören würden, wäre bei den aktuellen und möglicherweise weiter steigenden Öl- und Rohstoffpreisen von Rußland durchaus zu leisten.[4]

Die Modernisierung der Landstreitkräfte dagegen läuft viel langsamer, für den durchschnittlichen Grenadier vermutlich unmerklich an. So sind von den 22.800 Kampfpanzern gerade einmal einige hundert moderne T-90. Die alten sind zu 50 % dringend instandsetzungsbedürftig. Die Luftwaffe hat seit 2005 ein paar Dutzend modernisierte SU-27-Jäger und SU-34-Kampfflugzeuge erhalten. Das Gros ihrer 1.500 Bomber und Jäger ist weiter veraltet. Nur 30 % sind einsatz- und gefechtsbereit. Auch fehlen weiter die Mittel für eine gründliche Pilotenausbildung. Eine ganze Offiziersgeneration hat keine Erfahrungen mehr mit Großmanövern in Divisionsstärke.

Für die Zeit von 2007 bis 2015 wurde ein $ 185 Milliarden schweres Rüstungsprogramm aufgelegt. Es sieht die SS-27-Trägerwaffen Topol M2, Diesel-U-Boote, U-Boot-Abwehrschiffe, Mi-28N-Nachtjagdhubschrauber und die taktischen Iskander-Raketensysteme als Neuheiten vor. Bezeichnenderweise liegt jedoch der Schwerpunkt bei der Herstellung verbesserter Versionen der Kampf- und Schützenpanzer, Geschütze und Jagdflugzeuge, die schon in den 1970er und 1980er Jahren entwickelt und zur Führung eines Weltkriegs massenhaft bei der Truppe verbreitet wurden.

Die russischen Rüstungspläne haben natürlich mit der Terrorbekämpfung und den Demokratisierungsmissionierungen der NATO-Planer nicht das geringste zu tun. Sie stellen dagegen den Ausdruck klassischer geopolitischer russischer Interessen dar. Mit einem Wehrhaushalt, der ca. 5 % von dem des Pentagons entspricht, hat Rußland keine Chance, mit den USA offen zu rivalisieren. Es kann aber nach der Logik der Asymmetrie versuchen, die nukleare Parität mit den USA wiederherzustellen und in der Flottenrüstung mit Japan, Indien, China und den stark geschrumpften europäischen Flotten (so ist die einst weltmächtigste Royal Navy nur noch halb so groß wie die japanische Marine) gleichzuziehen. In dieser Logik liegt es auch, das Heer und die Luftwaffe soweit zu rüsten, daß Rußland in Zentralasien und im Südkaukasus als Ordnungsmacht auftreten und europäische Kleinstaaten, wie Georgien,

Estland oder Lettland, bedrohen und verwüsten kann. Während des Georgienkriegs im August 2008 bewiesen die russischen Jagdbomber und Kampfpanzer gegenüber den aufgrund der neuen NATO-Doktrin nur leicht bewaffneten georgischen Truppen ihre konventionelle Überlegenheit. Es fehlte den Georgiern verzweifelt an moderner Luft- und Panzerabwehr. Es fehlte auch an Küstenartillerie zum Schutz der Häfen, von einer kampfstarken Marine ganz zu schweigen.

Für den Rest Europas bleibt die atomare Bedrohung durch Rußland, seine Störpotentiale für die Seeversorgung und die schon seit geraumer Zeit schwelenden, eskalierungsfähigen Kleinkriegsdrohungen in den genannten Randlagen.

Der Niedergang der 1990er Jahre

Symbolhaft für den Niedergang der russischen Armee war der Untergang der „Kursk" während eines Manövers in der Barentssee am 12. August 2000. Als modernes Atom-U-Boot von der Größe eines Jumbo-Jets wäre es auch zum Versenken von Flugzeugträgern tauglich gewesen. Statt dessen sank es nach der Explosion des Treibstoffes eines defekten Übungstorpedos selbst. Die erste Explosion löste dann die Folgeexplosion der gesamten Torpedokammer und der vorderen U-Boot-Hälfte aus. Im Hinterteil der in 100 m Tiefe auf Grund gegangenen Kursk überlebten jedoch 23 Mann der ursprünglich 112 Mann starken Besatzung noch 3–4 Tage lang. Eigentlich hätten sie problemlos gerettet werden können. Doch setzte nun ein Drama ein, das sämtliche Schwächen der postsowjetischen Marine offenlegte. Weder konnten sich die Überlebenden wegen technischer Defekte aus dem Notausstieg ihres Stahlsargs befreien, noch schaffte es die Admiralität zügig genug, das Wrack zu lokalisieren. Als endlich Rettungs-U-Boote herbeigeschafft worden waren, zeigte sich, daß diese zu alt und zu schlecht gewartet waren, um nützlich zu sein. Weiter verstrich wertvolle Zeit, weil die Marineführung aus Geheimhaltungsgründen allzu lange norwegische und britische Hilfsangebote ablehnte und sie bei der verzögerten Ankunft auch noch fehlinformierte. Als die Rettungs-U-Boote dann nach Tagen bei der havarierten „Kursk" andocken konnten, waren die Überlebenden bereits am Kohlenmonoxyd erstickt bzw. bei seiner Entzündung verbrannt. Die Admiralität überbot sich in den in Rußland bei solchen Gelegenheiten verbreiteten Lügen. Selbst dem frischgewählten Präsidenten Putin wurde erzählt, das U-Boot sei auf Weltkriegsseeminen gelaufen oder von einem britischen Torpedo getroffen worden, und es habe von Anfang an keine Überlebenden gegeben.[5] Putin setzte daraufhin seinen Sommerurlaub auf der Krim fort. Dank der damals noch freien Medien der kremlfeindlichen Oligarchen Gussinski und Beresowski wurde das Versagen der Marineführung, die Teilnahmslosigkeit des Kreml und der

Versuch, die aufgebrachten Angehörigen durch physische Gewalt, Geld und Wohnungsangebote zum Schweigen zu bringen und rußlandweit zu zerstreuen, publik. Putins Reaktion bestand darin, zunächst einmal die Massenmedien gleichzuschalten und dann erst die versagenden Admirale abzusetzen, indem er sie schonend auf meist zweitrangige Verwaltungsposten versetzen ließ.

Die Demoralisierung des Militärs unter Jelzin ist mit seiner früheren Privilegierung erklärlich. Die Überrüstung der Breschnew-Ära, die alljährlich 16 % der Wirtschaftsleistung der UdSSR verschlang, war eine der Hauptursachen für den Zusammenbruch der sowjetischen Wirtschaft und des kommunistischen Systems. Unter Jelzin wurden Verteidigungsausgaben auf 3,5 % des BIP reduziert. Mit $ 15 Milliarden (2004) entsprachen sie auch nach ersten Steigerungen durch Putin dem Niveau der Niederlande. Auch unter Einschluß der umfangreichen paramilitärischen Verbände (200.000 Mann Grenzwacht, 250.000 Truppen des Innenministeriums, Geheimdienste, Eisenbahntruppen usw.) betragen die Ausgaben nur $ 22 Milliarden. Die Verwendung der Mittel bleibt ein Staatsgeheimnis. Angesichts des aufgeblähten Offizierkorps von 450.000 Mann, mit allein 1.500 Generälen und ebenso vielen Obristen wie Leutnants, und eines teuren Rüstungsprogramms bleiben weiter sehr wenig Mittel für die Ausbildung, für Übungen, den Unterhalt von Waffen, Gerät und Kasernen und am allerwenigsten für die 160.000 Wehrpflichtigen, die jedes Halbjahr für den seit Januar 2008 auf ein Jahr verkürzten Wehrdienst eingezogen werden.

Für die meisten Offiziere und Veteranen gilt die Breschnew-Ära als die Goldene Zeit des Militärs, dessen Sieg im „Großen Vaterländischen Krieg" ad nauseam – und selbstverständlich ohne Hinterfragen der überhohen sowjetischen Verluste als Folge nicht zuletzt der taktischen und strategischen Fehler sowie rücksichtslosen Kriegführung Stalins – unermüdlich abgefeiert wurde. Das Militär wurde zwar an der kurzen Leine der Partei gehalten, und die Generäle im Politbüro dienten meist zu Dekorationszwecken. Doch erhielten die Offiziere subventionierte Wohnungen, verbilligte Transportmöglichkeiten und Urlaube, relativ hohe Gehälter, den Zugang zu Sonderkrankenhäusern und bevorzugte Schul- und Hochschulzulassungen für ihre Kinder. Ihr Sozialprestige und die Attraktion für einen fähigen Offiziersnachwuchs waren entsprechend hoch. All dies änderte sich drastisch mit dem Systemwechsel. Anfang 2002 verdiente ein General $ 300 im Monat. Ein Leutnant kam auf $ 76. Auch nach den Gehaltserhöhungen durch Putin verdient heute ein Kompaniechef im Range eines Hauptmanns weniger als ein Fahrstuhlführer in Moskau und halb so viel wie ein Straßenbahnfahrer. Damit leben 34 % der Offiziersfamilien offiziell unter der Armutsschwelle. Von dem Wohnraummangel in den Garnisonsstädten werden sie wegen der häufigen Versetzungen besonders getroffen. Entsprechend groß sind die Versuchungen, sich das Gehalt zusätzlich aufzubessern. Das Ergebnis ist mit den Worten von Generalstaatsanwalt Wladimir Ustinow vorhersehbar: eine „Armee von Kriminellen". Die Fähigsten quittierten ohnehin bald ihren Dienst. Andere heuerten im Nebenberuf bei obskuren Sicherheitsdiensten an, die oft genug für das organisierte Verbrechen arbeiteten. Schon während des Afghanistankrieges (1979–1989) hatte sich das demoralisierte Militär durch den Schmuggel von Drogen und dem Verkauf von Waffen und Munition refinanziert. Während des Rückzugs aus Mitteldeutschland und Osteuropa (1990–1993) wurden tonnenweise Waffen, Gerät, Uniformen und Munition verschoben. Das gleiche passierte im großen Stil während der beiden Tschetschenienkriege. Meist wurden nur kleine Fische, Mannschaftsdienstgrade und Unteroffiziere abgestraft. Während der Machtkämpfe zwischen Verteidigungsministerium und Generalstab wurden dann auch prominentere Fälle publik. So wurde gegen einen Admiral der Fernostflotte ermittelt, nachdem er 64 Schiffe nach Korea und Indien verschoben hatte. Verteidigungsminister Pawel Granchow mußte sich in den Medien „Pascha Mercedes" nennen lassen, weil er sich zwei jener „Kleinwagen" für den Privatgebrauch aus dem Fonds für den Bau von Offizierswohnungen hatte finanzieren lassen.[6]

Zum Wehrdienst werden nur noch 9 % der jungen Männer eines Jahrganges eingezogen. 85 % wird Untauglichkeit bescheinigt. 70 % aus Gesundheitsgründen, 10 % wegen Alkoholismus oder Drogensucht, 55 % wegen Vorstrafen. Allerdings steht es um Rußlands Jugend in Wirklichkeit nicht ganz so schlecht. Jene Bescheinigungen sind bei den Musterungskommissionen käuflich zu haben. $ 2.000 kosten Lungen- und Magenkrankheiten, $ 1.000 psychische Störungen, $ 500 ein Säuferzertifikat. Diese Gutachten bringen jeweils einen einjährigen Aufschub. Sie müssen alljährlich bis zum Erlöschen der Wehrpflicht mit 28 Jahren erneuert werden. Das Verschwinden der ganzen Personalakte dagegen ist für den Einmalbetrag von $ 5.000 machbar. Eingezogen werden so nur die armen Bauern- und Arbeitersöhne oder wer sich in den regelmäßigen Razzien der Milizen nach Wehrpflichtigen nicht rechtzeitig mit Freistellungsbescheinigungen ausweisen konnte.

Der russische Wehrdienst ist selbst für abgehärtete Naturen abschreckend. Die Kasernen sind verrottet. Die Ausbildung ist brutal, unprofessionell und manchmal tödlich. Offiziell sterben 1.100 Soldaten (2005) außerhalb von Kampfhandlungen. Davon sind 300 „Selbstmorde". Nach Angaben des Komitees der Soldatenmütter werden dagegen alljährlich 5.000 Wehrpflichtige getötet. 1.000 sterben davon als Folge der Mißhandlungen der *dedowschtschina*, der Herrschaft der Dienstälteren, die in der Rechtlosigkeit der Kasernen ein Terrorregime gegenüber den Rekruten errichtet haben, mit sadistischen Initiationsriten, Vergewaltigungen und der gewaltsamen Erpressung von Geldbeträgen. Korrupte Kommandeure unterschlagen den ohnehin kärglichen Wehrsold und das Verpflegungsgeld. Die Zugführer sind meist kurzdienende Reserve-leutnants, die als Studenten in Schnellkursen ausgebildet wurden. Die Sergeanten sind dienstältere Wehrpflichtige. Ein ausgebildetes, professio-nelles Unteroffizierkorps gibt es nicht. So können sich die Unterführer in den mafiotischen Strukturen angesichts des Desinteresses der höheren Offiziere an ihrem „Kanonenfutter" nicht durchsetzen. Regelmäßig wer-den die Soldaten als Sklavenarbeiter in der Bauwirtschaft, in Fabriken und in der Landwirtschaft an Unternehmer als billige, rechtlose Arbeits-kräfte vermietet. Entsprechend stark ist das Interesse des Offizierkorps am Fortbestand der in Rußland verhaßten Wehrpflicht; nicht nur aus Traditionalismus, sondern als lukrativer Einnahmequelle.[7]

Der verfassungsmäßig garantierte Zivil- oder Ersatzdienst dauert auf ihren Druck hin dreieinhalb Jahre und wurde an Dienstorten fern der Heimat so abschreckend wie möglich gestaltet. Deshalb gab es im Jahr 2005 nur 186 anerkannte Wehrdienstverweigerer. Dagegen wurde die Zahl der Deserteure auf 42.000 geschätzt.

Bei tödlichen Unfällen und Totschlag durch die *dedowschtschina* wer-den die Opfer in ihren Garnisonen schnell eingeäschert und zu Selbst-morden deklariert. Damit erspart sich die Armee auch die Begräbnis-kosten.

Die Kriegführung in Tschetschenien war entsprechend katastrophal und erfolgte ohnehin nur auf Druck der russischen Präsidenten sowie des Geheimdienstes und gegen die Vorbehalte des Generalstabes und des Verteidigungsministeriums. So verweigerten Vizeverteidigungsminister Gromow und der stellvertretende Armeekommandeur Worobjew die Übernahme des Oberbefehls.[8] Nur mit einiger Mühe wurden 1994 für den (gescheiterten) Eröffnungsangriff 30.000 Mann und 80 Panzer mo-bilisiert. Schon in Afghanistan war das Fehlen einer Gebirgsjägertruppe, einer Ausbildung im Häuserkampf und in der Bandenbekämpfung fatal gewesen. Statt dessen liefen massive Panzer- und Artillerieeinsätze ins Leere. Wie schon im Zweiten Weltkrieg wurden unzureichend ausgebil-dete Rekruten als entbehrliches „Kanonenfutter" ins Feuer geschickt. Eine schlechte Planung und Koordinierung der Einsätze brachte hohe Verluste durch eigenes Feuer und eigene Bomben. Von dem im Guerilla-krieg entscheidenden Gewinn der „Herzen und Hirne" der Zivilbevöl-kerung konnte bei der Brutalität der sowjetisch-russischen Kriegführung ohnehin keine Rede sein. Dagegen waren die Tschetschenen wie zuvor schon die Afghanen in ihrer taktischen Beweglichkeit aufgrund ihrer kleinen Kampfgruppen im Kampf Mann gegen Mann und aufgrund ih-rer Anpassung ans Terrain überlegen.

So fielen in Afghanistan 14.000 Sowjets, im ersten Tschetschenienkrieg ca. 6.000 russische Soldaten und im zweiten weit über 10.000. In beiden Tschetschenienkriegen kamen dazu 160.000 Tschetschenen ums Leben oder blieben bis heute vermißt.

Nachdem im zweiten Tschetschenienkrieg die Leitung der Kriegführung nach der sinnlosen Zerstörung Grosnys (1999/2000) zunächst dem FSB und dann dem Innenministerium übertragen worden war, wurde die russische Taktik deutlich besser. Der Krieg wurde durch den Einsatz einheimischer Kollaborateure als Kampfgruppen für *„search and destroy"*-Aufträge „tschetschenisiert". Es wurden selbständige Bataillone für den Kampf im Gebirge aufgestellt und die Wehrpflichtigen ab 2004 durch Zeitsoldaten (*kontraktniki*) ersetzt. Der „Erfolg" in Gestalt einer gewissen Pazifisierung der zerstörten, kriegsmüden Provinz ließ nicht lange auf sich warten. Doch verstärkt sich seither der bewaffnete Widerstand, Terror und Gegenterror in den benachbarten Territorien des rastlosen muslimischen Nordkaukasus, vor allem in Inguschetien und im Banditenland Dagestan. Daß im eigenen Land einige tausend nur mit Infanteriewaffen bewaffnete Guerillas ohne nennenswerte auswärtige Unterstützung jahrelang der geballten, rücksichtslos eingesetzten russischen Militärmaschine trotzen konnten, zeugt mehr als deutlich vom Ausmaß des Verfalls des einst größten Militärapparates der Welt.

Zum Erbe der Sowjetmacht zählen auch nukleare Abfälle und hochtoxische chemische und biologische Munition, die oft schlecht gesichert in riesigen Lagern verrotten. So lagern bei Murmansk auf Schiffen und in kaum gesicherten Hallen allein etwa 75.000 gebrauchte Brennstäbe und Reaktorkerne von Eisbrechern und Atom-U-Booten. In rund der Hälfte jener außer Betrieb genommenen und schon weitgehend korrodierten U-Boote ist der Reaktorkern noch an Bord. Ihre Bergung kam mit europäischer und amerikanischer Hilfe dank zahlloser russischer bürokratischer Hürden nur sehr langsam in Gang.[9]

Das gilt auch für die chemischen Waffen, zu deren Zerstörung sich Rußland 1997 wie alle anderen zivilisierten Länder in einer Konvention verpflichtet hat. Erst ab 2006 läuft die Vernichtung der riesigen Bestände an Sarin-, Senfgas- und Phosgengiftgasgranaten in den sieben größten Lagerstätten langsam an.[10] Bei der Geiselbefreiung im Moskauer Dubrowka-Theater im Oktober 2002 setzten die Truppen des Innenministeriums allerdings ein neuartiges geheimes Giftgas ein. Seine Zusammensetzung wurde auch den behandelnden Krankenhäusern nicht mitgeteilt, so daß nicht nur alle 40 Terroristen per Kopfschuß, sondern 90 Geißeln angesichts unzulänglicher Behandlungen sterben mußten – eine Folge des Putinschen Prinzips des Vorrangs der Staatsraison vor Menschenleben.[11]

Trotz eines seit 1972 bestehenden internationalen Verbotes biologischer und toxikologischer Waffen hatte die Sowjetunion ihre biologische Aufrüstung mit dem größten biologischen Waffenprogramm in aller Heimlichkeit fortgesetzt. 40.000 Arbeiter und 9.000 Wissenschaftler schufen in 47 Fabriken und Laboratorien solche Vorräte an Erregern von Milzbrand, Pocken und Pest, daß die Menschheit unschwer ausgerottet hätte werden können. Bei einem Unfall in Swerdlowsk (heute wieder

Jekaterinburg) kamen 1979 offiziell 64 Menschen um – wahrscheinlich jedoch deutlich mehr.[12] 1992 gestand Jelzin das illegale Rüstungsprogramm öffentlich ein und ordnete seine Einstellung und Vernichtung an. Kanatjan Alibekow, der sich als Vizedirektor des Biowaffenprogramms 1992 in den Westen abgesetzt hat, ist der Auffassung, daß an den weiter geheimen, mikrobiologischen, antibakteriellen und virologischen Zentren des Verteidigungsministeriums die Forschung und Produktion weiter fortgesetzt werde.[13]

Die gescheiterte Armeereform

Die Mißstände im russischen Militär und ihre fortgesetzte Ausrichtung zur Konfrontation mit der NATO waren so offensichtlich, daß Jelzin schon in seiner Frühphase eine umfassende Militärreform forderte. Eine wesentlich schlankere, flexible Berufsarmee mit 600.000–800.000 Mann sollte im Blick auf die neuen Bedrohungen des Separatismus und des internationalen Terrorismus entstehen.

Doch benötigte Jelzin die Unterstützung der Generäle beim Putschversuch vom August 1991 und seiner bewaffneten Auseinandersetzung mit dem kommunistisch beherrschten Parlament im Oktober 1993. Deshalb mahnte er Reformen nur noch polternd an, wenn neue Skandale in der Armee publik wurden. Er ließ periodisch die Köpfe des Verteidigungsministers und seines Generalstabschefs rollen und beließ ansonsten – abgesehen von einer Schrumpfkur um 500.000 Mann im Jahr 1997 – alles beim alten.

Da er Angst vor einem Putsch seiner unzufriedenen Generäle hatte,[14] verlegte sich Jelzin lieber auf das Prinzip „Teile und Herrsche" in seinem Sicherheitsapparat. So begünstigte er in der Ausrüstung, Besoldung und bei Beförderungen die paramilitärischen Einheiten des Innenministeriums und den Geheimdienst, dessen Exponenten er – nicht zuletzt einen ausgemusterten KGB-Oberstleutnant namens Putin – in Führungsfunktionen berief. Auch versuchte er stets, die vier Waffengattungen, also Heer, Marine, Luftwaffe und Raketentruppen, gegeneinander auszuspielen. Jahrelang durften sich Generalstabchef Kwaschnin (1997–2005), ein Panzergeneral, und Verteidigungsminister Sergejew, der ehemalige Chef der Raketentruppen, öffentlich streiten, welchen Waffentypen der Vorrang bei Modernisierung gebühre. Erst Putin warf beide hinaus.

Putin blieben die Schwächen der russischen Armee nicht verborgen: die überbordende Militärbürokratie mit 880.000 Zivilangestellten, ihr überteuertes Beschaffungswesen, die veraltete Ausbildung, das Schinden und die Unterernährung der Rekruten, deren Sold, Ausrüstung und Rationen von ihren Kommandeuren veruntreut wurden. Mit diesen Kündigungsgründen hatte Jelzin schon 1997 Verteidigungsminister Radionow und Generalstabschef Samsonow öffentlich entlassen.[15]

Die waffentechnisch und taktisch überlegenen NATO- bzw. US-Bombenkampagnen von 1999 gegen Länder wie Serbien und den Irak, die vor allem mit sowjetischen Waffen ausgerüstet waren, bestätigten dazu einmal mehr die Rückständigkeit der russischen Militärtechnik. Als frischgewählter Präsident machte sich Putin die unerfüllte Forderung seines Vorgängers nach einer umfassenden Armeereform zu eigen. Das Militär sei auf 600.000 Mann zu reduzieren.[16] Die Atomsprengköpfe, von denen viele schrottreif waren, in einer neuen SALT-III-Vereinbarung auf 1500 zu vermindern.[17] Doch geschah dann recht wenig. Umorganisationen wurden oft später wieder widerrufen; die Gesamtstärke der Truppe von 1,2 Millionen Mann seit 1999 nicht weiter gekürzt; die versprochene Abschaffung der Wehrpflicht auf das Jahr 2010 vertagt, um 2008 durch die Verringerung auf ein Jahr ersetzt zu werden. Neu war lediglich die Rekrutierung von etwa 140.000 Zeitsoldaten, die Aufstellung einiger Gebirgsjäger-Bataillone, die Wehrdienstzeitverkürzung, ein System von 600 ständig gefechtsbereiten Einheiten von Berufssoldaten in Sollstärke, die nach widersprüchlichen offiziellen Angaben zwischen 60.000 und 230.000 Mann umfassen sollen[18], und die Fusion der staatlichen Rüstungsbetriebe. Natürlich gibt es wie immer in Osteuropa eine Unzahl guter westlicher Ratschläge, wie die russischen Streitkräfte professioneller und effizienter werden könnten: zum Beispiel durch die Schaffung eines professionellen Unteroffizierkorps, eines zivilen Verteidigungsministeriums, von finanzieller Transparenz im Beschaffungswesen und einem modernen Streitkräftemanagement (anstelle der herkömmlichen Mißwirtschaft unter dem Schutz von Staatsgeheimnissen).[19] Bei all jenem missionarischen Eifer stellt sich natürlich die Frage, welches Interesse wir an effizienteren russischen Streitkräften haben sollten.

Ohnehin wurde der politische Druck für eine Armeereform immer schwächer. In der Duma hatten sich nur „Jabloko" und die „Union der rechten Kräfte" für eine solche Reform engagiert. Nach den Wahlen 2003 waren sie als Kleinparteien einflußlos und 2007 ganz aus dem Parlament geflogen. Die Kremlparteien kontrollierten wie alle anderen Ausschüsse so auch den Verteidigungsausschuß der Duma. Er unterliegt der Geheimhaltungspflicht und wird fast nur von Abgeordneten höheren Militärs beschickt. Eine parlamentarische Kontrolle ist damit fiktiv. Mittlerweile funktioniert auch die Militärzensur wieder. Kritische Journalisten wie Anna Politkowskaja wurden – die Täter sind bis heute unbekannt – erschossen. Soldaten dürfen mit der Presse nur unter Aufsicht sprechen. Zu Militärveranstaltungen werden nur sorgfältig ausgewählte, handzahme Journalisten zugelassen. Unabhängige militärpolitische Studien sind wegen der Geheimhaltungsbestimmungen nahezu unmöglich geworden. Viele der unabhängigen Autoren wurden in Spionageprozessen zu jahrelangen Haftstrafen verurteilt. Damit wird eine informierte, kritische Öffentlichkeit zu Militärthemen verunmöglicht.

Gehörte zu den schärfsten Kritikern des „System Putin" und der Art und Weise, wie Rußland die Tschetschenienkriege führte: die am 7. Oktober 2006 im Moskau durch Pistolenschüsse ermordete russische Journalistin Anna Politkowskaja. Bis heute ist dieser Mord, der großes mediales Aufsehen erregte, nicht aufgeklärt. Eine internationale Untersuchungskommission ließ Wladimir Putin nicht zu. (2003)

Die politische Rolle des Militärs

Zu Beginn seiner Glasnost-Politik ermutigte Gorbatschow Offiziere nachdrücklich zu eigenständigem politischen Handeln – wohl auch in der Absicht, damit seine politischen Gegner in der Parteihierarchie zu schwächen. Doch nutzten die meisten Offiziere die neue Freiheit zur bitteren Kritik an seinem Rückzug aus Osteuropa und seinem zunehmend prowestlichen Kurs – während er gleichzeitig blutige Militäreinsätze in Tiflis (1989), Baku (1990) und Wilna (1991) anordnete. 1991 verbat Jelzin die KP-Zellen in der Armee. Aus den *politruks* der Partei wurden Bildungsoffiziere auf Divisionsebene. Viele aktive Offiziere ließen sich auch als Kandidaten für die Duma aufstellen – meist für die Listen der Kommunisten von Sjuganow und der Ultranationalisten von Schirinowski. Generäle begannen souverän die Anweisungen ihres Ministeriums zu ignorieren. Der 2002 bei einem Hubschrauberabsturz als Gouverneur von Krasnojarsk getötete, populäre General Lebed nannte als Kommandeur der 14. Armee in Transnistrien (1992–1995) die Ministerialbürokratie – nicht ohne Grund – „korrupte Idioten" und setzte sich regelmäßig ungestraft über ihre Anweisungen hinweg. Das gleiche tat General Kwaschnin, der 1999 ein Bataillon russischer Fallschirmjäger aus Bosnien nach Pristina einfliegen ließ, den Flughafen damit zeitweise für die Invasionstruppen der NATO sperrte und eine potentiell gefährliche internationale Krise heraufbeschwor.

Unter Putin wurden nicht nur St. Petersburger (21 % aller Spitzenernennungen) sondern noch lieber (zu 75 %) Offiziere der Machtapparate (*silowiki*) in politische Führungspositionen ernannt. Insgesamt hat er 6.000 ehemalige KGB-Kollegen in öffentliche Führungsfunktionen befördert, da er ihnen offenkundig wegen ihrer Loyalität, ihrer organisatorischen Fähigkeiten und Integrität als Tschekisten eher vertraut.[20] Auch sind fast alle Chefs der 7 Bundesdistrikte, die die von Putin ernannten (und nicht länger gewählten) 89 Regionalgouverneure als „Vizekönige" überwachen sollen, ehemalige Generäle und Admirale. Noch lukrativer für die von Putin ernannten pensionierten Generäle sind freilich die vielen Konsulentenposten bei dem staatlichen Rüstungsmonopolisten Rosoboronexport.

Schon Jelzin hatte sich 1994 per Dekret alle militärischen Formationen direkt unterstellen lassen. Im Jahr 1995 erklärte der Verfassungsgerichtshof den von ihm entgegen dem Verfassungstext angeordneten Militäreinsatz in Tschetschenien für rechtens. Unter Putin hat die direkte Kontrolle des Militärs und der paramilitärischen Einheiten durch den Kreml weiter zugenommen. Offene Insubordinationen gibt es schon lange nicht mehr. Statt zivildemokratischer Kontrolle wird die Armee nach dem Abtritt der KP-Diktatur von den Geheimdienstkollegen des Präsidenten gelenkt. Einer jener Petersburger Ex-Agenten ist Verteidigungsminister Sergej Iwanow.

Rüstungsexporte

Rußland exportierte 2007 € 5 Milliarden an Rüstungsgütern. Ihr Volumen hat sich seit 2000 verdoppelt, als Putin die Leitung von Rosoboronexport in die Hände von Andrej Beljaninow, eines KGB-Kollegen aus DDR-Zeiten, legte. Das ist zwar längst nicht soviel wie jene $ 20 Milliarden, die die Sowjetunion als „brüderliche Hilfe" an Waffen und Munition alljährlich in alle Welt schickte. Doch wurden damals nur 10 % aller Lieferungen wirklich bezahlt. Heute besteht Rußland auf der Begleichung der Rechnungen. Bester Kunde mit $ 2 Milliarden an Jahresbestellungen ist China, gefolgt von Indien und dem Iran. Doch auch Syrien (Raketen), der Sudan (Hubschrauber), Venezuela, Indonesien und Myanmar (früher Burma; Kampfflugzeuge und -hubschrauber) befinden sich auf den Kundenlisten, die von keinen moralischen Skrupeln beeinträchtigt sind. Dabei fällt auf, daß China als strategischer Rivale wesentlich größere Stückzahlen von modernen Suchoj- und MiG-Kampfflugzeugen und Jagdbombern, Diesel-U-Booten, Fregatten,

Zerstörern und Flugabwehrraketen erhält als die russischen Streitkräfte selbst.[21] Dies löst auch beim russischen Militär, vor allem dem in Fernost stationierten, einiges an Kopfschmerzen und Vorbehalten aus.[22] China konnte auch schon Hunderte von SU-27-Jagdbombern in Lizenz selbst herstellen. Jene Exportentscheidungen hatte Rußland vor dem Hintergrund der akuten Krise seiner einstens 1.600 Rüstungsbetriebe getroffen, die zu Sowjetzeiten 70 % der Industriekapazität darstellten und nach dem Zusammenbruch der Binnennachfrage wie auch der Nachfrage seitens des Warschauer Paktes nur teilweise die Produktion von Panzern auf Traktoren umstellen konnten. So stellten die chinesischen und indischen Exporte in den 1990er Jahren das einzige Vehikel zum Überleben dar. Lieferungen nach Indien sind aus russischer (und westlicher) Sicht weniger problematisch. Doch bestehen die Inder meist auf Ko-Produktionen im Panzer- und Flugzeugbau. Während das chinesische Rüstungsprogramm eher den taiwanesischen Erzfeind und seinen amerikanischen Beschützer im Visier hat und deshalb die Luftwaffe und Marine vorrangig stärkt, muß sich Indien auch für einen möglichen Landkrieg mit Pakistan rüsten und bestellt daher eher große Zahlen an T-90-Panzern, Panzerabwehrraketen, Mehrfachraketenwerfern und Hubschraubern für den Hochgebirgseinsatz. Im Fall des Iran baut Rußland nicht nur die Leichtwasserreaktoren von Buschir (deren Bau die Siemens-Tochter KWU 1979 revolutionsbedingt abbrechen mußte)[23] und Forschungsreaktoren, aus denen Plutonium zum Atomwaffenbau abgezweigt werden kann. Es liefert zum Schutz der AKWs auch gleich die Kurzstreckenraketensysteme zur Flugabwehr mit.[24] Dazu werden Kampfhubschrauber, Jagdflieger, Küsten-U-Boote, Patrouillenboote sowie Raketen vom Typ SA 10 und SA 12 geliefert, die möglicherweise bald in den Händen der libanesischen Hisbollah landeten.[25] Da der Iran mit den russischen Lieferungen im Konfliktfall auch unschwer die Straße von Hormuz blockieren und die Ölzufuhr der westlichen Welt abschnüren könnte, nimmt Rußland bei seiner Waffenexportpolitik offensichtlich nicht nur den Bau einer iranischen Atomwaffe, sondern auch das Blockaderisiko billigend in Kauf.

Die russische Strategie

Zur russischen politischen Tradition gehört es, sich taktisch ausgesprochen intelligent und durchtrieben mit aller gebotenen Härte durchzusetzen, sich dabei aber strategisch oft selbstzerstörerisch zu verhalten. Putins militärisches Denken und Handeln ist keine Ausnahme. So akzeptiert einerseits Putin die „neuen Sicherheitsherausforderungen", die sich durch den islamistischen Terror, die demographischen Verwerfungen und den Migrationsdruck ergeben – und müßte deshalb mit dem Westen an einem Strang ziehen, die Armeereform durchsetzen und nicht unbotsmäßige

Nachbarländer, wie Georgien, Moldawien und die Ukraine, zu destabilisieren suchen und sich nicht mit China und dem Iran verbünden. Andererseits leidet er wie viele in der russischen politischen Elite unter einem postimperialen Trauma, unter den Phantomschmerzen der verlorenen Weltmacht und des Verlusts des inneren und äußeren großrussischen Kolonialreichs der Sowjets. Für Putin jedenfalls bleibt der Zerfall der Sowjetunion die „größte geopolitische Katastrophe des 20. Jahrhunderts".[26]

Rußland sah sich lange als besiegte Macht behandelt,[27] als die NATO unter Einschluß des Baltikums bis an die russischen Grenzen heranrückte, als die EU seine traditionelle Einflußmacht auf dem Balkan verdrängte und die USA über den Südkaukasus in der Afghanistankampagne von 2002/03 bis nach Zentralasien vorstießen, tief in den abgewirtschafteten Hinterhof Rußlands. Auch die „Farbrevolutionen" in Serbien (2000), Georgien (2003), der Ukraine (2004) und Kirgisien (2005) werden als Verschwörungen westlicher Geheimdienste mit einheimischen Vereinen und Medien zum Schaden Rußlands gesehen.[28] Professor Wjatscheslaw Daschitschew, Vorstandsmitglied der Moskauer Gesellschaft Rußland-Deutschland und Mitglied der Berliner Akademie für Sicherheit und Zusammenarbeit, verglich dies gar mit einem „unerklärten Krieg gegen Rußland" durch die USA.[29]

Damit wurde, wenngleich meist nur indirekt artikuliert, der Westen im Allgemeinen und die USA im Besonderen wieder zum Feind. Deshalb die Fokussierung auf die Modernisierung der Nuklearwaffen, die Hysterie gegen ein Dutzend Abwehrraketen in Pommern (bei 3.500 eigenen nuklearen Trägerwaffen), der Beginn eines Flottenbauprogramms und der Unwillen, die wehrpflichtbasierte Massenarmee mit den Panzer- und Artilleriekonzentrationen, mit denen der Zweite Weltkrieg gewonnen und der Dritte Weltkrieg geplant wurde, zu professionalisieren. Das aktuelle Militär mag bei Paraden für Sowjetnostalgiker herzerwärmend sein, für die Terrorbekämpfung, den Bandenkrieg, mögliche Bürgerkriege wie in Tschetschenien und externe Interventionen wie in Afghanistan ist es untauglich. Während prowestliche Äußerungen von Putin und seiner Umgebung zunehmend schwächeren Lippenbekenntnischarakter annehmen, versucht sich der Kreml schon seit einigen Jahren in der Sammlung der postsowjetischen Erde. Dazu gehört die Unterstützung und wachsende Einbindung der Diktaturen Weißrußlands[30] und Zentralasiens[31], die Formalisierung eines gemeinsamen Bündnisses der CSTO (auch unter Einschluß Armeniens), des antiwestlichen Ko-Direktorats mit China über Zentralasien in Gestalt der SOZ[32] und die Aufkündigung des Abrüstungsabkommens zu den konventionellen Streitkräften in Europa durch Putin Ende 2007. Damit kann Rußland seine Truppen ohne Obergrenzen in allen Militär- und Grenzregionen beliebig massieren und das sorgfältig ausgehandelte regionale Kräftegleichgewicht empfindlich stören.

Mit der sich abzeichnenden Schwächung des US-Einflusses im Mittleren Osten und in Europa versucht Putin im Nahen Osten und durch den Einsatz der Energiewaffe auf dem Balkan an Einflußmacht zu gewinnen und Europa von den Amerikanern wie schon zu Breschnews Zeiten in einer neuen Raketendebatte auseinanderzudividieren.[33] Nicht anders ist seine berühmte Rede vor der Münchner Wehrkundetagung vom 11. Februar 2007 zu verstehen.[34] Mit der Konfrontation mit dem Westen setzt sich Rußland zwischen alle Stühle. Denn die neuen Bedrohungen bleiben real genug. Jährlich nimmt die Bevölkerung Rußlands um 750.000 Menschen ab. Trotz der Massenzuwanderung ethnischer Russen aus Zentralasien ist die Einwohnerzahl Rußlands von 149 Millionen (1991) auf 142 Millionen gefallen. Bis 2050 wird laut einer mittleren demographischen Schätzung der Vereinten Nationen die Zahl von 100 Millionen unterschritten werden, während gleichzeitig die südlichen Nachbarn Iran und Türkei die 100-Millionen-Marke nach oben durchqueren werden. Dazu wird der Anteil der autochthonen muslimischen Bevölkerung in Rußland selbst bis 2050 auf 30–40 % steigen und der Migrationsdruck aus China, Zentralasien und dem Mittleren Osten vor allem auf die sich entleerenden rohstoffreichen Weiten Sibiriens weiter zunehmen. Begehrlichkeiten, denen sich China auch angesichts historischer Ansprüche wohl kaum auf Dauer wird entziehen können.

Aktuell jedoch sucht Rußland, wie stets in seiner Geschichte, der Furcht vor künftiger Marginalisierung und Fremdbestimmung durch aggressive Vorwärtsstrategien und Großmachtgehabe zu begegnen. Auf diese Offensiven müssen der Westen und Europa in den nächsten Jahrzehnten vorbereitet sein.

Folgen für Europa

Die Asymmetrie der russischen Rüstungsplanung hat Folgen. Die vorrangige Modernisierung der Nuklearwaffen verlangt nach einer beschleunigten Entwicklung der amerikanischen Raketenabwehrsysteme und nach einer Wiederbelebung des Zivilschutzes. Die mittelfristigen Flottenrüstungsprogramme benötigen einer Entsprechung für den Schutz der europäischen überseeischen Versorgungslinien. Auch die überhohe Energieabhängigkeit von russischen Öl- und Erdgaslieferungen, dessen mühelos sprudelnde Erträge das russische Rüstungsprogramm erst ermöglichen, ist tunlichst zu vermindern. Die konventionelle Rüstung Rußlands ist nach dem aufgekündigten KSE-Vertrag zunächst nur für die osteuropäische Peripherie von EU und NATO bedrohlich. In jedem Fall verlangt sie eine Verteidigungsstrategie beider in Gestalt eines tiefgestaffelten grenznahen konventionellen Abwehrsystems vom Eismeer bis zum Berg Ararat – entlang der Narwa, des Bug und des Pruth (das entspricht in etwa dem Frontverlauf vom Spätsommer 1944) – einschließlich der Möglichkeit der Vorwärtsverteidigung. Ein solch aufwendiges Verteidigungssystem bedarf im Ernstfall natürlich auch der Auffüllung durch Reservisten, die ohne die allgemeine Wehrpflicht nicht zu haben sind.

Eine weitere Osterweiterung der NATO um die Ukraine und Georgien und nicht zuletzt eine demokratische Revolution in Weißrußland würden für die Sicherheit Gesamteuropas eine entscheidende Verbesserung bringen und mutmaßlich eine ähnliche Einsicht der Sinnlosigkeit einer weiteren Konfrontation mit dem Westen in Moskau auslösen wie es dies dereinst die Hochrüstungspolitik Reagans vermochte. Die Einsicht sollte von dem sicheren Wissen unterstützt werden, daß die Feinde der russischen Zivilisation und ihres östliches Siedlungsraums nicht im Westen, sondern eher in China und in der islamischen Welt beheimatet sind. Sie brauchen derzeit angesichts ihrer wachsenden Kräfte im Blick auf die fortgesetzte demographische Schwächung und potentielle Selbstzerfleischung der europäischen Kulturnationen eigentlich nur zu zu warten.

1 Gilbert Achcar: La nouvelle guerre froide, Paris 1999.
2 Neue Zürcher Zeitung, 22. Mai 2001.
3 Frankfurter Allgemeine Zeitung, 21. Januar 2008.
4 Lothar Rühl: „Ehrgeizige Flottenpläne", in: Frankfurter Allgemeine Zeitung, 9. August 2005.
5 Richard Moore: A Time to Die. The Untold Story of the Kursk Tragedy, New York 2003, S. 249. Manche Westmedien schrieben damals auch, die „Kursk" sei von einem Torpedo des russischen Schlachtkreuzers „Peter der Große" getroffen worden; vgl. z. B. The Independent, 15. September 2000.
6 Ibid., S. 68.
7 Theodore Gerber und Sarah Mandelson: „Moscow's military malaise", in: Financial Times, 11. September 2002.
8 Pavel K. Baev: The Russian Army in a Time of Troubles, Oslo 1996.
9 Financial Times, 4. März 1999; International Herald Tribune, 1. Oktober 1999.
10 Financial Times, 15. November 2005.
11 Anna Politowskaja: La Russie selon Poutine, Paris 2005, S. 281.
12 Amy E. Smithson: Toxic Archipelago, Washington D. C. 1999.
13 Financial Times, 26. Oktober 2001.
14 Vieken Cheterian: „L'armée russe en quete des reformes", in: Le Monde diplomatique, 5. September 2000.
15 Neue Zürcher Zeitung, Süddeutsche Zeitung und International Herald Tribune, 23. Mai 1997.
16 Financial Times, 10. November 2000.
17 The Economist, 17. November 2000.
18 Barany, op. cit., S. 115.
19 „Profile: The Army", in: Financial Times, 15. April 2002.

20 Barany, op. cit., S. 155.
21 Albrecht Rothacher: Mythos Asien?, München 2007, S. 55.
22 Hannes Adomeit: Rußlands Rüstungsindustrie, Berlin 2004, S. 24.
23 Hans Rühle: „Der Atompate hält schützend die Hand über Teheran", in: Frankfurter Allgemeine Zeitung, 27. April 2006.
24 Die Presse, 9. Dezember 2005.
25 Neue Zürcher Zeitung, 18. April 1997; Süddeutsche Zeitung, 24. November 2000.
26 Barany, op. cit., S. 190.
27 Neil Buckley: „Cold Front", in: Financial Times, 8. Juni 2007.
28 Quintin Peel: „A cruder Kremlin. How Russia is reasserting itself as a world power", in: Financial Times, 1. August 2007.
29 Wjatscheslaw Daschitschew: Rußland in den geopolitischen Plänen der USA. Wien 2006, S. 6.
30 Albrecht Rothacher: „Europas letzter Diktator: Wird Lukaschenko das Jahr 2008 überleben?", in: Europäische Rundschau 35, 2008, S. 85–99.
31 Albrecht Rothacher: „Das neue Große Spiel. Zentralasien und der Kampf der Großmächte", in: Blätter für deutsche und internationale Politik 1/2007, S. 101–109.
32 Albrecht Rothacher: „Allying with an Evil Axis? The ambivalent role of the Shanghai Cooperation Organization in Central Asia", in: RUSI Journal 2008.
33 Lothar Rühl: „Die Rückkehr der Raketendebatte", in: Frankfurter Allgemeine Zeitung, 27. Februar 2007.
34 Vladimir Putin: „Speech and discussion at the Munich Conference on security policy", in: President of Russia. Official Web Portal, 12. Februar 2007.

DIE SCHMUTZIGEN KRIEGE IN TSCHETSCHENIEN UND DIE ISLAMISIERUNG DES NORD-KAUKASUS

Die Zerschlagung der tschetschenischen Nationalbewegung in den beiden Tschetschenienkriegen hatte sowohl in Tschetschenien selbst wie in den Nachbarrepubliken von Dagestan bis zu den Tscherkessen einen fatalen und doch vorhersehbaren Effekt. Da das tschetschenische Beispiel einer Unabhängigkeitserklärung mit insgesamt bis zu 160.000 Toten, jahrelangem Terror, Krieg und der totalen Verwüstung und Verelendung des Landes zu abschreckend ist, gelingt es, neue Rekruten für eine neue Art des islamistischen Untergrunds zu gewinnen. Vor allem aus Dagestan ergießt sich ein kaum versiegender Strom an fundamentalistischen Agitatoren in den Rest der Region sowie nach Tatarstan, Baschkirstan und die anderen muslimisch besiedelten Teilen Rußlands, darunter nicht zuletzt auch nach Moskau, dessen muslimischer Bevölkerungsanteil dank stark wachsender Immigration aus Zentralasien mittlerweile mindestens 20 % erreicht hat.

Die Einheit der nordkaukasischen Völker unter islamischen Vorzeichen ist historisch nicht ganz neu. Im 19. Jahrhundert gelang Iman Schamil, einem Awaren aus Dagestan, dies in einem jahrzehntelangen auf beiden Seiten ebenso heroisch wie grausam geführten Abwehrkampf (1834–1859) gegen die kolonisierenden Armeen des Zaren. Bei einer künftigen Konfrontation sähe sich Rußland jenen religiösen Fundamentalisten gegenüber, die den Protest gegen die Gewalt und Korruption der örtlichen Machthaber von Moskaus Gnaden, die Massenarbeitslosigkeit, Verarmung und die kriminellen Syndikate in einem islamistischen Untergrund erfolgreich kanalisieren. Diese von Saudi-Arabien, Pakistan und dem Iran gesponserte Bewegung ist klug genug, die russische Staatsmacht zunächst nicht länger direkt herauszufordern. Sie konsolidiert ihre Gegenmacht durch Angriffe auf die „korrupten" Kollaborateure in den Regionalregierungen, durch Vertreibung und Ermordung „Gottloser" (zum Beispiel russischer Lehrerfamilien in Inguschetien) und durch die graduelle Durchsetzung der Scharia und des puritanischen wahhabitischen Islam gegenüber dem traditionellen Gewohnheitsrecht des *adat* und dem toleranteren mystischen Sufismus der *tariqa*-Bruderschaften des Nordkaukasus, die auch vorislamische Traditionen und Sitten weiterpflegen.

Das Ziel eines nordkaukasischen Kalifats der Salafiten („Wahhabiten" in russischer Diktion) transzendiert die Vielzahl der interethnischen Konflikte und Klandispute, die das friedlose Vielvölkermosaik des Nordkaukasus mit seiner Tradition der Blutrache stets unruhig und gewaltbereit halten. Dem wachsenden Islamismus gelingt es sogar schon, das Bandenunwesen und, durch sein strenges Alkohol- und Drogenverbot, die Alltagskriminalität spürbar einzuschränken. So freuen sich die russischen Administratoren einerseits über die „Normalisierung" in der Region, andererseits radikalisierten ihr Militär und ihr Geheimdienst durch die Verhaftung, Folter und Ermordung vieler als Terroristen verdächtigter Islamisten die Bewegung und treiben ihren stets neue Rekruten zu. Auch stehen den russischen Streitkräften nicht länger nur das in Hunderte von Klans und 18 Feldkommandantenreiche zersplitterte Ein-Millionen-Volk der Tschetschenen gegenüber, sondern mittel- und langfristig sechs Millionen Nordkaukasusbewohner (minus 700.000 zumeist christliche, russophile Nordosseten). Dazu kommen potentiell 18 Millionen Muslime im Rest Rußlands, mit den erstarkten muslimischen Nachbarn in Zentralasien, dem Iran, Aserbaidschan und der Türkei an Rußlands weitgehend ungeschützter Südgrenze – eine überaus ungünstige Frontlage im „Kampf der Zivilisationen". Kamen historisch die Bedrohungen für Rußland entweder aus dem Osten (Mongolen) oder aus dem Westen (Napoleon, Hitler), so ist diesmal der ungesicherte Unterleib des Reiches potentiell am stärksten bedroht, zumal die zentralrussischen Siedlungsgebiete der muslimischen Tataren und Baschkiren bis an die mittlere Wolga reichen. Die russische Außen- und Sicherheitspolitik, die nach wie vor ihre Phobien gegenüber der NATO pflegt und ihren Phantomschmerz über das verlorene äußere Kolonialreich an seinen kleineren Nachbarn Georgien, Estland oder Lettland in periodischen Aggressionsschüben austobt, wird dieser strategischen Herausforderung bislang nicht einmal ansatzweise gerecht.

Das Völkermosaik des Nordkaukasus

In den Hochtälern unzugänglicher Gebirgslandschaften halten sich als klassische Rückzugsgebiete geschlagener Völker ihre Nachkommen, Sprache, Kultur und ihr Zusammenhalt oft jahrtausendelang. Der Kaukasus ist dafür ein besonders eindrucksvolles Beispiel, in dem jeder durchziehende Eroberer, waren es nun Awaren, Perser, Mongolen oder Türken, sein ethnisches Erbe genauso hinterlassen und bewahren konnte, wie es bei den ursprünglichen Kaukasusvölkern der Fall ist (die im übrigen mit den *caucasians* [Synonym für „Weiße"] der politisch korrekten Rassenlehre der USA nicht das geringste zu tun haben). Die russische

Besiedlung ist vor allem im westlichen Kaukasus noch stark. Ihr Anteil ist allerdings im gesamten Nordkaukasus von 26 % (1989) bereits 1998 auf 19 % gefallen. Aufgrund der hoffnungslosen Wirtschaftslage, der demographischen Defizite im Vergleich zur fruchtbareren muslimischen Bevölkerung, der stets prekären Sicherheitslage, des zweiten Tschetschenienkrieges mit der totalen Zerstörung der stark russisch besiedelten Erdölstadt Grosny und der starken Islamisierung seither ist sie wegen der hohen Abwanderung vor allem im Osten (Dagestan, Tschetschenien, Inguschetien) zu einer marginalisierten, oft bedrohten Minderheit abgesunken.

Insgesamt leben in den sieben autonomen Republiken des Nordkaukasus unter ihren 6 Millionen Einwohnern etwa 30 verschiedene Nationalitäten. Ihre Zahl reicht von dem Ein-Millionen-Volk der Tschetschenen bis hin zu Stämmen, die einige Dorfgruppen (*aul*) in der Vielvölkerrepublik Dagestan umfassen. Der ethnischen Herkunft nach lassen sich drei Hauptgruppen unterscheiden:
1. Turkvölker: Karatschaier, Balkaren, Nogaier, Kumüken, Mescheten.
2. Indo-Europäer: Osseten, Armenier, Slawen.
3. Kaukasier: Tschetschenen, Inguschen, Kabardiner, Tscherkessen (auch: Zirkessen, Adygen).

Die Lage wurde durch Stalins Minderheitenpolitik auch im Kaukasus absichtsvoll kompliziert, als jeweils ethnisch und sprachlich fremde Kaukasusvölker zu Doppelrepubliken zusammengesperrt wurden: Kabardiner und Balkaren sowie Tscherkessen und Karatschaier, die jeweils Kaukasier bzw. Turkvölker sind. Um weiter Unfrieden zu stiften, trennte Stalin die Siedlungsgebiete der Osseten zwischen Nordossetien und Georgien (Südossetien) und der Lesgier zwischen Dagestan und Aserbaidschan. Von Inguschen besiedeltes Gebiet wurde Nordossetien zugeschlagen – von dem sie dann 1992 nach einer fehlgeschlagenen inguschetischen Kampagne zur Rückgewinnung gänzlich vertrieben wurden. Bekanntlich ließ Stalin 1943/44 alle Tschetschenen, Inguschen, Karaschaier, Balkaren und Mescheten wegen angeblicher Kollaborationsneigungen mit der Wehrmacht nach Kasachstan deportieren. Ein Viertel der in Viehwaggons deportierten Bevölkerung kam beim Transport und in den ersten Jahren der Deportation durch Hunger, Krankheit und Kälte um.

Dabei ist zu bedenken, daß die Wehrmacht zu diesem Zeitpunkt, also nach der Schlacht von Stalingrad (1942/43), die ihre Nordflanke am Don bedrohte, den Nordkaukasus schon geräumt und im übrigen das Gebiet der meisten deportierten Völker nie betreten hatte. Zwar gab es auch unter ihnen in Kriegsgefangenenlagern rekrutierte Bataillone, die auf deutscher Seite opfervoll für die Befreiung ihrer Heimat von der bolschewistischen Diktatur kämpften, doch wurden solche Einheiten aus fast allen Völkern der Sowjetunion aufgestellt. Den Ausschlag für die Deportationsentscheidungen hatten denunziatorische Berichte des Mingreliers Berija an seinen georgischen Generalissimo gegeben, in denen dieser alarmistisch über die Erschießung einiger Kolchos- und Parteichefs schrieb, die in der voreiligen Erwartung eines deutschen Vorstoßes nach Tschetschenien vorgenommen worden waren und die die ethnischen Vorurteile Stalins gegen muslimische Kaukasusvölker, die sich schon gegen die Kollektivierung erbitterter als andernorts gewehrt hatten, bestätigten.

Als die meisten deportierten Völker (außer den Krimtartaren, Mescheten und Wolgadeutschen) unter Chruschtschow ab 1956/57 in ihre Heimat zurückkehren durften, fanden sie ihre Städte, Dörfer und Häuser zumeist von Russen bewohnt vor. Vor allem die Tschetschenen konnten angesichts ihrer Klan-Solidarität jenen Neusiedlern bald die Vorteile der Realrestitution klar machen, so daß die rechtmäßigen Besitzer nach entsprechendem Nachdruck ohne allzuviel Umstände wieder in den Besitz ihrer Häuser gelangten.

Der ethnischen Vielfalt entsprechen ähnliche Unterschiede in den tradierten Sozialstrukturen: von den despotischen Khanaten im Süden Dagestans bis hin zu den egalitären Sippenverbänden Tschetscheniens und Inguschetiens. In Tschetschenien etwa gibt es 150 solcher Klanverbände (teips), in denen die Dorfältesten gemeinsam entscheiden. Diese dezentrale Struktur war einerseits für die Anarchie des unabhängigen Tschetscheniens mitverantwortlich, andererseits ermöglichte sie einen nachhaltigen, militärdemokratischen Widerstand gegen die Russen (ähnlich wie die Bauernrepublik Dithmarschen gegen den König von Dänemark). Schon während des Großen Kaukasuskrieges (1816–1864) gegen die koloniale Unterjochung erwies sich der Kampf der Tschetschenen verbissener als etwa der der Dagestaner oder Tscherkessen, deren Widerstand nach der Gefangennahme, Tötung oder Kooption ihrer aristokratischen Führer schneller brach.

Die Sufi-Orden mit ihren bis nach Marokko und Pakistan reichenden geheimen Bruderschaften (tariqa) – wiewohl primär mystisch-religiös mit ihren überlieferten Gesängen und Tänzen der Derwische, der Verehrung örtlicher Heiliger und ihrer Gräber – waren (und sind) gleichzeitig Träger des Widerstandes gegen die Ungläubigen. Im Imanat des Schamil im 19. Jahrhundert beruhte er auf der Unterordnung der sufitischen Schüler (Muriden) unter die Autorität der Meister (Scheichs). Durch die Identität der Klans mit dem jeweiligen sufitischen Orden (mit dem Klanältesten als dem gemeinsamen Meister) verfestigte sich in der Kriegerkultur des Kaukasus die erstaunliche und einzigartige Widerstandskraft der Tschetschenen. Nicht nur erhielten sie ihre nationale Identität in der Deportation nach Kasachstan (die zum Beispiel die meisten Wolgadeutschen nach der Zerstörung ihrer Dorfgemeinschaften binnen einer

Generation verloren), sie blieben auch, wie Solschenizyn bewundernd berichtet, im Gulag solidarisch und wurden selbst unter grausamster Folter nicht gebrochen – und rächten sich (oder durch Landsleute) an ihren Folterknechten bei erstbester Gelegenheit mit gleicher Münze.

Die islamische Glaubenspraxis einer Nation hängt stark von der Dauer der Zugehörigkeit zum Islam ab. Je länger diese zurückliegt, desto ernsthafter sind meist die Glaubensstrenge der Bevölkerung und die scholastische Qualifikation ihrer Geistlichkeit. Bei mehr rezenten Konversionen werden noch vorislamische Bräuche, Kulte und Rechtsnormen gepflegt. So gibt es im Kaukasus ein deutliches Ost-West-Gefälle zwischen den frommen Dagestanis im Osten und den eher entspannten Tscherkessen im Westen, die erst im 18. Jahrhundert auf türkischen Druck hin konvertierten.

Dagestan

Dagestan wurde als residuale Republik aller kleineren ostkaukasischen Völkerschaften gegründet. Von ihren 2 Millionen Einwohnern sind 28 % Awaren, 16 % Darginer, 13 % Kumüken, 11 % Lesgier, 5 % Laken, 4 % Tabassarane usw. Obwohl die Hauptprodukte Dagestans – Öl und Kaviar – sehr gewinnträchtig erscheinen, gilt die Republik mit 70 % Arbeitslosigkeit und einem Durchschnittseinkommen von € 50 im Monat als gewalttätiges Armenhaus der russischen Föderation.

Dagestan wurde bis zum März 2006 von Magomedali Magomedow (75) als Langzeitpräsident beherrscht. Er war schon 1983 Vorsitzender des Ministerrats gewesen und damit der letzte Machthaber der Sowjetmacht im Kaukasus. Im wesentlichen stützte er sich – ebenso wie sein handverlesener Nachfolger Muchu Alijew (64) – auf eine Nordallianz verbündeter Klans um den Bürgermeister von Chassawjurt. Dimitri Kozak, Putins Sonderbeauftragter für den Nordkaukasus, charakterisierte öffentlich und trefflich das politische System Dagestans als Feudalbesitz der herrschenden Cliquen um Magomedow, deren Herrschaft durch und durch korrumpiert sei und nur verlogene Wirtschaftsstatistiken produziere.[1] Aufgrund der Abwesenheit staatlicher Autorität und rechtsstaatlicher Konfliktregelung herrscht das Faustrecht. Klanchefs und *businessmen* leben in schwerbewachten Festungen, die, *cottage* genannt, mit allen Geschmacklosigkeiten neureichen Protzes überreichlich ausgestattet sind. Alljährlich erfolgen Dutzende von Sprengstoffattentaten und Auftragsmorden, die nie aufgeklärt werden. Die meisten finden nachts in der Hauptstadt Machatschkala, deren Bürgermeister auch zum Krüppel geschossen wurde, statt.

Angesichts der Unterentwicklung, Gewalt und Korruption der Eliten übt der Islam eine besondere Anziehungskraft aus. 80 % der Mekkapilger Rußlands stammen aus Dagestan. In Machatschkala wurde 2003 die größte Moschee des Nordkaukasus eröffnet. Zwei islamische Hoch-

schulen und 650 Koranschulen sind zur Ausbildung des geistlichen
Nachwuchses im Betrieb. 1.500 junge Männer hatten in den 1990er Jahren an den Koranschulen (*mahdrassen*) Pakistans und Saudi-Arabiens
studiert. Dort haben sie den traditionellen Sufismus der Region verachten gelernt. Auch die mit den Behörden zusammenarbeitende, oft noch
vom kommunistischen Regime kompromittierte örtliche Geistlichkeit
lehnen sie ab. Als Salafiten fordern sie fundamentalistische Reformen
nach puritanisch-saudischem Muster und die Einführung der Scharia.
Ihre Bewegung war ursprünglich in den Berggebieten des Südens nahe
der aserischen Grenze stark, breitet sich jedoch zunehmend in den Rest
Dagestans aus. Auf die Verschleppung, Folter und Tötung junger Männer mit verdächtigen Bärten erfolgt ein zunehmender Gegenterror der
Islamisten. So wurden im Süden Grenzposten überfallen und erschossen. Pläne für Geiselnahmen wurden entdeckt. Einzelne Bergdörfer in
der Gegend von Kadar, wo 1998/99 islamistische Rebellen die Bürgermeister vertrieben und eine freie, angeblich im plötzlichen Wohlstand
lebende islamische Republik auf Grundlage der Scharia ausgerufen
hatten, wurden nach dem Beginn des zweiten Tschetschenienkriegs mit
Waffengewalt zurückerobert und zerstört. Selbst innerhalb der Hauptstadt wurden „Dschamaas", geschlossene militante wahhabitische Gemeinden, entdeckt und ausgehoben. Sie wurden nach Panzerbeschuß
nebst Insassen dem Erdboden gleichgemacht.[2]

Inguschetien

Noch stärker als Dagestan wurde das westlich von Tschetschenien gelegene stammesverwandte Inguschetien mit seinen 500.000 Einwohnern von den Kriegen im Nachbarland destabilisiert. Hunderttausende
Tschetschenen, die den Bomben, Morden und Plünderungen in ihrer
Heimat zu entkommen suchten, fanden hier bei Verwandten oder in
Zeltlagern Unterschlupf. Schon 1992 mußten 80.000 Inguschen, die aus
Nordossetien vertrieben worden waren, mehr schlecht als recht aufgenommen werden.

   Von der Wirtschaftsmisere der Region voll getroffen, sind 70 % der
Jugendlichen arbeitslos und ohne Ausbildung. Als Ruslan Auschew gewählter Ministerpräsident war, der im ersten Tschetschenienkrieg noch
erfolgreich vermitteln konnte – im zweiten sowie beim Geiseldrama von
Beslan scheiterte er am Verhandlungsunwillen Putins –, war die Situation noch halbwegs unter Kontrolle. Als jedoch Putin 2005 den FSB-General Sjasikow zum Republikchef machte, wurden vom Militär, OMON
und den FSB-Truppen die gleichen Methoden wie in Tschetschenien angewandt: Verhaftungen, Filtration und Entführungen durch maskierte
Bewaffnete, wobei die gefolterten Opfer manchmal durch Lösegeld freikamen, manchmal nicht.[3]

Im Untergrund haben die islamistischen Gemeinden der Dschamaa ihrerseits Strukturen für den bewaffneten Kampf geschaffen. Es begann mit Autobomben, die vorbeimarschierende Milizionäre töteten, mit Sprengungen der Gleise der Bahnlinie nach Moskau und mit Militärjeeps, die auf Minen fuhren. Im September 2003 tötete eine Autobombe vor der FSB-Zentrale in der Hauptstadt Nasran vier Personen. Im Juni 2004 stürmten 300 Bewaffnete das Innenministerium und Polizeireviere. Bei den Schießereien gab es 90 Tote. Im Mai 2005 starben Vizeinnenminister Apti Chakijew und Polizeichef Kostojew, der als unerbittlicher Kämpfer gegen die Islamisten galt, mit 6 anderen in einem Konvoi durch eine Autobombe. Im September 2007 wurden in der Provinzstadt Karabulak der Milizposten überfallen und zwei russische Lehrerfamilien ermordet: ein Auftaktsignal zur ethnischen Säuberung. Der in Inguschetien aktive Terroristenführer Magomed Jewlojew hat die Vertreibung der Russen bzw. die Verhinderung ihrer Rückkehr als Programm. Mittlerweile gilt Inguschetien (neben dem kriegsverwüsteten Tschetschenien) zusammen mit Dagestan als Zentrum der Instabilität in der Region.[4] Das Risiko besteht, daß sich die großen Inguschetenklans aus Unzufriedenheit mit Sjasikows repressiven Methoden mit den Fundamentalisten zu einer landesweiten terroristischen Opposition verbünden könnten.

Nordossetien

Nordossetien mit seinen 700.000 Einwohnern, von denen 55 % Osseten und 30 % Russen sind, war ebenso wie Südossetien (80.000 Einwohner) stets ein verläßlicher Bündnispartner der Russen gegen seine islamischen Nachbarn sowie gegen die – gleichfalls christlichen – Georgier im Süden. Da traf es sich günstig, daß der Ausgangspunkt der strategisch wichtigen Georgischen Heerstraße als der einzigen zentralen Kaukasusquerung in der Hauptstadt Wladikawkas beginnt. Wladikawkas, (dt. „Beherrsche den Kaukasus") ist im übrigen ein wiedererweckter programmatischer Name der Zarenzeit. Zu Sowjetzeiten war sie nach Grigori Ordschonikidse, einem 1937 durch „Selbstmord" geendeten stalinistischen Funktionär, benannt.

Neben dem Schmuggel nach und aus Georgien scheint die wirtschaftliche Haupttätigkeit im Schwarzbrennen von Wodka und seinem Vertrieb zu bestehen. Die größte Wodkabrennerei befindet sich in der nordossetischen Kleinstadt Beslan. So fiel die Wahl des islamistischen Terroristenführers Schamil Bassajew für seine größte letzte scheußliche Untat auf diesen „Ort der Sünde". Dort ließ er von 32 Schwerbewaffneten, die wie bei ihm üblich alle Straßensperren mühelos durchqueren konnten, am 1. September 2004 die Schule Nr. 1 bei der Einschulung der Erstkläßler überfallen, die an jenem feierlichen Tag (*linejka*) in Rußland immer von der ganzen Verwandtschaft, Eltern, Geschwistern sowie

Großeltern begleitet werden. 1.116 Geiseln wurden in der mit Sprengfallen versehenen Turnhalle der Schule gefangen gehalten. Drei Tage lang passierte nichts, weil Putin jede Verhandlungen und Vermittlungsversuche zu den Geiselnehmern, die den Abzug der russischen Streitkräfte aus Tschetschenien forderten, ablehnte.

Dann, so die offizielle Version, brachten die Terroristen durch eine Zündung der Sprengladung das Dach der Turnhalle zum Einstürzen, was die folgende Schießerei und den Sturm der Belagerer auslöste. Fest steht, daß es 333 Tote gab, darunter 186 Kinder und 31 Terroristen.

Die meisten sachkundigen Beobachter, darunter die Untersuchungskommission des nordossetischen Parlaments, kamen zu dem Schluß, daß der FSB gegen den Rat des zivilen Krisenstabs mit dem Beschuß durch Panzer- und Brandsprenggranaten (*schmel*) begonnen, das Dach in Brand geschossen und zum Einsturz gebracht habe. Auf das Leben der Geiseln wurde dabei, wie schon im Moskauer Dubrowka-Theater, keine Rücksicht genommen. Für dieses Vorgehen gibt es zwei Erklärungen. Die harmlosere bezieht sich auf das chaotische Durcheinander in den Befehlsstrukturen, die traditionelle Brutalität russischer militärischer Einsätze und die ungenügende Ausbildung und Koordinierung der eingesetzten Truppen.[5]

Die plausiblere aber ist die, daß Bassajews Aktion als nützlicher Super-GAU einmal mehr gut in das Strategem des Kreml paßte, in der allgemeinen Krisenstimmung die geplante Abschaffung der Direktwahl der Gouverneure und damit eine entscheidende Straffung der Machtvertikalen vorzunehmen.[6] Dafür spricht, daß kurz zuvor ein gutausgebildetes Anti-Terrorregiment in Nordossetien aus unerfindlichen Gründen aufgelöst und die Überwachung der Republikgrenzen ausgesetzt wurde. Es folgten jahrelange Vertuschungsversuche, die im Januar 2008 in Anklagen wegen „Extremismus" gegen Opferangehörige mündete, die sich mit den offiziellen Lügen nicht abfinden wollten und sich deshalb der Straftatbestände „Beleidigung von Beamten" und der „Entwürdigung des Nationalstolzes" schuldig gemacht hätten.[7]

Ob die meisten Nordosseten deshalb in Putins Rußland noch immer ihren wahren und einzigen Freund sehen, ist daher längst nicht mehr eindeutig ausgemacht.

Der Westkaukasus: Kabardino-Balkarien, Karatschai-Tscherkessien und Adygien

Als traditionelles russisches koloniales Siedlungsland ist im Nordwesten des Kaukasus die russische Präsenz wesentlich stärker als im Osten. In Adygien (Hauptstadt: Maikop) stellen sie mit 65 % die Mehrheit unter den 500.000 Einwohnern der Republik. Die Titularnation der tscherkessischen Adygen ist mit 22 % minoritär. In Karatschanien-Tscherkessien

mit gleichfalls einer halben Million Einwohner liegt der Russenanteil bei
42 %, der der Karatschaier bei 31 % und der Tscherkessen bei 11 %.

In Kabardino-Balkarien (900.000 Einwohner) stellen die Kabardiner
48 %, die Russen 32 % und die Balkaren 9 %. Die Sicherheitssituation
ist insgesamt auch weniger dramatisch als im Osten. Doch gibt es auch in
beiden Doppelrepubliken periodische Gefechte zwischen der russischen
Miliz und örtlichen bewaffneten Banden. Im Februar 2005 wurden in
Naltschik, der Hauptstadt Kabardino-Balkariens, 7 Attentäter auf ein
Regierungsgebäude in ihrer Wohnung erschossen.[8] Im Oktober 2005
gab es in Naltschik bei einem Angriff von 240 Rebellen 130 Tote.[9] Die
allgemeine Gesetzlosigkeit betrifft auch in diesen Republiken höchste
Regierungskreise. So lud der Schwiegersohn des Präsidenten von Kara-
tschai-Tscherkessien, der Abgeordnete Ali Kaitow, im Oktober 2004 die
sieben wichtigsten Minderheitenaktionäre seiner Kawkas Zement, einer
der größten Zementfabriken Rußlands, in sein *cottage* am Stadtrand
der Hauptstadt Tscherkessk ein und beförderte sie alsbald vom Leben
zum Tode. Nach längeren Vertuschungsversuchen der örtlichen Polizei
führte erst das Eingreifen Moskaus zur Aufklärung.[10] Die Erschießung
des stellvertretenden Regierungschefs der Republik Tebuljew bleibt jedoch noch weiter im Dunkeln.

Der erste Tschetschenienkrieg (1994–1996)

Von Tolstoi und Lermontow noch als edle Wilde von unbändiger Frei-
heitssehnsucht romantisch beschrieben, haben die Tschetschenen heute
im desillusionierten postsowjetischen Rußland eine eindeutig schlechte Presse und die Reputation der brutalsten Fraktion der nicht gerade
zartbesaiteten einheimischen Mord- und Totschlagsindustrie. Es ist eine
kaum mehr zu klärende Interpretationsfrage, ob die Perestroika durch
ihre unabsichtliche Stärkung der Tschetschenenmafia in Moskau deren
Unabhängigkeitssehnsucht und den Wunsch nach einem Rückzugsge-
biet beflügelt hat oder ob umgekehrt die grassierenden antitschetsche-
nischen Psychosen der Russen angesichts der sprunghaft angestiegenen
Gewaltkriminalität allerorten den Tschetschenen ihr Unwillkommen-
sein in Rußland überdeutlich vor Augen führten und die Tschetschenen
sich deshalb aus dem Staatsverband verabschieden wollten.[11] Abgesehen
vom mythischen Freiheitskampf des Iman Schamil gab es in Tschetschenien – im Gegensatz zum Baltikum, zur Ukraine und dem Südkaukasus
– keinerlei seriöse Planungen oder Traditionen einer früheren modernen
Staatlichkeit und eines Nationalbewußtseins, das Klanstrukturen trans-
zendierte.

Im November 1990 wurde der sowjetische Fliegergeneral und Afgha-
nistanveteran Dschochar Dudajew mit 81 % der Stimmen zum Präsidenten Tschetscheniens gewählt. In Estland hatte er sich zuvor als Kom-

mandeur der sowjetischen Streitkräfte bei dem – im Gegensatz zu den beiden baltischen Nachbarn – opferfreien Gang in die Unabhängigkeit unbestreitbare historische Verdienste erworben. Am 2. November 1991 erklärte er Tschetschenien im Gefolge der Auflösung der Sowjetunion für unabhängig. Im Chaos des kollabierenden Sowjetstaats nach dem Augustputsch erschien dies zunächst eher als eine von lautstarker Rhetorik begleitete symbolische Geste als eine realpolitische Maßnahme mit Folgen.

Wirtschaftlich blieb die Integration mit Rußland bestehen, wenngleich auf eigenartige Art und Weise. Angesichts der hohen Arbeitslosigkeit und Umtriebigkeit der meist in einer Basarökonomie „irgendwie" tätigen Männer, die seit dem kasachischen Exil über ein Beziehungsgeflecht für halb- bis illegale Transaktionen in der ganzen ehemaligen Sowjetunion verfügen, entwickelte sich Tschetschenien – begünstigt von der faktischen Zoll- und Steuerfreiheit – bald zum größten Schwarzmarkt Rußlands. Auch luden die 1.500 Ölquellen im eigenen Land und die Pipeline Machatschkala–Grosny–Naltschik–Noworossijsk zum Abzapfen und zur Raffinierung in Hinterhofwerkstätten zu niedrigoktanigem, billigem und im ganzen Kaukasusraum nachgefragtem Benzin ein.

Drei Jahre lang währte das muntere Treiben. Dann entwickelte Jelzins Sicherheitsberater Oleg Lobow das Konzept eines „siegreichen kleinen Krieges", der geeignet sein sollte, Jelzins im Vergleich mit dem Kommunisten Sjuganow schwer daniederliegende Reputation als kraftvoller Führer wiederherzustellen.[12] Dem schwankenden Jelzin wurde die Zustimmung zum Angriff dem Vernehmen nach von seinem Leibwächter Korschakow in einer stark alkoholisierten Gemütslage abgenötigt. Die Quelle der Einflüsterung zeigt damit eindeutig in Richtung FSB.

Der Krieg entwickelte sich bekanntlich bald zur Katastrophe, und zwar sowohl militärisch als auch humanitär, aber auch im Hinblick auf die „Öffentlichkeitsarbeit". Der ohnehin schon angeschlagene Präsident wurde nun bis zu General Lebeds Befreiungsschlag von 1996 immer abhängiger von seinem Sicherheitsapparat, der ihm einzig Lösungen zu versprechen schien. Dabei hatte der russische Generalstab in weiten Teilen jenen von FSB-Seilschaften insinuierten Krieg gegen das eigene Volk abgelehnt (ähnlich wie übrigens schon die Invasion Afghanistans 1979). Entsprechend lustlos und unprofessionell liefen die Vorbereitungen. Frisch eingezogene Wehrpflichtigenbataillone wurden zu Kampfeinsätzen befohlen, bevor sie je eine infanteristische Ausbildung genossen, einen Schuß abgefeuert oder ein Schützenloch ausgehoben hatten. Sie wurden von den kampferprobten tschetschenischen Milizen abgeschossen wie die Hasen. Panzerkolonnen wurden ohne Begleitung von Grenadieren nach Grosny geschickt. Vorhersehbar wurden sie in dem Häusermeer zu stählernen Särgen, als ihnen einheimische Panzerjäger mit Bazookas und Hafthohlladungen aus sicherem Hinterhalt den

Garaus machten. Korrupte Offiziere und hungernde Mannschaften verkauften Waffen, Munition, Treibstoffe und Ersatzteile an die Rebellen.
Was dem Militär an Professionalität fehlte, versuchte es durch Brutalität
und Grausamkeiten an Zivilisten und Gefangenen zu kompensieren. In
den besetzten Dörfern waren Plünderungen, mutwillige Verwüstungen,
Vergewaltigungen, Entführungen, Folter, Mord und Erpressungen an
der Tagesordnung; ein in der russischen Kriegführung seit Iwan dem
Schrecklichen gängiges Muster. Als Teilnehmer beschreibt Arkadi Babtschenko nur allzu anschaulich die Situation der als „Kanonenfutter"
angesehenen Wehrpflichtigen, die, oft halbtot geschlagen, vor ihren Offizieren mehr Angst hatten als vor dem als „Tschecho" herabgewürdigten
Feind. Da ihr eigenes Leben nichts wert zu sein schien, war das Leben
ihrer Feinde, die ihre Kameraden töteten und oft genug dabei genauso
sadistisch zu Werke gingen, noch weniger wert.[13]

Aslan Maschadow hatte als vormaliger sowjetischer Artillerieoffizier
für Dudajew seit 1992 die tschetschenischen Streitkräfte aufgebaut.
Im Dezember 1994 gelang es ihm als Verteidigungsminister, einen russischen Großangriff zurückzuschlagen. Er organisierte auch im Januar
1995 den taktischen Rückzug aus Grosny in die Berge und die Rückeroberung der Stadt im August 1996. Als Anhänger einer Verhandlungs-
lösung schloß er mit Alexander Lebed, damals Sicherheitsberater des
Kreml, eine grundsätzliche Vereinbarung zur Konfliktbeilegung, dem im
November 1996 ein Abkommen zum russischen Truppenabzug folgte,
das Ministerpräsident Tschernomyrdin unterschrieb. Der erste Krieg, der
auf tschetschenischer Seite mindestens 80.000 Tote gekostet und fast die
ganze Infrastruktur der Republik verwüstet hatte, war damit zu Ende.
Die Reputation Jelzins und der russischen Armee, die unterschiedliche
Angaben über ihre Verluste machte (ca. 10.000 Mann dürften gefallen
sein), waren gleichfalls ruiniert. Der russische Rückzug führte jedoch
nicht, wie befürchtet, zu einem Blutbad an den einheimischen Russen
oder an Kollaborateuren mit den Besatzern.[14] Die tschetschenische Seite
hielt sich an dieses Versprechen, während umgekehrt die russische ihre
Zusage, den künftigen Status Tschetscheniens binnen fünf Jahren, also
bis 2001, auf dem Verhandlungswege zu lösen, bekanntlich nicht ein-
hielt.

Die Zwischenkriegszeit (1997–1999)

Der Weltkriegsspruch „Genießt den Krieg, der Friede wird fürchterlich"
gewann unvermutet neue Gültigkeit. „Niemand", so Anne Matreev vom
Royal Institute for International Affairs, „hatte sich jemals vorgestellt,
daß die Nachkriegssituation so furchtbar werden würde"[15].Tschetsche-
nien entwickelte sich rasch zum gescheiterten Staat, zu einem rechtlosen
„schwarzen Loch"[16]. Nicht nur sah das Land nie auch nur eine Ko-

peke der vertraglich zugesicherten Wiederaufbauhilfe. In Ermangelung produktiver Alternativen nahmen schwerbewaffnete arbeitslose junge Männer, meist bis vor kurzem noch Milizionäre, ein historisches Hobby (das bis zum 19. Jahrhundert auch in Zentralasien gepflogen worden war) wieder auf, nämlich Russen (auch in Rußland selbst) gegen Lösegeld zu entführen. Folterszenen auf Videos (die vom Abtrennen kleinerer Körperteile bis hin zur Ermordung reichten) verliehen dem Ganzen dann den entsprechenden Nachdruck. Die Regierung in Grosny hatte keinerlei Autorität jenseits der Stadtgrenzen. Schulen, Gerichte und Krankenhäuser, oft genug im Krieg zerstört oder schwer beschädigt, funktionierten nicht mehr. Das Land selbst wurde von 18 Feldkommandanten, ihren Klans und Milizen beherrscht, die, ähnlich wie die chinesischen *warlords* der dortigen Zwischenkriegszeit, dem traditionellen Banditentum frönten und sich mittels Schmuggel, Geiselnahmen und Waffenhandel finanzierten.

Der mit Abstand mächtigste und brutalste dieser *warlords* war der bereits angesprochene berüchtigte islamistische Terrorist Schamil Bassajew, ein 1965 geborener studierter Agraringenieur. Bassajews Ziel war die Schaffung einer Islamischen Republik im Nordkaukasus, selbstverständlich unter dem Einschluß Dagestans. Zu diesem Zweck verbündete er sich mit einem hochrangigen Gefolgsmann Osama bin Ladens, der sich in Afghanistan gegen die Sowjets als Terrorführer bewährte. Gemeint ist der Saudi (gelegentlich auch als Jordanier bezeichnet) Amir al-Chattab. Chattab führte nunmehr Bassajew eine internationalistische Terrorbrigade, bestehend hauptsächlich aus Usbeken, Türken und Arabern, sowie einen Millionenfonds an saudischen, Golf- und pakistanischen Geldern zu, die Osama ihm bewilligte. Später präsentierte das russische Militär als Evidenz des unbestreitbaren Engagements von al-Qaida in Tschetschenien unter anderem die Leichen zweier Terroristen mit deutschen Pässen in Chattabs Sold, eines Tunesiers und eines Türken – zwei offenkundig gescheiterte Integrationskarrieren „mit Migrationshintergrund".

In seiner Verzweiflung versuchte Maschadow, Bassajew zu kooptieren. Er machte ihn sogar ausgerechnet zu seinem Ministerpräsidenten. Schamil Bassajew – in wessen Sold er auch zu jenem Zeitpunkt stehen mochte – war jedoch nicht der Mann, sich irgendwem und schon gar nicht Maschadow unterzuordnen. Öffentlich brach er schon im September 1998 wieder mit Maschadow. Damals schien er mit Vizepräsident Arsanow (einer ebenfalls undurchsichtigen Gestalt aus dem Geiselhandel) und Terrorführer Radujew sogar einen Staatsstreich geplant zu haben.[17]

Dessen ungeachtet hatte schon im Februar 1999 der eigentlich als laizistisch geltende Maschadow – ohne Konsultation des Parlaments – einen streng islamistischen Staat mit der Scharia als Verfassungsgrundlage angekündigt.[18] Dies entsprach schon lange der Forderung des Rates der

Feldkommandanten, der sich selbst als eine dem Parlament und dem Präsidenten übergeordnete Institution, als eine *schura*, eines Ältestenrats für die Außen- und Sicherheitspolitik im umfassendsten Sinn, sah.

Empirisch läßt sich die tatsächliche Unterstützung für ein islamistisches Tschetschenien für das Jahr 1997 anhand des Wahlergebnisses für den gescheiterten, einzig islamistischen Kandidaten Bassajew genau nachvollziehen. Es waren 120.000 Stimmen, ein Fünftel der Stimmbürger. 80 % waren dagegen.

Trotz dieses Versuchs eines Befreiungsschlags einer neuerlichen Integration der radikalen Islamisten setzte sich im realen Leben die Anarchie fort. Nach 1996 hatten die Feldkommandanten in ihrer Klanheimat mehr oder minder als Raubritter kriminelle Fürstentümer errichtet. Besonders aktiv im millionenschweren Geiselgeschäft waren die Wahhabiten, darunter der Klan der Achmatow, der die Islamistenhochburg Urus-Martan kontrollierte, und Arbi Barajew, der über gute FSB-Beziehungen verfügte und dessen Neffe die Geiselnahme im Moskauer Dubrowka-Theater anführte.[19] Die Geiselindustrie war wie ein Sklavenmarkt organisiert. Regelmäßig waren an bestimmten Plätzen in Grosny Namenslisten mit frischen Opfern zur Auslösung öffentlich angeschlagen.

Alles dies half natürlich nicht, die internationale Anerkennung des unabhängigen Tschetscheniens zu fördern. Außer den Taliban in Afghanistan – dank der diplomatischen Finesse Chattabs und Osama bin Ladens – hatte kein Staat der Welt seine Unabhängigkeit anerkannt. Weder Aserbaidschan noch Georgien, noch die Türkei, der Iran, Saudi-Arabien oder die Golfstaaten, die sich mehr oder minder diskret in islamischer oder antirussischer Solidarität im ersten Krieg geübt hatten, waren angesichts der verheerenden Reputation Tschetscheniens dazu bereit.

Da die ausländischen Helfer der Nichtregierungsorganisationen (NROs) mit Lösegeldmöglichkeiten zwischen $ 30.000 bis $ 300.000 besonders lukrative Entführungsobjekte abgaben, zogen sich die meisten, darunter so reputierliche wie Amnesty International und Human Rights Watch, angesichts der akuten Gefährdungen und ersten Mordserien aus Tschetschenien zurück. Inwieweit jene Terrorkampagnen auf die schon 1994 einsetzenden systematischen Destabilisierungsversuche und die Einschleusung von FSB-Kommandos gegen unerwünschte Ausländer zurückzuführen sind oder gleichsam urwüchsig in der einheimischen xenophoben Tradition des Banditentums begründet sind, wird sich mutmaßlich nie eindeutig klären lassen.

Im April 1995 hatte die OSZE ein Büro in Grosny eröffnet. Es hatte das Mandat, die Menschenrechtslage zu stärken und Verletzungen zu untersuchen. Es hatte auch einen mitentscheidenden Anteil an der Schließung des Waffenstillstands im Spätsommer 1996.[20] Aus Sicherheitsgründen wurde das Büro im Dezember 1998 nach Moskau verlegt, wo es verständlicherweise ziemlich nutzlos war. Erst 2001, nachdem die heiße Phase des zweiten Krieges vorüber war, durfte es nach Tschetschenien zurückkehren, allerdings nur nach Snamenskoje am Terek, im sicheren nordwestlichen Zipfel der Republik. Am 31. Dezember 2002 schließlich setzte der russische Außenminister Iwanow die Schließung des Büros durch. Das Thema wurde medial und politisch abgehakt. Internationale Beobachter, ob Diplomaten, Nichtregierungsvertreter oder Journalisten, waren dank strenger Kontrollen und Sanktionen so gut wie nicht länger präsent.

Der zweite Tschetschenienkrieg (1999–2002)

Nach der ungeklärt gebliebenen Bombenserie in den russischen und dagestanischen Städten auf Wohnhäuser mit 300 Toten veranstalteten Bassajew und Chattab im September 1999 ihre bereits angesprochene, militärisch völlig sinnlose „Invasion" Dagestans, wo sie mit einigen Hundertschaften islamistischer Fanatiker vor den Augen einer russischen Militärbasis einige Dörfer in Grenznähe besetzten. Litwinenko behauptet, daß der FSB der Drahtzieher dieser kriegsauslösenden Provokation ist. Andere glauben, der Oligarch Beresowski, der damals noch Putin förderte und als stellvertretender Chef des Sicherheitsrates Gelder an die tschetschenische Unterwelt verteilte, habe sie bezahlt.[21] Auch Osama bin Laden taucht auf der Liste der Verdächtigen auf.[22] Fest steht lediglich, daß die Aktion Moskau zeitlich sehr zupaß kam. Generalstabchef Kwaschnin hatte schon lange die Befreiung Tschetscheniens von dem Regime, wie er es nannte, „mittelalterlicher Banditen und Mörder" gefordert.[23] Auch Innenminister Kulikow hatte aus Zorn über Bassajews Ausgabe tschetschenischer Pässe schon im Januar 1998 die Bombardierung Grosnys verlangt.[24] Jelzin war damals noch unschlüssig.

Doch im November 1999 hatte Ruslan Auchew, der Präsident Inguschetiens, den Eindruck, die zweite Tschetschenienkampagne sei schon lange geplant gewesen.[25] Am 20. September 1999 ließ Putin massiert Truppen an den Republikgrenzen aufmarschieren und sie durch einen „Sicherheitsgürtel" abriegeln. Am 23. September befahl er die Bombardierung Grosnys zur „Terrorbekämpfung". Dazu forderte er die Auslieferung Bassajews und anderer – wohlweislich ungenannter – für die Bomben in Rußland und Dagestan Verantwortlicher, wohlwissend, daß Maschadow auf Bassajew keinerlei Zugriffsmöglichkeit hatte. Bei den Luftangriffen wurden vor allem der Flughafen und später die Raffinerien zerstört. Am 21. Oktober töteten Splitterbomben auf dem Marktplatz Hunderte.

Dagegen blieb das Ausbildungslager, das Chattab 45 km östlich Grosnys in einem ehemaligen Komsomol-Kinderland betrieb, unbehelligt.

Dort wurden jeweils mehreren hundert internationalen Dschihadisten
in Quartalskursen eine infanteristische und artilleristische Grundaus-
bildung verpaßt. Zentralasiaten, Türken, Araber, Pakistanis, Afghanen
und Bosnier durchliefen jene – dem FSB bestens bekannte – mit sau-
dischem Geld bezahlte Terrorakademie. Ihre Rekruten beeindruckten
die Einheimischen durch gute Kleidung, teure Geländewagen und Taschen voller Dollar.[26]

Jene Bombenangriffe nährten zumindest anfangs die Illusion, das russische Militär wolle nur den NATO-Bombenkrieg gegen Serbien imitieren. Doch rückten ab dem 30. September 30.000 Mann Bodentruppen
in das stark russifizierte Flachland nördlich des Terek ein. Dabei wurde
fürs Fernsehen ein Rührstück vorgeführt. Offiziere baten mit ausge-
suchter Höflichkeit die Dorfältesten um die kampflose Übergabe ihrer
Dörfer, die diesem Wunsch prompt freudig entsprachen. Südlich des
Terek war der Widerstand wesentlich härter. Anfang Dezember 1999
erging an die 40.000 verbliebenen Einwohner Grosnys das Ultimatum,
die Stadt entweder zu übergeben oder ihre totale Zerstörung zu erleiden.
Ihnen wurde befohlen, bis zum 11. Dezember – mitten im Winter ohne
Transportmittel und unter Dauerbombardement – die Stadt zu verlassen. Drei Tage später war die Stadt nach schweren Kämpfen am Bamut
eingekesselt und wurde dann systematisch Viertel um Viertel mit Artil-
leriebeschuß und Bombenangriffen dem Erdboden gleichgemacht. Am
6. Februar war die Situation für die Verteidiger so aussichtslos geworden, daß sie das ausgebrannte Trümmerfeld räumten. Die Russen hatten
zuvor die wahrscheinlichen Fluchtwege so stark vermint, daß Hunderte
beim Rückzug in die Berge starben.

Mitte Dezember 1999 war die Islamistenhochburg Urus-Martan gefallen. In Argun, der drittgrößten Stadt Tschetscheniens, die mit Artille-
rie und Raketen zusammengeschossen wurde, flüchteten die Rebellen in
die Berge. Gudermes, die zweitgrößte Stadt, fiel kampflos, als Achmed
Kadyrow, der als Mufti Tschetscheniens 1994 noch den heiligen Krieg
gegen die Russen ausgerufen hatte, nach einem Zerwürfnis mit Maschadow mit seinem Klan, der die Stadt beherrschte, die Seiten wechselte.
Nach einem letzten konventionellen Gefecht bei Komsomolskoje, das
mehrere Hundert Tote forderte, begann im März 2000 ein zweijähriger
auf beiden Seiten mit großer Grausamkeit geführter Guerillakrieg. Nur
war diesmal dank einer fast lückenlosen Zensur die Öffentlichkeit weitgehend ausgeschlossen. Auch hatten die Tschetschenen ihre früheren
Sympathien als unerschrockene Freiheitshelden bei der russischen und
Weltöffentlichkeit dank des Chaos und der Gesetzlosigkeit der Zwischenkriegszeit gründlich verspielt. Damit war das Medieninteresse
geringer und Berichte von Auslandskorrespondenten nur unter großen
Gefahren und Schwierigkeiten möglich. Ein russischer Reporter für Radio Free Europe wurde aus einem Filtrationslager, wo er seinem sicheren

Ende entgegensah, nur aufgrund massiven internationalen Drucks nach Wochen der Entführung entlassen.

Gegen russische Militärfahrzeuge wurden Minen gezündet, Militärzüge und Speznaz-Kasernen beschossen, nachts russische Straßenposten und tschetschenische Kollaborateure umgebracht und gelegentlich Armeehubschrauber abgeschossen. Bei einem solchen Abschuß kamen auch zwei Generäle ums Leben.

Die russischen Truppen bekämpften die Partisanen mit Hubschraubern sowie Tieffliegern im Gelände, durch die ständige Abriegelung und Durchkämmung (*zachistki*) der Dörfer und die wahllose Verhaftung der meisten Männer zwischen 15 und 55 Jahren bei Razzien oder an den unzähligen Straßensperren. Dort wurden sie, meist gefesselt, in übermannstiefe Erdlöcher (*zindan*) geworfen, dann entweder sofort erschossen oder in Filtrationslager unter Kontrolle des FSB gebracht, wo man sie zumeist entweder nach Folter ermordet oder nach rechtzeitigem Lösegeld halbtot auslösen konnte. Diese Art der Kriegführung war (und ist) außerordentlich einträglich. Bei den Hausdurchsuchungen nahmen die Soldaten – die selten ihren Sold oder Verpflegung erhielten – alles mit, was nicht niet- und nagelfest war: Hühner, Alkohol, Teppiche, Möbel, Fernseher. Bei den Straßensperren mußte zum Passieren regelmäßig Bakschisch gezahlt werden. Als Lösegeld galt für Gefangene des militärischen Geheimdienstes GRU $ 10.000 als Faustregel.[27]

Der Krieg wurde wieder als Eroberungsfeldzug geführt mit dem eindeutigen Ziel, nicht etwa Verluste oder Zerstörungen zu minimieren, sondern mögliche Nachahmer der Unabhängigkeitsidee nachhaltig abzuschrecken. Deshalb wurde Tschetschenien während der Jahre 1999–2002 so gründlich wie möglich zerstört, die Bevölkerung dezimiert und ungestraft im großen Stil vergewaltigt, geplündert und gemordet. Auch der Europarat, dem Rußland auf dem Höhepunkt des ersten Tschetschenienkriegs 1996 beitreten konnte, kritisierte das Klima der Straffreiheit durch die Nichtverfolgung der vom Militär an russischen Staatsbürgern begangenen Verbrechen.[28] Von 8.000 dokumentierten Fällen führte nur ein knappes Dutzend zu Anklagen und zu recht milden Urteilen. Dabei fällt auf, daß die wenigen Verurteilten ausschließlich Soldaten waren. Einheiten des Innenministeriums, von GRU und FSB, die für die meisten der tausenden Fälle von „Verschwinden" und außergerichtlicher Hinrichtungen („das Urteil an Ort und Stelle vollstrecken") verantwortlich sind, sind nie betroffen.

Der berühmteste Fall ist der des Obersten Jurij Budanow, des Kommandeurs des 160. Panzerregiments. Er hatte betrunken einen nächtlichen Panzerbeschuß auf ein friedliches Dorf namens Tanghi Tschuh befohlen, einen Leutnant, der sich widersetzte, schwer mißhandelt und bei einer Hausdurchsuchung eine 18jährige entführt, sie in seinem Zelt vergewaltigt, geschlagen, erwürgt und schließlich am Morgen verscharren lassen. Diese Untat war seinem kommandierenden General zu Ohren gekommen, der Budanow dann verhören und verhaften ließ. Zunächst wollte die Militärjustiz den Obristen wegen vorübergehender Unzurechnungsfähigkeit laufen lassen. Nachdem der Fall internationale Aufmerksamkeit erregt hatte, wurde Budanow im Juli 2003 schließlich doch noch degradiert und zu zehn Jahren Straflager verurteilt.

Typischer war der Fall des Generaloberst Alexander Barasow, der gefilmt wurde, als er im Februar 2000 die Erschießung eines Verhafteten anordnete. Ein halbes Jahr später wurde er als „Held Rußlands" ausgezeichnet und im Juli 2004 zum Kommandeur des nordkaukasischen Militärdistrikts befördert. Auch General Schamanow war bekannt dafür, daß er üblicherweise Dörfer zuerst abriegeln ließ, damit beim folgenden Beschuß niemand entkommen konnte.[29] Später wurde er als „Kriegsheld" zum Gouverneur von Uljanowsk gewählt und von Putin in dieser Funktion bestätigt.

In öffentlichen Stellungnahmen und Tagesbefehlen hetzen die Generäle ihre Soldaten auf. General Troschew, Oberkommandeur der Streitkräfte des Nordkaukasus, forderte öffentliche Hinrichtungen und den qualvollen Tod von Terroristen. General Kasantsew befahl, alle Männer zwischen 10 (!) und 60 Jahren seien in Filtrationslager zu stecken.[30] Oft waren dies völlig unschuldige Tschetschenen, die nur zum falschen Zeitpunkt am falschen Ort waren. Wer nicht rechtzeitig ausgelöst wurde und dennoch wider Erwarten die Folter lebend überstand, dem wurde in Wladikawkas nach der „Nachbehandlung" in der dortigen FSB-Zentrale nach erzwungenen Geständnissen mit falschen Zeugen und untergeschobenen Drogen und/oder Waffen ein Geheimprozeß gemacht. Am Ende eines derartigen Prozesses steht dann häufig mindestens ein Jahrzehnt Straflager, in dem nicht selten dafür gesorgt wird, daß die Tschetschenen von anderen Kriminellen liquidiert werden.[31]

Die russische Kriegführung entspricht ihrer traditionellen Militärkultur. Sie wird mit dem Terminus *besredel* (ohne Grenzen) beschrieben, als einer Ausnahmesituation, in der alle Ausschreitungen und Grausamkeiten zulässig sind[32]. Dazu zählt, keine Gefangenen zu machen (es ist sicherer, sie zu liquidieren, als sie unter Bewachung zu transportieren), tote Feinde zu verstümmeln und Rache an Wehrlosen für verwundete, gefallene oder ermordete Kameraden zu nehmen. Dabei werden Gefangene zum Beispiel aus Hubschraubern so geworfen, daß sie nicht sofort tot sind, sondern noch qualvoll sterben müssen, oder zwischen zwei Panzer gekettet und dann zerrissen werden. Als Stehsatz gilt dabei: Da Tschetschenen nicht erzogen werden können, muß man sie umbringen, und da das Leben der russischen Wehrpflichtigen nichts zählt, zählt das Leben der Tschetschenen noch weniger.[33]

Zwischen dem Militär und dem Innenministerium bzw. den Geheimdiensten galt als Prinzip, daß das Militär das Territorium erobert und die Spezialeinheiten des Innenministeriums und der Dienste es zu halten und zu säubern hatten. Dabei ist OMON, dessen Wostok-(Osten)Bataillon sich durch besondere Grausamkeit auszeichnete, eigentlich für das Niederschlagen von Aufständen ausgebildet und SOBR für den Kampf gegen das organisierte Verbrechen. Für alle war die Aussicht auf Beförderungen, Zulagen, Geld und Beute das Hauptmotiv, sich nach Tschetschenien zu melden. Auch wurden im zweiten Tschetschenienkrieg keine unausgebildeten Rekruten mehr verwendet, sondern Wehrpflichtige im zweiten Jahr oder Zeitsoldaten, die sich wiederverpflichtet oder den Wehrdienst freiwillig verlängert haben. Das verringerte auch den Ärger mit den Soldatenmüttern.

Im zweiten Krieg dürften einmal mehr bis zu 80.000 Tschetschenen umgekommen sein. Ruslan Chaslabulatow, der tschetschenische Ex-Präsident der russischen Duma, nannte dies einen „praktischen Völkermord".[34] 300.000 bis 400.000 von 1,1 Millionen Einwohnern flüchteten aus der Republik. Auf russischer Seite fielen nach offiziellen Angaben, die widersprüchlich sind, zwischen 1.600 und 5.600 Mann. Laut den Soldatenmüttern waren es jedoch 11.000; eine Zahl, die Unfälle, „Selbstmorde" und spurlos Verschwundene miteinschließt.

Obwohl Maschadow stets seine Bereitschaft zu Verhandlungen ohne Vorbehalte bekundet und Ruslan Auschew, damals noch Präsident von Inguschetien, seine Vermittlungsdienste wiederholt angeboten hatte, lehnte Putin jegliche Verhandlungen mit dem zur Unperson erklärten Maschadow und der tschetschenischen Führung als „Terroristen" ab. Passend eine Woche vor den Präsidentschaftswahlen im März 2000 erklärte Putin den Krieg für siegreich beendet und ernannte den Mufti Achmed Kadyrow im Juni 2000 zum Chef der neuen Übergangsregierung in Grosny. Während der nächsten Monate traute sich Kadyrow jedoch kaum aus seinen befestigten Verstecken in Gudermes.

Die Tschetschenisierung des Bürgerkriegs

Um das „Marionettenregime" (Chasbulatow) von Kadyrow zu legitimieren, kündigte Putin einen Truppenabzug und Finanzhilfen von $ 530 Millionen für den Wiederaufbau an. Gleichzeitig wurde das Oberkommando über alle Sicherheitsoperationen dem FSB übertragen. Tschetschenien blieb weiter Sperrgebiet für Auslandskorrespondenten. Für russische Medien wurde die Zensur ohnehin landesweit nach Putins Antritt verschärft. In Rußland wurde der zweite Krieg – im Gegensatz zum ersten – als verdientes, gewaltsames Ende für den tschetschenischen Terrorismus bejaht. Das internationale Interesse begann ohnehin mit dem Abflauen der konventionellen Gefechte ab Frühjahr 2000 gegen Null zu tendieren. Niemand forderte Putin mehr zu Verhandlungen mit Maschadow, dem weiter legitimen, demokratisch gewählten Präsidenten des Landes, auf.[35]

Kadyrow baute nun mit russischem Geld und Drohungen – die Entführungen einer Vielzahl von Verwandten eines Klanchefs waren ein probates Mittel, einen Klan zum Seitenwechsel zu zwingen – seine Privatarmee von zunächst 5.000 Mann durch seinen Sohn Raslan später auf mehrere zehntausend auf, die auf russischer Seite, die offiziell 30.000 Mann stark war, kämpfte und plünderte.

Die tschetschenische Armee Maschadows hatte 1999 zu Beginn der Kämpfe ursprünglich 25.000 Mann umfaßt. Sie wurde nach Ende der konventionellen Phase noch auf 5.000 Kämpfer geschätzt. Zwei Jahre später waren noch rund 1.500 Partisanen hauptsächlich in den Bergen aktiv. Es gelangen ihnen zwar noch die üblichen Morde, Minenattentate, Entführungen und nächtlichen Feuerüberfälle sowie gelegentliche Hubschrauberabschüsse und im Dezember 2002 die Sprengung des Regierungsgebäudes der Kollaborationsregierung in Grosny, doch wurden schwere Kämpfe zunehmend rarer.[36] Mitte 2003 wurden pro Woche nur noch 10–15 russische Soldaten getötet.[37]

Da ließ Putin Kadyrow im März 2003 ein Referendum zur Zugehörigkeit Tschetscheniens zur Russischen Föderation – einschließlich nominell weitreichender Autonomierechte wie einer eigenen Armee – abhalten, mit der Vorgabe, ein „schönes sowjetisches Ergebnis" abzuliefern.[38] Mit den üblichen Methoden wurde dann mit 90 % Wahlbeteiligung eine Zustimmungsrate von 96 % produziert. Englands Premier Tony Blair entblödete sich nicht, die Wahlen zu loben. Auch für Bush, der gerade zur Befreiung des Iraks angetreten war, war Tschetschenien kein Thema, zumal Putin genauso wie er seit dem 11. September 2001 gegen die Taliban zu kämpfen vorgab.

Die Tschetschenisierung des Krieges funktionierte so gut, daß Achmed Kadyrow einigen Leuten zu erfolgreich wurde. Offiziell wurde er anläßlich der Siegesfeiern vom 9. Mai 2004 im Stadion von Grosny durch eine von den Rebellen eingeschmuggelte Bombe ins Jenseits befördert. Stets gibt Rußland bei solchen Gelegenheiten mindestens eine alternative Lesart, die eine noch höhere Plausibilität (ohne deshalb je beweisbar zu sein) vorweist: Die örtliche russische Generalität sah durch den Erfolg der kadyrowschen Banden ihre eigene lukrative Präsenz im Lande (von großzügigen Zulagen, schnellen Beförderungen, Kriegsorden bis hin zu den Erträgen aus Drogen-, Öl-, Waffenschmuggel und Menschenhandel) so gefährdet, daß sie sich durch eine geeignete Destabilisierung der Lage eine Verlängerung ihrer Tätigkeit versprach. Wie dem auch immer gewesen sein mag, es wurden bald nach dem Anschlag die Generäle Kwanschnin, Kazantsew und Troschew, die sich Putins Tschetschenisierungskonzept am stärksten widersetzt hatten, unzeremoniell kollektiv ihrer Posten enthoben. Putin ernannte nun den seitherigen Innenminister Alu Alchanow zum neuen Präsidenten, Sergej Abramow zum Premierminister und Achmeds Sohn, den damals 28jährigen Ramsan Kadyrow, zu seinem Stellvertreter.

Wie immer im postsowjetischen Raum mußte auch bei den 2005 fälligen regionalen Parlamentswahlen die demokratische Form gewahrt bleiben. Als zunehmend starker Mann der Republik verlangte Kadyrow als Vorbedingung für die Zulassung der Parteienlisten die Berücksichtigung seiner Vertrauensleute auf den vorderen Plätzen. Im Ergebnis wurde dann die Wahlbeteiligung um 10 % erhöht – auch um die stark gesunkene Bevölkerungszahl zu beschönigen. Die Kreml-Liste „Vereinigtes Rußland", der er selbst vorstand, gewann erwartungsgemäß mit 61 %. Die Kommunisten folgten als Rentnerpartei mit 12 % und die eher bürgerliche „Union der rechten Kräfte" von Anatoli Tschubais mit 11 %. Die Partei von Tschubais gewann ihre Attraktion durch die Funktion ihres Beherrschers als Chef der allrussischen Elektrizitätswerke, von der sich die Wähler die Wiederherstellung ihres vor einem Jahrzehnt zerstörten Stromnetzes erhofften. Offenkundig war der Pragmatismus – das Ziel des Wiederaufbaus des kriegsmüden Landes mit der Hilfe Moskaus – ein wichtiges Motiv der Wähler.

Im Februar 2007 wurde Ramsan Kadyrow 30 und damit alt genug, selbst Präsident zu werden. Schon im Jahr zuvor war Premier Sergej Abramow jenem allzu häufigen Schicksal zum Opfer gefallen, nach einem Machtkampf mit seinem Stellvertreter auf der Moskauer Ringautobahn von einem LKW in seinem Dienstwagen überrollt zu werden. Kadyrow trat darauf ungerührt seine Nachfolge als Premier an. Mutmaßlich um Alcharow ein ähnliches Schicksal zu ersparen, ernannte Putin ihn zu einem der stellvertretenden Justizminister Rußlands und Kadyrow zum neuen Präsidenten. Seine „Kadyrowsky" hatten die meisten rivalisierten Klanchefs in blutigen Kämpfen ausgeschaltet und kontrollierten nun unangefochten die Unter- und Zwischenwelt Tschetscheniens.[39] Kadyrows Talente sind offenkundig größer als die eines dem Vernehmen nach auch eigenhändig Folternden und Mordenden.[40] Seine Finanzierungsquellen sind nicht nur die Fonds Moskaus und die eingetriebenen „Sonderopfer" der Bevölkerung für den Wiederaufbau Grosnys, von dem das Zentrum und einige Straßenzüge nach einem Besuch Putins tatsächlich wiedererstanden sind, sondern auch die Kontrolle der Wochenmärkte und Bazare in den benachbarten Republiken und des für Tschetschenien lukrativen Ölgeschäfts. Neben dem Transit der Pipeline Machatschkala–Grosny–Noworossijsk wird aus 1.500 Ölquellen im Lande gefördert. Legal sind es 1 Million Tonnen. Illegal noch einmal mindestens 0,5 Millionen Tonnen. Das Rohöl wird in Hinterhofwerkstätten zu billigem niedrigoktanigen Benzin raffiniert und im ganzen Nordkaukasus und im Bezirk Stawropol in 5l Gefäßen vom Straßenrand weg erfolgreich verkauft.[41] Dazu kommen natürlich die üblichen Einahmen durch Anteile an Bauinvestitionen, Straßensperren, Altmetallschiebereien, Plünderungen und dem klassischen Lösegeldgeschäft.

Im März 2005 wurde der mit seinen Verhandlungsofferten abgewiesene und vom Westen verlassene Maschadow von einer russischen Rakete beim Telefonieren getroffen. Sein Tod markierte das Ende der gemäßigt-laizistischen, tendenziell prowestlichen Untergrundbewegung. Nun übernahm der islamistische Widerstand die Macht. Von den verbliebenen Feldkommandanten wurde der bisherige oberste Scharia-Richter Abdel Schalim Sajdulajew, ein Gefolgsmann Bassajews, zum neuen Untergrundpräsidenten gewählt. Sajdulajew ernannte prompt Bassajew zu seinem Stellvertreter. Dieser wurde dann ein Jahr später im Juli 2006 unter nicht ganz eindeutigen Umständen getötet, eine dubiose Figur von kaltblütiger Ruchlosigkeit, zu jedweder Grausamkeit fähig und gleichzeitig ein brillanter Selbstvermarkter mit asketisch-heroischer Pose. Wie der französische Philosoph André Glucksmann wahrscheinlich zu recht bemerkte, war Bassajew ein von Moskau aufgebauter Terrorist, den es auf seiner blutigen Spur von Budjonowsk bis Dagestan stets verschont hatte.[42] 2006 hatte er seine Schuldigkeit getan. Er war nicht länger nützlich und wußte ohnehin viel zu viel. Es blieben als Hauptakteure in Tschetschenien der islamistische Untergrund und das Regime des Kadyrow. Es steht außer Frage, daß auch der Kollaborateur Kadyrow ein tschetschenischer Nationalist ist und seine russischen Meister haßt. Taktisch sieht er seinen Machterhalt zunächst – bis auf weiteres – noch an ihrer Seite. Die Islamisten sucht er durch die Einführung von Scharia-Gesetzen zu unterlaufen: durch Kopftuchzwang, Alkohol- und Glücksspielverbote und die Erlaubnis zur Vielweiberei. Keine Frage auch, daß sich der Kreml irgendwelcher Illusionen über die Loyalität und moralischen Qualitäten seines multikriminellen Schützlings hingibt. Offenkundig aber sieht er zu ihm weiter keine Alternativen. Einen Nachfolger aufzubauen, würde diesem und seiner Familie sicher nicht gut tun. Dabei ist die Lebenserwartung von Gewaltherrschern des Typus Kadyrow erfahrungsgemäß denkbar gering. So scheint das Schicksal Tschetscheniens – wie das des östlichen Kaukasus insgesamt – einmal mehr ob kurz oder lang wieder vor einer scheinbar unabweislichen Runde neuerlicher Instabilität und Gewalt zu stehen.

Tschetschenien und der Islamismus in Rußland

Tschetscheniens nationale Tragik ist weiter ungelöst: Ein Volk, das von Rußland abgelehnt und mit periodischem Völkermord überzogen wird (während der Zwangskollektivierung 1923, der Deportation 1944 und den beiden Tschetschenienkriegen wurde jeweils ein Viertel der Bevölkerung getötet. Das dürfte in Summe den Todesraten entsprechen, die im 20. Jahrhundert die Armenier und Juden erleiden mußten). Gleichzeitig lehnt Rußland es radikal ab, das ungeliebte Tschetschenien oder andere ähnlich unbeliebte Ostkaukasier aus seinem Staatsverband zu entlassen, zumal die Tschetschenen ihre Unfähigkeit zur Staatlichkeit zwischen 1996 und 1999 nur allzu anschaulich unter Beweis gestellt haben. Wenig spricht dafür, daß sie jetzt oder in näherer Zukunft zur Selbstregierung besser befähigt sein würden.

Die Analogie zum Kosovo drängt sich auf. Hier hat eine moralisierende westliche Staatengemeinschaft in Gestalt der NATO, die dem Wüten serbischer Milizen gegen Kroatien und Bosnien zuvor jahrelang teilnahmslos bis begünstigend zugesehen hatte, 1999 in einem Bombenkrieg einen faktischen Protektoratsstatus durch die VN und 2008 auch die formale Unabhängigkeit erzwungen, wobei die Kosovaren mit ihren Klanstrukturen und ihrer Gesetzlosigkeit erstaunliche Ähnlichkeiten mit den Tschetschenen aufweisen. Während diese im ersten Krieg, der als nicht zu Unrecht als Befreiungskampf gegen die russische Okkupation und als schmutziger Krieg Jelzins in den Medien dargestellt wurde, noch gewisse politische Sympathien im Westen genossen, die zur zeitweisen Einrichtung einer OSZE-Mission in Grosny bzw. Snamenskoje führten, krähte nach ihnen im zweiten Krieg kein Hahn mehr. Die Befreier des Kosovo von Colin Powell bis Gerhard Schröder erklärten den zweiten Tschetschenienkrieg zum Kampf gegen den Terrorismus. Erst recht taten dies Bush und Blair nach dem 11. September 2001 (zumal al-Quaida in Tschetschenien tatsächlich dank Bassajew und Chattab ihr Unwesen trieb und die Taliban als einzige „Regierung" der Welt die Unabhängigkeit anerkannt hatten).

Eine Lösung ist sicher nicht, die Tschetschenen in alle Welt zu zerstreuen, wo viele dann rastlos, umtriebig, schlecht ausgebildet, gewalttätig und damit kaum integrierbar im sozialen und kriminellen Bodensatz der Gesellschaften deklassiert bleiben. Allein nach Österreich strömten dank generöser Asylanerkennungen von 80 % in den letzten Jahren 15.000 Tschetschenen[43]; dies obwohl Kadyrow eine Amnestie für frühere Rebellenaktivitäten verkündet hat und die heiße Phase von Massenverfolgungen längst eher in normale Regierungskriminalität übergegangen ist. Die aktuelle Mordrate Tschetscheniens dürfte daher nicht länger wesentlich über denen Kolumbiens, Südafrikas oder Nigerias liegen. Seit 2005 kehrten die meisten Flüchtlinge aus Dagestan, Inguschetien und Georgien auch freiwillig wieder in ihre Heimat zurück.

Innerhalb Rußlands selbst wird angesichts der Dominanz der Tschetschenen und anderer Kaukasier auf den Bazaren und nach häufigen Schlägereien mit Todesfolge bei spontanen Demonstrationen von Karelien bis Rostow die Deportation der „schwarzen" Migranten gefordert. Sie werden als „fremdethnisch-kriminelle" Gruppe angesehen, die sich der traditionellen Lebenswelt und der russisch-orthodoxen Leitkultur partout nicht anpassen will.[44] Russische Nationalisten fordern deshalb die Schaffung einer eigenen Russischen Republik innerhalb der Föderation, durch die Einwanderungskontrollen und wirksame Ausweisungen in jenem Teil des gemeinsamen Staatsgebiets erst möglich würden. Der Nordkaukasus wird also weiter unruhig bleiben. Rußland hat keine klare Linie und keine langfristige Strategie für die Region – außer, wie gehabt, kurzfristige, meist gewalttätige Reaktionen auf akute Krisen. Dimitri Kozak als Sonderbeauftragter Putins für den Nordkaukasus will ein langfristiges Entwicklungsprogramm für die Region, das jedoch wegen der unkorrigierbaren Korruption der örtlichen Machthaber von Moskau selbst durchgeführt werden sollte. Auch sollten örtliche Verwaltungen und Potentaten angesichts ihrer mafiosen und Klanverflechtungen bei Amtsmißbrauch umstandslos durch ihn abgelöst werden können. Solchen Vorstellungen haben die Republiken lautstark widersprochen. Auch bei den russischen Sicherheitsagenturen finden Kozaks Pläne keinen Rückhalt. Sie haben ein klares Interesse, die ständige terroristische Bedrohung zu schüren, um ihre lukrative Präsenz zu rechtfertigen. Dies machen sie, indem sie – wie in Kabardino-Balkarien im Oktober 2005 erfolgreich exerziert – lokale islamische Würdenträger so lange entwürdigend malträtieren, bis es zu einem örtlichen Aufstand kommt, der niedergeschlagen werden muß und die Terrorgefahr dokumentiert.

Bislang ist der nordkaukasische Salafismus erst eine regionale Bewegung, die sich um die Verbesserung der örtlichen Bedingungen und die Überwindung der Klan- und ethnischen Differenzen unter islamistischen Vorzeichen bemüht. Für die jüngere Generation scheint es im Kaukasus wenig ideologische Alternativen zu geben, die sie angesichts des sozialen Elends und der moralischen Korruption der örtlichen Eliten suchen. Von Moskau abgelehnt, vom Westen im Stich gelassen und mit nationalistischen Konzepten gescheitert, scheint ihnen der Salafismus ein moralisch überlegenes Konzept zu offerieren, das die ethnischen Spaltungen und rechtlosen Gewalttätigkeiten der Region zu überwinden verspricht. Ihre massive Unterdrückung durch das russische Militär, den Geheimdienst und die weitere Verweigerung jeglichen Dialogs durch die Behörden könnten die Region weiter in die auch nach dem Tod von Bassajew und Chattab weiter bestehende Verstrickung in den internationalen islamistischen Terrorismus treiben. So könnte der Nordkaukasus zu einer der Kampffronten des Welt-Dschihads gegen Rußland und die westliche Zivilisation werden.[45] In al-Qaidas strategischer Planung ist der „befreite" Kaukasus nicht nur das logistische Hinterland für internationalistische Dschihadisten für den gesamten arabischen Raum, so Osamas Stellvertreter al-Zawahiri[46], sondern auch für Aktivitäten unter den 24 Millionen Muslimen in Zentralrußland, vor allem in Tatarstan und Baschkortostan mit ihren islamischen Titularnationen.

Beide sind reiche Republiken. Zwischen Ural und Wolga gelegen, haben sie je vier Millionen Einwohner und werden von zwei Alt-Apparatschiks als Präsidenten autoritär regiert. Baschkortostan seit 1993

von Murtasa Rachimow (74), einem früheren Raffineriedirektor, und
Tatarstan seit 1991 von Mintimer Schaimijew (71), der jedoch schon
1985 Vorsitzender des Ministerrats der tatarischen ASSR war. Für ihre
Loyalität zum Kreml und die Unterdrückung jeglicher Unabhängigkeitsbewegung erhielten sie von Jelzin 1994 weitgehende Autonomierechte
und Wirtschaftsprivilegien zugestanden. Baschkotostan etwa durfte sich
„souveräner Staat" nennen, mit eigener Flagge und dem Recht, internationale Verträge abzuschließen. Putin schränkte die absolute Macht
jener „orientalischen Sultane"[47] etwas ein, indem er ihnen mehr Steuern
abnahm und die Kontrolle über die Polizei, die Gerichte und die Staatsanwälte entzog, die die beiden Präsidenten bislang persönlich übernommen hatten. Er verlängerte jedoch stets ihre ohnehin schon langen Amtszeiten. Der Wohlstand jener Regionen mit ihren Öl- und Erdgasquellen,
an denen einheimische Firmen wie Tatneft partizipieren, sowie die ausgedehnten Raffinerien und die Petrochemie von Baschkortostan und die
großen LKW- und Flugzeugwerken von Tatarstan scheinen bislang eine
starke Infiltration islamistischer Militanz verhindert zu haben. Doch ist
die wachsende Zahl islamistischer Bärte und Kopfbedeckungen im Stra-
ßenbild unübersehbar. In Kasan – 1552 von Iwan dem Schrecklichen als
erste nichtrussische Stadt erobert – entstand 2005 die größte Moschee
Europas.[48] Bei Mekka-Pilgerschaften kommen mehr und mehr in Kontakt mit dem saudischen Wahhabitismus. Radikale Koranschulen (Ma-
drassen), Hizb ut-Tahrir und die Moslemischen Bruderschaften wurden
verboten und zerschlagen. Der Obermufti Rußlands, Talgat Tadjuddin,
versucht als Mann Moskaus dagegen eher eine Allianz des militanten
Islam mit dem russischen Nationalismus gegen Amerika und den Zio-
nismus zu schmieden. 2003 rief er anläßlich der Irak-Invasion gar zum
heiligen Krieg gegen die USA und Großbritannien auf.[49] Zuletzt hatte es
einen solchen Aufruf 1941 gegen die Wehrmacht gegeben. Antiwestliche
Ideologen wie Viktor Filatow wollen ebenfalls eine Allianz des russischen Patriotismus mit dem islamischen Fundamentalismus als Barrieren
gegen den Westen.[50] Dem steht nicht nur die wachsende Islamophobie
der russischen Gesellschaft entgegen[51]. Für die Islamisten ist die aktuelle
Strategie, den Kreml nicht direkt herauszufordern, sondern die Muslime
in Untergrundstrukturen für den Salafismus zu missionieren und parallele Machtstrukturen und die Herrschaft der Scharia vorzubereiten,
aktuell taktisch wichtiger. Dann dürfte im Licht der demographischen
Gegenläufigkeit der rapide schrumpfenden russisch-orthodoxen Bevölkerung bei rapid wachsenden Muslimanteilen Alexander Solschenizyns
Vorhersage des Erstickungstods des schwindenden russischen Volkes in
einer wild wachsenden muslimischen Mehrheit[52] eines nicht allzu fernen
Tages Wahrheit werden. Die traurige Lehre des Nordkaukasus ist, daß
dieser Prozeß wohl nicht nur unumkehrbar, sondern auch nicht friedlich
ablaufen dürfte.

1 Frankfurter Allgemeine Zeitung, 9. August 2005.
2 Wiener Zeitung, 26. November 2005.
3 The Economist, 12. Februar 2005.
4 Frankfurter Allgemeine Zeitung, 4. September 2007.
5 Frankfurter Allgemeine Zeitung, 3. September 2007.
6 Anna Politkowskaja: La Russie selon Poutine, Paris 2005, S. 368.
7 Financial Times, 14. Januar 2008.
8 The Economist, 12. Februar 2005.
9 Wiener Zeitung, 26. November 2005.
10 Neue Zürcher Zeitung, 24. Oktober 2004.
11 Thierry Wolton: Le KGB au pouvoir, Paris 2008, S. 85.
12 Thomas de Waal: „Zwei Jahrhunderte Konflikt", in: Florian Hassel (Hg.): Der Krieg im Schatten. Rußland und Tschetschenien, Frankfurt/Main 2003, S. 25.
13 Arkadi Babtschenko: Die Farbe des Krieges, Berlin 2007.
14 Washington Post, 4. Dezember 1997.
15 Financial Times, 17. September 1999.
16 The Economist, 15. Januar 2005.
17 Frankfurter Allgemeine Zeitung, 30. September 1998.
18 Neue Zürcher Zeitung, 5. Februar 1999.
19 De Waal, op. cit., S. 29.
20 Miriam Kosmehl: „Tschetschenien und das internationale Recht", in: Hassel (Hg.), op. cit., S. 117.
21 Florian Hassel: „Der zweite Tschetschenienkrieg", in Hassel (Hg.), op. cit., S. 50.
22 The Economist, 1. November 2002.
23 Financial Times, 12. November 1999.
24 The Economist, 21. Januar 1998.
25 Interview mit Le Monde, 5. November 1999.
26 Florian Hassel: „Der zweite Tschetschenienkrieg", in: Hassel (Hg.), op. cit., S. 42.
27 Ibid., S. 74. Vgl. dazu auch Anna Politkowskaja: Tschetschenien – Die Wahrheit über den Krieg, Köln 2003.
28 Neue Zürcher Zeitung, 29. September 2000.
29 Frankfurter Allgemeine Zeitung, 7. Juli 2001.
30 The Economist, 15. Januar 2000.
31 Anna Politkowskaja: La Russie selon Poutine, Paris 2005, S. 47.
32 Maura Reynolds: „Krieg ohne Regeln", in: Hassel (Hg.), op. cit., S. 124.
33 Ibid., S. 135.
34 Financial Times, 1. Februar 2001.
35 Alexander Tscherkassow: „Romanze mit dem Kreml. Vom Scheitern der Menschenrechtspolitik in Tschetschenien", in: Hassel (Hg.), op. cit., S. 145.
36 Financial Times, 1. April 2003.
37 Times, 26. Mai 2003.
38 Florian Hassel: „Der zweite Tschetschenienkrieg", in: Hassel (Hg.), op. cit., S. 90.
39 Die Presse, 25. November 2005.
40 Financial Times, 17. Februar 2007.
41 Florian Hassel: „Lizenz zum Stehlen. Wie Militär und Verwaltung Tschetschenien nach russischer Tradition ausplündern", in: Hassel (Hg.), op. cit., S. 174.
42 Frankfurter Allgemeine Zeitung, 11. März 2005.
43 Der Standard, 22. Februar 2008.
44 Frankfurter Allgemeine Zeitung, 6. September 2006.
45 Maciej Falkowski: The Political Situation in the Northern Caucasus. Warschau 2006.
46 Gordon M. Hahn: Russia's Islamic Threat, New Haven/Conn., 2007.
47 Neue Zürcher Zeitung, 1. Februar 2001.
48 The Economist, 7. April 2007.
49 Berliner Zeitung, 5. April 2003.
50 Klaus-Helge Donath: „Rußland und die weltweite ‚Kampf gegen den Terror'", in: Hassel (Hg.), op. cit., S. 232.
51 International Herald Tribune, 26. Dezember 2002.
52 Alexander Solschenizyn: „Rußland am Abgrund" (1998), in: Neue Zürcher Zeitung, 22. Januar 2007.

EUROPAS LETZTER DIKTATOR: WIRD LUKASCHENKO DAS JAHR 2009 ÜBERLEBEN?

Totgesagte leben bekanntlich länger. Schon oft wurde dem ehemaligen Kolchoschef und Politruk der KGB-Grenztruppen seit seinem Verfassungsputsch von 1994 das nahe Ende seiner Diktatur prophezeit. Doch stets überraschte er seine Gegner mit jähen Kehrtwendungen, später verläßlich gebrochenen Versprechungen, neuen Brutalitäten und Säuberungen, die sein politisches Überleben in Weißrußland sichern, einem unglücklichen Land, das mehr und mehr einem verarmten, spätsozialistischen Freilichtmuseum ähnelt. Doch mit Hilfe billiger russischer Öl- und Gasimporte konnte er seine Staatswirtschaft über Wasser halten, der Bevölkerung ein bescheidenes Auskommen bieten und den aufgeblähten Sicherheitsapparat finanzieren. Nach dem Zerwürfnis mit Moskau, dessen Primat der machtbesessene Lukaschenko nicht anerkennen wollte, belasten nun die von Rußland massiv erhöhten Energiepreise die wettbewerbsschwache weißrussische Wirtschaft schwer. Finanzprobleme, Wettbewerbsverluste und ein kalter Winter werfen ihre Schatten voraus. Der im Westen als Unperson geltende Diktator benötigt nun dringend internationale Finanzhilfen, oder er muß seine Wirtschaft privatisieren. Die Bedingungen und Folgen der beiden Auswege bedrohen seine Herrschaftsgrundlagen, einer Staatswirtschaft unter persönlicher Kontrolle. Ohne Freunde im Westen, dessen Demokratisierungsforderungen seinen Machterhalt ebenso bedrohen wie Politik des Sammelns der postsowjetischen Erde durch Moskau, wird es für Lukaschenko langsam eng. Einen seine Unabhängigkeit wahrenden Schaukelkurs, wie ihn seine autoritären Kollegen von Moldawien bis Kirgisien mit großem Geschick, einiger Routine und gutem Gewinn schon seit Jahren zwischen Ost und West praktizieren, ist ihm schwerlich möglich.

Revolutionen finden bekanntlich nicht in Situationen absoluter Verelendung statt, sondern wenn Hoffnungen auf Verbesserungen der Lebensverhältnisse von identifizierbaren Machthabern nachhaltig frustriert werden. Das ist in Lukaschenkos Weißrußland zunehmend der Fall. Die Bevölkerung kann ihre mißliche Lage sehr wohl mit dem vom Rohstoffboom verwöhnten Rußland und dem EU- und marktinduzierten Wohlstand der westlichen Nachbarländer vergleichen. Die entscheidende Frage ist nur, ob die kommende Revolte von einem der freundlichen

westlich-demokratischen Dissidenten genutzt wird oder von einem
– mutmaßlich effektiver unterstützten – Parteigänger Moskaus aus
dem Sicherheitsapparat des Diktators. Die bisherigen postsowjetischen
Machtwechsel von Moldawien bis Tadschikistan und der „Farbrevolutionen" von der Ukraine bis Kirgisien bieten für beide Szenarien nahezu
hälftige Wahrscheinlichkeiten. Tröstlich dabei ist, daß Lukaschenkos
mittelfristige Chancen gegen Null tendieren. Seine Anhänger, so schätzt
der weißrussische Schriftsteller Klinau, seien nur virtuell. Sie seien bereit zum Verrat, wenn die Illusion des von Lukaschenko geschaffenen
Wohlstands verrinnt.[1]

*Autokraten unter sich: Leonid Kutschma (1994–2005 Präsident der Ukraine), Wladi-
mir Putin (2000–2008 Präsident Rußlands) und Alexander Lukaschenko (seit 1994
Präsident Weißrußlands) (Mai 2004)*

Das Öl- und Erdgasdrama

Sein „weißrussisches Modell" einer fortgesetzten Staatswirtschaft ohne
Reformen hatte der Kreml Lukaschenko durch billige Erdgas- und zoll-
freie Rohöllieferungen ermöglicht; eine Subventionierung, die Putin auf
$ 5,8 Milliarden jährlich bezifferte. Also etwa $ 400 pro Weißrussen
und in Summe zirka $ 50 Milliarden seit Bestehen seines Regimes zu La-
sten des russischen Steuerzahlers. Im Januar 2007 wurde diese Subventionierung nach einem lautstarken Disput unter Sowjetnostalgikern auf
$ 3,3 Milliarden – wiederum Putins Zahl – reduziert.[2] Sie soll bis 2011

schrittweise ganz auslaufen. Schon im Juni 2006 hatte Gasprom verlangt, Weißrußland, das bislang nur den russischen Binnenpreis von $ 47 für 1.000 m³ russisches Erdgas zahlen mußte, müsse ab Jahreswechsel den vollen westeuropäischen Bezugspreis von $ 250 abzüglich Transitkosten entrichten. Nach einem russischen Ultimatum einigte man sich bei $ 100 pro 1.000 m³. Ein Betrag, der jedoch bis 2011 auf $ 240 steigen soll. Gleichzeitig hat sich Weißrußland verpflichtet, 50 % seines bisher aus strategischen Gründen unverkäuflichen Gasleitungsnetzes und der Verteilergesellschaft Beltransgas in Tranchen zum Höchstpreis von $ 2,5 Milliarden an Gasprom zu verkaufen. Um die Gaspreisverdoppelung wirtschaftsverträglich zu gestalten, stundete Gasprom im ersten Halbjahr 2007 zunächst die Zahlung von $ 45 pro 1000 m³ bis Ende Juli. Als Weißrußland den Betrag von $ 450 Millionen nicht unerwartet weiter schuldig blieb, drohte Gasprom mit der drastischen Drosselung der Lieferungen für weißrussische Leitungen. Nun bemühte sich Weißrußland erstmals um internationale Kredite in Milliardenhöhe – auch über die österreichische Raiffeisenbank, da ihr die russischen Zinsforderungen von 12 % zu hoch sind.[3]

Parallel liefen um 2006/07 Verhandlungen zum Ölpreis, die noch höhere Wellen schlugen. Nach dem Zollunionsvertrag von 1995 bezog Weißrußland russisches Öl ohne russische Exportzölle zum billigen russischen Binnenpreis. Dieses Öl wurde in zwei Raffinerien und in der petrochemischen Industrie des Landes verarbeitet und mit einem eigenen Exportzuschlag zum Weltmarktpreis teuer weiterverkauft. So weit, so erfreulich – für Weißrußland. Das Ganze hatte nur den Schönheitsfehler, daß Lukaschenko sich eigentlich verpflichtet hatte, als Teil des gemeinsamen Außenzollregimes 85 % seiner Erdölnettoexporterlöse nach Moskau abzuliefern. Dies „vergaß" er nach 2000 gänzlich. Nachdem Mahnungen nichts fruchteten, kündigte Rußland die Einführung seines üblichen Exportzolls von $ 180 pro Tonne Erdöl auch für Lieferungen nach Weißrußland an. Dem weißrussischen Premier Sidorskij gelang es, jenen Betrag auf zunächst $ 45 herunterzuverhandeln, allerdings mit graduellen jährlichen Steigerungen bis zum verlangten Vollpreis im Jahre 2011. Damit hätte der Disput seine Bewandtnis haben können, hätte Lukaschenko nicht zornentbrannt Anfang Januar 2007 eine Transitabgabe für russisches Erdöl in Höhe von $ 45 je Tonne erlassen.[4] Insgesamt sind es alljährlich 20 Mio. Tonnen, die auf den Weg nach Polen und Deutschland gebracht werden. Nach der russischen Weigerung ließ er Transneft vor einem Minsker Gericht verurteilen und begann, zur Zahlung Erdöl aus der Hauptleitung abzuzweigen. Prompt drehte Transneft den Ölhahn der Druschba-Trasse ab. Darauf setzte ein lautes Wehklagen in Brüssel und Berlin ein, wo Kanzlerin Merkel die Schließung der Pipeline ohne vorherige Konsultationen „inakzeptabel" nannte. Nachdem Lukaschenko seine Transitgebühr – auch nach russischen Drohungen mit Strafzöllen und Importsperren für andere weißrussische Erzeugnisse – zurückgenommen hatte, floß das Öl dann wieder in Strömen.

Die Folgen der Energieteuerung

Für die weißrussische Wirtschaft und den Minsker Staatshaushalt, der nunmehr etwa € 2 Milliarden, die 10 % der Wirtschaftleistung des Landes entsprechen, an Ölexportzöllen verlustig geht, sind die Folgen freilich dramatisch. Nicht nur verlieren Raffinerien, die Petrochemie und die Düngemittelherstellung ihre jahrelang genossenen hochprofitablen Kostenvorteile. Auch der weiterhin mit einer im Vergleich zum Westen dreimal so hohen Energieintensität produzierende weißrussische Maschinen- und Traktorenbau, die Elektrotechnik und die Metallindustrie erleiden auf dem für sie entscheidenden russischen Exportmarkt nun drastische Wettbewerbsverluste, kann doch die örtliche russische Industrie im Gegensatz zu ihnen weiter mit billigen Energiekosten rechnen.[5] In Westeuropa hat die Qualität weißrussischer Produkte, wie LKWs, Traktoren, Motorräder, Kühlschränke, Photoapparate, Textilien und Fernseher, keine Absatzchancen. Die verweigerte Transformation ist nicht länger aufzuhalten. Hierfür sind die „roten Direktoren" der Staatsindustrien – trotz ihres im Vergleich zu Rußland technisch besser ausgebildeten und motivierten Personals – kaum qualifiziert. Dazu wird der Modernisierungsbedarf der stagnierenden und seit Jahren von ihrer Substanz lebenden weißrussischen Industrie auf $ 50 Milliarden geschätzt.[6] Gleichzeitig verlangen die geminderten Staatseinnahmen spätestens ab 2008 bereits angekündigte drastische Kürzungen bei Renten, Stipendien, Leistungen für Tschernobyl-Opfer und anderen Sozialtransfers. Überdies steigen für die Bevölkerung die Energie- und Benzinpreise und mit ihnen die Inflation nach der in Minsk üblichen Betätigung der Notenpresse bei Finanzausfällen. Durch die weitere Verschlechterung des Außenhandels – sein Defizit hatte 2006 schon $ 2,5 Milliarden ausgemacht – gerät der weißrussische Rubel weiter unter Druck. Laut Michail Marinich, einem früheren Handelsminister und nunmehrigen Oppositionellen, steht der weißrussische Staat vor dem Konkurs.[7] Das scheint nicht übertrieben.

Im März 2007 wurden, nachdem bislang eigentlich nur Kleinbetriebe privatisiert worden waren, neue Privatisierungsprojekte für 96 Unternehmen mit erwarteten Erlösen von $ 900 Millionen verkündet. Geschehen ist seither nicht viel. Mutmaßlich wird es sich zumeist um Minderheitenbeteiligungen handeln. Wegen der mangelnden Rechtssicherheit – Lukaschenko kann mißliebig gewordene Privatisierungen jederzeit im nationalen Interesse annullieren – und Behördenwillkür im Papierkrieg der Zoll- und Steuerpraxis ist Weißrußland für Westinvestoren nicht gerade attraktiv.[8] So behält der Staat eine „goldene Aktie" in allen zu privatisierenden Unternehmen, die ihm ein Vetorecht und bleibenden Einfluß sichert. Außer einem Vorzeigemontagewerk von Ford, einem Gemeinschaftsunternehmen von Carl Zeiss und dem aktuellen Interesse von der Telekom Austria zum Einstieg beim zweitgrößten Mobilfunkbetreiber MDC gibt es kaum Auslandsinvestitionen. Ja, es gelang den Behörden sogar, pflegeleichte Interessenten wie McDonald's und Ikea zu vergraulen. Einheimisches Kapital oder gar Oligarchen mit genügend Bargeld gibt es auch nicht. Dagegen sind russische Unternehmen sehr an den Filetstücken – etwa den nunmehr wesentlich billiger werdenden Raffinerien, Kaliwerken und Maschinenbauindustrien – interessiert.

Lukaschenko bemüht sich derweil intensiv um Westkredite, sei es durch Raiffeisen International, das in Weißrußland die drittgrößte, gut geführte Priorbank besitzt, sei es von den bislang geschmähten internationalen Finanzinstituten, denen er, nachdem er die wahre Natur des russischen Imperialismus erkannt hat, einschließlich der EU und den USA, plötzlich Rosen streut. Lukaschenko bleibt sich jedoch treu, indem er auch andere Freunde hofiert. Dazu zählen die internationalen Paria-Kollegen Chávez und Ahmadi-Nedschad. Chávez versprach seinem „Kampfgenossen" Luka im August $ 450 Millionen als Beistandskredit und venezuelanische Käufe von Gaspipelines und Waffen für $ 1 Milliarde.[9] Ahmadi-Nedschad verhieß bei einem Besuch im Mai 2007 als Teil ihrer „strategischen Partnerschaft" Öl aus dem Südiran als Ersatz. Wie es allerdings den weißrussischen Binnenmarkt erreichen soll, blieb, wie so vieles bei jenen deklamatorisch-populistischen Ankündigungen, im Dunkeln, ebenso wie angebliche frühere Lieferungen von S-300-Raketensystemen an den Iran.[10] Ohnehin scheint der Rüstungsexport als einzige krisenfreie Branche zu überleben. Mit seiner in den napoleonischen Kriegen und im Zweiten Weltkrieg blutig bestätigten strategischen Lage[11] hatte Weißrußland 1991 allein 1.700 moderne T-72-Panzer nebst hervorragenden Rüstungsschmieden geerbt. Ihre jährlichen Exporte werden auf $ 1 Milliarde geschätzt. Die Erlöse scheinen nirgendwo auf, alimentieren aber einen von Lukaschenko direkt kontrollierten Sonderfonds.[12] Gelegentlich wird auch im Auftrag des großen Bruders geliefert, wenn dieser aus Gründen der internationalen Reputation nicht auf der Lieferantenliste auftauchen will.[13]

Neben den ungewohnten Schalmaientönen in Richtung West („Die USA und die EU haben sich absolut korrekt verhalten. Das werden wir ihnen nie vergessen", im Januar 2007[14]) verstärkt Lukaschenko die Repression im Inneren. Bei den Kommunalwahlen im Januar wurden der Opposition von 22.000 verfügbaren Mandaten gerade einmal 4 zugestanden. Politische Gefangene schmachten weiter im Gefängnis. Die unabhängige Presse ist so gut wie ausgeschaltet. Nichtregierungsorganisationen, denen der Bezug ausländischer Mittel nachgewiesen werden kann, bedroht er mit sofortigem Verbot. Und angeblich bis zu

150.000 Geheimdienstagenten – eine weitaus höhere Zahl als die der 90.000 Stasi-Hauptamtlichen in der 17-Millionen-DDR – bespitzeln das 10-Millionen-Volk, um seine Herrschaft nach Innen abzusichern.[15]

Dazu zählen auch die in postsowjetischen Despotien übliche periodische Säuberung potentieller Rivalen und die Opferung der üblichen Sündenböcke. So entließ Lukaschenko im Juli 2007 die wichtigsten Unternehmensleiter des Landes wegen Unfähigkeit, und zwar die Direktoren des Gasverteilers Beltransgas, der Ölraffinerien Belneftekhim, der Belorussischen Ölgesellschaft, des Autoherstellers Belaz und des Düngemittelkombinats Dolomit. Sodann wurde die KGB-Führung abgesetzt, die bislang die Opposition erfolgreich unterdrückt und den reibungslosen Ablauf seiner Wiederwahlen organisiert hatte. Mutmaßlich hatte sie wegen eigener Wirtschaftsaktivitäten – so wurde unter anderem auch der Chef des Rechnungshofs von KGB-Offizieren verprügelt und beraubt – und allzu intimer Kontakte mit dem russischen FSB sein Mißfallen und Mißtrauen erregt. Auch der Abtritt von Premier Sergej Sidorskij (52) eines in Wirtschaftsfragen versierten Elektroingenieurs und Technokraten, gilt nach drei Jahren Amtszeit nach dem Prinzip der Herrschaftssicherung durch Rotation nur noch als eine Frage der Zeit.

Bei all seinen Säuberungen und Repressionen fällt auf: Die westlichdemokratisch orientierten Dissidenten kommen vergleichsweise besser weg als die mit ihm zerstrittenen ehemaligen Nomenklatura-Genossen, die entweder zu viel wissen oder auf die Moskau setzen könnte. Die ersten werden verprügelt, verlieren ihre Arbeit, gelegentlich auch ihren Besitz und werden kurzfristig inhaftiert. Die zweite Gruppe dagegen wird jahrelang eingesperrt, enteignet und gefoltert. Einzelne verschwanden – vor allem während 1999/2000 – auch auf Nimmerwiedersehen. Diese Differenzierung des paranoiden und jähzornigen Diktators erfolgt nicht wegen subjektiver Antipathien, sondern aufgrund seiner Bedrohungsanalyse. Er fühlt sich weniger von dem gradlinigen Physikprofessor Milinkewitsch und seinen Studenten bedroht, die trotz aller Bedrängungen noch frei herumlaufen dürfen, sondern von Moskaus potentiellem Mann aus dem zweiten Glied seines Sicherheits- und Staatsapparats, der dann den wirtschaftlichen und politischen Anschluß ohne den irrlichternden Diktator vollziehen könnte. Denn in einem solchen Fall, ließ Putin 2007 verlauten, könnte Weißrußland natürlich von russischen Binnenenergiepreisen wieder profitieren.[16]

Getürkte Wahlen

Im März 2006 war es wieder einmal soweit. Lukaschenko ließ kurzfristig Präsidialwahlen ansetzen, passenderweise eine Woche vor den ukrainischen, so daß Wahlbeobachter und Journalisten das Land bald wieder in Richtung Kiew verlassen würden. Es gab drei Gegenkandidaten:

Alexander Milinkewitsch, der ursprünglich einzige Kandidat der Opposition, die von der nationalkonservativen Volksfront bis zu den Kommunisten reichte. Dann Alexander Kozulin, der ursprünglich als Rektor der Universität Minsk und als Bildungsminister (1998–2001) Lukaschenkos Gefolgsmann war und nach ihrem Zerwürfnis die zerstrittene sozialdemokratische Traditionspartei „Hramada" übernommen hatte, sowie ein Zählkandidat des Regimes, der für die Liberaldemokraten ins Rennen ging. Während des Wahlkampfes kam es zu den üblichen Behinderungen: verhaftete Wahlhelfer, konfisziertes Material, Versammlungs- und Druckverbote sowie zum unablässigen Einsatz der Staatsmedien zum Ruhm des Amtsinhabers. Höhepunkt des Wahlkampfes war Lukaschenkos Auftritt vor einem von ihm selbst geschaffenen Akklamationsorgan, der „Volksversammlung" (*narodnoje sobranije*), dessen 2.500 handverlesene Teilnehmer für das korrekte Applaudieren im Anschluß je einen Kühlschrank mit nach Haus nehmen durften. Als sich Kozulin Zutritt verschaffen wollte, wurde er von Geheimdienstleuten vor laufender Kamera verprügelt. Um weiteren Mißverständnissen abzuhelfen, verkündete KGB-Chef Suchorenko, illegale Demonstranten würden ab sofort wie Terroristen behandelt und hätten drakonische Strafen von 25 Jahren Haft bis hin zur Todesstrafe, zu gewärtigen.

Zu niemandes Überraschung erhielt Lukaschenko dann 82 % für eine neue Amtszeit bis 2011. In geschlossenen Anstalten, wie Spitälern und Kasernen, erzielte er gar 92 %. Die Schar der internationalen Wahlbeobachter durfte zwar brav die Stimmabgaben in den Lokalen beobachten, in denen das Wahlvolk mit Speis und Trank unterhalten wurde. Beim Addieren in den Wahlkommissionen auf Kreis- und Bezirksebene durften sie schon nicht mehr dabeisein. So schlossen EU und USA messerscharf, die Wahlen seien weder frei noch fair gewesen, und strichen Lukaschenko nebst 30 seiner Getreuen die Einreiseerlaubnis.

Nachdem die Auslandsjournalisten und Beobachter erwartungsgemäß Minsk verlassen hatten, ließ Lukaschenko die Zeltlager der jugendlichen Demonstranten, die mit ihren rot-grün-weißen Fahnen im Schneegestöber ausgeharrt hatten, gewaltsam räumen und Hunderte verhaften. Sie wurden in den Polizeibussen beim Abtransport verprügelt und danach meist von Schnellgerichten summarisch zu zehn Tagen Haft zwecks Abschreckung des unorganisierten Teiles der Unzufriedenen verurteilt.

Darauf rief Kozulin, den viele Oppositionelle noch mit Mißtrauen betrachteten, zu einem spontanen Protestmarsch zum Untersuchungsgefängnis auf. Dort wurde er prompt selbst verhaftet und anschließend zu fünfeinhalb Jahren Haft wegen „Hooliganismus" verurteilt. Das extrem hohe Strafmaß entsprang wohl auch dem Mißfallen, das Kozulin erzeugt hatte, als er in dem einzigen Fernsehduell mit dem Präsidenten dessen gescheiterte Ehe angesprochen und nach dem Verbleib der schwarzen Kassen aus den Waffenexporten gefragt hatte. Mit seiner jahrelangen

Haftstrafe hatte sich Kozulin schließlich einen Ruf als zwar hitziger, aber doch ehrenwerter Oppositionsvertreter verdient.

Doch auch in der Provinz wurden Verhaftungen vorgenommen: die Vertreter des Verbandes der Polen in Grodno zählten ebenso dazu wie Olga Karatsch, die einzige Stadtverordnete der Opposition in Witebsk. Manch ein Inhaftierter landete wie zu Sowjetzeiten in der politischen Psychiatrie.

Die Opposition

Nach 14 Jahren Diktatur, vergeblicher Proteste und Opfer durchläuft die Opposition derzeit einmal mehr ihre periodischen Phasen der Depression und Zwietracht. Nur in ihrer Gegnerschaft zu Lukaschenko geeint, ähnelt sie in vieler Hinsicht den breiten diffusen Volksfrontbewegungen der ersten Nachwendephase, als aufrechte Dissidenten ohne Regierungs- und Politikerfahrung mit wendehälsigen Apparatschiks der KP-Nomenklatura in ganz Osteuropa in einem Boot saßen. In Weißrußland speist sich die Bewegung aus nationalkonservativen Reformern, liberalen Marktwirtschaftlern, unbelehrbaren Altkommunisten (denen der unberechenbare Lukaschenko zu prinzipienlos und ideologiefrei ist) und all jenen Ex-Gefolgsleuten, die irgendwann einmal in Ungnade und seinen Säuberungen zum Opfer fielen. Die aktuelle Kontroverse innerhalb der Opposition entspricht ihrem strategischen Dilemma: Soll sie sich mit dem kleinsten gemeinsamen Nenner – simplen Slogans gegen Lukaschenko – gemäß Milinkewitsch auf ihre Kampagnenfähigkeit und die friedliche Mobilisierung der Straße konzentrieren? Oder soll sie, wie es Anatoli Lebedko, der Chef der liberalen Bürgerpartei fordert, programmatische Parteiarbeit betreiben? Hier besteht die Gefahr, daß sich die ideologisch unterschiedlichen Kleinparteien unweigerlich wieder zerstreiten, und zwar ohne jede Aussicht auf eine parlamentarische Vertretung bei Wahlen.[17]

Die Aktivisten auf der Straße, beim Verteilen von Zeitungen und bei Hausbesuchen im Wahlkampf sind meist idealistische junge Studenten, die sich vor der Relegation von der Universität nicht fürchten. Sie sind nach serbisch-ukrainisch-georgischem Vorbild in losen Gruppen wie „Junge Front", „Dritter Weg" oder „Bison" (zubr) organisiert. Alle Aktivisten riskieren neben ihrer Relegation den Verlust des Arbeitsplatzes. Dabei ist zu berücksichtigen, daß 80 % der Arbeitsplätze weiter staatlich kontrolliert sind und die Staatsbediensteten in einem neuen Kontraktsystem nur jeweils einjährige Arbeitsverträge haben, deren Verlängerung vom Wohlverhalten abhängig ist.

Seit seiner Machtübernahme 1994 wird die Opposition von Lukaschenko, dem an den Fassaden demokratisch pseudo-legalistischer Machtausübung liegt, mit einer Strategie medialer Diskreditierung, sozialer Isolation und polizeistaatlicher Schikanen bekämpft. So ist ohnehin nur das Staatsfernsehen zugelassen – die meisten Weißrussen sehen sich das unterhaltsamere russische Fernsehen an. Dem einzigen Privatrundfunk, dem Radio 101.2, wurde schon lange die Sendefrequenz entzogen. Die Liquidierung der Oppositions- und der unabhängigen Presse dagegen war eine jahrzehntelange Kampagne. Von 70 solcher Zeitungen (2001) waren 2006 gerade noch 16 übrig, oft nur als lokale Wochenblätter mit vierstelligen Auflagen, die im russischen Smolensk oder in Litauen gedruckt werden mußten. In Weißrußland selbst wurden sie mit Beleidigungs- und Schadensersatzklagen, Steuernachforderungen, dem Entzug von Druckereien und dem Ausschluß vom Kioskverkauf und der Postzustellung zermürbt und meist zur Schließung gezwungen. Den Nichtregierungsorganisationen und den unabhängigen Gewerkschaften ging es ähnlich. Ihnen werden regelmäßig die Geschäftslokale gekündigt und die Mittel beschlagnahmt; darüber hinaus wird die Registrierung unterbunden. Vorstände werden abgesetzt und unablässig gegen sie prozessiert. Zu den neuen, mit hohen Strafbestimmungen bewehrten Gummiparagraphen des Strafrechts zählt seit 2005 die Verbreitung von Falschinformation in Weißrußland oder die Verleumdung des Landes gegenüber internationalen Organisationen oder ausländischen Regierungen.

Ins Fadenkreuz des Regimes ist auch der Bund der Polen in Weißrußland (PLZ) geraten, die 20.000 Mitglieder starke Organisation jener 400.000 Volkspolen, die in und um Grodno und Brest in jenem gemischtbesiedelten Teil Westweißrußlands leben, der 1920–1939 von Polen annektiert worden war. Als sich der Verband im März 2005 eine regimekritische Führung gab, wurde die neue Leiterin, die Lehrerin Andzelika Borys, wenige Wochen später verhaftet und für abgesetzt erklärt. Ein Vorfall, der nachhaltige Verstimmungen in den Beziehungen zu Polen, der Abberufung der Botschafter und einen milden Protest der EU-Kommission auslöste.[18]

Im Gegensatz zur Ukraine verfügt Weißrußland, wie bereits erwähnt, nicht über Oligarchen, die wie Julia Timoschenko oder Petro Poroschenko Medienpluralität und eine demokratische Opposition finanzieren können. So treten denn notgedrungen ausländische Stiftungen als Ideengeber und Nothelfer auf, darunter die Schwedischen Sozialdemokraten, die unvermeidliche Soros Foundation, die Ebert-Stiftung und das polnische Osteuropäische Demokratiezentrum (IDEE). Die US-Regierung spendiert alljährlich etwa $ 13 Millionen für die Demokratisierung des Landes, Gelder, die jeweils von den beiden Parteistiftungen, dem National Democratic Institute (NDI) und dem International Republican Institute (IRI), umgesetzt werden. Einen ähnlichen Betrag (€ 9 Millionen) verwendet die Europäische Kommission. Davon werden seit 2006 unter anderem Programme der Deutschen Welle und der BBC in weißrussischer Sprache finanziert. Im Jahr 2000 wurde mit EU- und Soros-Mitteln eine humanwissenschaftliche Universität in Minsk mit 1.000 Studenten gegründet, die nach ihrer Schließung durch Lukaschenko ab Juni 2005 in

Der in Ungarn geborene US-Investment-banker George Soros, der sich gerne als „Philanthrop" darstellt, unterstützt als Förderer bzw. Vorsitzender des „Open Society Institute" und der „Soros Foundation" Oppositionsbewegungen in verschiedenen GUS-Staaten. Das Bild zeigt ihn bei einer Rede auf dem Weltwirtschaftsforum in Davos im Jahre 2000.

Wilna als Freie Universität Weißrußlands ihren Lehrbetrieb wiederaufgenommen hat. Ohnehin ist das 50 km von der Grenze entfernte Wilna ein guter Ort für Oppositionspolitiker, um sich ungestört vom weißrussischen Geheimdienst und seinen verwanzten Hotelzimmern auszutauschen. Die finanzielle Unterstützung des Auslandes und die Denunziation der Opposition als seine Fünfte Kolonne gehören auch in Weißrußland zum ständigen Repertoire der Regierungspropaganda und zum Vorwand für Verbote und Beschlagnahmungen. Dabei sollten jene erdnußgleichen Beträge jedoch in Bezug zu jenen $ 5,8 Milliarden gesetzt werden, mit denen Putin bis vor kurzem das Regime und seine Politik alimentierte.

Die Verschwundenen

Zwischen April 1999 und Juli 2000 begannen in Weißrußland plötzlich prominente und weniger prominente Gegner des Präsidenten zu verschwinden: auf dem Weg zum Flughafen, beim Gang zur Sauna (*banja*), bei Spazierfahrten mit dem Auto. Insgesamt waren es dreißig. Das Regime behauptete, die Verschwundenen hätten ihren Tod nur simuliert und hätten sich in Wahrheit ins Ausland abgesetzt. Dort meldete sich allerdings nur die ehemalige Nationalbankpräsidentin zu Wort, gegen die wegen angeblicher Unterschlagungen ermittelt worden war. Sie war aus ihrem Hausarrest verschwunden und tauchte nach einigen Monaten nach einer Irrfahrt über Israel plötzlich in London auf, wo sie in vielen Interviews ihren vormaligen Aufenthalt nicht zu erklären wußte.[19] Die anderen aber blieben verschwunden. Dazu zählten:

- Ex-Innenminister Jurij Sacharenko, der dabei war, einen oppositionellen Verband von Offizieren und Afghanistanveteranen aufzubauen;
- der stellvertretende Parlamentspräsident und ehemalige stellvertretende Ministerpräsident Viktor Gontschar und der mit ihm befreundete Geschäftsmann Krassdowskij;

- der russische ORT-Kameramann Dimitri Sawadskij, der zuviel über weißrussische Waffenverkäufe und Söldnerdienste für die Tschetschenen wußte;[20]
- Gennadi Karpenko, der im März 1999 plötzlich an einem vergifteten Kaffee starb, kurz bevor er Kandidat der von ihm mit Hilfe der OSZE vereinten Opposition werden sollte.

Allen Opfern war gemein, daß sie zuvor in einem Naheverhältnis zum Regime gestanden hatten, zuviel wußten und nach ihrem Zerwürfnis Lukaschenko sehr gefährlich zu werden drohten.

Lukaschenko erklärte öffentlich, mit den Toten bzw. ihrem Verschwinden nichts zu tun gehabt zu haben, und befahl dem KGB und der Generalstaatsanwaltschaft eine schonungslose Aufklärung. Die entdeckte bald die Existenz eines 30 Mann starken Todesschwadrons in den Reihen der schnellen Eingreiftruppe des Innenministeriums und verhaftete ihren Führer, einen Leutnant namens Pawljutschenko, der mit seinen Mannen bald geständig war.[21] Zunächst habe man auf Befehl von Lukaschenkos Sicherheitschef Victor Schejman an örtlichen Mafia-Bossen perfekte Morde mit verschwundenen Leichen geübt. Als dies gut funktionierte, seien politische Feinde an die Reihe gekommen. Die Einsätze erfolgten auf Befehl von Innenminister Jurij Sinakow, der, ordnungsliebend, auf der Verwendung der offiziellen Hinrichtungspistole der Republik für die Liquidation der „Verräter" bestand,[22] während Schejman die jeweiligen Todesbefehle ausgab. So waren Gontschar und Krassdowskij in ihrem Jeep erschossen, die Leichen dann im Auto in eine Grube in einem Wald bei Witebsk gestoßen, dort von einem Panzer überrollt und mit Erde zugeschüttet worden. Die anderen Leichen seien auf dem Minsker Nordfriedhof verscharrt worden, wo auch andere Hingerichtete aus dem Minsker U-Gefängnis in namenlosen Gräbern bestattet wurden und sich auch die Massengräber tausender deutscher Kriegsgefangner befinden. Mit den Ermittlungsergebnissen konfrontiert, befahl Lukaschenko ihre sofortige Einstellung und die Freilassung der Inhaftierten. Der KGB-Chef und der Generalstaatsanwalt wurden umstandslos entlassen und die Akten vernichtet. Den beiden ermittelnden Staatsanwälten gelang es jedoch rechtzeitig, unter Mitnahme von Kopien ins Ausland zu flüchten. Der ehemalige Panzergeneral Schejman wurde nun zum Generalstaatsanwalt befördert. Die Morde blieben weiter ungesühnt. Doch wurde die für das Regime peinliche, von Lukaschenko persönlich angeordnete Mordkampagne seither nicht wieder aufgenommen.

Die Union mit Rußland

Von Anfang an setzte sich Lukaschenko für eine Union mit Rußland ein. Das Thema war populär bei den Wählern beider Länder, solange die Bedingungen und die Ausgestaltung der Union unklar blieben. Für den durchschnittlichen Weißrussen, der ohne sonderlich ausgeprägtes Nationalbewußtsein den Zweiten Weltkrieg überlebt hatte, war das Sowjetsystem, dessen Versorgungsprobleme in Selbsthilfe und mit Gartenwirtschaft gemildert werden konnten, mit der Elektrifizierung der Dörfer und dem bescheidenen Wohlstand der 1960er und 1970er Jahre als Fabrik- und Kolchosarbeiter keine Schreckensvision mehr.

Lukaschenko verlangte von der Union die Gleichberechtigung mit der russischen Führung, ein gemeinsames Militär gegen die NATO, die an seine Grenzen vorrückte, und die Alimentierung seines weißrussischen Modells durch billige Energie, einen gemeinsamen Staatshaushalt und den privilegierten Zugang zum russischen Markt. Keinesfalls wollte er als Gouverneur der 90. großrussischen Gebietskörperschaft enden. Er wollte mindestens Vizepräsident der Union werden oder in einem „Hohen Rat" der Union gleichberechtigt turnusgemäß den russischen Präsidenten ablösen. Gleichzeitig bestand er auf der Bewahrung der weißrussischen Souveränität und auf einem Vetorecht bei Unionsentscheidungen. Vor allem in der Spätphase Jelzins brach er zu kaum getarnten Wahlkampfreisen in die russische Provinz auf, wo er sich mit Vorliebe vor Veteranen als volksnaher Demagoge, als jugendlich-harter Mitvierziger und als besserer Nachfolger für den siechen Präsidenten empfahl. Weder für Jelzin noch später für Putin kam eine Gleichheit mit einer Provinz, die nur 4 % der russischen Wirtschaftkraft und 7 % seiner Bevölkerung entsprach, ernsthaft in Frage. Zudem verachteten sie den ungehobelten Kolchoschef, der sich in der Diktion, dem Habitus und seiner Machtpraxis kaum von anderen postsowjetischen Provinzbossen von Transnistrien bis Sachalin unterschied und der im potentiellen Bündnis mit den russischen Kommunisten ihre politischen Kreise zu stören begann. International war er ohnehin nur noch im Kreise der üblichen „Schurkenstaaten" von Kuba bis Syrien salonfähig.

Nach langen Verhandlungen wurde im April 1997 schließlich ein Unionsvertrag unterzeichnet, der sich zwar herzerwärmend in hochtrabenden Deklarationen zur brüderlichen Zusammenarbeit bekannte, doch bei Bewahrung der jeweiligen Souveränität, territorialen Integrität, nationalen Symbolik und Verfassungen den künftigen Unionsorganen keinerlei Verbindlichkeit zumaß.[23] KP-Chef Sjuganow gratulierte zum Vertrag: „Wir leben wieder in einer Union von Brest bis Wladiwostok."[24] Er sei eine zuverlässige Brücke zur Wiederherstellung der Sowjetunion. Als die russische Duma, die sich wie der Kreml im Zuge der russischen Krise wieder in imperialer Größe sonnen wollte, im Dezember 1999 den Vertrag schließlich billigte, lehnten ihn „Jabloko" und die Rechtsliberalen ab, weil er ein illegales Regime legitimiere und die russische Verfassung verletze. Tatarstan, Inguschetien und Baschkirien forderten prompt eine Gleichstellung mit Weißrußland. In Minsk demonstrierten im Oktober und November 1999 Zehntausende gegen die Union. Sie wurden unter Polizeieinsatz gewaltsam auseinandergetrieben.[25] Doch erschien bald die öffentliche Erregung im Mißverhältnis zu den tatsächlichen Errungenschaften der Union. Das gemeinsame, mit 250 Mitarbeitern beschickte Sekretariat in Minsk wurde zur kurzfristigen Abschiebestation für unbeliebt gewordene Machtpolitiker wie den Oligarchen Beresowski und den oben bereits erwähnten korrupten Kreml-Major-domus Borodin. Einzig umgesetzt wurde nur die Zollunion (seit Januar 2007 freilich ohne den Energiesektor). Die Währungsunion hätte mit der Einführung des Rubels in Weißrußland schon 2004 erfolgen sollen. Die öffentlichen Haushalte und das Militär blieben, trotz russischer Übernahmegelüste der Rüstungsindustrie,[26] weiter separat. Dagegen erlaubt ein polit-militärischer Vertrag mit Weißrußland Rußland, den KSE-Vertrag zu unterlaufen und unter Umgehung seiner Vorschriften dort Truppen und Nuklearwaffen zu stationieren.[27] Ohnehin wird aus Sowjetzeiten in einer Leitstelle in Minsk die russische U-Boot-Flotte im Atlantik überwacht und geführt. Die Radarstation Baranowitschi im Südwesten von Minsk ist für die russische Luftabwehr weiter entscheidend. Lukaschenko bezifferte ihre Mietkosten zusammen mit den von Weißrußland geleisteten Militärpensionen, Außengrenzschutz und Zolldiensten auf € 800 Millionen, auf deren Begleichung er im Zuge der Energiepreiskrise von 2007 bestand. Zu niemandes Überraschung ohne Erfolg.

Auch wenn das Verhältnis zwischen Putin und Lukaschenko, der seine Kreml-Ambitionen mit Putins Antritt begraben mußte, schon lange zerrüttet ist, so gilt für Putins Gefühlsleben, daß er die westlich orientierten Dissidenten mit ihrer EU-Sehnsucht noch weniger mag und deshalb Lukaschenkos Wiederwahl unterstützte.[28]

Der Verfassungsputsch

Der stramme Kolchoschef, der mit frischem Gemüse und Eiern vom Land seine Parlamentarierkollegen bei Laune hielt, schien harmlos genug zu sein, um den Ausschuß zur Korruptionsbekämpfung zu leiten. Seine lautstarke Polemik gegen Oligarchen und kapitalistischen Diebstahl kamen beim verunsicherten Landvolk und den städtischen Werktätigen dann jedoch so gut an, daß er mit dem Versprechen fortgesetzter sozialer Wohltaten und verstaatlichter Banken im Juli 1994 als dynamischer 40jähriger mit dem sinnigen Slogan „Ehrlichkeit in der Politik" zum Staatspräsidenten gewählt wurde. Sehr bald begann er, die demokratischen Reformen von 1991–1994 zurückzurollen, die kommunale Selbstverwaltung aufzuheben, unabhängige Gewerkschaften zu verbieten, die Redaktionen der staatlichen Medien zu säubern, die Miliz, den KGB und eine 1.000 Mann starke Präsidialgarde zu seinen persönlichen Machtinstrumenten umzuformen. Die Nationalbank und die Belarusbank wurden zu seinen Reptilienfonds zur Finanzierung seiner Verbündeten und zur Bestechung seiner käuflichen Gegner gemacht.[29]

Im Mai 1995 ließ er dem Volk vier Referenden vorlegen, in denen in Suggestivfrageform um Zustimmung für das Parlamentsauflösungsrecht des Präsidenten, für die Wirtschaftsunion mit Rußland, für Russisch als zweite Amtssprache und die Wiedereinführung der alten Sowjetflagge (allerdings ohne Hammer und Sichel) geworben wurde. Dafür bekam er Mehrheiten von 75–83 %. Prompt bekannte er sich zum Prinzip der direkten Demokratie. Da ihm eine parlamentarische Mehrheit fehlte, ließ er Ende 1996 einen neuen Verfassungsentwurf, der die exekutiven und legislativen Funktionen in der Person des Präsidenten vereinigte, wiederum in einem Plebiszit dem Wahlvolk zur Annahme vorlegen. Das Ganze hatte den nicht unwesentlichen Schönheitsfehler, daß die weißrussische Verfassung ausdrücklich nur konsultative Referenden vorsah.

So erklärte der Oberste Gerichtshof das Referendum prompt für verfassungswidrig, und das Parlament bereitete eine Amtsenthebungsklage vor. Mittlerweile förderte Lukaschenko durch inflationsfinanzierte Baukostenzuschüsse den Wohnungsbau, verteilte an alle Rentner, Staatsarbeiter und Kolchosbauern Bonuszahlungen aus dem Fundus der Nationalbank und verkündete mit großem Propagandaaufwand der mittlerweile gleichgeschalteten Staatsmedien die sozialen Wohltaten der neuen Verfassungsordnung.[30] Den per Präsidialdekret ernannten örtlichen und regionalen Wahlkommissionen wurden Zustimmungsraten von 82 % vorgeschrieben, die sie prompt lieferten,[31] auch wenn die Opposition die tatsächlichen positiven Voten nur auf 40 % schätzte.

Lukaschenko usurpierte nun als Träger der sowjetischen „Vertikale" 30 neue Machtbefugnisse. Er ernennt alle Minister, Richter, Staatsanwälte, die Offiziere von Armee, Miliz und KGB, die Gouverneure, Bürgermeister, die Chefredakteure der staatlichen Medien, die Vorstände der Nationalbank und die Direktoren der Schulen, Krankenhäuser und Märkte. Obwohl er per Dekret (Ukas) alle Gesetze außer Kraft setzen, den Notstand ausrufen und den Staatshaushalt beschließen kann und damit allein zum Träger der exekutiven und legislativen Gewalt wurde, legte er doch einigen Wert auf die sorgfältige Zusammensetzung des neuen Parlaments, nachdem er das alte im November 1996 von seiner Präsidentengarde hatte auseinanderjagen lassen. So kann Lukaschenko das Oberhaus zu einem Drittel direkt ernennen, die restlichen zwei Drittel von den Gebietskörperschaften (die er auch ernennt). Auch ins Unterhaus läßt er nur Beamte und Staatsbedienstete wählen. Das Ganze ähnelt dann einer akklamatorischen Räteversammlung. Da er auf eine Staatspartei verzichtet, sind neben dem Sicherheitsapparat all jene von ihm ernannten Amts- und Mandatsträger – insgesamt 110.000 Personen – seine eigentliche Machtbasis.[32] Dazu ließ er bei jenem Referendum seine Amtszeit von 1999 praktischerweise auf 2001 verlängern.

Die Resowjetisierung

Weil die Opposition und mit ihr 70 Abgeordnete des alten Parlaments jenes Referendum nicht anerkannte, veranstaltete sie im Mai 1999 eine alternative Präsidentenwahl. Wahlleiter war der später verschwundene Gontschar. Angesichts der zahllosen Behinderungen durch die Behörden war das Wahlergebnis kaum verifizierbar. Der Sieger mußte ohnehin bald nach Litauen flüchten, um seiner Verhaftung zu entgehen.[33]

Für die Wahlen 2001 hoffte die OSZE dann auf ein faireres Verfahren. Ihrem Botschafter in Minsk, Hans-Georg Wieck, gelang es, die Opposition auf einen gemeinsamen Kandidaten, den Altgewerkschaftler Wladimir Gontscharik, vormals Zweiter Sekretär der KP in Mogilew, einzuschwören. Klugerweise übte Gontscharik nur milde Kritik an Lukaschenko, der sich in wilden Verschwörungstheorien über die CIA und den BND, die angeblich seinen Sturz betrieben, erging. Gontscharik hatte auf die Stimmen jener vier Millionen Staatsgewerkschaftler gehofft, deren Boß er 15 Jahre lang war, kam jedoch gegen Lukaschenkos ausgezählte 75 % nicht an.[34] Seine geballte Medienmacht, pünktlich bezahlte Renten und nicht zuletzt die Kontrolle der auszählenden Wahlkommissionen fixierten das Ergebnis. Massendemonstrationen, die gegen die Wahlmanipulationen protestierten, wurden einmal mehr gewaltsam zerschlagen.

Zwischenzeitlich stärkte Lukaschenko die Kompetenzen des KGB. Er darf nun wieder Hausdurchsuchungen nach freiem Ermessen durchführen und Telefone nach Gutdünken abhören – Sowjetnostalgie auch in der Traditionspflege. So wurde das Geburtshaus von Feliks Dzierzynski, eines polnischen Kleinadligen, der der Vater der Tscheka war, liebevoll renoviert. Dagegen ließ Lukaschenko über den Massengräbern von Kuropaty – jener Erschießungs- und Gräberstätte der von Stalin angeordneten Liquidierung von 250.000 Menschen, die die gesamte weißrussische Intelligenz und Führung umfaßte – die Ringautobahn von Minsk verbreitern.

Als „Tag der Befreiung" wird der 9. Mai mit Militärparaden gefeiert. Panzerformationen, Raketentruppen und Fallschirmjäger im Stechschritt marschieren an der Präsidententribüne vorbei. Der Nationalfeiertag wurde von Lukaschenko vom „Tag der Unabhängigkeit", dem 27. Juli 1991, auf den 3. Juli 1944 verlegt, als die Wehrmacht aus Minsk abzog. Für die Opposition dagegen sind der Tag von Tschernobyl, der 26. April 1986, als 15 % des weißrussischen Territoriums dauerhaft verstrahlt wurden, und der 25. März 1918 Pflichttermine für Kundgebungen. Damals wurde unter deutschem Schutz in Minsk die – freilich kurzlebige – Weißrussische Nationalrepublik ausgerufen.

Zur Erklärung der Diktatur werden gerne ethnographische Stereotypen, ein fehlendes Nationalbewußtsein, die bäuerlich-kleinbürgerliche Anspruchslosigkeit und die nahezu unbegrenzte Anpassungs- und Leidensfähigkeit des weißrussischen Volkes („noch gefügiger, duldsamer und anpassungsfähiger als ohnehin schon ..."[35]) bemüht. Aber auch die Zeiten der Fremdbestimmung und des Terrors werden gerne zitiert oder die Unterdrückung der Unierten Kirche und der weißrussischen Sprache unter den Zaren, der Terror Stalins, die Auslöschung jüdischen Lebens[36], die Härten und Morde der deutschen Besatzung und des Partisanenkrieges sowie die Rache der Sieger, gefolgt von der bleiernen Zeit der spätkommunistischen Repression. Tatsächlich gibt es aber nicht den geringsten Hinweis, daß Lukaschenko sich tatsächlich der Zustimmung der Mehrheit seiner Landsleute erfreuen könnte. Die Wahlen sind gefälscht. Eine seriöse Meinungsforschung kann nicht stattfinden. Wo Meinungen deutlich und mutig artikuliert werden, bei der Jugend und der Stadtbevölkerung von Minsk, ist die Ablehnung des Diktators nahezu einmütig. Auch aus dem Staats- und Sicherheitsapparat kommen Signale an die Opposition, nach denen sich viele auf eine Zukunft nach Lukaschenko hinorientieren und diskret rückversichern, auch um den richtigen Moment zum Seitenwechsel nicht zu verpassen. Der dürfte näher sein, als mancher Kleingeist im Westen annimmt. Darüber können auch die Parlamentswahlen vom 28. September 2008 nicht hinwegtäuschen, bei der die Opposition (wenig überraschend) keinen einzigen Sitz erringen konnte. Alle Mandate fielen an die Anhänger Lukaschenkos.

1 Artur Klinau: Minsk. Sonnenstadt der Träume, Frankfurt/Main 2006, S. 114.
2 New Europe, 7. Januar 2007.
3 Financial Times Deutschland, 1. August 2007.
4 Neue Zürcher Zeitung, 15. Januar 2007.
5 Ulrich Weißenhunger: „Die Entwicklung der weißrussischen Industrie nach dem Zerfall der Sowjetunion", in: Osteuropa Wirtschaft, 1/1996, S. 18.
6 Dirk Holtbrügge: Weißrußland, München 2002, S. 85.
7 Die Presse, 21. April 2007.
8 Ost-West-Contact, 05/2007, S. 77.
9 Financial Times, 5. August 2007.
10 Die Welt, 23. Mai 2007.
11 Während des Rückzugs der Grande Armée kamen im Winter 1812 400.000 Franzosen und Verbündete um, beim Zusammenbruch der Heeresgruppe Mitte im Sommer 1944 130.000 Soldaten der Wehrmacht. Von ihnen fiel nur eine Minderheit bei Kämpfen. Die meisten wurden als Versprengte, Verwundete oder Kriegsgefangene erschlagen, verhungerten oder erfroren. Die weißrussischen Bevölkerungsverluste werden auf eine (1812) bzw. zwei Millionen (1940–1944) geschätzt, jeweils ein Viertel der Gesamtbevölkerung. Adam Zamoyski: 1812. Napoleon's Fatal March on Moscow, London 2005, S. 536; Rolf Hinze: Ostfront 1944, Stuttgart 2004, S. 14.
12 Frankfurter Allgemeine Zeitung, 22. März 2006.
13 Frankfurter Allgemeine Zeitung, 2. Juli 2002, The Economist, 28. März 1998 und 8. September 2000.
14 Financial Times, 19. Januar 2007.
15 Der Spiegel, 36/2001.
16 Frankfurter Allgemeine Zeitung, 26. Juli 2007.
17 Alexander Milinkewitsch: „Gesellschaft vom Wandel überzeugen", in: Die Presse, 24. September 2007.
18 Der Spiegel, 7. August 2005.
19 Liberation, 24. November 2000.
20 Zur Zeit, 11/2006.
21 Frankfurter Allgemeine Zeitung, 24. August 2001.
22 Pawel Scheremet: Die Zeit, 6. September 2001.
23 Vertragstext siehe: Frankfurter Allgemeine Zeitung, 3. April 1997.
24 Frankfurter Allgemeine Zeitung, 3. April 1997.
25 Süddeutsche Zeitung, 26. November 1999.
26 Vladimir Socor, in: Wall Street Journal, 11. Februar 2000.
27 Le Monde, 14. Januar 1997.
28 Financial Times, 9. Januar 2007.
29 Handelsblatt, 22. November 1996.
30 Wall Street Journal, 22. November 1996.
31 Stanislaw Schuschkewitsch: „Der Staatsstreich des Präsidenten", in: Frankfurter Allgemeine Zeitung, 24. Januar 1997.
32 Rainer Lindner: „Präsidentschaftswahl in Belarus", in: SWP-Studie, Berlin 2006, S. 14.
33 Astrid Lorenz: „Aufbruch aus der Talsohle? Belarus an der Schwelle zum neuen Jahrhundert", in: Osteuropa 3/2000, S. 252.
34 Neue Zürcher Zeitung, 19. September 2001, Le Monde, 11. September 2001.
35 Burkhard Bischof, in: Die Presse, 18. März 2006.
36 Das u. a. von Marc Chagall (1887–1985), der aus Witebsk stammte, eindrucksvoll dargestellt wurde.

DIE UKRAINE IN DER DAUERKRISE

Auch vier Jahre nach der „orangen Revolution" vom Herbst 2004 kommt die Ukraine nicht zur Ruhe. Die kulturelle und wirtschaftliche Spaltung des Landes zwischen dem russifizierten Osten und Süden und dem sich eigentlich ukrainisch empfindenden und sprechenden Westen und Zentrum überträgt sich nahtlos auf das politische System mit Dauerkonflikten und Blockaden zwischen den prowestlichen Reformkräften und den Parteigängern der oligarchenorientierten und sowjetnostalgischen Restauration. Dazu sind beide Lager auch in sich gespalten: Auf der einen Seite steht das orange Reformlager der energischen national-populistischen Julia Timoschenko, der einzigen Politikerin mit einer gesamt-ukrainischen Ausstrahlung, und dem wirtschaftsliberal-opportunistischen Präsidenten Juschtschenko. Auf der anderen Seite steht das blaue Janukowitsch-Lager der „Partei der [ostukrainischen] Regionen", das nicht so homogen und einheitlich prorussisch ist, wie es im Westen scheinen mag. Viele der sie stützenden Oligarchen – darunter der Hauptsponsor Rinat Achmetow – haben kein Interesse am Separatismus des schwerindustriellen Donbass und der Krim und dem Anschluß dieser russischsprachigen Gegenden an Rußland, der sie zu Befehlsempfängern und Tributpflichtigen des Kreml mit seinen herrschsüchtigen und geldgierigen *silowiki* degradieren würde. Deshalb würden sie durchaus ihren Frieden mit den Orangen (vor allem mit dem kompromißorientierten und pflegeleichten Juschtschenko) machen, vorausgesetzt, ihr dubios erworbener Reichtum bliebe ihnen erhalten und die Politik stört ihre korruptionsträchtigen monopolistischen Praktiken in der Energie- und Stahlwirtschaft nicht.

So herrscht bei aller Leidenschaft, die sich oft genug in Raufhändeln in der Kiewer Werchowna Rada (dem Parlament der Ukraine) entlädt, in der ukrainischen politischen Klasse eine Daueratmosphäre von Intrige, Korruption und Verrat. Politische Positionen und Parteien werden bedenkenlos gewechselt oder meistbietend versteigert. Der Erzfeind von gestern wird zum Bundesgenossen von heute, nur um morgen wieder im Stich gelassen zu werden. So verließ der Sozialist Moros 2006 für das Amt des Parlamentspräsidenten und viel Geld samt seiner Kleinpartei das orange Lager, um sich bis zu seinem politischen Untergang bei den Wahlen 2007 mit den Blauen zu verbünden und den bisher bekämpften Janukowitsch zum Ministerpräsidenten zu machen. Der Kauf von Abgeordneten scheint ohnehin Landestradition zu sein. Die Regel ist dabei die käufliche Umfärbung von Orange zu Blau. Auch tat Präsident Juschtschenko in jener Zeit nichts anderes als die Privatisierungsprojekte und Anti-Inflationspolitik „seiner" Ministerpräsidentin zu hintertreiben, um sie zu Kürzungen bei Sozialprogrammen zu zwingen, die ihrer Popularität abträglich sind, und sie als Rivalin bei den Präsidentschaftswahlen 2009 zu beschädigen. Daß er damit die Wirtschaftsentwicklung des Staates schädigte, wurde anscheinend billigend in Kauf genommen.

Auch wenn der Reformprozeß weiter nur mühsam vorankommt, die Rechtssicherheit angesichts käuflicher Richtersprüche daniederliegt und die Ukraine für dringend benötigte Auslandsinvestitionen deshalb unattraktiv bleibt, sind dank der „orangen Revolution" in der Ukraine – im Gegensatz zu Rußland – demokratische Grundrechte, wie die Presse-, Versammlungs-, Glaubens- und Vereinigungsfreiheit, zu Selbstverständlichkeiten geworden, die auch das blaue Lager für sich in Anspruch nimmt und respektiert. Bei allen Unzulänglichkeiten des politischen Systems wird niemand mehr eingesperrt oder vom Geheimdienst zum Verschwinden gebracht, wenn er die allgegenwärtige Korruption aufdeckt oder gegen sie demonstriert.

Das System Kutschma

Leonid Kutschma (1994–2005) war, wenn man so will, der Jelzin der Ukraine. Unter seinem erratischen Wirtschaftskurs stand das Land im Jahr 2000 kurz vor dem Staatskonkurs. Er verschob die Schwer- und Energieindustrie an befreundete Oligarchen – nicht zuletzt an seinen Schwiegersohn Viktor Pintschuk –, entzog ihnen dann jäh wieder die Gunst – zum Beispiel Julia Timoschenko – und wechselte in einer steten Schaukelpolitik zwischen den polit-industriellen Klans von Dnjepropetrowsk, Donezk und Kiew alljährlich den Ministerpräsidenten und seine Kabinette. Nicht, ohne diese dabei öffentlich für alle Übel, wie Korruption, Inflation, unbezahlte Löhne, Renten, Mißernten und die morbide Infrastruktur, verantwortlich zu machen. Gleichzeitig veranstaltete er einen geschickten, wenngleich für alle Beteiligten enervierenden Schaukelkurs zwischen Ost und West. Er schloß als GUS-Mitglied einen Vertrag der „Freundschaft, Zusammenarbeit und Partnerschaft" mit Rußland und akzeptierte bis 2017 die Stationierung der russischen Flotte in der geschichtsträchtigen Seefestung von Sewastopol auf der seit 1956 ukrainischen Krim. Andererseits sorgte er dafür, daß die Beziehung zum großen Bruder nie allzu eng wurde, lehnte Bestrebungen nach einer Wirtschafts- und Währungsunion stets ab und schloß mit der NATO ein Partnerschaftsabkommen. Westliche Bemühungen, die, eingedenk des strategischen Werts des 48-Millionen-Volks der Ukraine, versuchten, das Land mit viel Geld und noch mehr guten Ratschlägen zur europareifen marktwirtschaftlichen Demokratie zu formen, liefen unter seiner Herrschaft gegen eine Gummiwand. Das Geld verschwand zuverlässig in dunklen Kanälen, gleich ob es sich um Stützungskredite des IWF gegen den Wirtschaftskollaps 2000 oder um deutsche Fremd- bzw. Zwangsarbeiterentschädigungen handelte. Großartige Ankündigungen der längst überfälligen Wirtschafts-, Verwaltungs- und Justizreformen verliefen stets im Sande oder wurden von selbstsüchtigen Profiteuren und gefügigen Parlamentariern, Ministern und Bürokraten in ihr beabsichtigtes Gegenteil umgekehrt.

Kutschma war ein echtes Produkt der Sowjet-Nomenklatura. 1938 in einem Dorf bei Charkow geboren, fiel sein Vater 1944 im Krieg. An der Universität Dnjepropetrowsk wurde er zum Raketeningenieur ausgebildet. Im dortigen Rüstungskombinat Juschmasch stieg er zum Konzernchef (1982–1992) auf und spielte als Hersteller der SS 20 eine wichtige Rolle in den strategischen und Weltraumraketen-Programmen des militärisch-industriellen Komplexes der Sowjetunion. Bei seinem steilen Aufstieg war sicher die Hochzeit mit der Tochter des KP-Chefs dieser wichtigen Industriestadt nicht von Nachteil. In der Sowjetära stammte ein Gutteil auch des Breschnew-Klans aus Dnjepropetrowsk.

Als „roter Direktor" und Chef des mächtigen Dnjepropetrowsker Industrieklans ließ er sich 1990 in die Werchowna Rada wählen und wurde unter Krawtschuk, den er im Juli 1994 nach einem prorussischen Wahlkampf auch als Präsident beerbte, zunächst Ministerpräsident. Sein Wahlprogramm bestand damals aus den üblichen Widersprüchen enger Beziehungen zu Rußland (der Verheißung weiter billiger Energiepreise) und schneller Marktreformen. 1999 wurde er gegen eine starke kommunistische Opposition wiedergewählt. Als sowjetisch geprägter Apparatschik und Zyniker zeichnete sich sein Regierungsstil durch alle jene Widersprüche aus: einerseits fähig zu nüchternem Denken und zu Kompromissen, andererseits die Neigung zu Intrigen und zum brutalen Durchgreifen, gepaart mit Unbildung und Mißtrauen. Im Prinzip hatte Kutschma die Ukraine in Domänen aufgeteilt, in denen alle Regionalgouverneure und Finanz- und Industriegruppen ihm tributpflichtig waren. Wurden sie, wie Lasarenko (und die mit ihm verbündete Timoschenko), zu mächtig und eigenwillig, wurden sie zerstört.

Seine zweite Amtszeit wurde von dem Mord an dem Journalisten Georgi Gongadse überschattet. Kurz nachdem dessen geköpfte Leiche im November 2000 gefunden wurde, veröffentlichte der nunmehrige Oppositionspolitiker Alexander Moros Tonbänder, die von einem Geheimdienstoffizier in der Präsidialkanzlei mitgeschnitten worden waren und in denen Kutschma ziemlich zweifelsfrei seine Beseitigung anordnete. Nach seinem Abtritt wurden 2005 einige Polizeioffiziere verurteilt. Kutschma profitiert jedoch seither von einer freilich nie offiziell bestätigten Amnestie seines Nachfolgers Juschtschenko und lebt weiter unbehelligt. Zunächst jedoch hatte er als seinen Nachfolger Viktor Janukowitsch, den vorbestraften Kandidaten des Donezker Klans, auserkoren. Dessen getürkte Wahl scheiterte bekanntlich an der „orangen Revolution" im Winter 2004. Kutschma war zu diesem Zeitpunkt wegen seiner gescheiterten Wirtschaftspolitik, seiner zunehmend repressiven Herrschaft, seiner Korruption und der nicht enden wollenden Gongadse-Affäre weithin diskreditiert.

Während der Ära Kutschma galt die mit ihren Erz- und Kohlevorkommen und besten Schwarzerdeböden potentiell reiche Ukraine als Fall einer gescheiterten Transformation. Sie war eindeutig der größte Problemfall unter den „kranken Männern" Osteuropas. Seit 1991 war die Wirtschaftsleistung binnen eines Jahrzehnts um 50 % gefallen. Das BIP pro Kopf war auf dem Niveau von Zimbabwe und Bolivien gelandet. Alles, was schiefgehen konnte, war schiefgegangen: von fundamentalen Problemen in der Regierungsführung und der öffentlichen Verwaltung und Justiz, den kontraproduktiven Wirtschaftspolitiken bis hin zur Mißwirtschaft der „roten Direktoren" und der neuen Oligarchen in den Großbetrieben. Die damals populäre Ideologie des „dritten Wegs" behinderte den Aufbau einer wettbewerbsfähigen Unternehmenskultur. Die wechselnden Regierungen waren stets schwach, desorganisiert und korrupt. Das Fehlen einer stabilen Rechtsordnung verstärkte die Unsicherheit. Verzögerte und widersprüchliche Reformen stifteten mehr Schaden als Nutzen. Neue Gesetze und Auslegungsbestimmungen wurden ohne Unterlaß neu erfunden, geändert und ungeprüft verabschiedet. Sie wurden dann vor allem im Steuerrecht rückwirkend gültig. Daneben operierten kaum kontrollierte Monopole, die ihre Lizenzrechte offen und ungestraft mißbrauchen konnten.

Das Nichtbezahlen von Krediten sowie von Rechnungen – vor allem im Energiesektor – wurde weithin toleriert. Durch ein ineffektives Konkursrecht entfiel die Haftung der Marktteilnehmer. Großbetriebe erwarteten, daß der Staat irgendwann einmal ihre Schulden amnestieren würde. Willkürliche Interventionen von Politik, Verwaltung und Justiz waren völlig unvorhersehbar. Sobald irgendein Geschäft erfolgversprechend anlief, wurde es, wenn es keine oder die falschen Beschützer hatte, sofort von Schwärmen von Inspektoren und Steuerfahndern auf der Suche nach Beute heimgesucht.[1] Vor allem verarmte örtliche Behörden konnten der Versuchung nicht widerstehen, sich an den vermeintlich reichen Auslandsinvestoren mit Hilfe neuersonnener Sondersteuern zu vergreifen. Ohnehin vermutete das sowjetisch geschulte Beamtentum hinter den Auslandsinvestitionen gerne die übelsten ausbeuterischen Absichten, die es tunlichst zu verhindern galt.[2] Damit war die Steuerlast im Schnitt für Auslandsinvestoren bald 50 % höher als in vergleichbaren Ländern. Dazu kam die kaum verhüllte Nötigung, „freiwillig" Infrastrukturleistungen in Gestalt neuer Straßen oder Feuerwehrhäuser zu spendieren. Industriepolitische Maßnahmen, seien es Subventionen, Stundungen,

Steuernachlässe, Exklusivlizenzen oder Importschutz durch höhere Zölle oder neue Normungs- und Zertifizierungsbestimmungen, wurden stets ad hoc zum Schutz gewisser Einzelinteressen erlassen. Als etwa das mittlerweile in Konkurs geschlitterte koreanische Daewoo-Werk in der Ukraine errichtet werden sollte, wurden plötzlich die Importzölle für vergleichbare PKWs und Gebrauchtwagen drastisch erhöht.[3] Der Importschutz für Landmaschinen schädigte die Landwirtschaft, die modernes preisgünstiges Gerät dringend brauchte. Gelegentlich wurden auch Exporte besteuert oder gar – etwa bei Lebensmitteln – verboten. Selbst an den Oblastgrenzen wurde der Warenverkehr kontrolliert. Der einheitliche ukrainische Wirtschaftsraum war damit bedroht. Staatlich fixierte Preise im Agrar- und Energiesektor lagen oft unter den Gestehungskosten. Vorhersehbar blieben dann die dringend nötigen Investitionen aus. Angesichts der kaum gesicherten Eigentumsrechte, der willkürlichen Durchsetzung unklarer Gesetze und des schwachen und käuflichen Gerichtswesens herrschte bei den Unternehmensleitungen das Prinzip der kurzfristigen Renditen und der maximalen Kapitalentnahmen zu eigenen Gunsten und ihrer möglichst schnellen Transfers ins sichere Ausland. Die Marktrationalität war damit zum Schaden der Ukraine gegen das Gemeinschaftsinteresse konstruiert.[4]

Viele staatliche Unternehmen (vor allem in der Lebensmittelwirtschaft, dem Schiffbau, der E-Wirtschaft und dem Maschinenbau) wurden von ihren Direktoren ohne unternehmerisches Konzept geführt. In Ermangelung realistischer Bilanzen und Gewinn- und Ertragsrechnungen kannten die meisten ihre Gewinnträger und Verlustbringer einfach nicht. Die existierenden Produktionslinien wurden einfach fortgesetzt. Um den Umsatz zu halten, wurden schlicht die Preise erhöht oder an Abnehmer geliefert, von denen man wußte, daß sie nie zahlen würden. Zum Zeitpunkt der Hyperinflation von 380 % wurde von den Betrieben oft Naturaltausch praktiziert. Mit eingetauschten Naturalien erfolgte dann die Entlohnung der Belegschaften, ein insgesamt sehr teures und aufwendiges Verfahren, das die Erträge um mindestens 50 % minderte. Um knappe Devisen zu beschaffen, wurde auch unter Gestehungskosten mit Verlust exportiert.

Angesichts der geringen Planungs- und Rechtssicherheit dominierte das kurzfristige Überlebensinteresse. Die langfristige Rentabilität war nachrangig. Auch die Oligarchen, die damals schon große Teile der Schwerindustrie (Metallindustrien, Maschinenbau, Chemie) kontrollierten, waren keine investitionsfreudigen Eigentümer. Ebenso wie die „roten Direktoren" waren sie direkt oder indirekt an Lieferanten und Abnehmern beteiligt, mit denen sie zu Lasten von anderen Aktionären, des Staats und der Belegschaften durch manipulierte Preise das von ihnen kontrollierte Unternehmen zugunsten der eigenen (Auslands-)Konten schädigten. Wenn das Unternehmen groß und „strategisch" genug war,

würden Staatshilfen früher oder später den Betrieb retten. Deshalb ver-
zichteten sie auch darauf, die Produktionskosten oder die unterbeschäf-
tigten Belegschaften zu vermindern. Laut der Wirtschaftsberaterin Irina
Akimowa fehlte es den Managern an Unternehmergeist, an Marketing-
fähigkeiten und an der Fähigkeit, auswärtiges Kapital zu mobilisieren.[5]
Häufig lag ohnehin der Realzins für Unternehmenskredite bei über
20 %, der selbst bei gut geführten Unternehmen Investitionen überteu-
ert hätte. Mit ungenügenden Auslandsinvestitionen gab es auch kaum
eine nennenswerte Infusion westlichen Managementwissens. Das Fehlen von modernen Technologien führte auch zur Verschwendung des
technisch und ingenieurwissenschaftlich gut ausgebildeten ukrainischen
Personals, das sich weiter mit veralteten Maschinen und Produktions-
prozessen herumschlagen mußte.

Die Landwirtschaft bot ein ähnliches Bild der Tristesse. Bekanntlich
verfügt die Ukraine mit ihren Schwarzerdeböden über eines der frucht-
barsten Agrarpotentiale der Welt. Zur Zarenzeit wurde von Odessa aus
die Welt mit ukrainischem Getreide versorgt. Der Agrarsektor ist weiter
mit 5 Millionen Beschäftigten, die rund 20 % der Beschäftigten stellen, ein wichtiger Wirtschaftsfaktor. Die Kolchosen waren jedoch nur
nominell privatisiert worden. Sie blieben weiter unter ihren alten Lei-
tern und bauten kein Personal ab. Weil es kein Kataster gab und der
Boden nicht handelsfähig wurde, war es sowohl für die Staatsbetriebe
und die wenigen – knapp 30.000 – neuen bäuerlichen Privatbetriebe
mangels Sicherheiten unmöglich, Betriebs- und Modernisierungskredite
zu bekommen. Dazu legte der Staat die Preise für Agrarprodukte weiter
auf niedrigem – unrentablem – Niveau fest und beließ das ineffiziente
Abnahmemonopol in Gestalt der Getreidesilos und anderer Vermarkter
weiter in staatlicher Hand. Das galt auch für Lieferanten von Saatgut,
Düngemitteln, Betriebsstoffen und Viehfutter. Ohnehin waren mit dem
Zusammenbruch der Sowjetunion auch die traditionellen Absatzmärk-
te der ukrainischen Landwirtschaft weggebrochen. Neue Märkte blieben zunächst unerschlossen. So fiel während der Jahre 1990–1998 die
Agrarproduktion um insgesamt 40 %. Gleichzeitig löste sich die soziale
Infrastruktur auf dem Lande auf. Kulturzentren, Kindergärten und Po-
likliniken wurden geschlossen. Schulen blieben ungeheizt und Lehrer
unbezahlt. Die Dörfer überlebten nur dank ihrer wohlbestallten großen
Hausgärten, der privaten Vorrratshaltung und enger geschnallter Gürtel.
Das Land war im wesentlichen auf Subsistenzniveau gefallen.

Die ukrainische Wirtschaft hat eine der höchsten Energieintensitäten
der Welt. Zur Herstellung einer Einheit des BIP benötigt sie zehn Mal
mehr Energie als zum Beispiel Deutschland. Zu Zeiten der UdSSR galt
Energie in Gestalt von Kohle, Erdöl und Gas als öffentliches Gut, das
entsprechend bedenkenlos verschwendet wurde. Die Einsparpotentiale
wären bei moderneren Produktionsanlagen allein in der Elektrizitäts-

und industriellen Erzeugung enorm. Als nunmehr knappes Gut und Kostenfaktor würden sich solche Investitionen auch betriebs- und volkswirtschaftlich lohnen, wäre da nicht das selbstverschuldete Problem der Kapitalarmut und der fehlenden Kreditmärkte … Weil Preise weiter niedrig festgelegt waren und das Nichtzahlen toleriert wurde, blieben Investitionen in den E-Werken und den Stromnetzen aus. Entsprechend unzuverlässig war die Stromversorgung selbst für solche Kunden, die ihre Rechnungen bezahlten. Auch die Transit-Pipelines, die 60 % des russischen Erdgases durch die Ukraine nach Westeuropa transportieren, waren schlecht unterhalten. Die oft dubiosen Besitzer jener Transitnetze blieben ebenso wie der ukrainische Staat mit seinen Transitgebühren (die damals 10 % der Exporterlöse des Landes entsprachen) nur an maximalen Renditen während der aus politischen Gründen absehbar kurzen Zeit ihrer lukrativen Kontrolle interessiert.

Die Verkehrswege waren im Sowjetsystem für den Massengütertransport in die russischen Industriezentren ausgerichtet gewesen, folgten also meist einer Süd-Nord-Richtung. Zehn Jahre nach der Unabhängigkeit waren sie nicht nur völlig verwahrlost, auch die Verkehrsbedürfnisse hatten sich mit dem Trend zum flexibleren Stückgutverkehr und in den Achsen in Richtung Ost-West verändert, ohne daß jedoch die nötigen Investitionen durchgeführt wurden. Trotz des desolaten Zustands des öffentlichen Verkehrs wurden private Anbieter, zum Beispiel Busunternehmer, stets mit neuen Schikanen und kostenträchtigen Verwaltungsauflagen vergrault.

Die sozialen Folgen des Erbes von 70 Jahren Kommunismus (bzw. 40 Jahren in der früher österreichischen bzw. bis 1939 polnischen Westukraine) sowie der Mißwirtschaft des ersten Transformationsjahrzehnts waren vorhersehbar dramatisch. Die Reallöhne entsprachen im Jahr 2000 nur noch einem Drittel des Niveaus von 1990. Mehr als 50 % der Bevölkerung waren unter die Armutsschwelle gerutscht. Im Alltag brachte dies nicht nur Hunger und ungeheizte Wohnungen. In einer faktisch privatisierten Gesundheitsversorgung gab es ärztliche Hilfe und Medizin nur noch gegen Bargeld. Jenen Härten entsprechend, fiel die Lebenserwartung für Männer um vier Jahre auf 61,6 und die der gesünder lebenden Frauen um ein Jahr auf 72,8 (2000).

Ein erster ernsthafter Reformversuch wurde in den Jahren 1999–2001 unter dem damaligen Ministerpräsidenten Juschtschenko und seiner Stellvertreterin Timoschenko unternommen. Juschtschenko hatte sich als Zentralbankgouverneur bei der Bekämpfung der Inflation und der Einführung einer stabilen Landeswährung, der *griwnja*, als unbestechlicher, patriotischer und wirtschaftsliberaler Reformer einen Namen gemacht. Er gab – damals noch mit Kutschmas Segen – als Regierungsprogramm die richtigen Rezepte bekannt, die westliche Ratgeber schon seit Jahren eingefordert hatten: einen ausgeglichenen Staatshaushalt, die Beseitigung der Wirtschaftssubventionen, die Reform der Beamtenschaft, die Deregulierung und Privatisierung der Landwirtschaft, die Schaffung eines privaten Landmarktes, die Verminderung der Steuerlast und die Verbesserung der Steuererhebung. Julia Timoschenko, die einstige Gasprinzessin, sollte durch die Transparenz der Energiemärkte und des Transithandels mit der Korruption des Sektors aufräumen. Bekanntlich tat sie dies so gründlich, daß sie Kutschma schon ein Jahr später absetzen ließ, während der pflegeleichtere Juschtschenko, trotz der ersten sich einstellenden Wirtschaftserfolge, aufgrund des Widerstandes von Oligarchen und Kommunisten im April 2001 abgelöst wurde. Ernsthafte Reformen mußten bis zur „orangen Revolution" warten. Zum Teil tun sie dies immer noch ...

Die ukrainischen Oligarchen

Die Oligarchen der Ukraine sind im Gegensatz zu ihren Kollegen in Rußland weniger gut bekannt und recherchiert. Abgesehen von den beiden Superreichen Achmetow und Pintschuk, die jeweils $ 15 Milliarden schwer sind, spielen die meisten anderen eher in der zweiten Oligarchenliga um $ 1,5–2 Milliarden. Ihre Hauptbranchen sind die für die ukrainische Wirtschaft wichtigsten: die Schwerindustrie (Metall, Maschinenbau, Kohle), die Energiewirtschaft, die chemische und die Lebensmittelindustrie. Dazu besitzen alle ihre eigene Hausbank und die üblichen Speditionen, Hotels, Medienunternehmen und Fußballklubs zur Entspannung. Mit den drei politischen Lagern sind sie alle jeweils gut verbunden: Janukowitsch und seine „Partei der Regionen" (unter anderem mit Rinat Achmetow, Alexander Wolkow, Grigori Surkis und Viktor Medwedtschuk), Viktor Juschtschenko und „Unsere Ukraine" (mit Sergej Taruta, Petro Poroschenko, Ewhen Tscherwonenko, David Schwanija, Mykola Martinenko und Alexander Morosow) und Julia Timoschenko und ihr „Block Julia Timoschenko" (BJuT, mit Ihor Kolomoisky, Konstantin Schewago, Alexander Burjak, Tariel Wasadse, Nikolai Kowsel, Wassil Chmelnyzkyi und Stepan Hlus).[6] Gelegentlich wechseln sie – wie die von ihnen bezahlten Politiker – auch die Seiten. So war der Lebensmittel-Oligarch Petro Poroschenko, ein Erzfeind der Julia Timoschenko, zunächst in Kutschmas Lager, um 2000 zur Partei der Regionen zu wechseln und schließlich 2001 zu Juschtschenkos *nascha ukraina* (NU – Unsere Ukraine) überzulaufen, wo er es dann unter Präsident Juschtschenko zum Chef des Nationalen Sicherheitsrates brachte. Zur Sicherung ihrer Immunität und Geschäftsinteressen nehmen viele gerne einen Parlamentssitz ein. Vor allem bei der Partei der Regionen scheinen die meisten vorderen Listenplätze für Oligarchen aus dem Osten reserviert zu sein. Dabei scheint vor allem die Tatsache, daß die Oligarchen mit ihren Medien untereinander geschäftlich und politisch zerstritten sind, die Freiräume – zumal in der Presse- und Meinungsfreiheit – zu gewährleisten, die es in Rußland längst nicht mehr gibt.

Noch um 2001 hatte es reine Oligarchenparteien gegeben: die Vereinigten Sozialdemokraten von Medwedschuk und Sarkis, die Demokratische Union von Alexander Wolkow und die Arbeitspartei von Sergej Tigipko. Sie gingen später in verschiedenen Parteikoalitionen auf, in denen die politisierenden Oligarchen ihren Einfluß und ihre Mandate behielten.[7]

Die meisten Oligarchen haben einen klaren regionalen Fokus: Dnjepropetrowsk (Pintschuk, Kolomoisky, Tigipko), Donezk (Achmetow), Kiew (Surkis, Medwedtschuk), Winniza (Poroschenko) etc. Der Hintergrund der meisten ist wie in Rußland und Kasachstan eine wissenschaftlich-technische Ausbildung und eine frühe Komsomolkarriere sowie die überproportionale Zugehörigkeit zu einer nationalen Minderheit – so ist Achmetow Tatar und praktizierender Muslim, Pintschuk und Surkis sind jüdischer Herkunft.

Ihre ersten Gewinne machten sie im zweifelhaften Metall- und Energiehandel. In jenem turbulenten ersten Wendejahrzehnt waren unternehmerische Initiative ebenso wichtig wie die richtigen politischen Beziehungen und die Bereitschaft, diese skrupellos zu schmieren und einzusetzen, und nicht zuletzt das Glück und Talent, Mordanschläge von Auftragskillern zu überleben.

Rinat Achmetow

Der reichste Mann der Ukraine ist der 1966 geborene Rinat Achmetow, der Pate von Donezk. In eine arme Bergarbeiterfamilie geboren, schloß der Tatar laut offizieller Vita „Mitte der 1990er Jahre" ein Studium der Ökonomie ab. Tatsächlich verdiente er sein erstes Geld eher als Boxer und Hütchenspieler.[8] Der rauhe Donbass wurde Anfang der 1990er Jahre von Mafiakriegen und Auftragsmorden erschüttert, von „Brigaden", die sich um die Aufteilung der Reviere stritten, bis sich 1994 Ahat Bragin allgemein durchsetzte. Die Krönung seines Status als Herrscher des Donbass war der Vorsitz im Fußballklub Schachtar Donezk. Doch wurde Bragin seine Leidenschaft für das runde Leder schon ein Jahr später zum Verhängnis, als er im Oktober 1995 auf seiner Ehrentribüne bei einer Bombenexplosioin nebst fünf Leibwächtern ins Jenseits expediert wurde. Beerbt wurde er als Pate der Region von seinem stellvertretenden Klubchef Rinat Achmetow. Dieser begann das mehr oder minder unverhofft ererbte Kapital zielsicher um regionale Schnäppchen zu vermehren, so um das Yenakayono Metallwerk für $ 6 Millionen[9] und das gigantische Kryworischstal, die größte Stahlhütte der Ukraine, zusammen mit Pintschuk für $ 900 Millionen (es sollte bei einer späteren Reprivatisierung von Laschimi Mittal $ 4,8 Milliarden erzielen). Insgesamt kontrollierten seine ererbten und zugekauften Erwerbungen die Kohle-

Koks-Metall-Verwertungskette mit 7 Stahlhütten als regionales Monopol. Dazu gründete Achmetow die Dongor Bank und ließ das 5-Sterne-Donezk-Palace-Hotel und für $ 250 Millionen ein neues Stadion für Schachtar Donezk bauen. Seine weitgestreuten Besitzungen – Banken, Versicherungen, Hotels, Agrarbetriebe, Mobiltelefonnetze, Kraftwerke, Fernsehsender und die Schwerindustrie des Donbass – brachte er in seine 2000 gegründete System Capital Management Corporation (SCM) als Holding ein, deren Anteile er zu 90 % besitzt.[10]

Während der „orangen Revolution" stützte Achmetow als Hauptfinanzier Viktor Janukowitsch, einen schon mit 17 Jahren wegen eines Raubüberfalls und später auch wegen Körperverletzung und Vergewaltigung vorbestraften ehemaligen Preisboxer und Rennfahrer, und dessen Partei der Regionen (PdR). Auch sein Fernsehsender TRK Ukraina agitierte unermüdlich zugunsten seines Schützlings.

Janukowitsch war 1997 von Kutschma zum Gouverneur von Donezk und im November 2002 als Gegengewicht zum Klan von Dnjepropetrowsk zum Ministerpräsidenten ernannt worden. Sein wundersamer Aufstieg wird mit einer angeblichen KGB-Verpflichtung des Sträflings, der damals den Spitznamen „der Schuft" trug, in Verbindung gebracht. Nach seiner Haftentlassung wurde er bald Chef des Fahrdienstes von Donezk und mußte sich als solcher auch in heiklen Missionen bewähren. Als Gouverneur befriedete er mit harter Hand die militanten Bergarbeitergewerkschaften des Donbass, die seither nicht mehr streiken, und die regionalen Kommunisten, von denen auch nicht mehr viel übrig ist.[11]

Nach der „orangen Revolution" durchsuchten Truppen des Innenministeriums Achmetows Anwesen. Die Staatsanwaltschaft ermittelte wegen Steuerhinterziehung, später auch wegen Zugehörigkeit zum organisierten Verbrechen und wegen Mordversuchs.[12] Anklage wurde jedoch nicht erhoben. Nur sein Geschäftspartner Boris Kolesnikow wanderte vier Monate in U-Haft, weil er die Besitzer eines Kaufhauses in Donezk unter Androhung von Gewalt genötigt hatte, Aktien an ihn und an Achmetows Bruder zu übertragen. Abgesehen von Kryworischstal blieb der Besitz Achmetows und der anderer Oligarchen unangetastet. Sie konnten ihre Herrschaft durch die Kontrolle der Parteien, Medien, Banken und Schwerindustrie ungestört fortsetzen. Revolutionen sehen normalerweise anders aus. Unter Janukowitschs späterer Ministerpräsidentenschaft konnte sich Achmetow im August 2007 wieder günstig 50 % des staatlichen Stromkonzerns Dniproenergo einverleiben.

Insofern gibt es für ihn und seinesgleichen kein Motiv für den Anschluß der ganzen oder nur der Ostukraine an Rußland. Innerhalb der PdR ist Achmetow ein Exponent der „Jungen Donezker", die sich gegen russisch finanzierte Sowjetnostalgiker wie beispielsweise Ex-Energieminister Jurij Bojko, den Verbindungsmann der Gasprom, stellen. Für die internationale Wettbewerbsfähigkeit seines veralteten Bergwerks- und

Hüttenreichs braucht Achmetow dringend Westkapital. Das gibt es nur mit einem Minimum an Rechtssicherheit, politischer Stabilität und sauberen Bilanzen. So plädiert er mittlerweile für eine unabhängige, neutrale Ukraine und blockierte erfolgreich die Bürgerkriegsszenarien, die sich nach Juschtschenkos rechtlich problematischer Parlamentsauflösung im April 2007 kurzfristig abzeichneten.

Viktor Pintschuk

Pintschuk gehört zu dem mächtigen, jedoch seit einem Jahrzehnt über das Erbe des 1995 von Kutschma gestürzten Regionalbosses Lasarenko hoffnungslos zerstrittenen Dnjepropetrowsker Klan. Er wurde dort 1960 geboren und studierte am örtlichen Metallurgieinstitut das Ingenieurwesen des Stahlröhrenbaus. 1983 diplomiert, gründete er 1990 die Gesellschaft Interpipe, die sich auf Rohrleitungsinnovationen konzentrierte und mit Gasprom und Rosneft als Kunden viel Geld verdiente. Bald diversifizierte sich Interpipe von Stahlröhren und -leitungen zu Eisenbahnrädern, Banken, Fluglinien, Immobilien und Medien. Darunter befinden sich vier landesweit ausstrahlende Fernsehsender und die Boulevardzeitung „Fakty i Kommentarii". Als Pintschuk in zweiter Ehe eine gewisse Elena Frantschuk heiratete, nahm seine Oligarchenkarriere einen noch ungeahnteren Aufschwung, denn sein neuer Schwiegervater war niemand anderer als Leonid Kutschma. Nach der Ausschaltung von Julia Timoschenko und ihrer Vereinigten Energiesysteme 2000/01 übernahm er praktischerweise deren Rolle im Gashandel. Von 1998 saß er bis 2004 als Getreuer des Präsidenten in der Werchowna Rada, schwor nach der „orangen Revolution" dem direkten politischen Engagement ab und behauptet seither, seinen Medien keine Instruktionen (*temniki*) mehr zu geben.[13] Mit Poroschenko verbündet, besitzt er seither ein gewisses Naheverhältnis zu Juschtschenko, zumal seine Erzfeinde von der Dnjepropetrowsker „Privatgruppe", die 1992 von Sergej Tigipko gegründet und 1997 von Ihor Kolomoisky weitergeführt wurde, mit Julia Timoschenko verbündet sind. Dies erlaubte Pintschuk im Kampf gegen Kolomoisky, das Ferrolegierungswerk von Nikopil, dessen Arbeiter er auch mit seinen Medien zu seinen Gunsten mobilisierte, zu dubiosen Bedingungen günstig zu übernehmen. Sein unternehmerisches Talent ermöglichte es ihm auch, sich für GBP 80 Millionen in London eines der teuersten Anwesen der Welt zu erwerben.

Julia Timoschenko

In der Raketenbauerstadt Dnjepropetrowsk wurde Julia Timoschenko 1960 in einfachen Verhältnissen geboren. Ihre alleinerziehende Mutter war Mitarbeiterin beim städtischen Taxidienst. So wuchs sie in einem proletarischen Plattenbau, dem „Haus des Taxifahrers", auf. Mit Intelligenz und Willenskraft studierte sie dann Wirtschaftswissenschaften an der Staatsuniversität in Dnjepropetrowsk, wurde in einem der großen Staatsbetriebe eingestellt und heiratete jung in eine der örtlichen Nomenklaturafamilien ein. Mit dem Geld und den nützlichen Verbindungen ihres Schwiegervaters begründete die junge Wirtschaftsingenieurin in der Perestroika-Phase eine Kette von Videotheken und organisierte Rockkonzerte. Bald schon wechselte sie ins Ölgeschäft. Unter Protektion des Anfangs der 1990er Jahre in Dnjepropetrowsk als Gouverneur allmächtigen Pawlo Lasarenko gründete sie die Vereinigten Energiesysteme (EESU), die, nachdem Lasarenko 1996 Ministerpräsident geworden war, den Ankauf und die Verteilung von russischem Gas in der Ukraine monopolisieren wollte.[14] Timoschenko weitete ihre EESU schnell zu einem Konglomerat aus, indem sie Anteile energieabhängiger Firmen übernahm: Röhrenwerke, Metallhütten, Erzschmelzen, eine Fluggesellschaft, zwei Banken … Als einzige ukrainische Oligarchin hatte Timoschenko bis 1997 einen Jahresumsatz von $ 10 Milliarden erreicht. Mit einem Vermögen, das auf $ 2,5 Milliarden geschätzt wurde, kontrollierte sie damals 25 % der ukrainischen Wirtschaft.

In die Politik geriet sie eher aus geschäftlichen Gründen. Im Dezember 1996 ließ sich die junge Oligarchin in die Werchowna Rada wählen. Diese teure Investition war lohnend als Schutz vor Staatsanwälten und als Zugang zu den Hinterzimmern der Macht.

Das Blatt wendete sich, als Präsident Kutschma (1994–2004), der bekanntlich stets einen Klan und eine Region gegen die andere ausspielte, im August 1997 entschied, daß Lasarenko und sein Dnjepropetrowsker Klan zu mächtig geworden waren. Lasarenko wurde gestürzt und mußte ins Ausland fliehen. Die mit ihm verbündete Julia Timoschenko und ihre EESU verloren nun die Rechte im Gashandel an ihre Rivalen, die sich prompt an den Resten ihres Konglomerats schadlos hielten. Timoschenko begann darauf mit der Forderung nach dem Sturz Kutschmas und dem Versprechen von Sozialleistungen und pünktlichen Löhnen und Renten einen radikalen Oppositionskurs. Kutschma fühlte sich nun bedroht und ließ Belastungsmaterial (*kompromat*) gegen die EESU, Vorgängerfirmen und Timoschenko selbst sammeln. In einem der üblichen angeordneten Gerichtsverfahren wurde die Firma wegen angeblich offener Schulden für insolvent erklärt und zerschlagen. Gegen Julia Timoschenko wurde in der Folge wegen der bei Oligarchen typischen Delikte (Korruption und Steuerhinterziehung) ermittelt.

Nach seiner Wiederwahl im Jahre 1999 versuchte sich Kutschma von seinen oligarchischen Sponsoren zu emanzipieren. Dazu drohte angesichts der desolaten Wirtschaftslage unmittelbar die Zahlungsunfähigkeit des Staates. Deshalb ernannte er zur allgemeinen Überraschung ein Reformkabinett mit dem scheinbar ehrgeizlosen, reputierlichen

Zentralbankchef Viktor Juschtschenko als Premier und der wesentlich dynamischeren Julia Timoschenko als Vizepremierministerin mit der Verantwortung für den Energiesektor, den sie nur allzu gut kannte. Timoschenko führte als Novum offene Gasverhandlungen mit Moskau und mit Aschgabat, handelte dabei Barzahlungen und Vorzugskonditionen aus und ließ die Verbraucher auf zentrale Konten zahlen. Damit beschnitt sie nicht nur (wie von Kutschma beabsichtigt) die Macht der Gasoligarchen, sondern auch die mit ihm weiter verbündeten Mafiosi von Kiew und des Donbass, die sich im Naturaltausch und an Zwischenkonten alimentiert hatten. Auch wenn dank Timoschenkos Wirken der Staatshaushalt saniert und erstmals für einen Winter Vorsorge getroffen werden konnte,[15] war der Angriff auf seine Stützen der Macht für Kutschma nicht hinnehmbar. Er ließ die Anti-EESU-Kampagne wiederaufnehmen, Timoschenko im Januar 2001 entlassen und nach ihrem Schwenk ins Oppositionslager unter Mitwirkung des treulosen Juschtschenko, der sich hier nicht zum letzten Mal durch fehlende Courage „auszeichnete", für einige Wochen verhaften. Während ihrer Inhaftierung rührte Ministerpräsident Juschtschenko für sie keinen Finger. Er verstieg sich sogar, ihre politische Bewegung in einem offenen Brief als „faschistische Clique" zu denunzieren. Nach ihrer Enthaftung nahm Timoschenko endgültig die Rolle einer national-sozialrevolutionären Idealistin an, einschließlich ihres neuen Erscheinungsbildes mit dem blond gefärbten Zopfkranz. Im Dezember 2001 gelang es ihr, aus fünf Kleinparteien den „Block Julia Timoschenko" zu formieren. Sie trat damit gegen die Partei der Macht (Einige Ukraine) von Kutschma und gegen die Nomenklatura-Oppositionspartei (Unsere Ukraine) von Juschtschenko an, der auch nach seiner Absetzung im Jahr 2002 durch Kutschma nicht kämpfen, sondern sich lieber mit den Oligarchen einigen wollte.

Durch die veröffentlichten Tonbänder im Mordfall Gongadse unter Druck geraten, verbündete sich Kutschma mit dem Donezker Klan der Politkriminellen. Er ernannte Janukowitsch, ihren politischen Exponenten, im November 2002 zum Ministerpräsidenten und zu seinem designierten Nachfolger. Janukowitsch war auch dem FSB und Putin genehm, da er durch seine Vorstrafenakten jederzeit erpreßbar blieb. Im Wahlkampf von 2004 griff Rußland massiv mit Geld und einem „Beraterteam" ein. Danach begann die „orange Revolution", in der Timoschenko, die treibende Kraft der Revolte, Juschtschenko, der durch seine Dioxinvergiftung schwer gezeichnet und zeitweise radikalisiert war, in der Öffentlichkeit den Vortritt ließ. Doch bald nach dem Wahlsieg vom Dezember 2004 begann das erneute Zerwürfnis zwischen dem neuen Präsidenten und seiner dynamischen, rastlosen Ministerpräsidentin. Er teilt weder ihren Glauben an einen starken Sozialstaat, mit dem sie durch rasche Erhöhungen von Gehältern und Renten die Kaufkraft der verarmten Bevölkerung zu stärken suchte, noch ihren Kampf gegen die

Oligarchen, deren übel erworbenes Volkseigentum sie erneut nach öffentlichen Ausschreibungen versteigern wollte.

Mit ihren verschiedenen, stets vorbehaltlos gespielten Rollen – von der notwendigerweise kalt berechnenden und mit allen Dnjepr-Wassern gewaschenen jungen Oligarchin zur leidenschaftlichen charismatischen Nationalrevolutionärin, mit einem sozial- und wirtschaftspolitischen Programm, das auch die gängige westliche liberale Orthodoxie transzendiert – bleibt Timoschenko notgedrungen weiter rätselhaft. Mit ihrer Neigung zu theatralischen Inszenierungen und einem aufwendigen Lebensstil erscheint ihre sozialpatriotische Rolle nie ganz widerspruchsfrei. Mit dem dauernden Risiko von Verrat aus den eigenen Reihen und von tödlichen Geheimdienstintrigen ist der Zugang zu ihrer eigentlichen Persönlichkeit und ihren tieferen Motiven und Einsichten wohl auch kaum möglich.

Mit ihrem jähen Schwenk auf eine prorussische Linie im Zuge der Georgienkrise vom August/September 2008 überraschte sie einmal mehr Freund und Feind. Mutmaßlich suchte sie damit die russophilen Wähler des Ostens und Südens für die Präsidentschaftswahlen von 2009 Juschtschenko abspenstig zu machen und für sich zu gewinnen.

Viktor Juschtschenko

Juschtschenko wurde als Sohn eines Lehrerehepaares 1954 in einem Dorf der Nordostukraine geboren. Er studierte Ökonomie und spezialisierte sich auf Agrarfinanzierungen. Als solcher trat er in die Nationalbank ein, wo er von ihrem damaligen liberalen Präsidenten, dem 1998 unter ungeklärten Ursachen erschossenen Wadim Hetman, gefördert und zum Nachfolger aufgebaut wurde. Als Schöpfer des Griwnja als solider Währung nach der Hyperinflation erwarb sich Juschtschenko Meriten. Auch als ein Skandal um verschwundene IWF-Milliarden die Bank erschütterte, blieb an ihm nichts hängen. Aufgrund seines angenehmeren Erscheinungsbildes und seiner besseren Umgangsformen in der Öffentlichkeit, die ihn von den meisten ukrainischen Politikern unterscheiden, wurde ihm von der liberalen Opposition 1999 eine Präsidentschaftskandidatur angetragen, die er jedoch ausschlug. Kutschma belohnte seinen scheinbaren Mangel an Ehrgeiz, in dem er ihn 1999 (bis 2001) dann zum Ministerpräsidenten machte. Nach seiner Dioxinvergiftung verbrüderte er sich nach der „orangen Revolution" nur noch mit den Oligarchen, deren Reichtümer er erfolgreich verteidigte. Dagegen ist Juschtschenko, der gegenüber Westbesuchern stets die richtigen Worte findet, wegen seiner unbedingten NATO- und EU-Politik weiter – im Gegensatz zu Timoschenko – wie einstens Gorbatschow ein Liebling der Westmedien, auch wenn im Zuge seines immer maßloseren Taktierens seine Beliebtheit in der Ukraine deutlich gelitten hat.

Die „orange Revolution" und ihre Folgen

Kutschmas Herrschaft (1996–2004) war keine Diktatur. Es war ein zunehmend repressives Präsidialregime, das sich auf wechselnde Allianzen
regionaler Wirtschaftsbosse stützte und auf Wahlen und formale verfas-
sungsmäßige Abläufe als demokratische Fassaden nicht verzichten wollte.
Die stete Rivalität der Oligarchen, die sich um die Umverteilung des gleichen – kaum wachsenden – Kuchens unablässig stritten, und die Schwäche
des korrupten Staatsapparates erlaubten Freiräume für Bürgerrechte, die
nur durch gelegentliche, d. h. im Gegensatz zu Rußland unsystematische,
staatliche Willkür und durch den Terror meist privater Auftragsmorde für
bestimmte Zielgruppen erschüttert und eingeschränkt wurden.

Wahlmanipulationen waren für Kutschma nichts Neues. Schon bei
den Präsidentschaftswahlen von 1999 hatte er in der zweiten Runde
gegen den Kommunisten Pjotr Simonenko massiv staatliche Ressourcen
und die Medienmacht nahestehender Oligarchen eingesetzt und nach
einer unbefriedigenden ersten Runde zur allgemeinen Abschreckung die
Gouverneure der drei Oblaste abgesetzt, in denen er die schlechtesten
Wahlergebnisse eingefahren hatte. Entsprechend paßte dann die Auszählung in der zweiten Runde mit 72 %. Das war anno 1994 im Wahl-
duell zwischen Jelzin und Sjuganow in Rußland kaum anders.

Schon 2001 gab es erste Großdemonstrationen gegen den Machtmißbrauch Kutschmas, als ein erstes Oppositionsbündnis („Ukraine ohne
Kutschma"), das damals hauptsächlich von Julia Timoschenko und
dem Altsozialisten Alexander Moros getragen wurde, seinen Sturz und
eine unabhängige Untersuchung des Mordfalles Gongadse forderte. Als
Juschtschenko selbst nach nur 16 Monaten im April 2002 gestürzt wurde, gründete er „Unsere Ukraine" als Oppositionskoalition. Im Lichte
der ersten Wirtschaftserfolge seiner Reformpolitik (und weltweit gestie-
gener Stahlpreise) gewann „Unsere Ukraine" bei den Parlamentswahlen
2002 100 Mandate, von denen Kutschma alsbald mit Beträgen von je
$ 100.000 bis $ 200.000 fünfzig Abgeordnete abwarb. So schlossen sich
im September 2002 Juschtschenko und seine NU sowie die Kommunisten den Protesten an. Doch auch diese Großdemonstrationen liefen
bald ins Leere und zerstreuten sich, zumal sie von den meisten Medien
der mit Kutschma verbündeten Oligarchenparteien ignoriert wurden.

Diese Erfahrung half, die zerstrittene Opposition für die im Herbst
2004 stattfindenden Präsidialwahlen, bei denen Kutschma nicht mehr
antreten würde, zu einen. Im Bündnis von NU und BJuT sollten Viktor
Juschtschenko Präsident und Julia Timoschenko Ministerpräsidentin
werden.

In den meisten seriösen Meinungsumfragen lag jenes „Traumpaar",
der seriöse Banker und die leidenschaftliche Nationalrevolutionärin, mit
Abstand vorne. Nur in den von Gleb Pawlowski, der vom Kreml nach

Kiew als Politikberater geschickt worden war, in Auftrag gegebenen Umfragen nicht.[16] Dies obwohl die nationalen Fernsehkanäle Janukowitsch hochjubelten und Veranstaltungen der Opposition in der Provinz unablässig gestört oder unter fadenscheinigen Gründen verboten wurden. Janukowitsch genoß ein Wahlkampfbudget von $ 600 Millionen. Nicht nur hatten die meisten ukrainischen Oligarchen zur Verhinderung von Juschtschenko und Timoschenko gespendet, auch Putin, der selbst in Kiew in den Wahlkampf eingriff, hatte die russischen Oligarchen zur Unterstützung vergattert.[17] Vor Schmutzkübeln schreckte diese Kampagne nicht zurück. Juschtschenko, der mit einer ukrainischstämmigen US-Amerikanerin verheiratet ist, wurde als CIA-Mann dargestellt, gegen Timoschenko ein russischer Haftbefehl erlassen.

Schließlich kam es am 5. September 2004 bei einem Abendessen Juschtschenkos mit dem ukrainischen Geheimdienstchef Igor Smeschko und dessen Stellvertreter Wladimir Sazjuk in der Datscha des SBU-Chefs zu jener mysteriösen Dioxinvergiftung des Oppositionsführers. Man aß und trank bis in die frühen Morgenstunden und besprach dabei angeblich ein Wohlverhaltensabkommen für den Wahlkampf. Am nächsten Morgen brach Juschtschenko zusammen, ließ sich nach einigen Tagen ins Wiener Rudolfinerstift ausfliegen, wo man eine schwere Dioxinvergiftung mit einer potentiell tödlichen Dosierung feststellte. Nur langsam genas der Patient. Sein Gesicht war noch vier Jahre lang entstellt. Möglicherweise ist es auch zu Persönlichkeitsveränderungen gekommen. Der bislang ungeklärte Fall wirft viele Fragen und Ungereimtheiten auf beiden Seiten auf: Warum läßt sich ein Oppositionskandidat auf ein Einzelgespräch mit einem feindselig eingestellten Geheimdienst auf privatem Grund ein? Warum sollte Smeschko, der sich mittlerweile nach Rußland abgesetzt hat, sollte er denn der Täter sein, dies ausgerechnet spektakulär in seiner eigenen Datscha machen? (Oder macht jene allzu offensichtliche und damit unglaubwürdige Variante sie doch wieder denkbar?) Warum zeigt Juschtschenko nach dem Antritt seiner Präsidentschaft, nachdem ihm alle Machtmittel zur Verfügung stehen, ein so erstaunlich geringes Interesse an der Aufklärung? So wollen üble Gerüchte nicht verstummen, er habe sich selbst vergiftet und sich dabei in der Dosierung vergriffen. Beweisen läßt sich auch diese Variante freilich nicht.

Nachdem nicht nur die ukrainische Öffentlichkeit, sondern die gesamten Weltmedien am Schicksal des um sein Leben kämpfenden Kandidaten Anteil nahmen, wollte Janukowitsch nicht zurückstehen. Als in der Westukraine ein feindliches Ei den Wahlkämpfer traf, brach der Hüne wie vom Blitz getroffen auf der Tribüne zusammen und ließ sich mit Blaulicht ins Krankenhaus bringen, wo er dann drei Tage verbrachte. Die oligarchisch kontrollierten Medien verkündeten daraufhin, mit einem Stein sei ein Attentatsversuch verübt worden. Als Attentäter wurden bald vier Oppositionsfreunde ausgemacht, bei denen bei Haus-

durchsuchungen prompt faschistische Literatur „gefunden" wurde. Da
Fernsehfilme jedoch zweifelsfrei belegten, daß das „Mordinstrument"
ein unschuldiges Ei war, wurde die Inszenierung abgebrochen.

Am Wahltag der ersten Runde ging Juschtschenko mit 39,9 % gegenüber Janukowitsch mit 39,3 % leicht in Führung. OSZE-Beobachter sprachen angesichts des Bustourismus von ostukrainischen Janu-
kowitsch-Fans, die von Wahllokal zu Wahllokal reisend, überall aufs
neue zu wählen versuchten, von einem „Schritt zurück" bei den bereits
erreichten Wahlstandards. Doch es sollte noch härter kommen. Angesichts von Umfragen, die meist einen Vorsprung von 8 % angaben, und
aufgrund des Aufrufs von Alexander Moros (der mit 5,8 % an dritter
Stelle lag), Juschtschenko zu unterstützen, war man im Oppositionslager trotz aller verschärfter Behinderungen und Medienkampagnen bei
der Stichwahl am 21. November 2004 optimistisch. Für den Wahlabend
waren auf dem zentralen Maidan-Platz in Kiew Zelte und Feldküchen
für die Siegesfeier aufgebaut worden. Als die ersten Ergebnisse zugunsten Janukowitsch, einschließlich unwahrscheinlich hoher Wahlbeteili-
gungen von über 96 % in seiner Hochburg Donezk, bekannt wurden,
ahnten die meisten, daß sie betrogen worden waren. So strömten immer mehr rechtschaffen empörte Demonstranten auf den Platz, die sich
schworen, nicht eher zu gehen, bis Juschtschenko zum Präsidenten ausgerufen wurde. Die „orange Revolution" hatte begonnen.

Noch in der Wahlnacht gratulierte Putin Janukowitsch zu seinem
„überzeugenden" Sieg, der in einem „offenen und ehrlichen" Wahlkampf errungen worden war.[18] Inzwischen aber hatten die internationalen Wahlbeobachter eine lange Sündenliste zusammengetragen, die
„offenen und ehrlichen" Wahlen Hohn sprach. So hatten Belegschafts-
mitglieder und Studenschaften ihre Wahlzettel blanko ihren *na-
tschalniks* (Direktoren) bzw. Rektoren aushändigen müssen. Ähnliches
fand in der Armee und anderen staatlichen Anstalten statt. Auffällig
viele Heimwahlen wurden außerhalb der Wahllokale durchgeführt.
Eine Unmenge von „Abwesenheitszertifikaten" war ausgestellt worden, die es ihren Inhabern erlaubten, auf organisierten Busreisen in jedem beliebigen Wahllokal ihre Stimme anscheinend beliebig oft abzu-
geben. Wahlbeobachter, die dies monierten, wurden bedroht oder aus
den Lokalen geworfen. Ein Polizist wurde erschossen, als er den Diebstahl von Wahlurnen verhindern wollte. Die meisten anderen sahen
klugerweise einfach weg. Während im blauen Osten der Urnengang
wundersam ermutigt wurde, fand in den orangen Hochburgen des Westens das Gegenteil statt. Schon früh gab es abschreckende Berichte
von Tumulten. Eine Bombe explodierte in einem Lokal, bei der ein
Mensch umkam. So konnte das negative Verdikt der OSZE-Beobachter, die vom Unwillen der Behörden und der Zentralen Wahlkommission sprachen, einen fairen Wahlgang und eine korrekte Auszählung

zu ermöglichen,[19] nicht überraschen. Die Zahl der täglichen Demonstranten in Kiew schwoll bald auf über 200.000 an. Auch in anderen Städten der West- und Zentralukraine, so in Lemberg und Charkow, protestierten Zehntausende. Die Stadtparlamente von Lemberg und Kiew, wo Juschtschenko 76 % der Stimmen erhalten hatte, sprachen als erstes Janukowitsch ihre Nichtanerkennung aus. Inzwischen war bei einem Teil der Oligarchen ein Gesinnungswandel eingetreten. Pintschuk erklärte seine Neutralität und erklärte, am besten sei eine Kohabitation zwischen den beiden Viktors. Seine Medien befleißigten sich nunmehr auch einer gewissen Objektivität.[20] Eine 30–40köpfige Parlamentariergruppe unter dem Parlamentssprecher Litwin, eines ehemaligen Getreuen Kutschmas, ging zur Opposition über – ebenso wie Kutschmas Patensohn Andrej Derkach, der Sohn des vormaligen Geheimdienstchefs. Prompt erklärte die Werchowna Rada den zweiten Wahlgang mit einer deutlichen Mehrheit für ungültig. Dieses Votum war zwar rechtsunerheblich, ermutigte jedoch den Obersten Gerichtshof, der nunmehr angerufen wurde.

Die Demonstranten blockierten in Kiew die meisten zentralen Regierungsgebäude und Verkehrswege. Tagsüber waren es meist 100.000, nachts bei Temperaturen unter Null harrten noch 5.000 zum Schutz der Zeltstädte aus. Eine gut organisierte Studentenbewegung, Pora („Es ist Zeit"), die am Beispiel der *solidarność* und der serbischen und georgischen Studentenbewegung gelernt hatte, sorgte für den Schutz vor Provokateuren und alkoholisierten Schlägern. Die Polizei- und Militärketten, die unversorgt vor öffentlichen Gebäuden in Bereitschaft standen, wurden mit Essen versorgt und von ausgesucht hübschen Studentinnen beflirtet. Gleichzeitig berichtete Poroschenkos Kanal 5 *online* vom Geschehen und konnte damit jederzeit Sympathisanten mobilisieren. In der West- und Zentralukraine hatten orange Parteigänger die Bürgermeistereien und Regionalverwaltungen übernommen.

Doch blieb der Osten blaues Territorium. Die Oblaste Donezk und Luhansk erklärten ihre „Autonomie" und blockierten die Transportwege in den Westen. Sorge machte auch die Krim und die Rolle der in Sewastopol stationierten russischen Schwarzmeerflotte. Schon hatte es ernste Schlägereien zwischen beiden Lagern in Charkow gegeben. Bergleute aus dem Donbass wurden per Bus in großen Zahlen zu bezahlten Gegendemonstrationen nach Kiew verbracht. „Bürgerkrieg ist denkbar", befürchtete der „Economist".[21] Niemand wußte, wie sich die schlecht bezahlte und demotivierte, meist aus Wehrpflichtigen bestehende 200.000 Mann große Armee verhalten würde, geschweige denn die gut bezahlten und besser für innenpolitische Krisen ausgebildeten, rund 40.000 Mann umfassenden Truppen des Innenministeriums.

In dieser Lage verhandelte ein europäisches Dreierteam in Gestalt von Xavier Solana und den polnischen und litauischen Präsidenten Kwasniewski und Adamkus in Kiew mit Kutschma und den beiden Viktors, um Neuwahlen zu ermöglichen. Putin und sein Außenminister Lawrow warnten den Westen, sich einzumischen, Chaos zu schaffen und die für sie so schön abgelaufenen Wahlen nicht anzuerkennen.[22]

Doch schien Kutschma bald keine Lust mehr zu haben, für Januko-witsch die Kastanien aus dem Feuer zu holen. Er war wie die meisten Oligarchen im Lichte der für sie gefährlichen vorrevolutionären Situation bereit, mit Solanas Vermittlung mit Juschtschenko gegen gewisse Rück-versicherungen Abmachungen zu treffen. Im wesentlichen wurde neben weitgehenden Besitzgarantien und Immunitäten eine Verfassungsreform vereinbart, bei der die Macht des Präsidenten auf den Premierminister und auf die von den Oligarchen beherrschte Werchowna Rada zurück-verlagert wurde.[23] Auch die wankelmütigen Moros und Litwin wollten die Verfassungsreform, um den künftigen Präsidenten Juschtschenko zu entmachten. Pintschuk nannte dies einen „guten Kompromiß" für die Ukraine. Timoschenko, die den Ausverkauf der Revolution klar erkann-te, war mit 40 ihrer Abgeordneten dagegen, mußte sich aber fügen. Sie wurde in den Westmedien als gefährliche Demagogin geschmäht und zeigte sich in der Öffentlichkeit doch weiter brav im Pelzmantel an der Seite ihres umgefallenen Bundesgenossen. Auch Janukowitsch war ver-bittert über Kutschmas und der Oligarchen Verrat, schien doch die Kar-riere vom Sträfling zum Präsidenten zunächst einmal ausgeträumt. Einzig Achmetow hielt noch in Treue zu ihm. Kutschma hatte ihm den Verzicht auf eine neue Kandidatur nahegelegt. Das konnte der Pate des Donbass aus Gründen der Selbstachtung und des Machterhalts nicht akzeptieren. Trotzig erklärte er, zur Not wolle er Oppositionsführer werden.

So erklärte dann der Oberste Gerichtshof nach der zweiten Protest-woche den zweiten Wahlgang fast schon erwartungsgemäß für ungültig. Am 26. Dezember 2004 sollten die neuen Wahlen stattfinden. Mit dem Segen der Vereinigten Staaten, Kutschmas und der meisten Oligarchen gewann nun Viktor Juschtschenko ohne viel Aufwand und Probleme 52 % der Stimmen. Janukowitsch, der plötzlich einen Außenseiterwahl-kampf führen mußte, gewann dank seiner linksdnjeprischen Bastionen immerhin noch 44 % der Stimmen. Er drohte Wahlbeschwerden und Straßendemos an, die jedoch im Sande verliefen.

Ausländische Interventionen gab es auf beiden Seiten. Bis zum (an-nulierten) zweiten Wahlgang waren die russischen Interventionen un-übersehbar massiv, bis hin zu Putins Präsenz in Kiew. Während der Maidan-Demonstrationen war dann der Einfluß der US-amerikanischen Stiftungen unverkennbar – und wesentlich erfolgreicher. Wenn man so will, hat dann in der Folge die europäische Vermittlung zwar eine friedliche Lösung durchgesetzt, doch gleichzeitig die Revolution, die in Westeuropa niemand wollte, zugunsten der fortgesetzten Oligarchen-herrschaft abgewürgt. So finanzierten USAid, das National Democratic

Institute (NDI, die internationale Parteistiftung der Demokraten), das International Republican Institute (IRI, die Stiftung der Republikaner) für $ 18 Millionen sowie George Soros nach eigenen – wie üblich groß-sprecherischen – Angaben $ 100 Millionen für eine Serie entscheidender bürgerrechtlicher und medialer Initiativen. Damit wurden Wählerkom-mittees, Rechtsberatungen für Verhaftete, Internetforen und Telefon-ketten in der Revolutionsphase sowie längerfristig eine professionelle Medienarbeit, Jugendorganisationen und politische Forschungs- und Beratungsinstitute bezahlt. Soros bezuschußte die Agitation auf dem Maidan, die Webseite Ukrainska Prawda, die Stiftung Freedom House, einen gedruckten Nachrichtendienst, eine Wahlzeitung in Millionen-auflage sowie die Umwandlung eines Musiksenders, Gala Radio, zum Politkanal und nicht zuletzt die Studentenbewegung Pora.[24] Die „Süd-deutsche Zeitung" bezifferte die Wahlhilfe von Soros und der Bush-Re-gierung vom 30. Oktober bis 21. November 2004 auf $ 65 Millionen.[25] Dazu behauptete Krawtschuk (ohne Beweise vorzulegen), Beresowski habe für Juschtschenkos Wahlkampagne $ 15 Millionen gezahlt.[26]

Der Kreml schickte gleichfalls seine besten Medienberater und Gas-prom-Gelder zugunsten Janukowitschs, der mit ihrer Hilfe binnen zwölf Monaten von einer kaum bekannten – und übel beleumundeten – Regio-nalgröße zu nationaler Berühmtheit avancierte.[27] Achmetow engagier-te für ihn einen US-Imageberater, der den ehemaligen Sträfling in feine Maßanzüge kleidete und ihm das Kauderwelsch der Unterwelt zugun-sten der russischen Hochsprache austrieb. Nur als Janukowitsch sich einen Professorentitel kaufte und sich prompt als „Proffesor" [sic!] in-skribierte, sprang der neue Lack kurzfristig wieder ab.

Sergej Markow bemerkte, die russische Konsulenz zugunsten Janu-kowitschs mit ihren Stiftungen, runden Tischen und Analysezentren sei schließlich das gleiche, was die USA auch veranstalteten.[28] Doch war das russische Eingreifen zu massiv und nach Putins Auftritten in Kiew zu durchsichtig in seinen Hinterabsichten, so daß es weithin Mißtrauen auslöste und letztlich kontraproduktiv wirkte. Nach seinem polit-diplo-matischen GAU in der Ukraine ließ Putin für einige Zeit von dem Land ab und drehte vorläufig nur noch drohend am Gashahn.

Am 23. Januar 2005 wurde Juschtschenko als Präsident vereidigt. Ab-sprachegemäß wurden Timoschenko seine Premierministerin, Alexan-der Sintschenko der Chef der Präsidialverwaltung und Petro Poroschen-ko der Leiter des nationalen Sicherheitsrats. Es entstanden damit drei Machtzentren, die sich in der Folge durch widersprüchliche Entschei-dungen und persönliche Animositäten ständig blockieren sollten.[29] Nach dem ersten Kassensturz mußte Timoschenko ein gewaltiges Haushalts-loch feststellen, das Janukowitschs Wahlgeschenke gerissen hatten. Im Blick auf die blühende Schattenwirtschaft des Ostens ließ Timoschenko, um deren Legalisierung zu beflügeln, die Steuerraten senken und erzielte so die nötigen Einnahmegewinne. Im Gegensatz zu neoliberalen Rezepten und zu Gaidars Doktrin in Rußland, der die Verarmung von Millionen und die Bereicherung weniger Oligarchen als notwendiges Übel hinnahm, ließ sie Renten und staatliche Gehälter erhöhen, auch wenn bald 70 % des Staatshaushalts in jenen „konsumptiven" Bereich flossen.

Da die Hyperinflation nach dem Ende der Sowjetära (1996: 380 %) Rentner, Sparer und Gehaltsempfänger hatte bettelarm werden lassen, floß in der Logik Timoschenkos jede Kaufkraftsteigerung jener verarmten Mitbürger direkt in die Wirtschaft zurück.[30] Nicht ohne Grund hielten sich trotz der seit 1999 statistisch wieder um ein Drittel gewachsenen Wirtschaft immer noch 47 % der Ukrainer für arm.

Bei der Beurteilung jener Wirtschaftspolitiken ist es natürlich ein fundamentaler Unterschied, ob in einem aufgeblähten Sozialstaat deutscher oder skandinavischer Provenienz administrative Transfers von Leistungsträgern zu unproduktiv-parasitären Segmenten der Gesellschaft weiter massiv erhöht werden oder ob die nötige Mindestkaufkraft für die Masse der arbeitenden Bevölkerung für die Wiederherstellung eines produktiven Wirtschaftskreislaufs, der in der Ukraine während Kutschmas Mißwirtschaft einen Infarkt erlitten hatte, als undogmatische Nothilfe sozusagen geleistet werden mußte.

Neben jenem kurzfristigen Notfall gab es auch strukturelle Probleme. Timoschenko sah nicht nur die Öl- und Gasabhängigkeit der Ukraine von Rußland als Grundübel der Nationalökonomie an, sondern auch die Übermacht eines räuberischen Oligarchenkapitalismus, der wie das Komprador-Kapital[31] Lateinamerikas durch sein ausbeuterisches Verhalten, seine Investitionsverweigerung und die Gewinnverschiebung ins Ausland jede effektive nationale Entwicklungsstrategie konterkarierte. Timoschenko verkündete deshalb den 20.000 unter Kutschma privatisierten Betrieben, sie wolle aus ihrer Zahl 3.000 gestohlene Unternehmen renationalisieren und dann neu reprivatisieren. Die begünstigten Oligarchen hätten dann die Wahl, entweder nachzuzahlen oder ihre Betriebe anderweitig neu versteigert zu sehen. Die Erlöse sollten dann als ursprünglich volkseigen geschaffenes Kapital die Sozialprogramme und die Gehaltslisten des Staats finanzieren. Angesichts des Widerstands von Juschtschenko, der maximal 30 Reprivatisierungen zulassen wollte, wurde dann realiter nur ein einziger, wenngleich spektakulärer Fall durchgezogen: die Stahlhütte Kryworischstal, die Achmetow und Pintschuk bekanntlich zum Schnäppchenpreis von $ 900 Millionen unter Ausschluß der ausländischen Mitbewerber hatten erwerben können und die nach einer ordentlichen internationalen Ausschreibung dann für den mehr als fünffachen Betrag, nämlich für $ 4,8 Milliarden, an Lakshimi Mittal ging, der damit sein weltweites auf die Sanierung maroder Staatsstahlhütten spezialisiertes Stahlimperium von Lothringen bis Indonesien um das in den Transformationsländern letzte große zum Verkauf stehende Stahlwerk abrundete. Als der Oberste Gerichtshof Pintschuk auch die Stahlhütte Nikopil aberkannte, blockierte Poroschenko, der Lebensmittel-Oligarch und Süßwarenkönig der Ukraine, im Namen des Präsidenten die Neuausschreibung.[32]

Timoschenkos Konzept, die Imperien von Pintschuk, Surkis, Medwedtschuk und Achmetow als Stützen des Kutschma-Regimes und der machtvollen Herausforderung durch Janukowitsch zu zerschlagen, wurde durch den Präsidenten blockiert. Juschtschenko verordnete so die Liquidierung der Revolution. Sie wurde damit zu einer theatralisch überhöhten Palastrevolte zu eigenen Gunsten verfälscht.

Nach sieben Monaten Ministerpräsidentenschaft kam das Ende Timoschenkos, nachdem sie versucht hatte, mit Hilfe des Oligarchen Alexander Wolkow durch Direktimporte die Monopolmacht der russischen Konzerne TNK und Lukoil zu knacken, die regelmäßig zur Frühjahrszeit, wenn die Ex-Kolchosen ihre Felder bestellen mußten, ihre Lieferungen verknappten und verteuerten. Juschtschenko fiel ihr in den Rücken, als die Operation zu gelingen schien. Er kapitulierte ohne viel Umstände in direkten Verhandlungen mit den russischen Ölkonzernen[33]. Als Juschtschenko dann im September 2005 sowohl Poroschenko als auch seine Gegenspielerin Timoschenko entließ, konnte Putin einen dreifachen Revanche-Triumph feiern: das russische Ölkapital hatte gewonnen, Timoschenko war in die Opposition zurückverwiesen, und die Oligarchenherrschaft, die so trefflich russische Interventionen begünstigte, blieb weiter intakt. Damit scheiterte in der Ukraine mit parlamentarischen Methoden die Revision der oligarchischen Privatisierungen, während sie in Rußland dank der neuen Geheimdienstherrschaft der *silowiki* zugunsten ihres Eigennutzes gelang. Russisches Kapital konnte deshalb weiter unter verschiedenen Strohmännern in strategische Unternehmen der ukrainischen Wirtschaft geschleust werden. Timoschenko, die dies durchschaut und konterkariert hatte, war jetzt jedoch wieder aus dem Spiel.

Das Ende der Reprivatisierungen brachte nun einen deutlichen Einnahmeausfall für den ukrainischen Fiskus, der weiter hohe Sozial- und Personalabgaben zu bestreiten hatte. Das führt zu der Frage, was nun jene erste authentische Regierung der „orangen Revolution" wirklich in Bewegung zu setzen vermochte. Neben der Verstaatlichung und Reprivatisierung von Kryworischstal erhielt die Ukraine den Status einer Marktwirtschaft (und damit eines günstigeren und sicheren Zugangs zum EU-Markt). Der Wehrdienst wurde verkürzt. Die Geburtenprämie wurde in dem demographisch durch Auswanderung und Geburtenstreik rapide schrumpfenden Land (binnen eines Jahrzehnts von 56 auf 48 Millionen) verzwölffacht und die Mindestrente auf das Existenzminimum angehoben. Allein die letzte Maßnahme kostete 16 % des BIP. Daneben wurden gut 18.000 Funktionäre des alten Regimes nach fixen

Quoten durch orange ausgetauscht. Nicht immer stellten sich die neuen als kompetenter oder unbestechlicher als die alten heraus. Grundsätzliche Reformen der Verwaltung, der Wirtschaft, des Steuer-, Gesundheits- und Bildungssystems waren dagegen ausgeblieben. Zwar wurden Ermittlungen gegen Janukowitsch und Medwedtschuk aufgenommen, verliefen jedoch nach Timoschenkos Abgang im Sande.

Statt dessen beschuldigte Juschtschenko Timoschenko, sie habe während ihrer Amtszeit € 1 Milliarde Firmenschulden durch Amtsmißbrauch zu annullieren versucht. Auch der Generalstaatsanwalt bemühte sich, alte Kompromatgeschichten gegen sie aufzuwärmen. Timoschenkos Sünde war: Sie hatte gegen den neuen Ministerpräsidenten Jurij Jechanurow gestimmt. Als vormaliger Kurzzeitgouverneur von Dnjepropetrowsk und stellvertretender Wirtschaftsminister unter Krawtschuk und Kutschma war er ein – wenngleich farbloser und unbelasteter – Repräsentant des alten Systems, als der er dann auch mit den Stimmen von Janukowitsch im September 2005 gewählt wurde. Für diese Abmachung hatte Juschtschenko zugestanden, den Wahlfälschern vom Herbst 2004 Straffreiheit zu gewähren. Einmal mehr hatte Juschtschenko damit die „orange Revolution" mit ihrem Slogan „Verbrecher ins Gefängnis" verraten.

Allen Abgeordneten wurde eine weitgehende Immunität gesetzlich zugesichert. Statt dessen mußte danach bald im Zuge eines Korruptionsskandals der Chef von Juschtschenkos Präsidialverwaltung, Sintschenko, zurücktreten. Straffreiheit galt auch für ihn. Mit der neuen Verfassung, die am 1. Januar 2006 wirksam wurde, wurde die alte Präsidialverwaltung durch eine neue parlamentarisch-präsidiale Mischform abgelöst. Der Präsident hatte jetzt nur noch ein Vorschlagsrecht für den Premierminister, der jetzt von der Werchowna Rada als Einkammerparlament gewählt wurde. Nur noch den Außen- und Verteidigungsminister und den Chef des Nationalen Verteidigungsrates konnte der Präsident weiter direkt ernennen.

Die Atmosphäre des Dauerwahlkampfes setzte sich jedoch fort. Schon Mitte Januar 2006 stolperte Jechanurow über ein Mißtrauensvotum in der Werchowna Rada. Bei den nun fälligen Neuwahlen im März hatte das orange Lager offensichtliche Schwierigkeiten, seine ernüchterten Parteigänger zu mobilisieren. So gewann Janukowitschs Partei der Regionen dank ihrer fortgesetzten Stärke im Osten und Süden mit 32,1 % 186 Mandate, Timoschenkos BJuT als einzige Partei mit landesweiter Ausstrahlung 22,3 % und 129 Sitze, Juschtschenkos „Unsere Ukraine" mit sehr guten Ergebnissen nur im altösterreichischen Westen 14 % und 80 Mandate. Sein Kandidat für den Kiewer Bürgermeister, der Schwergewichtsboxweltmeister (1999 und 2004) Witali Klitschko, scheiterte mit 22 %. Abgeschlagen, doch Zünglein an der Waage wurden Moros' Sozialisten mit 5,4 % (33 Sitze) und Symonenkos Kommunisten, die auf 3,7 % (21 Sitze) geschrumpft waren. Die Wahlen, bei denen sowohl

Juschtschenko wie Janukowitsch die meiste Oligarchenunterstützung bekommen hatten, verliefen nach internationaler Beobachtermeinung frei und fair. Bald schon wurden „westliche Diplomaten" zitiert, die eine Koalition zwischen den beiden für die beste Lösung hielten[34] und damit ebenso wie der westliche Medienliebling Juschtschenko den Weg des scheinbar geringsten Widerstandes befürworteten. Zunächst wurde jedoch einmal mehr die Neuauflage der orangen Koalition mit Timoschenko und Poroschenko in Schlüsselrollen versucht. Ihre Wahl wurde durch eine Parlamentsbesetzung der PdR verhindert. Zwischenzeitlich lehnte „Unsere Ukraine" Moros als Parlamentspräsident zugunsten Poroschenkos ab. Dies quittierte Moros mit dem Übertritt ins blaue Lager, das ihn prompt mit diesem Posten belohnte. Nun konnte mit Hilfe seiner Sozialisten, die alle prächtig mit Posten und Geld abgefunden wurden, nur anderthalb Jahre nach seiner Ächtung als Wahlfälscher Janukowitsch als Chef einer „Anti-Krisenkoalition" mit 240 von 450 Abgeordneten unter Einschluß der NU zum Ministerpräsidenten gewählt werden. Viktor Tschernomyrdin, der als vormaliger Gasprom-chef als russischer Botschafter ins Kiewer Exil geschickt worden war, begrüßte die Regierung Janukowitsch öffentlich nachdrücklich. Julia Timoschenko, die darauf bestand, das Gasabkommen mit Rußland vom Januar 2006 zu revidieren, lehnte die Beteiligung an einer All-Parteienkoalition als Ausverkauf an der „orangen Revolution" ab und ging in die Opposition.

Vorhersehbar entwickelten sich die Beziehungen zwischen Präsident und Ministerpräsident angesichts der oft unklaren Verfassungslage von Anfang an spannungsgeladen. Obwohl er formal zur Westorientierung der Ukraine vergattert war, verkündete Janukowitsch bei seinem ersten Brüsselbesuch im September 2006 eine „Balance" der Ukraine zwischen Ost und West und eine „Pause" bei den Bemühungen um den NATO-Beitritt.[35] Damit hintertrieb er aktiv Juschtschenkos Hoffnungen auf einen Aktionsplan der NATO für die Ukraine beim NATO-Gipfel in Riga, der die wichtigste Vorstufe für die Mitgliedschaft darstellte. Juschtschenko erteilte Janukowitsch darauf eine „erste politische Warnung", die NATO-Politik der Ukraine nicht zu ändern, den WTO-Beitritt nicht zu gefährden oder die Steuerkürzungen der Vorgängerregierung nicht aufzuheben.[36] Doch drei der vier Koalitionspartner (PdR, Kommunisten und Sozialisten) waren strikt auf Anti-NATO-Kurs und gegen marktliberale Reformen.

Das einzige, was diese Koalition mit der NU einte, war die Verhinderung von Timoschenko als Premierministerin. Die Koalitionsbedingungen der NU waren die Aufgabe der Föderationspläne der PdR (mit der Autonomie für die Ostoblaste und die Krim), der Verzicht auf die Einführung des Russischen als zweite Amtssprache und die Anerkennung der Westorientierung der Ukraine[37] gewesen. So setzte sich der Machtkampf munter fort. Janukowitsch weigerte sich, Dekrete des Präsidenten zu unterschreiben, die ohne Gegenzeichnung der Regierung nicht wirksam werden konnten, und Juschtschenko lehnte es ab, die von ihm eingesetzten Gouverneure, die in den von der PdR dominierten Oblastparlamenten des Ostens und Südens für abgesetzt erklärt worden waren, zu entlassen.[38] So traten denn schon im Oktober 2006 vier der sechs NU-Minister zurück: für Justiz, Kultur, Familie und Gesundheit. Es blieben nur die vom Präsidenten direkt ernannten Außenminister Tarasjuk und Verteidigungsminister Hrizenko sowie – strategisch ebenfalls wichtig – als Innenminister, mit dem Kommando über die Truppen seines Ministeriums, der reformorientierte Sozialist Luzenko.

Die Aufkündigung der Koalition und der Verlust der Futtertröge der Macht unterwarf die heterogene NU, die wie die meisten Parteien von Regionalinteressen vertretenden Lokalmatadoren beherrscht wurde, einer ernsten Zerreißprobe. Einem Minderheitenflügel um Juschtschenko, der aus wirtschaftsliberalen Oligarchen und Geschäftsleuten bestand, die sich mit der jeweiligen Macht pragmatisch, opportunistisch und profitabel zu arrangieren wünschten, stand ein Mehrheitsflügel gegenüber, der eher patriotisch und prowestlich war, sich dem Erbe der „orangen Revolution" verpflichtet fühlte und das Ende der Koalition durchsetzte. In der Folge gelang es Janukowitsch, die Abgeordneten des NU-Wirtschaftsflügels nebst etlichen anderen käuflichen Mandataren fast vollständig abzuwerben, so daß sein Regierungslager im Frühjahr 2007 in der Werchowna Rada knapp vor einer verfassungsändernden Zweidrittelmehrheit stand. Da diese seine Macht direkt bedroht hätte, zog Juschtschenko ohne viel Rücksicht auf störende rechtliche Vorschriften die Notbremse und löste kurzerhand das Parlament auf. Nachdem die Regierung wegen jenes außerkonstitutionellen Schrittes des Obersten Gerichtshof angerufen hatte, setzte der Präsident auch unbotmäßige Richter und den Generalstaatsanwalt ab, die er im Lager von Janukowitsch vermutete. Dazu unterstellte er sich für alle Fälle direkt alle bewaffneten Einheiten des Innen- und Verteidigungsministeriums.[39]

In jener aufgeladenen potentiellen Bürgerkriegsatmosphäre, in denen die höchst eigenwilligen Maßnahmen Juschtschenkos nicht einmal westliche Sympathien genossen, geschah ein kleines Wunder: Janukowitsch und seine PdR akzeptierten nach einigem – rein verbalen – Getöse einen Neuwahltermin im September 2007. Was war geschehen? Achmetow war zur Schlußfolgerung gekommen, daß die fortgesetzte Krise oder ein Bürgerkrieg gar, der zur Abtrennung der Ostoblaste Donezk und Luhanzk und der Krim führen würde, seinen Geschäftsinteressen zuwiderlief, zumal er und die meisten anderen Oligarchen ihren Stahl, andere Metalle und Getreide mittlerweile gewinnbringend auf Westmärkten verkauften und sie Westkapital zur Modernisierung ihrer rostigen Stahlhütten benötigten, das sich bei ernsthaften politischen Turbulenzen schnell rar gemacht hätte.

Bei den Wahlen im September 2007 gewann die Partei der Regionen mit 34,4 % leicht (+ 2,3 % gegenüber dem Vorjahr), BJuT stark mit 30,7 % (+ 8,4 %), während Unsere Ukraine (NU-NS), der sich die Nationale Selbstverteidigung (NS) des vormaligen Innenministers und Volkstribuns Jurij Luzenko angeschlossen hatte, bei 14,2 % (+ 0,3 %) stabil blieb. Die Kommunisten gewannen mit 5,4 % (+ 1,7 %) leicht. Neu zog ins Parlament der Block Litwin mit 4 % der Stimmen, der von dem ehemaligen Präsidialamtschef Kutschmas gebildet wurde und von den Oligarchen als „neutrale Kraft" besonders begünstigt wurde. Dagegen flogen Moros und seine Sozialisten wegen ihres Verrats an der „orangen Revolution" mit 2,9 % aus der Werchowna Rada und mutmaßlich aus dem politischen Leben.

Die Wahlbeteiligung war dem allgemeinen Frust über die korrupten und streitsüchtigen Politiker bei jener dritten Parlamentswahl innerhalb von vier Jahren binnen Jahresfrist von 64 % (2006) auf 57 % abgesunken. Während die Oligarchen geschätzte $ 500 Millionen in den Wahlkampf – vor allem zugunsten der PdR – pumpten, denn 300 der großen, kleinen und mittleren Oligarchen sollten nachher als Millionäre wieder ihre immunitätsspendenden Mandate erhalten, gab Timoschenko die mit Abstand wirkungsvollsten Sozialversprechen ab. Sie reichten von der Abschaffung der Wehrpflicht über die Rückerstattung der in der Hyperinflation entwerteten Sparguthaben bis hin zur Rückabwicklung unrechtmäßiger Privatisierungen. Sie versprach eine interventionistische Wirtschaftspolitik, die ihr, ebenso wie ihr sprunghaft-melodramatischer Stil, weder im Westen noch bei den meisten Oligarchen Sympathien ein-

Ein Traumpaar, dessen Beziehung inzwischen als zerrüttet gelten kann: Viktor Juschtschenko, der Präsident der Ukraine, und Julia Timoschenko, deren Koalitionsregierung im September 2008 vor allem auf Betreiben von Juschtschenko zerbrach.

trug, wohl aber bei den Wählern, die sie als einzige Politikerin sowohl im Westen wie im Osten, dem sie schließlich entstammte, gewinnen konnte.

So blieb nach jenem Wahlsieg Juschtschenko nichts anderes übrig, die früheren Wahlaussagen der NU-NS für eine orange Koalition zu honorieren und seine Erzrivalin, deren Flamboyanz und Popularität er immer weniger ertrug, zum zweiten Mal als Ministerpräsidentin zuzulassen. Zunächst jedoch versuchte er zu ihrer Neutralisierung eine Koalition mit Janukowitsch zu erzwingen, mit dem er noch sechs Monate zuvor in einem vorbürgerkriegsähnlichen, außergesetzlichen Konflikt in Konfrontation geraten war. Juschtschenko begründeten sein Plädoyer für Janukowitsch damit, daß die Wähler eine „große Koalition" wollten. Allerdings setzte er sich in seiner NU-NS-Fraktion – seine Wirtschaftsfreunde waren bekanntlich schon in der letzten Wahlperiode ins blaue Lager übergelaufen – nicht mehr durch. Unter Fraktionschef Kirilenko stimmte eine deutliche Mehrheit für die Koalition mit Timoschenko. Dennoch war ihre Mehrheit in der Werchowna Rada mit 227 von 450 Abgeordneten denkbar knapp.

Als größtes Problem stellte sich bald die Inflationsrate heraus, die in der Ukraine während 2008 auf einen Europarekord von 30 % kletterte. Wegen der geringen Einkommen machten Lebensmittel, die sich auch wegen der Mißernte des Vorjahres stark verteuert hatten, 50 % des Warenkorbes aus. Weiter explodierten die Preise der gewaltigen Energieimporte, einmal weil Janukowitsch im Januar 2006 den russischen Preissteigerungen zugestimmt hatte, zum anderen, weil wegen der von Juschtschenko als Zentralbankgouverneur durchgesetzten Dollar-Bindung der Griwnja die Importpreise viel härter durchschlugen als im Euro-Raum.

Juschtschenko und Timoschenko begannen sich prompt über die Art der Inflationsbekämpfung zu streiten. Der Präsident verlangte nach den Washingtoner neoliberalen Patentrezepten Ausgabenkürzungen im sozialen Bereich. Das hätte den zusätzlichen Vorteil gehabt, Timoschenkos Popularität und damit ihre Chancen für die Präsidentschaftswahlen 2009 zu ruinieren. Die Ministerpräsidentin wollte dagegen den Staatshaushalt durch weitere Privatisierungen ausgleichen. Diese wurden jedoch vom Präsidenten systematisch blockiert, der sich bald dem Vorwurf ausgesetzt sah, mehr daran interessiert zu sein, Timoschenkos Reputation zu schädigen als die Inflation zu bekämpfen.[40] Dazu bombardierte Juschtschenko die Regierung pausenlos mit Instruktionen. 800 erließ er in den ersten hundert Tagen der Regierung. Die Seifenoper des Beziehungsdramas setzte sich fort, als im Mai 2008 BJuT-Abgeordnete das Rostrum des Parlaments besetzten und den Präsidenten zwangen, seine Jahresansprache abzusagen. Im Juni verlor die Koalition nach dem Abgang von zwei Abgeordneten ihre Mehrheit. Fraglich blieb, ob die beiden wirklich einen Seitenwechsel vollziehen konnten, denn ein zwischenzeitlich eingeführtes imperatives Mandat sollte eigentlich zum

Mandatsverlust nach dem Fraktionswechsel führen.[41] Die fortgesetzte politische Krise der Ukraine war eigentlich umso erstaunlicher, als sich die Wirtschaft seit 1999/2000 von den schlimmsten Einbrüchen der Transformationskrise der 1990er Jahre weitgehend hatte erholen können. Das Wirtschaftswachstum war wegen der stark gestiegenen Metall- und Grundstoffpreise (Bauxit, Chrom, Eisenerz, Nickel, Titan, Zink, Stahl und Grundstoffchemie) auf 6–7 % (2007) gestiegen. Die Arbeitslosigkeit von 13 % (2005) auf 9 % gesunken.

Die Exporte hatten sich mit Anteilen von 30 % in die EU und 6 % in die Türkei von ihrer alten Rußlandabhängigkeit (2006: 18 %) befreit. Auch war das Pro-Kopf-Einkommen trotz extrem hoher Einkommens- und Vermögensunterschiede auf $ 2200 gestiegen: Aus dem drohenden Abstieg zum Entwicklungsland war wieder ein hoffnungsvolles Schwellenland geworden. Ein Verdienst, das nicht zuletzt dem zerrütteten Ex-Traumpaares zugeschrieben werden muß.

Die Ukraine zwischen Ost und West

Die postkommunistische Entwicklung der Ukraine wird eindeutig von ihrer Zerrissenheit als ein dem Landesnamen entsprechendes Grenzland zwischen Mittel- und Osteuropa geprägt und behindert. Als einer von vielen Kommentatoren wird der Schriftsteller Mykola Rjabtschuk von dem Phänomen der „zwei Ukrainen" umgetrieben, an deren entgegengesetzten Pole die bürgerliche und mitteleuropäische Stadt Lemberg auf der einen und Donezk, die russischsprachige, im Stil der stalinistischen Renaissance gebaute Hauptstadt des Donbass, auf der anderen Seite liegen. Im Osten war die bürgerlich-bäuerliche Gesellschaft im Holodomor und durch Stalins Terror vernichtet worden: Heute herrschen dort Sowjetnostalgie, die Sehnsucht nach Russisch als zweiter Amtssprache und – zumindest unter der russischen und russischsprachigen städtischen Bevölkerung – dem Anschluß an Rußland und Weißrußland, eine weitverbreitete Delinquenz und die Koexistenz von Proletariern und Neureichen. Im Westen dagegen waren die Sowjets nach 1939 nur als Besatzungsmacht erfahren worden. Heute bewegt die verarmten Westukrainer die Wiedergeburt von ukrainischer Sprache und Kultur, der Wunsch nach Westintegration und marktwirtschaftliche Privatisierungen. Rjabtschuk arbeitet beide Idealtypen historisch, religionsgeschichtlich und soziologisch überzeugend aus und stellt sich dann die Frage nach den Trennlinien, die Samuel Huntington in seinem „Kampf der Zivilisationen" recht einfach mit der alten Ostgrenze Polens (1920–1939) beantwortet hatte. Diese Simplizität kann Rjabtschuk nicht teilen, wohnen doch zwei Seelen, die eurasische wie die europäische, oft in ein und demselben Ukrainer.[42] So sprechen sich bei Meinungsumfragen regelmäßig Bevölkerungsmehrheiten für sich ausschließende Konzepte

aus: Sie sind für marktwirtschaftliche Reformen und den EU-Beitritt
ebenso wie für die Wirtschaftsunion mit Rußland und Weißrußland.[43]
Diese „postsowjetische Schizophrenie" wurde von Postkommunisten,
die angesichts der Schwäche der bürgerlichen Reformer auch nach der
„orangen Revolution" nie abtreten mußten, in ihrer reformfeindlichen
Schaukelpolitik stets geschickt genutzt.

Denn auch die demokratische Opposition bestand in ihrer Führungs-
garnitur aus keinen anderen als aus den verstoßenen Günstlingen (darunter auch Juschtschenko und Timoschenko) des korrupten Kutschma-
Regimes.[44]

Rjabtschuk geht auch mit der westlichen Wahrnehmung der Ukraine
scharf ins Gericht. Sie sei sowohl von der offiziellen sowjetischen Propaganda wie von exilierten russischen Wissenschaftlern geprägt worden,
die beide imperial und ukrainophob eingestellt waren.[45] So würden die
meisten Russen weiter dem Glauben anhängen, Ukrainer seien eigentlich Russen. Sie drückten deshalb stets ihre Liebe zur Ukraine aus und
mischten sich ungeniert in ihre inneren Angelegenheiten ein. Die Polen
dagegen drückten nie ihre Liebe zur Ukraine aus, akzeptierten sie allerdings als eigenständige Nation. Auch der Westen habe Schwierigkeiten, die Ukraine als eigenständige Nation anzuerkennen. So errege der
ukrainische Holodomor mit seinen etwa fünf Millionen Toten nicht das
geringste westliche Interesse, geschweige denn Schuldgefühle angesichts
der Tolerierung einer künstlich verursachten Hungersnot.[46]

Als verspäteter Nationalstaat sind sowohl der Staatsapparat und die
Bürgergesellschaft beide zu schwach, um sich durchzusetzen. Ein gewisses Maß an Pluralismus entsteht nur durch die Schwäche des Staates und
weil Oligarchen und Klans sich miteinander streitend gelegentlich neutralisieren. Kutschma konnte seine Herrschaft nicht als Diktator sichern,
sondern nur durch das stete gegenseitige Ausspielen jener regionalen
Wirtschafts- und Oligarcheninteressen. Mit komplexen lähmenden und
expropriatorischen Regeln, die jeder erfolgreiche Wirtschaftstreibende
notgedrungen brechen und mit Bestechungen umgehen mußte, ließ er
von der hochprofessionellen Steuerpolizei Material (*kompromat*) gegen
jeden Unternehmer sammeln, so daß in Ungnade Gefallene jederzeit verhaftet und enteignet werden konnten. Schließlich stolperte Kutschma
nach dem Gongadse-Mord und seinen Tonbandmitschnitten über sein
eigenes System. Er war selbst von Moskau erpreßbar und von den Donezker Mafiosi abhängig geworden.

Wiewohl mit der „orangen Revolution" sympathisierend, sah Rjabtschuk das Zerbrechen der zu breit angelegten Koalition zwischen Juschtschenko und Timoschenko korrekt voraus. Dagegen sieht er die politische Zukunft der Ukraine wegen der Sehnsucht der arrivierten Oligarchen
nach Sicherheit und nach einem besseren Image positiv, auch wenn der
wegen Raubüberfällen vorbestrafte Janukowitsch als Mittelsmann der

„Brigaden" des Donbass zwischenzeitlich Premier werden konnte. Im Gegensatz zu Rußland sei in der rohstoffarmen Ukraine der Kuchen bereits verteilt. Deshalb könnten die Verteilungskämpfe der Klans untereinander nur Freiräume schaffen, resümiert der Autor in korrektem Zynismus.

Für die außenpolitische Orientierung der Ukraine freilich hatte es ihr Pendelkurs der EU leicht gemacht, die künftige EU-Mitgliedschaft abzulehnen und sie gegenüber dem von der EU privilegierten Balkan und der Türkei zu diskriminieren. Dennoch sei es der Ukraine als europäischer Staat kaum zumutbar, zusammen mit Nordafrika und dem Nahen Osten in einer „Europäischen Nachbarschaftspolitik" subsumiert zu werden.[47]

1 Felicitas Moellers et. al.: „Voices of Ukrainian Companies in East and West", in: Lutz Hoffmann und Felicitas Moellers (Hg.): Ukraine on the Road to Europe, Heidelberg 2001, S. 129.
2 Andrew Seaton: „The Role of Long Term Capital for a European Ukraine", in: Ibid., S. 219.
3 Ähnliches geschah übrigens im Fall der gleichen Firma in Polen, siehe: Albrecht Rothacher: Im wilden Osten. Hinter den Kulissen des Umbruchs in Osteuropa, Hamburg 2002, S. 140.
4 Deutsche Beratergruppe Wirtschaft bei der ukrainischen Regierung: Die nächsten 1000 Tage. Wirtschaftspolitischer Leitfaden für die Ukraine, Kiew 1999, S. 7.
5 Irina Akimova: „Export Orientation and its Impact on Enterprise restructuring in Ukraine", in: Hoffmann/Moellers (Hg.), op. cit., S. 187.
6 Rainer Lindner. Das Ende von Orange. Die Ukraine in der Transformationskrise, in: SWP-Studie, Berlin 2006, S. 21 ff.
7 Frankfurter Allgemeine Zeitung, 23. April 2001.
8 Frankfurter Allgemeine Zeitung, 27. September 2007.
9 Wall Street Journal, 14. Januar 2005.
10 Die Presse, 25. März 2006.
11 Financial Times, 12. Oktober 2004.
12 Financial Times, 20. August 2005.
13 The Economist, 18. Dezember 2004.
14 Dmitri Popov und Ilia Milstein: Julia Timoschenko. Die Zukunft der Ukraine nach der Orangenen Revolution, Köln 2006, S. 111.
15 Ibid., S. 207.
16 Frankfurter Allgemeine Zeitung, 27. Oktober 2004.
17 Anders Aslund: „Ukraine's Voters don't need Moscow's Advice", in: Financial Times, 12. November 2004.
18 Financial Times, 23. November 2004.
19 Frankfurter Allgemeine Zeitung, 23. November 2004.
20 Financial Times, 1. Dezember 2004.
21 The Economist, 27. November 2004.
22 Sunday Times, 28. November 2004; Financial Times, 27. November 2004.

23 The Economist, 11. Dezember 2004; Financial Times, 9. Dezember 2004.
24 Konrad Schuller: „Der Westen und die Revolution im Osten", in: Frankfurter Allgemeine Zeitung, 21. September 2005.
25 Süddeutsche Zeitung, 4. August 2006.
26 New Europe, 21. September 2005.
27 Jonathan Eyal, in: The Straits Times, 4. Dezember 2004.
28 The Straits Times, 10. November 2004.
29 Lindner, op. cit., S. 10.
30 Popov und Milstein, op. cit., S. 338.
31 Der Komprador spielte in der Kolonialzeit, so unter anderem im Chinahandel, als Vermittler eine wichtige Rolle. Er stand dem einheimischen Personal eines ausländischen Unternehmens vor, das er auch beaufsichtigte und bezahlte. Er akquirierte für seine Firma überdies koloniale Kunden und verhandelte auch mit ihnen. Mancher Komprador nutzte seine Funktion, um selber unternehmerisch tätig zu werden. Generell wurden ihm ein Desinteresse an der Entwicklung des Landes und die Ausplünderung seines Reichtums vorgeworfen.
32 Frankfurter Allgemeine Zeitung, 9. September und 23. September 2005.
33 Popoy und Milstein, op. cit., S. 351.
34 Financial Times, 22. März 2006.
35 Financial Times, 14. September 2006.
36 Financial Times, 21. September 2006.
37 Lindner, op. cit., S. 25.
38 Frankfurter Allgemeine Zeitung, 6. Oktober 2006.
39 Wolfgang Seiffert, in: Junge Freiheit, 28. September 2007.
40 The Economist, 31. Mai 2008.
41 Financial Times, 7. Juni 2008.
42 Mykola Rjabtschuk: Die reale und die imaginierte Ukraine, Frankfurt/Main 2005, S. 22.
43 Oleksij Haran: Innenpolitische Faktoren der ukrainischen Außenpolitik, in: Berichte des Bundesinstituts für ostwissenschaftliche und internationale Studien 39, Köln 1999, S. 11 ff.
44 Pjotr Dobrowolski, in: Der Standard, 19. November 2005.
45 Rjabtschuk, op. cit., S. 53.
46 Ibid., S. 52.
47 Ibid., S. 148.

MOLDAWIEN: AUSWANDERUNG STATT DEMOKRATIE

Am 6. März 2005 sahen sich die Wähler des verarmten 4-Millionen-Volks zwischen Pruth und Djnestr vor einer unguten Alternative: Sollten sie für ihren 2001 gewählten Präsidenten, den bekennenden Kommunisten Wladimir Woronin, einen Russen, der sich im Vorjahr mit Putin überworfen hatte und der jetzt die West-Karte spielte, stimmen? Oder sollten sie für einen Ex-Kommunisten, den Bürgermeister von Kischinew (Chişinău), Serafim Urecheanu, der einem Bündnis reicher Alt-Apparatschiks, dem Block der Demokraten Moldawiens (BDM), vorstand und unübersehbar der neue Favorit Moskaus war, votieren? Am Ende entschieden sich 46 % für Woronin und seine Kommunisten (56 Sitze von 101) und 28 % für Urecheanus BDM (34 Sitze). Sie brachten Putins ruppiger Nachbarschaftspolitik nach den Niederlagen in der Ukraine und Georgien einen neuen – mutmaßlich vorübergehenden – Verlust bei dem Versuch der Rekolonialisierung des einstigen Sowjetreiches bei.

Die einzig demokratische Alternative der Wahlen, die nationalistische christdemokratische Volkspartei von Iurie Rosca, erhielt trotz eines Übermaßes an Schikanen – die Partei war 2002 kurz verboten worden, Rosca selbst im Staatsfernsehen als Freund von Neonazis diffamiert worden – mit knapp 10 % der Stimmen elf Parlamentssitze. Rosca hatte mit seinen jugendlichen Anhängern ursprünglich die „orange Revolution" der benachbarten Ukraine imitieren wollen. Nach der Wahl verzichtete er trotz aller Unregelmäßigkeiten darauf. Aus gutem Grund: Man befürchtete, die von Moskau gesponserten BDM-Leute würden die Proteste zu ihren Gunsten umfunktionieren. Und weiter fehlt Rosca mittlerweile die Massenbasis. Denn das am besten ausgebildete, politisch bewußte jüngere Viertel aller Moldawier steht für politische Proteste im Lande nicht mehr zur Verfügung. Jene Million lebt und arbeitet bereits im Ausland. Zurück bleiben die Rentner, Landarbeiter, Staatsfunktionäre und Minderheiten wie die Gagausen, ein christliches Turkvolk, die Zigeuner und die Russen, aus denen sich die Sowjetnostalgiker bei den Wahlen rekrutieren.

Auf dem Rückweg zur Sowjetrepublik

Der Lebensmittel-Ingenieur und vormalige Direktor einer Brotfabrik Woronin war in der Spätphase der Moldawischen Sowjetrepublik Innenminister gewesen. 1989 hatte er die Polizeieinsätze gegen Tausende

antisowjetischer Demonstranten in Kischinew befohlen. 1997 war seine
KP mit sensationellen 50,1 % der Stimmen (und 71 von 101 Mandaten)
an die Macht gewählt worden. Er hatte versprochen, dank seiner guten
Beziehungen nach Moskau, Moldawien mit billiger Energie versorgen
zu können und die daniederliegende Landwirtschaft mit Exporten in
den wichtigen russischen Markt wieder zu sanieren. Im ersten Amtsjahr
traf er sich gleich acht Mal mit Putin, versuchte, Russisch als zweite
Amtssprache wiedereinzuführen, und bemühte sich um einen Dreibund
mit Weißrußland und Rußland, wo er Moldawien als Schutzwall gegen
die NATO empfahl. Der EU wolle er wie Kuba den USA Widerstand
leisten. Woronin ließ die geplante Privatisierung von 400 Kolchosen
und der Energie-, Wein- und Tabakwirtschaft stoppen, verprellte die
wenigen ausländischen Investoren, die sich, wie der spanische Stromver-
sorger Fenosa, nach Moldawien verirrt hatten, und verkündete, Lenins
Neue Ökonomische Politik der 1920er Jahre sei sein Vorbild. Innenpolitisch führte Woronin den Komsomol und die Jungen Pioniere wieder
ein, rüstete die Polizei militärisch auf, brachte Rundfunk und Fernsehen unter kommunistische Kontrolle und ließ die Christdemokraten
Anfang 2002 als „Faschisten" verbieten (der Oberste Gerichtshof hob
allerdings das Verbot nach vier Wochen auf). Einer ihrer Abgeordneten
wurde unter ungeklärten Umständen entführt und konnte sich erst drei
Monate später befreien. Weiteren drei ihrer Abgeordneten wurde wegen eines Demonstrationsaufrufes gegen die Re-Russifizierung die Immunität aufgehoben. Bei den Kommunalwahlen wurde, wie die OSZE
monierte, massiv die Staats- und Medienmacht zugunsten der KP eingesetzt und gegnerische Kandidaten eingeschüchtert. Verwaltungs- und
Steuerschikanen und die Bedrohung von Oppositionskandidaten finden
weiter statt.

Der Bruch mit Moskau

Trotz der Anbiederungen an Moskau kam es im November 2003 überraschend zum Bruch mit Putin. Woronin kündigte in letzter Minute das
von Rußland vermittelte „Kosak Memorandum" auf, das eine Föderation mit der Rebellenprovinz Transnistrien vorsah, und lud Putin, der zu
einem Staatsbesuch nach Kischinew kommen sollte, kurzfristig aus. Was
war geschehen? Woronin mochte realisiert haben, daß Igor Smirnow,
der mit seinem Klan Transnistrien als sozialistisches Privatkönigreich
kontrolliert, nicht daran dachte, seine privilegierte extraterritoriale Position im Schmuggel und Waffenhandel aufzugeben. Gleichzeitig machte Moskau klar, daß es weder seinen eigentlich schon für Ende 2002
versprochenen Truppenabzug realisieren noch auf die auch in der GUS
andernorts praktizierten Machtspiele mit russischen Exklaven verzichten würde. Woronin würde nie unumschränkter Herr in seiner mit den

östlichen Industrieregionen wiedervereinigten Volksrepublik werden können. Dazu brauchte Moldawien, das schon 1998 und 2002 seine Euro-Anleihen nicht hatte bedienen können, mit seinen $ 1,2 bis 2 Milliarden Auslandsschulden dringend frisches Kapital. IWF und Weltbank hatten ihre Kreditlinien über $ 100 bzw. $ 183 Millionen wegen des Reformstops gesperrt. Auch die EU hielt deshalb einen Teil (€ 15 Millionen) ihrer Zuschüsse für den moldawischen Haushalt zurück. Dieser Stop hängt auch damit zusammen, daß Nachwende-Apparatschiks ihre Loyalitätsbekundungen zu Moskau häufig mit prowestlicher Reformrhetorik zu kombinieren versuchen, um so wohlfeil sowohl zu billigen Energielieferungen als auch zu westlicher Wirtschaftshilfe zu kommen.

Trotz fortgesetzter altsozialistischer Praxis polte nun Woronin seine Rhetorik um und entdeckte seine Liebe zu Rumänien, der EU und zu den demokratischen Helden von Tiflis und Kiew. Die Duma drohte nun erbost in einer einstimmig verabschiedeten Resolution mit Strafzöllen auf moldawische Nahrungsmittel-, Wein und Tabakimporte nach Rußland und forderte, die Preise für Elektrizitäts- und Erdgaslieferungen nach Moldawien drastisch zu erhöhen. Der Kreml begann, die mit Woronin zerstrittene Fraktion der Ex-Kommunisten im Block der Demokraten Moldawiens (BDM) zu favorisieren. Dazu zählen neben dem moldawischen Präsidentschaftskandidaten Serafim Urecheanu, der in der sowjetischen Gewerkschaftsbewegung Karriere gemacht hatte, Ex-Premier Dumitru Braghis, ein früherer Komsomolführer, und Ex-Parlamentspräsident Diakow, der zuvor als TASS-Korrespondent und Angehöriger der sowjetischen Botschaft in Bukarest gewirkt hatte. Als neuer Partner Moskaus gratulierte Urecheanu prompt Viktor Janukowitsch zu dessen gefälschter Wahl in Kiew und nahm enge Beziehungen zu Smirnow in Transnistrien auf. Woronin ließ daraufhin alle Wahllokale in Transnistrien schließen und setzte seine Polizei auf russische „Wahlbeobachter" und Einflußagenten an. Binnen vier Wochen wurden 82 Russen als Spione dingfest gemacht und ausgewiesen.

Altkommunistische Praxis

Zur Wiederwahl durch das Parlament im April 2005 benötigte Woronin eine Zweifünftelmehrheit von 61 Stimmen. Tatsächlich erhielt er sogar 75 Stimmen. Das waren einmal 8 Abgeordnete, die sich als „Demokratische Partei" unter Führung des als „sprunghaft bis käuflich" geltenden[1] Dumitru Diakow vom BDM abgespalten hatten. Dabei soll reichlich Geld geflossen sein. Überraschender war allerdings, daß auch die Christdemokraten, die sich zuvor als „Speerspitze des Antikommunismus" gebärdet hatten, für Woronin stimmten. Roscas Begründung: Angesichts der feindseligen Haltung der russischen Regierung müsse das Land zusammenhalten. Zudem sei die Zusammenarbeit mit den Kommunisten nur ein Bündnis auf Zeit. Bis Juli 2005 werde er entweder den Parteifreunden Ergebnisse hinsichtlich einer unabhängigen Justiz und freier Medien vorweisen oder die Kooperation mit Woronin wieder aufkündigen. Dazu habe Woronin ein liberaleres Mediengesetz und die parlamentarische Kontrolle der Geheimdienste versprochen.

In der Tat ist in der moldawischen Politik der politische Wechsel außerhalb des kleinen Zirkels prorumänischer Intellektueller (von denen die meisten mittlerweile in Bukarest leben) gang und gebe. Nicht nur Präsident Woronin entdeckte spät die Reize des Westens. Sein Vorgänger (1997–2001) Petru Lucinschi (sprich: Lutschinski) hatte als Pjotr eine steile KPdSU-Karriere mit der Spezialität Agitprop hinter sich. Er war Zweiter Parteisekretär Tadschikistans (eine Position, die eigentlich nur Russen vorbehalten war) gewesen und 1989 als Parteichef in Moldawien ins Moskauer Politbüro befördert worden, wo seine Unterstützung der Putschisten im Jahre 1991 die Karriere nur vorübergehend knickte. Auch sein Vorgänger Mircu Snegur, der erste Präsident Moldawiens (1991–1997), hatte eine lupenreine KP-Karriere hinter sich. Nach vielen Richtungswechseln – zuletzt setzte er auf die nationalistische prorumänische Karte – zerstritt er sich mit der von ihm gegründeten linken Demokratischen Bauernpartei.

Die stets mit Fraktionskämpfen und Selbstbereicherungen beschäftigten Ex-Apparatschiks bereiteten als falsche Demokraten im Februar 2001 den Machtwechsel zur KP Woronins vor. Nachdem in einem Jahrzehnt Unabhängigkeit das BIP des einstigen „Obstgartens der Sowjetunion" auf 30 % des Standes von 1990 gefallen war, setzte sich bei den apathischen, daheimgebliebenen Wählern angesichts der ausbleibenden Segnungen der nur als Schattenwirtschaft vorhandenen Marktwirtschaft eine Sowjetnostalgie durch. Sieben Jahre KP-Herrschaft haben diese nunmehr institutionell mit einem Machtapparat weißrussischer Prägung abgesichert.

Wirtschaftskrise und Auswanderung

Mit seinen fruchtbaren Schwarzerdeböden galt Moldawien, damals nach dem Fürstengeschlecht der „Basarab" Bessarabien genannt, zu Zeiten der Zaren als Kornkammer des Russischen Reiches. Nach der Befreiung von den Türken hatten in 150 neugegründeten Gemeinden die von Alexander I. gerufenen deutschen Siedler das Land urbar gemacht. Im Oktober 1940 wurden 93.000 Bessarabiendeutsche, darunter auch die Eltern von Bundespräsident Horst Köhler aus dem Ort Ryschkanowka, nach Westpreußen und in den Warthegau umgesiedelt – von wo sie vier Jahre später wieder fliehen mußten. Moldawien wurde 1944 endgültig bis 1991 von der Sowjetunion annektiert. Die vormalig ukrainische Ostuferregion des Dnjestr wurde von Stalin 1924 zur Moldawischen

Autonomen Sozialistischen Sowjetrepublik (MASSR) erklärt, schwerindustrialisiert, durch Ansiedlung russischer Arbeiter russifiziert und 1940 dem ländlich geprägten, Rumänien abgepreßten und frisch annektierten Bessarabien zugeschlagen. 40 % der Industrieproduktion, darunter die gesamte Stahl- und Energiewirtschaft Moldawiens, befindet sich noch immer um Tiraspol in Transnistrien. Die kollektivierte Randprovinz lieferte weiter Getreide, Obst, Zuckerrüben, Wein und Tabak für den sowjetischen Markt. Noch heute besteht diese Exportabhängigkeit. 67 % der moldawischen Exporte gehen weiter in die GUS, 44 % davon sind Agrarprodukte. Angesichts mangelnder Nachfrage und der Agrarprotektion des Westens liegt jetzt ein Drittel des Ackerlandes brach. Die Bauern wandern als Landarbeiter und Erntehelfer nach Rußland, in die Türkei und nach Spanien und Portugal ab. Zu Sowjetzeiten war Kischinew ein Zentrum der Radio- und Elektronikfertigung für die Raketen- und U-Boot-Technik. Auch der berüchtigte „rote Atomkoffer" für den Generalsekretär der KPdSU wurde hier gefertigt. Von dieser Hochtechnologie scheint nichts mehr übrig.

600.000 bis eine Million Moldawier, rund ein Drittel der arbeitsfähigen Bevölkerung, arbeiten mittlerweile im Ausland, darunter fast alle Facharbeiter, Techniker, Akademiker, Ärzte und laut Bildungsministerium auch ca. 45.000 Lehrer. Der Schulunterricht wird jetzt meist von Studenten gegeben, sofern die oft elternlos aufwachsenden Kinder überhaupt zum Unterricht erscheinen. Das Gesundheitssystem ist mangels Personal und Geld so gut wie zusammengebrochen. In Zeitungsinseraten werden von Reisebüros Schengen-Visen angeboten. Die nötigen Papiere werden von Mittelsmännern in Moskau, Kiew oder Bukarest besorgt. Seit Präsident Woronin die Doppelstaatsbürgerschaft zuließ, haben sich 500.000 Moldawier rumänische Pässe besorgt. Und da nach rumänischem Recht jeder Anrecht auf einen Paß hat, dessen Vorfahren auf rumänischem Territorium lebten, zu dem Moldawien 1918–1940 und 1941–1944 gehörte, haben die Moldawier keine Probleme, sich rumänische Pässe zu besorgen, zumal die entsprechenden Bescheinigungen auch günstig zu kaufen sind. Und seitdem Rumänien im Januar 2007 EU-Mitglied geworden ist, haben auch die Schengen-Visen für jedermann, der sich zufällig in Moldawien aufhält, ihren Schrecken verloren. Die meisten interessierten Moldawier dürften mittlerweile ohnehin Unionsbürger sein.

Ein Landarbeiter verdient am Tag 80 Cent. Das Durchschnittsgehalt der Moldawier liegt bei € 82 im Monat. Da die Schattenwirtschaft in ihrer Höhe in etwa der legalen Wirtschaft entspricht, ist das Realeinkommen zwar doppelt so hoch, liegt aber auch dann noch unter der Armutsschwelle. Die Arbeitslosigkeit beträgt offiziell 3 %, wird real aber auf mindestens 15 % geschätzt. So wandern die Moldawier in Scharen aus, um sich im Ausland, vor allem in Rußland, der Türkei und in Südeuropa, als Bau- und Landarbeiter, Haushaltshilfen oder Prostituierte zu

verdingen. Als einer der wenigen „Geschäftszweige" blüht der Frauenhandel. Oft werden die Unglücklichen auch von den eigenen Familien
verkauft. Je nach Aussehen werden Preise von $ 1500 bis $ 5000 berichtet. Die besten Preise bringen angeblich Blondinen in Arabien und
Jungfrauen in der Türkei. Der Handel wird von Syndikaten, die meist in
den Händen von Zigeunern, Türken und Albanern sind, kontrolliert.

Für die soziale und wirtschaftliche Entwicklung Moldawiens ist die
freiwillige oder erzwungene Abwanderung ihrer jungen und bestausge-
bildeten Bürger ein kaum reparabler Schaden. Menschlich am härtesten
werden die Kinder getroffen, die elternlos bei Verwandten oder ganz
verlassen aufwachsen. Eine hohe Jugenddelinquenz und abgebrochene
Schulbesuche sind die Folge. Gerade die hohen sozialen und Entwick-
lungskosten, die die Massenmigration in den Herkunftsländern wie
Moldawien verursacht, werden in der einseitigen Agitation der Mul-
tikulti-Migrationsförderer völlig ausgeblendet. In Moldawien sind die
Kosten dramatisch. Die Einwohnerzahl sank in einem Jahrzehnt von
4,4 Millionen auf 3,5 Millionen. Wie in vielen Entwicklungsländern
halten Gastarbeiterüberweisungen und Auslandshilfen das Land noch
über Wasser. Zukunftsfähige Industrien lassen sich jedoch in einer aus-
sterbenden Nation nicht mehr ansiedeln. Es bleiben die Subsistenzlandwirtschaft, die Verarbeitung einiger Agrarprodukte wie Wein und
Fruchtsaftkonzentrate und die Unterwelt, die sich mit Drogen-, Waffen-
und Menschenhandel die Schwäche eines korrupten Quasi-Staats mit
durchlässigen Grenzen zunutze macht.

Transnistrien – ein Freibeuterstaat von Moskaus Gnaden

Sind die Verhältnisse in Moldawien schon schlimm genug, so sind sie
in der Separatistenrepublik Transnistrien noch trüber. Für einen jetzt zu
drehenden Sowjetfilm braucht man keine Kulissen. In Tiraspol, dem Freilichtmuseum des Kommunismus, steht alles noch im Originalzustand. Ein
Lenin-Denkmal aus Granit vor dem Obersten Sowjet, ein Staatswappen
mit Hammer, Sichel, Ährenkreuz und rotem Stern, kommunistische Feiertage, Straßennamen und Parolen und ein Staatslenker, der Ingenieur
Igor Smirnow aus Chabarowsk am Ussuri, der auf eine entfernte Ähn-
lichkeit mit Wladimir Iljitsch Lenin stolz ist. Als die Moldawier sich 1991
unabhängig erklärten und ihren rumänischen Dialekt zur Amtssprache
erhoben, trennte sich das zu zwei Dritteln russischsprachige Transnistrien
von Moldawien. Im Juni 1992 kam es zu schweren Kämpfen mit schlecht
gerüsteten moldawischen Milizen und der Polizei, die dank der brüderlichen Hilfe der „zufällig" im Lande stationierten, damals 10.000 Mann
starken 14. Russischen Armee von den Transnistriern siegreich bestanden
wurden. Die härtesten Kämpfe spielten sich um den rechtsdnjestrischen
Brückenkopf Bender (Tighira) herum ab, der noch heute in den Händen

von Smirnows Leuten ist. 1.500 Mann fielen oder wurden als Gefangene massakriert. 100.000 Flüchtlinge verloren ihre Heimstatt.

Eine der größten Attraktionen Transnistriens ist das ursprünglich auf 50.000 Tonnen geschätzte zurückgelassene Waffen- und Munitionslager in Kolbasna, mit dem die Sowjetarmee ihre Südostflanke versorgen wollte. Da den Russen der Rücktransport vorgeblich zu beschwerlich war, dienten die stark geschrumpften Bestände angeblich eine Zeitlang zur Aufbesserung der Gehälter der Offiziere der verbliebenen 1.300 Bewacher und ihrer politischen Freunde in Tiraspol. Das Angebot der Amerikaner, für $ 30 Millionen den Abtransport zu finanzieren, wurde abgelehnt. Bei einem Besuch von Kolbasna im November 2006 konnte sich der Autor im Rahmen einer OSZE-Mission von der damals ordnungsgemäßen Lagerung der Bestände in einem vom russischen Militär professionell bewachten Lager überzeugen. Was vorher oder nachher geschah, entzieht sich meiner Kenntnis. Der Abtransport der Munition nach Rußland könnte über einen angeschlossenen Bahnhof in kürzester Zeit erfolgen. Dies ist bislang nicht erfolgt, entfiele dadurch doch die Daseinsberechtigung der verbliebenen russischen Truppen im Lande.

Präsident Smirnow betreibt mit seiner Firma „Sheriff" auch eine Kette zollfreier Tankstellen und Supermärkte im Land. Auch am Drogen-, Waffen- und Menschenhandel soll seine Familie nicht unbeträchtlich beteiligt sein. Angesichts der Intransparenz der diktatorischen Verhältnisse läßt sich dies freilich nicht beweisen. Manche meinen, der ganze Sowjetzirkus des Ingenieurs Smirnow diene nur der Tarnung seiner Mafiastrukturen.

Nach seiner offiziellen Biographie[2] wurde Smirnow in Ostsibirien als Sohn eines unter Stalin zu Lagerhaft verurteilten Parteikaders geboren. Er studierte mechanisches Ingenieurwesen in Saporosche, um nach einigen Jahren in ukrainischen Stahlhütten schließlich bei Elektromasch in Tiraspol zu arbeiten, wo er 1988 zum Direktor aufstieg. 1989 leitete er den „Vereinigten Rat der Arbeiterkollektive", die faktische separatistische Bewegung Transnistriens. Als solcher setzte er sich als „Präsident" seiner Region durch. Dabei blieb er der Sowjetunion treu, während um ihn herum Verrat und Auflösung herrschten. Seinen Nachwuchs versucht er in einer Che-Guevara-Schule für Politische Führung und in einer FDJ-ähnlichen staatlichen Jugendbewegung zu schulen. Eine riesige moderne Fußballarena in Tiraspol dient eher politischen Heerschauen als der Regionalliga Transnistriens. Smirnows Söhne sind derweil im Kapitalismus der transnistrischen Art gut untergekommen. Einer leitet den einkömmlichen Zolldienst, der andere den Vorstand der Gasprom-Bank.

Nach manchen Theorien[3] liegt die Macht in Transnistrien aber bei jemand ganz anderem, nämlich bei dem örtlichen KGB-Chef Wladimir Antufejew, offiziell Minister für Staatssicherheit. 1990 hatte er nach politischen Morden aus Lettland flüchten müssen. Heute residiert er in der KGB-Zentrale in Tiraspol. Im Keller sind in der Tradition des Hauses hinter Stahltüren die Folterkammern weiter in Betrieb. Den 700.000 Transnistriern geht es dabei nicht einmal so schlecht. Zwar sind sie statistisch ärmer als die Moldawier, doch ist der Freibeuterstaat so liquide, daß Renten und Löhne wenigstens ausbezahlt werden. Auch sind Kosten für Wohnungen, Benzin und Heizung niedriger, da Gasprom bei Smirnow nicht auf Bezahlung drängt. Doch auch unter den Transnistriern ist gut ein Drittel der Bevölkerung ausgewandert, zumeist nach Rußland, Portugal und Griechenland. Die Dörfer wirken verlassen. Zurück bleiben meist nur die Rentner.

Bei einem Referendum im September 2006 stimmten pflichtgemäß 97 % für die Unabhängigkeit und den Anschluß an Moskau. Bislang galt Smirnow für Moskau als nützlicher Idiot, um auf Moldawien bei Unbotmäßigkeit durch Erschwerung des Waren- und Personenverkehrs über den Djnestr Druck auszuüben. Durch EU-Vermittlung funktioniert dank eines Zollassistenzprogramms namens EUBAM der Warenverkehr jedoch mittlerweile in beiden Richtungen – unter Einschluß legitimer transnistrischer Betriebe – weitgehend reibungslos.

Nun entwickelt sich seit 2007 ein denkwürdiges Dreierverhältnis. Der Kreml erhöhte sichtbar den Druck auf Tiraspol, um einen gemeinsamen moskauhörigen Staat Moldawien-Transnistrien zu schaffen. Dabei verlangt es formelle Neutralitätsgarantien (wie im Falle Österreichs möglichst ewig) und die Sicherung der umfangreichen russischen Privatisierungen in Transnistrien. Woronin versucht seinerseits mit seinem Freund Juschtschenko Smirnow in die Zange zu nehmen, die Wiedervereinigung zu seinen Konditionen zu erhalten und dabei einen Teil der industriellen Reichtümer Transnistriens für sich und die Seinen zu sichern sowie die netten anstrengungsfreien Zahlungen der EU nicht zu verscherzen.

Smirnow und seine Hinterleute dagegen spielen weiter auf Zeit und bestehen auf fixe russische Garantien. Bislang hat ihnen Woronin bei Geheimverhandlungen in Moskau im Juli 2007 18–19 Sitze im moldawischen Parlament versprochen (was eine wendekommunistische russophile Mehrheit dort zementierte), dazu eine einseitige Neutralitätserklärung (ohne „Garantiemächte") und die Legalisierung aller transnistrischen Privatisierungen. Für den Christdemokraten Rosca ein illegales Konzept, das den EU-Beitritt Moldawiens gefährdet. Schon im August 2006 kroch Woronin vor Putin zu Kreuze. Er bot die Normalisierung der Beziehungen zu Moskau und die Aufgabe der NATO-Beitrittspläne an. Darauf hob Moskau huldvoll das Wein-Importverbot auf. Beim Gipfel des antirussischen Viererbundes GUAM (Georgien, Ukraine, Aserbaidschan, Moldawien) in Baku im Juni 2007 glänzte Woronin bereits ominös durch Abwesenheit. Und bei einem Geheimtreffen in Bender im April 2008 wurden zwischen Woronin und Smirnow bereits gemeinsame Straßenbauprojekte vereinbart. Die Dinge beschleunigen sich offenkundig, allerdings nicht im strategischen Interesse des Westens.

Wiedervereinigung mit Rumänien?

Die geschwisterlichen Beziehungen zwischen Rumänien und Moldawien sind von gegenseitiger Entfremdung gekennzeichnet. Als Moldawien 1991 seine Unabhängigkeit erlangte, herrschte in Bukarest der
Altkommunist und mutmaßliche KGB-Agent Ion Iliescu (1990–1996
und 2000–2004), der durch einen Palastputsch gegen Ceauşescu an die
Macht gekommen war. An Moldawien war der Mann Moskaus in der
rumänischen KP genauso wenig interessiert wie die rumänischen Rechts-
radikalen um Vasim Tudor, die auch der KP entstammten und lieber gegen die Ungarn in Siebenbürgen hetzten. Erst unter der Präsidentschaft
des bürgerlichen Reformers Emil Constantinescu (1996–2000) wurde
mit Moldawien eine gemeinsame Europaregion vereinbart. Als Trajan
Basescu im Dezember 2004 als Reformer Präsident Rumäniens wurde,
führte ihn sein erster Auslandsbesuch nach Kischinew. Dort war Woronin bei seinem Kurswechsel von Moskau bereits in Richtung Westen
umgeschwenkt.

Bis Ende 2003 war auch die politische Führung in Kischinew an Rumänien demonstrativ uninteressiert geblieben. Was bei ihrer langjährigen Sozialisation in der KPdSU nicht verwundert. Erstaunlich ist eher
das Desinteresse in der Bevölkerung. In Moldawien sprachen sich bei
einem recht manipulativ organisierten Referendum 1994 90 % der
Bevölkerung gegen den Anschluß an Rumänien aus. Nach Umfragen
wollen auch in Rumänien nur 10 % der Bürger ein Großrumänien unter Einschluß Moldawiens. Die meisten sind eher am reichen Westen,
der EU und der NATO interessiert, als an dem armen zurückgebliebenen Vetter im Osten, der zudem eher der Sowjetunion nachzutrauern
scheint als sich mit Europa zu identifizieren. Für den über Jahrzehnte
sowjetideologisierten Durchschnittsmoldawier bedeutet umgekehrt die
kulturelle Orientierung zu Rumänien relativ wenig. Auch werden rumänische Zeitungen und Literatur in Moldawien kaum gelesen. Das
russische Fernsehen ist amüsanter. Die national- und kulturbewußten
moldawischen Intellektuellen und Schriftsteller sind längst nach Rumänien ausgewandert. Im Wahlkampf hatte ihre pro-rumänische Rhetorik
den oppositionellen Christdemokraten um den aufrechten Iurie Rosca
eher geschadet. Bei einem Besuch in Brüssel im Dezember 2007 erstaun-
te Präsident Woronin seine Gastgeber mit einem massiv antirumäni-
schen Ausbruch. Rumänien sei der Hauptgegner der jahrhundertealten
moldawischen Nation, da es seine eigene Ethnizität und Sprache nicht
anerkenne.[4] Demgegenüber halten Andrej Brezianu und Vlad Spanu die
Existenz einer eigenen moldawischen Sprache, die links und rechts des
Pruth der gleiche rumänische Dialekt sei, für absurd. Laut Ex-Senator
Ion Copa hätte die Wiedervereinigung schon 1991 beim Zerfall der Sowjetunion stattfinden können, hätte nicht die Iliescu-Regierung damals

aus KGB-Agenten bestanden.[5] Als Preis für den Anschluß Transnistriens will Moskau einen direkt kontrollierten Satellitenstaat als aggressiven Riegel zwischen der NATO/EU und der Ukraine.[6] Dagegen würde die Wiedervereinigung des einstigen Bessarabien mit Rumänien und des stalinistischen Kunstproduktes Transnistrien mit der Ukraine jenes Sicherheitsproblem und den 15jährigen Dauerkonflikt elegant entsorgen. Dies bedürfte jedoch einer politischen Phantasie und Willenskraft, die der Westen bislang nicht aufgebracht hat.

... und die EU?

Als im August 1944 sowjetische Verbände beim Dnjestrbrückenkopf Bender durchbrachen und es ihnen im Zuge des für die Reichsführung überraschenden rumänischen Frontenwechsels gelang, die wiederaufgestellte 6. Armee und große Teile der 8. Armee südlich von Kischinew einzukesseln, kamen bei der Kesselschlacht und in der folgenden Kriegsgefangenschaft mehr als 100.000 deutsche Soldaten um. Heute wird der Kampf um Einflußsphären mit dem Scheckbuch geführt. Die Russen erließen Igor Smirnow Gasprom-Rechnungen in Höhe von $ 1 Milliarde. Die EU zahlte laut Ex-Kommissar Chris Patten während 1993–2003 insgesamt € 300 Millionen an technischer und Haushaltshilfe an Moldawien. Das entspräche € 100 pro Einwohner – fast ein Halbjahresgehalt, hätte es ihn denn erreicht. Weitere € 60–80 Millionen sind jährlich unterwegs. Das ist eine Menge Geld für einen von seinen Bewohnern fast schon aufgegebenen Obstgarten und erscheint kurzfristig als eine bessere Strategie als der furchtbare Opfergang der Wehrmacht. Ob jene generösen Tantiemen freilich langfristig Woronin und Konsorten im westlichen Lager halten, darf füglich bezweifelt werden. Zum demokratischen Marktwirtschaftler ist er sicher bisher nicht geworden.

1 Frankfurter Allgemeine Zeitung, 5. April 2005.
2 Igor Smirnov: To live on our Land, Tiraspol 2004.
3 The Economist, 21. April 2007, European Voice, 10. Mai 2007; sowie Ivan Denes in: Junge Freiheit, 15. September 2006.
4 Financial Times, 8. Dezember 2007.
5 Interview Ion Copa in: Junge Freiheit, 6. Oktober 2006.
6 Andrej Brezianu und Vlad Spanu: „Soviet Ghost lives in Moldova", in: European Voice, 19. April 2007.

GEORGIEN – DORNEN NACH DER „ROSENREVOLUTION"

Von allen verbliebenen GUS-Staaten hat sich das austrittswillige Georgien am meisten die Ungnade des Kreml zugezogen. Nicht nur verlangt die transkaukasische Republik die Schließung der letzten russischen Stützpunkte, es will auch der NATO und der EU beitreten. Georgien ermöglicht vor allem auch den Transport von zentralasiatischem Erdöl und Erdgas unter Umgehung Rußlands ans Schwarze Meer und an die türkische Mittelmeerküste sowie zusammen mit dem benachbarten Aserbaidschan den Zugang des amerikanischen und türkischen Militärs in die Region. Für seine Positionierung in Richtung Westen hat Georgien immer wieder den Zorn Rußlands zu spüren bekommen. Es bewaffnete, finanzierte und beschützte die Separatisten-Regimes in Abchasien und Südossetien, verteilte dort russische Pässe an jedermann, führte den Rubel als Währung ein und bereitete den Anschluß an Rußland vor. Rußland kappte wiederholt die Gas- und Stromzufuhr nach Georgien, unterbrach die Straßen- und Postverbindungen und den direkten Flug- und Finanzverkehr, blockierte georgische Schlüsselexporte (zum Beispiel Wein und Mineralwasser), gewährte flüchtigen georgischen Politkriminellen Asyl, deportierte tausende georgische Gastarbeiter, bombardierte unter dem Vorwand der tschetschenischen Terroristenjagd georgisches Territorium im Pankisi-Tal und beschoß im August 2007 eine georgische Radarstation.

Die georgische Neigung zu heißblütiger Rhetorik, Präsident Michail Saakaschwilis Diplomatie per Lautsprecher und sein blindes Vertrauen in den zweifelhaften militärischen Beistand der USA leisten gleichfalls wenig zur Entspannung. Die seit 1994 „eingefrorenen" Konflikte in Südossetien und Abchasien konnten, so es der Kreml wollte, jederzeit neu aufflackern. Im August 2008 war es nach dem russischen Gegenschlag, mit dem nach zwei Tagen heftiger Kämpfe die georgische Armee geschlagen nach Gori und Poti zurückgetrieben wurde, dann soweit. Die mühsam erreichte wirtschaftliche und politische Konsolidierung in der von Kriegen, dem sowjetischen Erbe und von Mißwirtschaft geschwächten Kaukasusrepublik ist einmal mehr akut gefährdet. Ob der von EU und OSZE vermittelte Waffenstillstand hält und das Land dank einer generösen EU-Wiederaufbauhilfe – € 500 Millionen wurden im September 2008 vom EU-Außenministerrat versprochen – wieder in Gang kommt, ist noch nicht absehbar.

Die Unabhängigkeit

Als Stalin auf Lenins Befehl seine 1917 unabhängig gewordene georgische Heimat 1921 zurückeroberte, ließ er die gesamte Führungs-
schicht, die etwa 30.000 Personen umfaßte, erschießen. Siebzig Jahre
später verlief die Befreiung vom Kommunismus friedlich – jedenfalls
zunächst. Dem neuen Präsidenten Zwiad Gamsachurdia (1939–1993),
einem nationalistischen Schöngeist und Heißsporn, der als Bürgerrecht-
ler zu Sowjetzeiten zwangspsychiatrisiert wurde, gelang es jedoch nicht,
den kommunistischen Sicherheitsapparat unter Kontrolle zu bringen.
Mit wilden Parolen („Georgien den Georgiern") brachte er in dem Vielvölkerstaat die nationalen Minderheiten gegen sich auf und erleichterte
Moskau das Geschäft, separatistische Regimes in Südossetien, Abchasien
und Adscharien zu errichten. Der im Mai 1991 mit 86,5 % der Stimmen
zum Präsidenten gewählte Gamsachurdia wurde schon im Januar 1992
in einem kommunistischen Militärputsch gestürzt, flüchtete ins benachbarte Tschetschenien und wurde dort ein Jahr später ermordet. Das
schlecht ausgerüstete georgische Militär verlor prompt den Krieg gegen
die von der russischen Armee unterstützten Freischärler in Abchasien.
Bürgerkriegsähnliche Bandenkämpfe folgten im ganzen Land.

Eduard Schewardnadse

In jenem Chaos wurde der seit März 1992 amtierende Chef des Staats-
rates Eduard Schewardnadse, der als starker Mann im Hintergrund die
Strippen zog, 1995 zum Präsidenten bestimmt. Als letzter Außenminister der Sowjetunion (1985–1991) und Förderer der deutschen Einheit
besaß er eine hervorragende internationale Presse. Seine Zeit als früherer Innenminister und Erster Sekretär der KP Georgiens (1972–1985)
war weniger glamourös gewesen. Als langjähriger Präsident Georgiens
(1995–2003) errang er eine noch größere Machtfülle. Er ernannte alle
Minister, Bürgermeister und Regionalgouverneure, hatte den Oberbe-
fehl über alle Streitkräfte und konnte per Dekret am Parlament vor-
beiregieren. Als Nachfolgepartei zur KP gründete er eine Bürgerunion
als ideologiefreie, von der Nomenklatura kontrollierte Karrierepartei.
Es gelang Schewardnadse, die Bandenkriege, die Hyperinflation und
den freien Fall der Wirtschaft zu beenden. Zur Wiedergewinnung der
abtrünnigen Provinzen setzte er zunächst auf einen Schmusekurs mit
Moskau. Ohne Zustimmung des Parlaments sicherte er Rußland den
weiteren Betrieb von vier Militärstützpunkten zu, wurde Mitglied der
GUS und hoffte, der Kreml würde seine separatistischen Klientelregimes
zu einer Konföderierung mit Georgien bewegen. Vergebens.
Mit der zunehmenden Dauer seiner Herrschaft stellte Schewardnadse alle demokratischen und marktwirtschaftlichen Reformversuche ein

und versuchte nach drei Attentatsversuchen nur noch, an der Macht zu überleben. Derweilen bereicherte sich sein Klan hemmungslos. Georgien verarmte und degenerierte zu einer der korruptesten Gesellschaften der Welt. So kontrollierten Schewardnadses Söhne, Neffen, Schwager und Schwiegervater den Hafen von Poti, die Eisenbahngesellschaft, den Straßengüterverkehr, die Tankstellen, Magti Telekom, die Industrie- und Handelskammer und die größten Staatskonzerne Rustawi Nitrogen und Zestafoni Nichteisenmetalle.

Andere Klans und Netzwerke, wie die Komsomolführer der Universität Tiflis der 1980er Jahre, kontrollierten die Banken und die Steuer- und Zollverwaltung. Der öffentliche Dienst mußte sich angesichts ausbleibender Steuereinnahmen und minimaler Gehälter (€ 45 monatlich) durch Korruption selbst finanzieren. Als gängige Praxis bezahlte ein – völlig unqualifizierter – Aspirant $ 3000 für einen Platz an der Polizeiakademie und $ 2000 für eine Stelle bei der Verkehrpolizei, um nachher als Polizeioffizier oder Verkehrspolizist Dienst zu tun. Dort mußte die Investition durch Schutzgelderpressungen und Wegelagerei in Uniform wieder eingespielt werden. Einen fixen Anteil bekam die höhere Hierarchie. Auch Dienstfahrzeuge, Waffen und Uniformen wurden so beschafft. Unter Schewardnadse finanzierten sich das Innenministerium, die Polizei und die Zolldienste so praktisch selbst. Natürlich hatte man kaum Interesse an der unproduktiven Verbrechensprävention und -aufklärung. Um aufwendige Verfahren abzukürzen, wurden Verdächtige nach sowjetischer Tradition routinemäßig um Geständnisse gefoltert, ab und zu auch aus dem Fenster geworfen (Selbstmord) oder auf der Flucht und in Notwehr erschossen. In der Endzeit Schewardnadses begann die Polizei, sich auch an Ausländern zu vergreifen. So wurden 2001 zwei spanische Geschäftsleute mutmaßlich von Uniformierten in das von Tschetschenen kontrollierte, rechtsfreie Pankisi-Tal entführt und dort erst ein Jahr später nach Lösegeldzahlungen freigelassen. Der britische Banker Peter Shaw entkam dort im November 2002 nach halbjähriger Geiselhaft. Andere waren weniger glücklich. Der Deutsche Günther Beuchel (49) aus Rostock, der acht Jahre für die EU-Delegation in Tiflis Projekte geleitet hatte, wurde bei einem Entführungsversuch im Dezember 2001 vor seiner Haustür ermordet. Die Täter wurden nie gefaßt. Auch die Mörder von Klaus Dröge (59), einem Transportmakler aus Ostberlin, der sich in Georgien eher schlecht als recht durchschlug, wurden nie gefaßt. Ein italienischer Journalist namens Antonio Russo, der amerikanisch-türkischen Waffenschmugglern nach Tschetschenien auf der Spur war, starb offiziell durch eine Kohlenmonoxidvergiftung. Angesichts häufig defekter Gasleitungen ist dies eine unverdächtige Todesart, der später im Februar 2005 auch der erste Reformpremier Surab Schwanija zum Opfer fiel. Allerdings gab eine spätere Autopsie schwere Schläge auf die Brust als Todesursache Russos an.

Unter Schewardnadses Herrschaft und den vorherigen Unruhen war die
Wirtschaftsleistung 1991–2002 um 70 % gefallen; bis zu anderthalb der
fünf Millionen Georgier suchten im Ausland ein Auskommen. Im Inland
lebten 60 % unter der Armutsschwelle. 300.000 Bürgerkriegsflüchtlinge
und die Rentner mußten mit € 7 im Monat durchkommen. Die Schattenwirtschaft wurde auf 40 % des BIP geschätzt. Von staatlichen Pflichten
wie Steuern und Wehrdienst konnte man sich freikaufen. Hochschuldiplo-
me waren ebenfalls sämtlich käuflich zu haben. Außerhalb des Energie-
transits und Pipelinebaus gab es so gut wie keine Auslandsinvestitionen.
Die größte Investition aus Deutschland wurde lange von dem Teehändler
Martin Bauer aus dem fränkischen Vestenbergsgreuth geleistet. Frisches
einheimisches Kapital wurde nur im Weinbau und bei der Mineralwasser-
abfüllung eingesetzt. Weil es in Georgien kaum Bodenschätze und wenig
Industrie gibt, gab es auch keine Oligarchen, die diese stehlen konnten. Die
recht rudimentäre Schwerindustrie aus Sowjetzeiten, wie die Metallwer-
ke von Zastafoni und die von deutschen Kriegsgefangenen in den Jahren
1944–1948 erbauten Düngemittelfabriken und Stahlhütten von Rustawi
sowie die Verkehrs- und Wohninfrastruktur zerfielen zusehends.

Georgien war von US-amerikanischen und europäischen Hilfszahlungen abhängig geworden und überdeutlich auf dem Wege des Staatsversagens in die Dritte Welt. Die der Sowjetnomenklatura entstammenden
herrschenden Klans waren, nachdem sie durch getürkte Voucher-Auktio-
nen, Freundschaftspreise und Kreditvergaben ohne Tilgungsverpflichtun-
gen die nationalen Monopole und die politische Macht kontrollierten,
durchaus an einer ökonomischen und monetären Stabilisierung interessiert. Eine Liberalisierung der Märkte, die ihre lukrativen Monopole bedrohte, interessierte sie nicht; auch kein effektiveres Steuersystem, waren
doch politische Spenden für sie weitaus billiger und einflußsichernder.

Die „Rosenrevolution"

Schewardnadses autoritäre Herrschaft wurde durch Korruption und
Schlampigkeit gemildert. Die westlichen Gelder erkauften eine freie Presse und politische Vereine, hochtrabend „Zivilgesellschaft" genannt, die
seine Bestechlichkeit und Mißwirtschaft offen kritisieren konnten. Ab
2001 begann die Bürgerunion zu zerfallen. Als erstes sprang der smarte
Michail Saakaschwili ab. Der in Kiew und an der Columbia Universität
ausgebildete und in New York in Erdölfragen arbeitende Wirtschaftsjurist
war von Schewardnadse kurzfristig zum Justizminister gemacht worden.
Als Saakaschwili vorhersehbar bei dem Versuch scheiterte, die lukrativen
Geschäfte des Schewardnadse-Klans zu stoppen, trat er 2001 mit einem
Eklat zurück. Bei seinem Abschied zeigte er im Fernsehen die Bilder aller
Ministervillen, die von den kargen Ministergehältern allein nie rechtens
hätten finanziert werden können.

Als Oppositionsführer gründete er in der Folge eine „Nationale Bewegung" dreier Parteien. Der wichtigste Bündnispartner waren die „Vereinigten Demokraten" von Schewardnadses einstigem Kronprinz Schwanija. Er überließ die Parteiführung jedoch wohlweißlich der energischen Nino Burdschandse, einer Juraprofessorin und Tochter des „Königs" der georgischen Backwarenindustrie, dem Schewardnadse ein lukratives Getreideimportmonopol zuerkannt hatte. Die „jungen", d. h. um die 40 Jahre alten Reformer, die sich rechtzeitig von Schewardnadse abgesetzt hatten, waren also alle seine vormaligen politischen Ziehkinder mit einer gewissen Nomenklatura-Nähe.

Wurden die Wahlmanipulationen von 1999 noch vom Westen ignoriert, so konnten die offensichtlichen Fälschungen ein Jahr später nicht mehr übersehen werden. Dennoch klammerte sich Schewardnadse weiter an die Macht, während sein Land in Korruption, Armut und Stagnation versank. Mit seinem unsteten Schaukelkurs zwischen Washington und Moskau verspielte der einstige Lieblingskommunist des Westens seine letzten Sympathien.

Als Schewardnadse bei den Parlamentswahlen im Oktober 2003 wieder seine auf einen harten Kern von Klanmitgliedern und Bankrotteuren geschrumpfte Bürgerunion gegen alle Evidenz der Nachwahlumfragen zum Sieger ausrief, organisierte die von Saakaschwili geführte Nationale Bewegung Massenproteste, die schließlich in die friedliche Besetzung des Parlaments mündeten. Schewardnadse mußte daraufhin eiligst von seinen Leibwächtern zu einem Luftwaffenstützpunkt eskortiert werden, um mit Vermittlung von Außenminister Igor Iwanow nach Moskau ausgeflogen zu werden. Im Januar 2004 wurde der damals 37jährige Michail Saakaschwili triumphal mit 96 % der Stimmen zum Präsidenten gewählt. Erstmals in Georgiens junger Demokratie griff auch die Frau des Kandidaten, die Niederländerin Sandra Roelof, unterstützend in den Wahlkampf ein.

Nach dem Sieg erhielt Saakaschwili Soforthilfekredite aus dem Westen – $ 14 Millionen aus Washington, € 12 Millionen aus Berlin –, um angesichts der geplünderten Staatskassen die Gehälter und Pensionen auszahlen zu können. War also die „Rosenrevolution", wie vom ukrainischen Autokraten Kutschma behauptet, ein „westlich inszenierter Putsch"?

Dagegen spricht, daß westliche Staatskanzleien, die ohnehin „Stabilität" als Wert an sich fetischisieren, lange Schewardnadse mit Militär- und Finanzhilfen unterstützten – ein Fünftel seines Staatshaushaltes bestand aus Westhilfen – und nur zögernd einsehen wollten, daß der Präsident bei allem „georgischen Charme" hartnäckig beratungsresistent blieb und gut die Hälfte aller Hilfszahlungen und -mittel (einschließlich der militärischen) spurlos versickerten. Noch am Wahlabend des 2. November 2003 erklärte das US State Department, es hielte Berichte von

Unregelmäßigkeiten für „übertrieben". Erst am 21. November 2003 war es darüber „enttäuscht". Charles Fairbanks von der Johns Hopkins University meinte deshalb, die US-Regierung, die in den Jahren 1994–2003 in Schewardnadses Regime $ 1,5 Milliarden an Aufbau- und Militärhilfe investiert hatte, habe ihre Karten schlecht gespielt und doch gewonnen. Mit wesentlich weniger und intelligenter angelegtem Geld reüssierte George Soros als der wahre Sponsor der „Rosenrevolution". Er hatte die die Revolte legitimierende Nachwahlumfrage vom November 2003, das Tifliser „Liberty Institute" als Denkfabrik der Reformer und die radikaldemokratische Studentenorganisation *kmara!* (Genug!) finanziert und dafür gesorgt, daß sie die Methoden und Taktiken des serbischen Studentenverbandes Otbor beim Sturz von Slobodan Milošević erlernten (und später im Winter 2004 in Kiew beim Sturz von Kutschma und Janukowitsch weitergaben). Der Fernsehsender „Rustavi 2" stand der Opposition zur freien Verfügung. CNN ließ die Weltöffentlichkeit live miterleben, wie der Schewardnadse-Klan die Nerven verlor und flüchtete. Die in Tiflis zusammengezogenen Polizeiverbände und die Truppen des Innenministeriums hatten schon lange keinen Sold und keine Verpflegung mehr erhalten. Die letzen zehn Tage vor dem Sturm aufs Parlament bekamen sie ihre Verpflegung von der „Nationalen Bewegung". Wie in den meisten Ländern Osteuropas hatte Soros, der dort auch gerne politischen Einfluß ausübt und sich als Philantroph feiern läßt, begabten jungen Reformkräften ein Graduiertenstudium in den USA finanziert. Viele von ihnen wurden Minister in Saakaschwilis Regierung.

Auch Auslandsgeorgier spielten eine wichtige Rolle. Liberaler Wirtschaftsminister wurde Kacha Bendukidse (48), vordem Mehrheitsaktionär des russischen Maschinenbaugiganten Uralmasch OMZ, der sofort daranging, sein Ministerium weitgehend aufzulösen und zu einer Entbürokratisierungsstelle zu verschlanken. Außenministerin wurde Salome Surabischwili (52), die zuvor in Georgien französische Botschafterin war. Sie entzweite sich allerdings im Oktober 2005 mit Saakaschwili, dem sie autoritären Machtmißbrauch vorwarf, und gründete ihre eigene Oppositionspartei „Georgiens Weg". Nach dem Tod von Premier Schwanija (42) im Februar 2005 wurde sein Gefolgsmann Surab Nogaideli (40), ein studierter Physiker und Finanzexperte, bis zum November 2007 Ministerpräsident.

Nach 15 Jahren „Schock ohne Therapie" waren die Herausforderungen für die neue Reformregierung gewaltig: Der Staat war mit $ 1,8 Milliarden Auslandsschulden ohne Rücklagen pleite. Drei wichtige Provinzen wurden von Separatisten kontrolliert. Der fragmentierte Sicherheitsapparat von Polizei, Armee, Innenministeriumstruppen, Geheimdienst, Nationalgarde und Milizen war schlecht gerüstet, selten bezahlt und unkoordiniert dem persönlichen Regiment ihrer Kommandeure unterworfen. Oft fehlten Uniformen, Verpflegung und Unterkünfte für die Wehrpflichtigen. Der verlorene Krieg von 1992 bis 1994 in Abchasien wurde dem russischen Eingreifen angelastet. Eine Schwachstellenanalyse der miserablen eigenen Truppenführung war unterblieben.

Mit Durchschnittsrenten von € 7 und Monatsgehältern um € 40 war die Bevölkerung mit dem Überleben voll beschäftigt. Sie hatte angesichts endemischer Korruption, zusammengebrochener sozialer Sicherungs- systeme und der erratischen Wasser- und Stromversorgung das Vertrau- en in staatliche Institutionen längst verloren.

Michail Saakaschwili

Saakaschwili war angesichts dieser Notstände in der Wahl seiner Mittel nicht zimperlich. Er entließ 70.000 Bedienstete (35 %) des aufgeblähten Beamtenapparats, darunter 15.000 Mann der notorisch korrupten Ver- kehrspolizei, und 18 von 24 Generälen. Der folgende Anstieg der Ver- brechensraten wurde auf diese arbeitslose Beamte zurückgeführt. Zur besseren Bekämpfung von Schmuggel und Verbrechen wurden die Trup- pen des Innenministeriums demilitarisiert und in die neue Polizei unter ziviler Kontrolle integriert. Eine gleichzeitige Anti-Korruptionskam- pagne, die sich gegen Angehörige des alten Regimes und Saakaschwilis politische Gegner richtete und von Verhaftungen begleitet war, die live im Fernsehen übertragen wurden, ließ die Steuer- und Zolleinnahmen dramatisch ansteigen. Bei den Privatisierungen, die in der Vergangenheit zu Freundschaftspreisen erfolgt waren, konnten die Begünstigten ihren Besitz legalisieren, wenn sie entsprechende Beträge einem Sonderfonds des Präsidenten spendeten, aus dem dieser dem Vernehmen nach Waffen importieren und Ministergehälter bezahlen ließ. Mit der verbesserten Haushaltslage und deutlich weniger Beamten konnte der öffentliche Dienst professionalisiert und seine Gehälter auf $ 200 verfünffacht wer- den. Die Notwendigkeit, für den Lebensunterhalt Bestechungsgelder an- nehmen zu müssen, entfiel somit. 17 verschiedene korruptionsträchtige Unternehmenssteuern und 90 % jener Hunderte von Lizenzverfahren wurden ebenfalls gestrichen. Als Unternehmenssteuer wurde eine flache Einheitssteuer von 15 % eingeführt. Die Zölle wurden auf 3 % gesenkt, um nach estnischem Vorbild für 90 % aller Güter im Januar 2008 völ- lig abgeschafft zu werden. Damit entfällt der Anreiz zum Schmuggeln weitgehend. Als kaum industrialisiertes Land – der Anteil der Industrie am BIP beträgt knapp 10 % – hat Georgien ohnehin kaum Bedarf an Importschutz. Statt dessen stärkt die Zollfreiheit seine Rolle als Han- dels- und Transitzentrum zum Kaspischen Meer, nach Armenien und Zentralasien.

Saakaschwili wird von seinen Gegnern bezichtigt, oft selbstherrlich im kleinen Kreis zu entscheiden und mit Notstandsverordnungen zu regieren. Die Fernsehsender kritisieren zwar seine Minister, doch – ab-

gesehen von dem 2007 geschlossenen Sender „Idemi" – in einer Art
Selbstzensur nie den Präsidenten selbst. Natürlich bestehen auch im Sicherheitsapparat noch weiter Mißstände. So wurde ein junger Banker
im Frühjahr nach einem Wirtshausstreit mit der Frau des Innenministers
von hohen Polizeibeamten totgeschlagen. Sie wurden erst im Zuge der
Medienberichterstattung über den Fall vom Dienst suspendiert.

Die Zustände in den völlig überfüllten Gefängnissen sind weiter katastrophal. Bei einem angeblichen Ausbruchsversuch starben im März
2006 Dutzende von Strafgefangenen im Kugelhagel. Auch sonst zieht
die Polizei statt langwieriger Untersuchungen gelegentlich lieber schnell
die Pistole. Die Richter selbst sind weiter von der Exekutive und ihren
Anweisungen abhängig.

Das georgische Wirtschaftswunder

Die Weltbank ist von Saakaschwilis Reformprogramm hellauf begeistert.
Die nach baltischem Vorbild unternommenen Deregulierungen, Privatisierungen und Entbürokratisierungen, die sämtliche lähmenden und
korruptionstreibenden Sowjet-Bestimmungen entsorgten, seien seit 2004
schlicht die besten der Welt. Auch die Londoner Osteuropabank EBRD
bescheinigt Georgien den stärksten Korruptionsrückgang unter allen
Ländern Ost- und Mittelosteuropas. Der Staat wurde von der Mafia zurückerobert. Mit seiner Zollfreiheit funktioniert das Konzept eines Tran-
sitlandes zum Kaspischen Meer und nach Zentralasien. Die kasachischen
und aserischen Ölgesellschaften investieren massiv in die neuen Ölter-
minals von Batumi und Poti. Kasachstan baut auch eigene Getreideter-
minals. Seit Beginn der Reformen im Jahr 2003 wächst die Wirtschaft
um 10 % jährlich. Das BIP hat sich seither verdoppelt. Mit der gestärk-
ten Rechtssicherheit und einer vorhersehbar niedrigen Einheitssteuer
von 15 % ist Georgien für Auslandsinvestitionen attraktiv geworden.
$ 2 Milliarden wurden allein im Jahr 2007 ins Land investiert. Die größ-
te deutsche Investition ist nicht länger ein Teehändler, sondern Heidelberg Zement, das die größten einheimischen Hersteller Kartuli Tsementi
und Saqcementi zur Nutzung des boomenden südkaukasischen Markts
für Baustoffe aufkaufte und modernisierte. Ohnehin scheint der Markt
angesichts der heruntergekommenen Wohn-, Industrie- und Bürobauten
sowie der Straßen- und Eisenbahninfrastruktur für Bauunternehmen und
-stoffe nahezu unerschöpflich zu sein. Dabei restauriert Georgien sorgsam und mit öffentlichen Mitteln viele seiner historischen Kleinstädte,
Burgen, Klöster und Kirchen, die in der Sowjetära dem Verfall preisgege-
ben waren, und schafft, begünstigt von einem guten Klima, mit sehr guten, schweren Weinen und seiner traditionellen Gastfreundschaft wieder
die Grundlagen als Ferienland, das es zu Sowjetzeiten schon einmal war.
Es fehlen allenthalben noch die Hotelbetten. So wird unter anderem das

ehemalige Institut für Marxismus-Leninismus in Tiflis für einen höheren Mehrwert zu einem Hotel Kempinski umgebaut.

Das erst junge Wachstum ist – wie nicht anders zu erwarten – noch nicht bei der Mehrheit der Bevölkerung und vor allem noch nicht in den agrarischen Randprovinzen angekommen. Noch gibt es bei den 4,4 Millionen Erwerbsfähigen 300.000 Arbeitslose. Die Durchschnittslöhne liegen immer noch unter $ 200 im Monat. 52 % der Bevölkerung leben unter der offiziellen Armutsschwelle von $ 72 im Monat (2006), davon 17 % sogar unter einer extremen Armutsschwelle. Die Inflation, die 2007 bei 12 % lag, trifft durch höhere Preise für Lebensmittel, Gas und Wasser gerade diese breiten Unterschichten hart. Wenn dann nur 1 % des BIP für Maßnahmen der Volksgesundheit aufgewendet werden, d. h. schlichte $ 10 pro Kopf, dann sind die Härten im persönlichen Lebensschicksal weiter existentiell. Entsprechend stark sind das Protestpotential der Bevölkerung und die Legitimationsprobleme der eigentlich erfolgreichen und überfällig gewesenen Reformen.

Krawalle und neue Wahlen

Am Anfang stand die Entfremdung eines dubiosen Oligarchen, des im Februar 2008 verstorbenen Badri Patarkazischwili, von der „Rosenrevolution", die er selbst mitfinanziert und mit seinem Fernsehsender Imedi (Hoffnung) massiv unterstützt hatte. Patarkazischwili hatte sein Geld an der Seite Beresowskis in Rußland gemacht und war mit seiner Milliarde nach Putins ersten Säuberungen nach Georgien zurückgekehrt. Rußland versuchte bald seine Auslieferung wegen diverser Wirtschaftsvergehen und Verstrickungen in einen Mordfall in Gang zu setzen. Patarkazischwili, der nach eigenen Angaben von 120 Leibwächtern bewacht wurde – darunter als ihr langjähriger Chef der FSB-Offizier Andrej Lugowoi, der von Scotland Yard als Mörder von Litwinenko verdächtigt wird –, investierte sein Geld unter anderem in georgische Medien und in den Zirkus von Tiflis. Jüdischer Herkunft, lebte er zwischen London und Israel. Als er nach Unterstützung der „Rosenrevolution" merkte, daß seine Erwerbswünsche von Saakaschwilis Umfeld immer weniger berücksichtigt wurden, setzte er sich 2006 zornentbrannt ins Ausland ab, forderte den Sturz des „faschistischen Regimes" und benutzte seinen Fernsehsender Imedi zur hemmungslosen Agitation gegen die „Rosenrevolutionäre". Zuvor war er Präsident des Nationalen Olympischen Komitees und Chef des georgischen Unternehmerverbandes gewesen. Gleichzeitig galt er, eine schillernde Persönlichkeit, als Bindeglied zwischen oligarchischer Macht und organisiertem Verbrechen.

In seiner neuen Oppositionsrolle verband er sich zeitweise mit dem ehemaligen Verteidigungsminister Okruaschwili, der sich gleichfalls von Saakaschwili entfremdet hatte. Okruaschwili warf dem Präsidenten vor, die Gelegenheit zur gewaltsamen Befreiung Südossetiens durch falsche Rücksichtnahmen versäumt zu haben. Im November 2007 finanzierte er schließlich die von seinem Fernsehkanal aktiv beflügelten Massendemonstrationen in Tiflis und den Sturm auf die Regierungsgebäude, die die Regierung so unerwartet traf, daß sie überrascht ihren wenigen überrumpelten Wachkompanien einen Feuerbefehl gab, zu seiner Legitimierung den Notstand ausrief und Patarkazischwilis enervierenden Sender Idemi durch ein Rollkommando demolieren und schließen ließ.

Dieser panikbedingte Gesichtsverlust traf die „Rosenrevolutionäre" schwer und schädigte nachhaltig das georgische Beitrittsgesuch zur NATO. Um seine angeschlagene Reputation zu retten und die Wogen zu glätten, kündigte Saakaschwili für den Januar 2008 vorgezogene Präsidentschaftswahlen an.

Mit einem sehr aufwendig geführten Wahlkampf trat auch Patarkazischwili an. Er versprach jedem Arbeitslosen $ 30 zu zahlen und den vom russischen Boykott geschädigten Bauern die gesamte Zitrus- und Weinernte abzukaufen.

Schließlich wurde sein Vertrauter dabei gefilmt, wie er den Geheimdienstchef mit dem Versprechen von $ 100 Millionen zur Verhaftung des Innenministers und zur Teilnahme an einem Putsch nach Saakaschwilis Wahl anstiften wollte. Daraufhin sah sich die restliche Opposition gezwungen, sich von seinen dubiosen Machenschaften zu distanzieren.

So erhielt Saakaschwili bei den nach internationalen Einschätzungen zwar nicht perfekten, aber doch einigermaßen fairen Wahlen am 7. Januar 2008 52,8 % der Stimmen, der Kandidat der „Vereinigten Opposition" von neun kleineren Parteien, der „Weinkönig" Lewan Gatschetschiladse, 25,2 % und Patarkazischwili 6,8 %. Damit war keine zweite Runde mehr nötig, bei denen der Zweitgereihte die Unterstützung der restlichen Opposition bekommen hätte. Vor 50.000 bis 100.000 Demonstranten in Tiflis beschuldigte Gatschetschiladse die Regierung der Wahlfälschung. Da das orthodoxe Weihnachtsfest vor der Tür stand, gingen die Demonstranten jedoch wieder friedlich nach Hause. Immerhin war die Wahl ein echter Wettbewerb gewesen. 1994 hatte Saakaschwili noch 97 % erhalten. Schewardnadse wurde stets von rund 80 % „gewählt" und Gamsachurdia anno 1992 mit 86 % der Stimmen.

Patarkazischwili verfolgte die Entwicklungen in Georgien weiter aus London, wo er verkündete, er wolle sein ganzes Vermögen zum Sturz von Saakaschwili einsetzen, ähnlich wie dies sein Freund Beresowski gegenüber Putin angekündigt hatte. Doch sollte es dazu nicht kommen. Jäh und plötzlich verschied der 52jährige im Februar 2008 in London an Herzversagen. Eine Untersuchung der britischen Polizei konnte bei seinem Tod keine Fremdeinflüsse feststellen.

Rechtzeitig vor den Parlamentswahlen vom Mai 2008 entdeckten Saakaschwili und seine „Vereinigte nationale Bewegung" als Folge der

Novemberkrawalle und des relativ knappen Ausgangs der Januarwahl die soziale Frage. Mit einem pragmatischen Schwenk weg von der neoliberalen Doktrin verkündeten sie als Wahlparolen „Georgien ohne Armut" und „Arbeitsplätze und Wohlstand für alle". Der seit Ende 2007 amtierende Premierminister Lado Gurgenidse kündigte an, den Sozialetat mit den Ausgaben für Bildung, Gesundheit und Sozialfürsorge deutlich aufzustocken. Als erstes wurden die Renten auf € 64 vervierfacht.

So gewann trotz der verbreiteten Unzufriedenheit mit der Selbstherrlichkeit und Selbstbereicherung der neuen Machtelite die „Vereinigte Nationale Bewegung" des Präsidenten im Mai 2008 mit 61 % der Stimmen doch zwei Drittel der Mandate des auf 150 Abgeordnete verkleinerten Parlaments. Im Jahr 2004 waren es noch 76 % gewesen. Die „Vereinigte Opposition" erhielt 15 %, eine neugegründete Christlich-Demokratische Partei des Fernsehjournalisten Georgi Targamadse 8 % und die neutralistische linke, besonders rabiat agitierende Arbeiterpartei 7 %.

Adscharien

Als ersten und bisher einzigen Erfolg an der Separatistenfront gelang es Saakaschwili, die abtrünnige Grenzprovinz Adscharien mit der wichtigen Hafenstadt Batumi im Juni 2004 heim ins Reich zu holen. Die an die Türkei grenzende autonome Republik mit ihren 400.000 sunni-georgischen Einwohnern wurde seit Jahrhunderten, auch in der Sowjetzeit, vom Klan der Abaschidze als privates Feudalreich beherrscht. Nach der Unabhängigkeit Georgiens machte sich Aslan Abadschidze (64) sogleich zum Vorsitzenden des Obersten Sowjets. Er rief die volle Autonomie aus und behielt deshalb alle örtlichen Steuern und Zölle für sich selbst. Hauptsächlich lebte Adscharien jedoch vom Schmuggel mit der Türkei.

Die von Abadschidze gegründete Partei der „Wiedergeburt", die formal zu Schewardnadse in Opposition stand, erhielt in Adscharien regelmäßig 98 % der Stimmen. Damit ergaben sich für seine Familienmitglieder vielfältige Karrieren. Ein Sohn wurde Bürgermeister von Batumi, ein Neffe leitete den Ministerrat, ein Cousin war der Stellvertreter, ein Schwager Sicherheitsminister. Andere Vettern waren Minister für Inneres, Kultur, Kommunikation, Gesundheit und Finanzen. Die Hälfte der 40 Parlamentarier bestand ebenfalls aus engen Angehörigen. Zur Verhütung der „Rosenrevolution" schickte Abaschidze in letzter Minute bewaffnete Adscharier nach Tiflis. Doch auch sie wollten sich nicht für Schewardnadse prügeln.

Im Mai 2004 schlug schließlich auch Abadschidzes Stunde. Er hatte vorsorglich alle Brücken nach Rest-Georgien sprengen lassen und vertraute auf den Schutz durch die in Batumi stationierte 35. Brigade, seiner faktischen Privatarmee, und auf die örtliche russische Garnison. Doch als auch in Batumi 20.000 demonstrierende „Rosenrevolutionäre" seinen Abtritt forderten, flüchtete er, wie Schewardnadse vor ihm, mit seinen liquiden Millionen ins Exil nach Moskau.

Im Juni 2004 gewann die Nationale Bewegung haushoch die Wahlen in Adscharien. Saakaschwili, der der islamisch geprägten Grenzregion zuvor einen Sonderstatus versprochen hatte, unterwarf sie nun seiner direkten präsidialen Herrschaft. Den Abaschidze-Klan ersetzte er durch eigene Gefolgsleute, darunter als Regionalpräsidenten Lewan Warschalonidse. Für Abchasien und Südossetien, die Saakaschwili als nächstes zu befreien ankündigte, war dieser Wortbruch ein schlechtes Vorzeichen für die noch immer ausstehende friedliche Lösung. Mittlerweile sind beide nach ihrer nur durch Rußland und Nicaragua anerkannten „Unabhängigkeit" auch offiziell russische Protektorate geworden.

Als Ölhafen profitiert Batumi seit 2003/4 vom Durchfluß und der Verschiffung des hereinströmenden kasachischen und aserischen Öls. Ebenso wie in Poti herrscht seither ein Bauboom für neue Terminals, Straßen und Hotels, der die hohe Arbeitslosigkeit in der von den Abaschidzes abgewirtschafteten, verarmten Region mindern hilft.

Südossetien

Das mehrheitlich christliche Kaukasusvolk der Osseten ist indo-iranischen Ursprungs. Eine Laune der Natur und Stalins hat die nördlich des Kaukasus-Hauptkammes lebende Hälfte als Republik der Nordosseten mit der Hauptstadt Wladikawkas der Russischen Föderation und den südlichen Teil mit dem Hauptort Zchinwali Georgien zugeschlagen. Als das einzig mehrheitlich orthodoxe Volk unter seinen muslimischen Nachbarn waren die Osseten in allen Kaukasuskriegen stets mit den Russen verbündet. Durch ihr Territorium führt nicht umsonst die alte Kaukasische Heerstraße, die 1829 entstand und von Wladikawkas nach Tiflis führt.

1992 erklärten sich die 70.000 Südosseten von Georgien unabhängig. Ihr „Präsident" Eduard Kokoiti, ein ehemaliger Komsomolführer und Freistilringer, verlangte den Anschluß an den Norden und an Rußland. Seit 15 Jahren herrscht in der Gegenwart russischer, ossetischer und georgischer „Friedensschützer" ein dauernder Kleinkrieg in den Grenzgebieten der Provinz, der von Morden, Entführungen, nächtlichen Feuerüberfällen und Schlägereien zwischen und unter „Friedenschützern" und bewaffneten Banden aller Art gekennzeichnet ist. Aufgeklärt wird nichts. Beschuldigt wird jeweils wortreich die Gegenseite.

Im Jahr 2007 hatte Tiflis eine „legitime" Gegenregierung unter einem Südosseten namens Sanakojew organisiert. Er hatte sich mit Kokoiti zerstritten und war zur georgischen Seite übergelaufen. In einigen georgisch beherrschten Dörfern Südossetiens residierte er als „Präsident" sowie als Vizeminister im georgischen Kabinett. In dem Krieg vom August 2008 wurden alle jene von Georgiern und Sanakojew-Anhängern besiedelten Dörfer von russischen Truppen und südossetischen Milizen gestürmt, zerstört und ihre Bewohner vertrieben.

Die „Wirtschaft" Südossetiens lebt eigentlich nur vom Schmuggel von Wodka in den Norden und von Waffen in den Süden (von denen viele bei den Tschetschenen landen). Seit im Sommer 2004 georgische Truppen den Schwarzmarkt nahe Tchinwali säuberten und die Grenze abriegelten, rollt der Nachschub nur noch durch den von russischen Truppen kontrollierten vier Kilometer langen Roki-Tunnel aus Nordossetien. Das russische Militär hat die ossetischen Milizen mit Panzerhaubitzen, T-62-Panzern und Kampfhubschraubern großzügig bewaffnet. Der Rubel ist gängige Währung. Fast alle Osseten haben russische Pässe erhalten. So kann Rußland stets behaupten, zum Schutz russischer Staatsbürger in ihrer schleichenden Annektionszone intervenieren zu müssen. Jenes winzige Territorium bietet Rußland nicht nur einen Brückenkopf im südlichen Kaukasus. Das Südossetien- und Abchasienproblem ist ein für Georgien allein kaum lösbares Dilemma für seine territoriale Integrität und wirtschaftliche Entwicklung. Nach seinem verlorenen Krieg von 2008 erscheinen die georgischen Ansprüche auf jene Territorien, trotz der verbalen Unterstützung fast der gesamten Staatengemeinschaft, einigermaßen illusorisch zu sein. Rußland kann mit jenen offenen Territorialproblemen seinen unbotmäßigen südlichen Nachbarn stets bedrohen, in Unruhe halten und als Krisenregion darstellen. Im August 2008 hat es dieses Szenario erfolgreich durchdekliniert. Diese Funktion erfüllen auch andere russische Exklaven, wie Transnistrien, potentiell Nordostpreußen und eines Tages die Krim, wenn es zu der von Rußland befürchteten neuen NATO-Osterweiterung kommt.

Abchasien

Auch die früher mit ihren langen Palmenstränden und warmen Sommernächten als sowjetische Côte d'Azur beliebte Küstenregion Abchasien ist ein ethnisch und kulturell deutlich geschiedener Teil Georgiens. Abchasen siedelten hier im antiken Kolchis schon, als die ersten griechischen Kolonisten im 6. Jahrhundert vor Christus eintrafen. Als ein seit dem 9. Jahrhundert unabhängiges christliches Königreich wurden sie unter ottomanischer Herrschaft im 15. Jahrhundert sunnitisch islamisiert. Wie die meisten Kaukasusvölker leisteten die Abchasen gegen die Annektion durch das Zarenreich, die schließlich 1864 erfolgte, jahrzehntelang Widerstand. 1877/78 versuchten sie im russisch-türkischen Krieg einen erneuten Aufstand, der allerdings blutig niedergeschlagen wurde. Die meisten überlebenden Abchasen flüchteten ins Ottomanische Reich und wurden so zur Minderheit im eigenen Land. 1917 wurde Abchasien als Teil der Union der Völker des Kaukasus unabhängig, bis es 1921 von

der Roten Armee erobert wurde. Seinen Status als Sowjetrepublik verlor
Abchasien 1931, als es von Stalin der autonomen Region Georgien zugeschlagen wurde. Er ordnete die vermehrte Besiedlung des abchasischen
Städte durch Georgier an, vor allem als er 1949 die pontischen Griechen deportieren ließ, denen der paranoide Despot mißtraute, weil er sie
für „Kosmopoliten" hielt. Solschenizyn meinte, Stalin habe sich für die
kommunistische Niederlage im griechischen Bürgerkrieg rächen wollen.

Mit der georgischen Unabhängigkeit riefen die Abchasen 1991 mit
russischer Unterstützung ihre eigene Unabhängigkeit aus. Im August
1992 eroberte die georgische Nationalgarde die Hauptstadt Suchumi,
die sie sogleich gründlich plünderte (einschließlich des Nationalmuse-
ums) und brandschatzte (darunter das Nationalarchiv). Freiwilligen-
verbände und Söldner aus allen Kaukasusstämmen, darunter ein Tsche-
tschenen-Bataillon unter Führung von Schamil Bassajew, kämpften auf
der Seite der bedrängten Abchasen. Doch erst das Eingreifen russischer
Truppen, die im nordabchasischen Gudauta stationiert waren, wendete
das Kriegsglück. Mit schweren Waffen und Luftangriffen wurden die
georgischen Truppen und Milizen, die auf dem Rückzug das sowjetische
Prinzip der verbrannten Erde anwandten, bis zum September 1993 bis
zum Grenzfluß Inguri zurückgedrängt.

Von der Vorkriegsbevölkerung, die 530.000 Einwohner umfaßte, sind
in Abchasien aktuell nur noch 230.000 Menschen geblieben. Die meisten
Georgier, Armenier und Griechen flüchteten. Nach zweieinhalbtausend
Jahren mußten die meisten Pontosgriechen in ihre fremdgewordene hel-
lenische Urheimat zurückkehren. Die 200.000 georgischen Flüchtlinge
leben weiter in elenden Notunterkünften, darunter dem heruntergekommenen zwölfstöckigen Hotel Iveria im Zentrum von Tiflis.

Der 1994 geschlossene Waffenstillstand wird seither eher schlecht als
recht von 3000 russischen „Friedenstruppen" und einem kleinen Kontin-
gent unbewaffneter UNO-Truppen (UNOMiG) überwacht. Entlang des
„demilitarisierten" Inguri-Flusses ist die Überwachung schon schwierig
genug, in den nördlichen, unzugänglichen Schluchten des Kodori-Tals
ist sie schier unmöglich. Hier lebt das mit den Georgiern verwandte
Bergvolk der Swanetier. Auch im weiter südlichen Hinterland von Gali,
wo die georgische Minderheit der Mingrelier (einer der ihren war ein
gewisser Berija) siedelt, bekämpfen sich weiter abchasische und georgische Banden, die ihren Broterwerb mit Drogen-, Waffen- und Zigaret-
tenschmuggel verdienen und nur notdürftig mit patriotischen Anliegen
tarnen. Nahezu täglich gibt es Tote und Verschleppte. Im Oktober 2001
wurde im Kodori-Tal ein UNO-Hubschrauber mit neun Insassen abgeschossen. Wie immer wurde jeweils die Gegenseite beschuldigt. Die allgemeine Unsicherheit ist sehr stark. In dem völlig verwüsteten Hauptort
der Gegend zum Beispiel, der Stadt Ochamchir, die einmal 70.000 Einwohner hatte, leben derzeit nur noch 4.000 Mingrelier.

2007 hat Georgien den zuvor von Räuberbanden beherrschten oberen Teil des Kodori-Tals von 1.500 Mann des Innenministeriums besetzen lassen. Als es dort eine Gegenregierung einsetzte, riß der Gesprächsfaden nach Sochumi wieder ab.

Im Gegensatz zu den Südosseten strebt die abchasische Führung unter „Präsident" Sergej Bagapsch nicht den Anschluß an Rußland, sondern die Unabhängigkeit und Neutralität Abchasiens an. Derlei Feinheiten beeindrucken den Kreml, der auch hier den Rubel als Währung durchgesetzt hat, freigebig russische Pässe verteilt und sogar russische Renten zahlt, wenig. Ex-Präsident Putin, der im nahen Sotschi, in Sicht der abchasischen Küste, allsommerlich urlaubt, verfolgt weiter das Programm der Sammlung sowjetischer Erde. Die Heimholung der alten Riviera, die von russischer Militär- und Wirtschaftshilfe abhängig ist, paßt da nur zu gut. Sein Nachfolger Medwedjew setzt diese Politik offensichtlich nahtlos fort. So wurden im Frühsommer 2008 drei georgische Drohnen von russischen Abfangjägern vom Himmel geholt. Damit fehlte den Georgiern die Luftaufklärung. Auch wurde ein Eisenbahnbataillon neu nach Abchasien verlegt. Es reparierte die Schienenstränge zur Grenze, auf denen dann im August die Truppen rollten. Im Rückblick waren dies wie die Truppenmanöver in Nordossetien im Juli, Vorbereitungen für den Gegenschlag vom 8. August 2008. Russische Truppen warfen dann die Georgier aus dem Kodori-Tal heraus und stießen nach dem einseitig verkündeten georgischen Waffenstillstand bis zur Hafenstadt Poti vor. Unterwegs plünderten sie nach Kräften und zerstörten die öffentliche und militärische Infrastruktur. Im September 2008 erkannte Rußland Abchasien und Südossetien als souveräne Staaten an. Derweil setzt sich die schleichende Annektion fort. Ohnehin kann man berechtigte Zweifel haben, ob die Abchasen (oder die Südosseten) wirklich noch Herren im eigenen Haus sind. Denn in allen militärischen und politischen Schaltstellen sitzen mittlerweile Russen und bestimmen, wo es lang geht.

Das Pankisi-Tal

Zwei Autostunden nordöstlich von Tiflis beginnt das wald- und schluchtenreiche Pankisi-Tal. Hier leben auf georgischem Territorium 7.000 Tschetschenen und seit dem von Putin begonnenen zweiten Tschetschenienkrieg auch noch 4.000–5.000 tschetschenische Flüchtlinge, meist Kinder, Greise und Frauen. Manch ein tschetschenischer Kämpfer nutzte das Tal als Rückzugsraum, um dort Wunden auszukurieren. Auch für georgische Uniformträger ist es nicht ratsam, sich hier vereinzelt blicken zu lassen. Der einzige offizielle Grenzübergang nach Tschetschenien, das Bergdorf Schatili, führt über Hochgebirgsfußpfade.

In der antigeorgischen Propaganda Moskaus hat das abgelegene Pankisi-Tal als strategisches Hinterland und Nachschubbasis des Terrors mythische Dimensionen erreicht. So wurde das Tal regelmäßig von der russischen Luftwaffe bombardiert und, in karikaturhafter Imitation des amerikanischen Vorgehens in Afghanistan und Irak, der Einsatz von Bodentruppen angedroht. Als der Kreml dann im Winter 2001 al-Qaida und den leibhaftigen Osama bin Laden im Pankisi-Tal geortet haben wollte, schickten die USA 80 Marines zur Ausbildung einer georgischen Antiterror-Brigade von 3.000 Mann nebst sechs Huey-Kampfhubschraubern und anderem Gerät für $ 64 Millionen. Das war nicht die von Moskau erhoffte Reaktion. Auch wurde eine Mission von OSZE-Grenzbeobachtern (BMO) mobilisiert, die die Grenzbewegungen auf einer Strecke von 80 Kilometern über 5.000 m hohe Bergketten hinweg überwachen sollten. Als die OSZE-Beobachter in den Folgejahren nur minimale Kleingruppen meist unbewaffneter Einheimischer als „illegale" Grenzgänger, dafür aber um so mehr russische Bombenangriffe auf georgisches Territorium sichten konnten, verlor Rußland schnell das Interesse und blockierte ab 2004 den weiteren Einsatz der OSZE-Mission durch sein Veto.

Der Konflikt mit Rußland

Mit seiner geostrategischen Lage im Epizentrum zwischen Ost und West, seiner Neigung zu feuriger Rhetorik und kaum berechenbaren Reaktionen ist Georgien nach dem definitiven Abgang des Baltikums ins EU- und NATO-Lager unter allen GUS-Juniorpartnern unstreitig das größte aller roten Tücher für den Kreml. Schon wenn die Rede auf Schewardnadse kam, pflegte Putin westliche Gesprächspartner durch unverhohlene Haßausbrüche zu schockieren, berichtet Vladimir Soccor von der Jamestown Foundation. Schewardnadses periodische Anbiederungen an Rußland – etwa in Gestalt des GUS-Beitritts 1994 oder bei den periodischen Auslieferungen einiger Tschetschenen – brachten Georgien nichts. Im Dezember 2000 führte Rußland die Visumpflicht für Georgier ein. Sie betrifft geschätzte 800.000 georgische Gastarbeiter. Russische Deportationsdrohungen nimmt Tiflis auf die leichte Schulter. Zur Durchsetzung seien die russischen Behörden viel zu korrupt.

Schon im Januar 2001 drehte Rußland Georgien für einige Tage den Gashahn ab. Wiederum auf dem Höhepunkt der Heizperiode explodierten genau fünf Jahre später in Nordossetien die beiden Hauptgasrohre nach Georgien und Armenien. Passenderweise wurde in Tscherkessien gleichzeitig die elektrische Überlandleitung nach Georgien gesprengt. Einen Monat zuvor hatte Gasprom der Ukraine und Moldawien die Gasversorgung unterbrochen hatte.

Saakaschwili nannte dies Rußlands letzten Erpressungsversuch, denn jetzt würde Georgien seine Wasserkraftwerke sanieren und die Versorgung aus Aserbaidschan, Kasachstan und Turkmenistan ausbauen. Hatte Georgien bis zum Dezember 2006 für 1.000 Kubikmeter russischen Erdgases $ 110 zahlen müssen, so wurden ab Januar 2007 die Tarife auf $ 235 erhöht. Zum Vergleich: Weißrußland zahlte zu diesem Zeitpunkt noch $ 47. Soviel zu den russischen „Marktpreisen".

Schon im April 2000 führte Rußland Handelsbarrieren gegen Wein, Zitronen und Tee aus Georgien ein. Wiederum sechs Jahre später behauptete es, Spuren von Pestiziden in georgischem und moldawischem Wein entdeckt zu haben. Seither wurden alle Weine aus beiden Ländern für den Import nach Rußland gesperrt. Gerade die schweren, süßen georgischen Weine sind in Rußland populär und anderswo schwer verkäuflich. Mit Exportverlusten von € 60 Millionen wird die verarmte ostgeorgische Weinregion Kachetien von dieser Schikane hart getroffen. Kurzerhand blockierte Rußland auch Mineralwasserimporte aus Georgien, denen wundersame Heilwirkungen nachgesagt werden. Einmal mehr erzwingen russische Sanktionen wirtschaftliche Umorientierungen. So exportiert Georgien vermehrt die türkischen, ukrainischen, kasachischen und aserbaidschanischen Märkte. Die russischen Sanktionen liefen nach ein bis zwei Jahren weitgehend ins Leere.

Als im Oktober 2006 vier FSB-Offiziere in flagranti beim Spionieren gefilmt und anschließend verhaftet wurden, reagierte Putins Rußland mit allem verfügbaren Unmut. Sein Botschaftspersonal wurde abberufen, die Land- und Luftgrenze geschlossen und der Finanz- und Postverkehr unterbrochen. Dazu veranstaltete die Schwarzmeerflotte vor der georgischen Küste ein Großmanöver, bei dem scharf geschossen wurde, was die Zivilschiffahrt zum Erliegen brachte.

Obwohl Rußland auf dem OSZE-Gipfel von Istanbul 1999 verbindlich versprochen hatte, seine Stützpunkte in Georgien zu räumen, machte es zunächst keine Anstalten, seine in Batumi und Achalkaliki stationierten 3.000 Mann abzuziehen. Die Georgier verlangten den Abzug dieser von ihnen so genannten „Besatzungstruppen", zumal sie in „ethnisch sensiblen" Gebieten postiert sind: in der Hafenstadt Batumi im Land der Adscharen nahe der türkischen Grenze und in Achalkaliki im verarmten Südosten in einer von Armeniern besiedelten Provinz, die aus ihren prorussischen Sympathien kein Hehl machen. Erst ab 2006 wurden diese Stützpunkte und Truppen nach Armenien verlegt. Die Luftwaffenbasis in Gudauta in Abchasien bleibt jedoch noch in russischer Benützung. Den georgischen Luftraum verletzen russische Maschinen mit Vorliebe. So feuerten sie im August 2007 eine Anti-Radarrakete (AS 11) auf eine georgische Radarstation, freilich ohne zu treffen.

Auch in seiner Asylpolitik sammelt Moskau potentielle Trümpfe zur innergeorgischen Einmischung. Ex-Provinzdiktator Abaschidze intrigiert dort ebenso wie der frühere Geheimdienstchef Igor Giorgadze, der neben etlichen politischen Morden auch für ein Attentatsversuch auf

Schewardnadse verantwortlich gemacht wird. Seine „Gerechtigkeits-
partei" ist in Georgien für einen gewalttätigen Oppositionskurs bekannt
und versucht offenkundig, durch gezielte Provokationen die demokratische Reputation des Landes zu schädigen.

   Das Handeln Moskaus wirkt in der vielschichtigen Komplexität des
Kaukasus nicht immer rational und oft kontraproduktiv. Seine Härte
gegenüber Georgien läßt dem vielfach bedrängten Kleinstaat keine andere Wahl als die der wirtschaftlichen und sicherheitspolitischen Westintegration. Bei ihrem Gipfeltreffen am 13. Juni 2008 warnte Putin
Saakaschwili, die „rote Linie" des NATO-Beitritts nicht zu überqueren.
Im Vertrauen auf amerikanischen Schutz verkündete Saakaschwili danach – bis zu seiner Abfuhr beim NATO-Gipfel von Bukarest – unverdrossen, das Zieldatum 2008 für einen NATO-Beitritt Georgiens gel-
te weiter. Inwieweit der Augustkrieg Georgiens Aussichten auf einen
NATO-Beitritt beeinflußt hat, ist schwierig zu beurteilen. Einerseits
hat es diesen Krieg, den es entgegen der amerikanischen Warnungen
begonnen hat, alleine ausgefochten und verloren. Als verantwortungs-
bewußter Partner und kluger Heerführer hat sich Saakaschwili nicht
gerade profiliert. Andererseits könnten der NATO-Beitritt und entsprechende Sicherheitsgarantien für Rest-Georgien nach dem Abschluß der
im Oktober 2008 beginnenden Friedensverhandlungen in Genf als Belohnung für ein konstruktives Verhalten stehen.

Die NATO

Trotz offenkundiger Notwendigkeiten und strategischer Wichtigkeit tut
sich sowohl die NATO wie Georgien weiter schwer mit der Beitritts-
vorbereitung. Deshalb eskaliert Moskau seine Rhetorik („alle erforder-
lichen Maßnahmen zum Schutz der ‚russischen Staatsbürger' … ") und
Drohkulissen. Generalstabschef Jurij Balujewski drohte vor dem Gipfel
von Bukarest „militärische und andere Maßnahmen" zur Sicherung
der russischen Interessen bei einer neuen NATO-Erweiterung an. Ein
halbes Dutzend russophile Bedenkenträger unter den NATO-Mitgliedern – mit Frankreich und Deutschland an der Spitze – stand deshalb
einem georgischen Beitritt bisher ablehnend gegenüber. So legten sich
beim NATO-Gipfel in Bukarest im Frühjahr 2008 nicht nur Außenminister Steinmeier, sondern auch Kanzlerin Merkel quer. Sie meinte,
Länder mit territorialen Konflikten (sprich: Georgien) oder mangelnder
NATO-Akzeptanz in der Bevölkerung (sprich: Ukraine) sollten noch
nicht in die Allianz aufgenommen werden. Wahrscheinlich hat ihr niemand gesagt, daß (West-)Deutschland, als es 1955 zur NATO stieß,
noch größere offene Territorialfragen hatte. Mit Zustimmungsraten
von 75 % zur NATO und aufgrund von 3.000 georgischen Soldaten,
die im Irak stationiert waren (und im August zu spät von den USA

zum Kampfeinsatz zugeflogen wurden), werden Georgiens Chancen im allgemeinen besser eingeschätzt als die der überwiegend NATO-skeptischen Ukraine[1]. Dennoch hatten die von Patarkazischwili angezettelten Novemberkrawalle 2007 bei vielen zartbesaiteten Westeuropäern die Skepsis wachsen lassen. Am stärksten war die Befürwortung neben den Amerikanern und Kanadiern bei den neuen ostmitteleuropäischen NATO-Mitgliedern, die den strategischen Wert einer neuen Erweiterung zu schätzen wußten.

Saakaschwili verkündet regelmäßig, Georgien habe alle Vorbereitungen des individuellen Aktionsplans der NATO-Partnerschaft erfüllt. Jetzt sei es an der Zeit, die als „intensiven Dialog" bezeichneten Beitrittsverhandlungen aufzunehmen, um dann die konkreten Beitrittsvereinbarungen in Gestalt des Membership Action Plans (MAP) bis 2008/10 umsetzen zu können. Nach Ansicht der meisten Beobachter erschöpfen sich die georgischen Vorbereitungen oft eher in heißblütigen Bekundungen und leidenschaftlichen Versprechen als in konkreter Arbeit. Die Armee ist mit 38.000 Mann überbesetzt und untergerüstet. Eingezogen werden nur solche Wehrpflichtige, die sich nicht freikaufen können. Verteidigungsminister Okruaschwili kaufte zwar für $ 150 Millionen jährlich aus den USA, der Ukraine, Bulgarien und Israel Militärgerät ein. Die Kriterien und ihr strategischer Zweck blieben oft unerfindlich – oft auch die Wartung, Unterstellung und die Munitions- und Spritbeschaffung. Das Rüstungsbudget ist damit genauso wenig transparent wie das aktuelle Strategiepapier der Regierung erhellend wirkt, das eine künftige Streitkräftereform, weg vom rigiden sowjetischen Bürokratismus hin zu einer westlich flexiblen Auftragstaktik, beschreiben sollte. Nach seiner Entzweiung mit Saakaschwili wurde Okruaschwili nach seinem Rücktritt 2006 prompt korrupter Praktiken beim Waffenkauf geziehen und kurzfristig inhaftiert. Im Augustkrieg wirkte sich, wie oben bereits angedeutet, das Fehlen einer effektiven Flugabwehr, aber auch von panzerbrechenden Waffen, einer Küstenartillerie sowie einer vernünftigen Planung überhaupt fatal aus. Anscheinend hatte Saakaschwili ernsthaft geglaubt, mit einem handstreichartigen Blitzkrieg auf Tsingvali von ein bis zwei Panzer- und Raketenwerferbrigaden sowie von Infanteristen des Innenministeriums werde es sein Bewenden haben. Die spätere Mobilmachung überforderte die Militärbürokratie vollends.

In letzter Konsequenz werden NATO-Beitritte jedoch in Washington entschieden – unter anderem mit hartem Blick auf den nötigen Schutz der Pipelines aus Zentralasien, die durch Tiflis in den Westen und Süden führen. Öffentliche Begründungen werden bei diesen Entscheidungen nicht gegeben. Das Veto anderer NATO-Mitglieder ist nicht wirklich vorgesehen. Im Dezember 2008 wird über den Fall erneut beraten werden.

Die EU

Georgien, das sich seit dem 3. Jahrhundert zum orthodoxen Christentum bekennt, fühlt sich ebenso wie Armenien als europäisches Land und Vorposten des Abendlandes, mit mehr Berechtigung sicherlich als die benachbarte Türkei. Für Brüssel ist Georgien Teil der EU-Nachbarschaftspolitik, zusammen mit Mittelmeeranrainern wie Marokko, Ägypten und Syrien. Seit 1999 ist ein Partnerschafts- und Kooperationsabkommen mit einer entsprechend dichten institutionellen Zusammenarbeit in Kraft. Die EU-Hilfen sind mit jährlich € 100 Millionen für das 5-Millionen-Volk pro Kopf sehr großzügig dimensioniert. Nach einer Studie des georgischen Innenministeriums ist unter Schewardnadse allerdings mehr als die Hälfte der EU-Mittel spurlos versickert.

Für den Waffenstillstand und die Friedensverhandlungen nach dem Augustkrieg 2008 haben sich die Europäer unter französischer Führung – im Gegensatz zu den US-Freunden Saakaschwilis (George W. Bush feierte drei Tage lang ungerührt die Eröffnung der Pekinger Sommerspiele, während russische Panzer Georgien bei Gori in zwei Hälften zu zerschneiden drohten) – wesentlich stärker als die USA engagiert. Das gilt auch für die zugesagte Wiederaufbauhilfe von € 500 Millionen.

Die Zukunft

Mit seiner Mittelmeervegetation an der Küste, seinem milden Sommerklima und seinen Heilquellen galt Georgien als das Sanatorium der Sowjetunion. Mit seinen temperamentvollen Intellektuellen als das Land der Dichter und Dramatiker.

Nicht umsonst nach dem Drachentöter St. Georg benannt, ist Georgien wie Armenien nach wie vor ein europäischer Außenposten in einer tausendjährigen Gefahrenzone. Davon zeugen nicht nur Bergfestungen, Höhlenklöster und Wehrkirchen, sondern auch gelebte Werte, wie Solidarität, Gastfreundschaft, Opfermut, Ehre, Stolz und Würde. Beziehungen und Freundschaften sind im georgischen Wirtschaftsleben wichtiger als Verträge und Profite. Feiern und Trinksprüche sind oft beliebter als die Arbeit. Drama und Leidenschaft überlagern oft den nüchternen Hausverstand.

Kein Zweifel: Dionysos, der griechische Gott des Weins und des Theaters ist in Georgien zuhause, ein verhindertes Mittelmeerland mit allem Charme und den Unzulänglichkeiten der Vormoderne. Die Küste ähnelt Ligurien mit ihren Palmenhainen, Obst- und Nußplantagen, Weinbergen und Tabakfeldern.

So liegen die Wettbewerbsstärken Georgiens sicher nicht in der kaum vorhandenen Industrie, sondern im bisher wenig erschlossenen Fremdenverkehr, in hochwertigen Agrarprodukten und im Handel und Energietransit mit Zentralasien über die jetzt schon boomenden Häfen von Poti,

Supsa und Batumi. Die Voraussetzung des nachhaltigen wirtschaftlichen Aufschwungs ist vorrangig die Schaffung der nötigen Infrastruktur sowie der Rechts- und physischen Sicherheit.

Deshalb kommen Georgien und die Welt nicht um die Befriedung der seit 15 Jahren ungelösten separatistischen Konflikte herum. Saakaschwili deutete gegenüber Abchasien eine Föderation mit konföderativen Elementen an. Diese Zusagen blieben jedoch vage. Als Teil des multiethnischen Kaukasus ist Georgien die Heimat von an die hundert autochtonen Völkerschaften. Als Zentralstaat nahm die Titularnation in sowjetischer Tradition bislang die anderen Völker oft nur als folkloristische Kulisse, als Gäste oder Assimilationsobjekte wahr. So kann Georgien seine territoriale Einheit nicht wiederherstellen und sich ungebetener ausländischer Einmischungen nicht erwehren. Es bliebe daher nur eine bundesstaatliche Alternative, möglicherweise eine Kantonalsverfassung nach Schweizer Vorbild, die dem Vielvölkerstaat mit Osseten, Abchasen, Adscharen, Mingreliern, Swanetiern, den noch ihrer Rückkehr harrenden, von Stalin deportierten Meschketen, den Griechen, Armeniern, Aseris und nicht zuletzt der georgischen Titularnation Gerechtigkeit widerfahren lassen könnte. Dann hätte als Schweiz des Südkaukasus der Widerstand gegen den destruktiven großen nördlichen Nachbarn auch ein solides moralisches und realpolitisches Fundament.

---

1   Daniel Vernet: „Obsession georgienne", in: Le Monde, 15. August 2007.

ARMENIEN:
DIE LAST DER GESCHICHTE

Armeniens neuere Geschichte, Politik und Wirtschaft werden seit der Unabhängigkeit von 1991 vom Berg-Karabach-Problem geprägt. Die Kriegsveteranen kontrollieren große Teile der Wirtschaft und der Klan der Berg-Karabacher die Politik. Die Grenzen zu Aserbaidschan und zur Türkei sind weiter geschlossen. Das Land bleibt vom russischen Bündnisgenossen abhängig, der diese Situation politisch und wirtschaftlich zum Nachteil der Armenier weidlich ausnutzt. Eine friedliche Lösung ist bisher nicht in Sicht.

Berg-Karabach und der Krieg mit Aserbaidschan

An dem Karabach-Problem haben sich schon viele die Zähne ausgebissen. Im Februar 2006 setzte Jacques Chirac vergeblich seinen Charme ein, um bei einem Präsidentengipfel mit Robert Kotscharian und Ilcham Alijew den Durchbruch zu erzwingen. Doch schon 2001 war die damals junge Regierung Bush nach einer „Intensivbehandlung" beider Präsidenten auf Key West und beim späteren Gipfel im Weißen Haus mit dem gleichen Rezept gescheitert. Damals hatten die Amerikaner gehofft, mit einem Frieden den russischen Einfluß aus Armenien und damit aus dem Südkaukasus endgültig verdrängen zu können. Sie hatten erwartet, Gaidar Alijew, der todkranke Präsident Aserbaidschans, würde seinem Sohn das leidige Problem vor der dynastischen Nachfolge aus dem Weg räumen wollen. Allein, Alijew, vormals ein hartgesottener KGB-General, starb 2003, ohne den Frieden hinterlassen zu haben. Sein willensschwächerer Sohn, ein Ex-Playboy, wählt seither den Weg des geringsten Widerstands und spielt auf Zeit. Mit seinem milliardenschweren Ölreichtum läßt er sein Militär massiv aufrüsten. Da können die Armenier trotz diskontierter russischer Angebote nicht mithalten.

Seit dem Waffenstillstand von 1994 bemüht sich auch die sogenannte „Minsk-Gruppe", bestehend aus französischen, amerikanischen und russischen Spitzendiplomaten im Verein mit der OSZE, um eine Vermittlung. Allen Friedensplänen ist gemein, daß sich die armenischen Truppen aus Berg-Karabach und den umliegenden sechs aserischen Distrikten, die sie mit russischer Hilfe 1992 erobert und ethnisch gesäubert hatten, räumen und eine internationale Friedenstruppe einrücken lassen. Danach soll die Rückkehr aller Vertriebenen, generöse millionenschwere Entminungsprogramme, Aufbauhilfen und die Öffnung eines 32 km langen Straßenkorridors nach der aserbaidschanischen Exklave Natschitschewan erfolgen. Schließlich soll die Bevölkerung von Karabach und des Latschin-Korridors nach Armenien über den künftigen Status ihrer Region abstimmen. Da in der Vorkriegszeit 75 % der 180.000 Karabacher Armenier waren (heute sind es 100 %), dürfte das Ergebnis kaum überraschen. Deshalb ist die Frage des Referendums der Hauptstreitpunkt. So besteht Armenien auf der Option der Unabhängigkeit (und damit der wahrscheinlichen späteren Wiedervereinigung mit Armenien) und Aserbaidschan auf der Rückkehr zur territorialen Integrität mit bestenfalls voller Autonomie für den Karabach, der zudem seine eigene kleine Streitmacht aufzulösen habe. Was dies für die Armenier in Aserbaidschan bedeuten kann, haben sie 1988–1992 bei Pogromen und Massenvertreibungen erleben müssen.

Schon 1988 in der Endphase der Sowjetunion hatte der Sowjet der Autonomen Region Karabach den Anschluß an Armenien ausgerufen. Auf die von Moskau unterdrückte Anschlußerklärung folgten Armenierpogrome in Baku und Sumgait, denen Hunderte zum Opfer fielen. Stalin hatte in den 1920er Jahren Berg-Karabach bewußt, um künftige Streitigkeiten zu schüren, durch einen Korridor von Ostarmenien getrennt, Aserbaidschan zugeschlagen, ebenso wie er Natschischewan als aserische Provinz durch einen Armenischen Korridor von Aserbaidschan trennte. Das gleiche System wendete er mit ähnlichem „Erfolg" in Zentralasien und bei der Westverschiebung Polens an. Bei der Grenzziehung mit der kemalistischen Türkei, mit der es damals ein gutes Einvernehmen suchte, hatte Sowjetrußland schon 1921 großzügig auf damals westarmenischen – heute kurdischen – Siedlungsraum verzichtet. 1991 wechselte Rußland die Seiten. Die Aseris, ein schiitisches Turkvolk, hatten sich mit der ihnen sprach- und wesensverwandten Türkei verbündet. Bis 1920 hatten sie sich selbst stets als Türken bezeichnet. So rüstete Rußland statt dessen die Armenier auf, die die schlecht geführten Aseiris 1992 in einem kurzen Krieg entscheidend schlagen und das von ihnen verheerte und eingeschlossene Karabach nicht nur entsetzen, sondern auch die umliegenden Distrikte als Faustpfand erobern und ihrerseits verwüsten konnten. Heute fordert die von kilometertiefen Minenfeldern im Niemandsland gesicherte Waffenstillstandslinie durch Minenopfer und Scharfschützen auf beiden Seiten bis zu hundert Opfer jährlich.

Bei Schießereien im März 2008, als aserbaidschanische Einheiten vermeintlich schwache Stellen der Front austesteten, wurden je nach Quelle entweder 11 aserische oder 16 armenische Soldaten getötet. Im Sommer 2006 gerieten dort Wald- und Buschbrände außer Kontrolle. Insgesamt forderten der Krieg und seine Folgen 25.000 Tote und rund eine Million Vertriebene – 650.000 Aseiris und 350.000 Armenier.

Berg-Karabach ist ein fruchtbares, dünn besiedeltes, agrarisch gepräg-
tes Hochland von der Größe eines Landkreises. Die Gegend lebt vom
Wein- und Obstanbau und der Seidenraupenzucht. Vermögen werden
hier nicht verdient. Von den 180.000 Einwohnern der Vorkriegszeit
wohnt hier nur noch die Hälfte. Dennoch macht die Hauptstadt Stepa-
nakert mit seinen 40.000 Bewohnern den Eindruck einer relativ intakten
sowjetischen Provinzstadt und einer für transkaukasische Verhältnisse
erstaunlich guten Straße durch den Latschin-Korridor nach Armenien.
Die Spenden der Diaspora lassen grüßen. Außerhalb des eigentlichen
armenischen Siedlungsbereichs sind die eroberten aserischen Städte
Agdam und Schuscha weiter zerschossene Geisterstädte. Die meisten
Moscheen sind genauso verwüstet wie die armenisch-apostolischen Kir-
chen in Aserbaidschan. Berg-Karabach hat seine eigene rot-blau-orange
Flagge und Armee und einen eigenen Präsidenten, Bako Sahakjan. Sein
Vorvorgänger Robert Kotscharian war bis 2008 ein Jahrzehnt lang auch
Präsident von Armenien. Da stört es wenig, wenn die Autokennzeichen
alle armenisch sind und die Landeswährung der armenische Dram
(Geld) ist.

Die Waffen- und Militärhilfe der Türkei hatte ihren aserischen Brüdern
offensichtlich wenig geholfen. Allerdings schloß die Türkei seit 1992 die
Landgrenze nach Armenien und bis 1995 auch den Luftraum, so daß
der Binnenstaat Armenien nur umständlich über Georgien oder noch
beschwerlicher den Iran erreichbar ist. Die Eisenbahnverbindungen und
Hochspannungsleitungen sind weiter gekappt. Eine neue von Aserbaidschan und der Türkei geplante und finanzierte Eisenbahntrasse Baku–
Tiflis–Kars umgeht Armenien großräumig und ignoriert die alte direkte
Strecke über Vanadzor und Gumri.

Doch auch die Unterstützung durch Moskau hat ihren Preis. So unterhält Rußland heute wieder Militärstützpunkte mit 40.000 Mann an
der türkischen Grenze und ließ sich seine MIG 29 und Luftabwehrra-
keten von Armenien mit $ 2 Milliarden bezahlen. Ein Teil des Kauf-
preises wurde in Industrieanlagen entrichtet, die heute im Besitz russischer Oligarchen oder Staatsindustrien ungenutzt leerstehen. Auch wird
der gesamte Energiesektor von russischen Interessen kontrolliert. Nach
der Verdoppelung der Gaspreise, die Armenien nicht bezahlen konnte,
erwarb Gasprom im April 2008 die letzten Elemente einer auf Unabhängigkeit angelegten Energieversorgung: ein noch im Bau befindliches
Wärmekraftwerk und das gleichfalls noch unvollendete Teilstück einer
strategisch wichtigen Gaspipeline aus dem Iran, die auch Georgien, die
Ukraine und Südosteuropa unabhängig von Rußland hätte versorgen
können. Ihre Fertigstellung wird nun sehr lange dauern. Ihre Durchmes-
ser wurden so verengt, daß die Versorgung bestenfalls den armenischen
Bedarf decken kann. An den ursprünglich geplanten Weiterexport und
an eine Einspeisung in die von der EU geplante Nabucco-Pipeline nach

Südosteuropa und Österreich ist nach dem russischen Erwerb nicht mehr zu denken. Auf armenische Interessen nahm Rußland auch keine Rücksicht, als es die Grenzen zu Georgien sperrte, die auch der armenische Außenhandel von und nach Rußland passieren muß, oder als es Georgien die Öl- und Gaszufuhr kappte, die Armenien mitversorgen muss.

Auch politisch zeigt sich der Einfluß Moskaus. Weil er sich in Richtung Westen zu weit aus dem Fenster lehnte und die Zukunft Armeniens in EU und NATO öffentlich bekundete, verlor Parlamentspräsident Arthur Bagdarasian im Sommer 2006 sein Amt, das er seit 2003 bekleidet hatte. Er hatte die offizielle Politik der „Komplementarität", d. h. positiver Beziehungen zu Rußland, mißachtet. Als Kandidat der Partei „Herrschaft des Rechts" gewann er bei den Präsidentschaftswahlen 2008 gerade 16 % der Stimmen.

Zwar wird Armenien mit der Mitgliedschaft in der russisch organisierten militärischen Vertragsgemeinschaft ODKB (Organisation des Vertrages über kollektive Sicherheit) die Bestandspflicht aller Vertragsparteien versprochen, doch spielt Rußland mit Armenien gegenüber dem strategisch und ressourcenseitig ungleich wichtigeren Aserbaidschan ein Doppelspiel, dem Eriwan nie vollständig trauen kann. Rußlands Parlamentspräsident Gryslow sprach von Armenien jüngst als einem russischen „Vorposten". Wenn es die strategische Lage erfordert, müssen „Vorposten" gelegentlich geopfert werden.

Das Politmassaker vom 20. Oktober 1999

Der „Economist" vermutete die Hand Moskaus auch hinter dem spektakulärsten Mordfall der an politischen Morden nicht gerade armen Geschichte des unabhängigen Armenien. Wenige Stunden, nachdem US-Vizeaußenminister Strobe Talbott nach Verhandlungen mit Armeniens neuem Premier und starken Mann Wasgen Sarkisjan (40) abgereist war, besetzte ein 5-Mann-Kommando unter Leitung eines verkrachten Journalisten namens Nairi Unanjan, ehemals Redakteur eines nationalistischen Daschnaken-Blattes, unter Mißbrauch seines Presseausweises das Parlamentsgebäude. Er nahm die Abgeordneten und Regierungsmitglieder als Geiseln und erschoß neben Premier Sarkisjan auch dessen Bundesgenossen Parlamentspräsident Karen Demitschjan (67) und einen weiteren Minister sowie fünf Abgeordnete. Sechs weitere Abgeordnete und der Privatisierungsminister wurden teilweise schwer verletzt. Gegen Zusicherung eines fairen Prozesses gab die Terrorgruppe nach Verhandlungen mit Präsident Kotscharian schließlich kampflos auf. Die Hintergründe jener Bluttat wurden nie aufgeklärt, zumal die Mörder, die den getöteten Premier in wilden Beschuldigungen für alles Elend Armeniens verantwortlich machten, schnell zu „Wahnsinnigen" ohne Hintermänner erklärt wurden.

Die politische Szene Armeniens war nach dem Putsch von Robert Kotscharian 1998 stark verroht. Damals war der autoritäre Präsident Ter-Petrossian (1991–1998), der sich zuvor auf die mittlerweile zerfallende Armenische Allnationale Bewegung hatte stützen können, vom damaligen Verteidigungsminister Wasgen Sarkisjan und (mit ihm nicht verwandten) dem Geheimdienstchef und Innenminister Sersch Sarkisjan wegen vorgeblich zu großer Nachgiebigkeit gegenüber den Aseiris gestürzt worden. Mit Unterstützung der beiden Sarkisjan wurde der Berg-Karabacher Robert Kotscharian im März 1998 mit 60 % der Stimmen zum neuen Präsidenten gewählt. Die Entfremdung ließ nicht lange auf sich warten. Im Juni 1999 verbündete sich der charismatische – als Schriftsteller intellektuell ebenso bewandert wie als ehemaliger Sportlehrer und Freiwilligenkommandeur –, bullige Wasgen Sarkisjan, der den Veteranenverband des dreijährigen Krieges zu einer wirtschaftlich privilegierten politischen Partei organisiert hatte, mit dem Ex-KP-Chef Armeniens Karen Demitschjan. Als Block „Einheit" gewannen sie die Parlamentswahlen. Vier Monate später starben beide gemeinsam. Kotscharian verlor auf einen Streich seine stärksten politischen Rivalen. Doch schon vor dem spektakulären Massenmord im Parlament waren zwei Vizeminister und ein Dutzend führender Politiker in politkriminellen Fehden erschossen worden. Dabei ging es neben der Ehre Armeniens auch um Waffen und den Schmuggel von Zigaretten, Benzin und Futtermitteln. Der am Sturz Ter-Petrossians beteiligte überlebende Verteidigungsminister Sersch Sarkisjan wurde bei den Präsidentschaftswahlen von Februar 2008 mit 52,8 % als Teil des Berg-Karabach-Klans zum Nachfolger Kotscharians gewählt, mit dem er sowohl politisch wie persönlich eng befreundet ist.

Die Krawalle vom März 2008

Da Robert Kotscharian nach zwei Amtszeiten nicht wieder kandidieren konnte, unterstützte er die Wahl seines vertrauten Verbündeten, Sersch Sarkisjan, der wie er 1954 in Stepanagert geboren wurde. Nach einem Philologiestudium machte er Parteikarriere und befehligte bis 1993 die örtlichen Streitkräfte von Berg-Karabach. Später wurde er dann Verteidigungsminister Armeniens. Nach den Wahlen vom Mai 2007, bei denen die Regierungsparteien „Republikaner", „Blühendes Armenien" und „Revolutionärer Bund Armenien" bei nur mäßigen Unregelmäßigkeiten eine deutliche Mehrheit gewannen – als einzige der zerstrittenen Oppositionsparteien schaffte „Herrschaft des Rechts" die 5 %-Hürde –, wurde Sarkisjan Regierungschef. In der Öffentlichkeit verhielt er sich zu Kotscharian wie Medwedjew zu Putin; sie stellen ein ähnlich eingespieltes Gespann dar: Sarkisjan selbst trat einnehmend, höflich und auch gegenüber Oppositionellen verbindlich auf, während Kotscharian den wilden Mann markierte und dunkle Drohungen und Verwünschungen ausstieß. In der Berg-Karabach-Frage bestehen beide jedoch unterschiedslos auf einer Paketlösung mit den armenischen Maximalforderungen; ein derartiger Friedensvertrag hat natürlich keine Chance auf Annahme. Aserbaidschan lehnt jede Selbstständigkeit von Berg-Karabach oder gar den Anschluß an Armenien kategorisch ab.

Die Präsidentschaftswahlen vom Februar 2008 wären ähnlich glatt zugunsten Sarkisjans – der schließlich „nur" 52,8 % der Stimmen bekam – verlaufen, wäre da nicht als militanter Kandidat Lewon Ter-Petrossian aus seiner zehnjährigen Polit-Pension aufgetaucht, die er nach eigenen Angaben glücklich und zufrieden als historisierender Privatgelehrter verbracht hatte. Sein aufwendiger Wahlkampf wurde angeblich von Hintermännern finanziert und organisiert, die von seinen Privatisierungen (1991–1998) profitiert hatten. Ter-Petrossian gab sich als Rächer der Zukurzgekommenen des armenischen Wirtschaftswunders (das erst nach seiner Amtszeit, den „Jahren der Kälte und der Dunkelheit", ab 2000 eingesetzt hatte) und kritisierte (vermutlich zurecht), daß 44 Oligarchenfamilien 55 % des Reichtums des Landes kontrollierten, und versuchte, als „Farbrevolutionär" in der Tradition Saakaschwilis und Timoschenkos zu agitieren. Ter-Petrossian, der 1996 selbst die Wahlen hatte fälschen lassen, war als demokratische Inkarnation nicht sonderlich glaubwürdig. Er polarisierte die armenische Opposition in leidenschaftliche Befürworter und überzeugte Gegner. Auch vom Westen bekam er für seine Revolutionspläne keine Unterstützung. So erhielt er bei den Wahlen im Februar 2008 gegen Sarkisjan gerade 21,5 % der Stimmen. OSZE-Beobachter hatten sie zwar wieder als kritikwürdig, doch als frei von gröberen Manipulationen eingeschätzt. In öffentlichen Protestkundgebungen Anfang März 2008 behauptete er, er sei seines Sieges durch massiven Wahlbetrug beraubt worden, und ließ seine Anhänger in Zeltstädten auf den zentralen Plätzen Eriwans kampieren. Gleichzeitig denunzierten einige Ter-Petrossian-Anhänger in staatlichen Führungsfunktionen, darunter einige Botschafter und der stellvertretende Generalstaatsanwalt, das Wahlergebnis öffentlich. Kotscharian erklärte die Situation zum Putschversuch, entließ alle involvierten Beamte und ordnete an, daß die Zeltstädte auf dem zentralen Freiheitsplatz, der damals von 8.000 Demonstranten behaust wurde, gewaltsam geräumt wurden. Dabei flogen Steine, und die Miliz schoß scharf. Acht Menschen kamen dabei um. Läden wurden geplündert und Autos in Brand gesteckt. Verhaftete wurden auf den Polizeiwachen mißhandelt. Kotscharian ließ den Ausnahmezustand ausrufen und die Versammlungsfreiheit für einige Wochen einschränken. Rußland und die Mehrheit des Establishments unterstützten die Regierung. Der Westen blieb neutral und rief zur Mäßigung auf. So ging dem Versuch der Farbenrevolte in Armenien mit dem falschen Führer bald die Luft aus.

Die Autokratie der Präsidenten

Seit 1988 mußte sich der von seinen Erbfeinden Aserbaidschan und Türkei bedrohte Kleinstaat als „Kriegsarmenien" fühlen. Damals war angesichts der Pogrome die Territorialfrage der Karabach-Bewegung schnell zum Hauptthema der armenischen Unabhängigkeitsbewegung geworden. Die Vorbereitung zum Krieg mit Aserbaidschan wurde wichtiger als die Frage demokratischer und marktwirtschaftlicher Reformen. Wie die meisten früheren Sowjetrepubliken übernahm Armenien ein zentralistisches Präsidialsystem nach französischem Vorbild und baute es zu einer manipulativ gewählten Präsidialdiktatur aus. Der erste Präsident war, wie bereits erwähnt, Lewon Ter-Petrossian, ein habilitierter Orientalist und Sohn eines aus Aleppo stammenden Kommunisten. Er war im Oktober 1991 als Kandidat der Gesamtnationalen Bewegung der Armenier, einem 1989 gegründeten breiten Bündnis von 14 Oppositionsgruppen, mit 83 % der Stimmen gewählt worden. Die Rechte des Präsidenten waren nahezu allumfassend – von der Ernennung und Entlassung des Premierministers bis hin zur Bestimmung des Leiters der apostolisch-armenischen Kirche, des Schriftstellerverbandes und aller Richter. Als Ter-Petrossian 1994 die Gegenkandidatur der nationalistisch-sozialrevolutionären Partei der Daschnaken fürchtete, ließ er die von der Diaspora finanzierte Partei, die Armenien 1918–20 geführt und im Exil wertvolle Kulturarbeit geleistet hatte, kurzerhand verbieten.

Nach 1991 hatte der Staatsapparat Wahlen regelmäßig durch Bestechung, Einschüchterungen sowie manipulierte Wahlscheine und Auszählungen verfälscht. Schließlich begannen die verarmten Wähler selbst für ihre Stimmabgaben Geschenke zu erwarten. Mit dem Zerfall der Nationalen Bewegung nach 1994 wurden die Parteien immer mehr zu Vehikeln für den persönlichen Ehrgeiz und für Lobbyisteninteressen. Nicht Debatten über die Zukunft Armeniens oder zwischen Liberalen und Christdemokraten bestimmten die Diskussionen im Parlament, sondern der Streit zwischen Benzinimporteuren und Futtermittelhändlern, zwischen den Klans von Eriwan und Karabach und zwischen Handels- und Zigarettenkapital. Auch Wasgen Sarkisjans Veteranenverband Zerkapa degenerierte letztlich zu einer militanten Lobby, so daß es mittlerweile für jeden Unternehmer in Armenien ratsam ist, einen einflußreichen „Veteranenmanager" unter Vertrag zu nehmen, sollten sie nicht selbst dieser Gruppe angehören.

Wie in anderen Ostblockstaaten blühte nach der Befreiung von der kommunistischen Zensur 1988–1991 die armenische Publizistik auf, an der sich Schriftsteller und Wissenschaftler beteiligten. Ab 1992 jedoch erzwangen die Energieausfälle, die Druckkosten, die Verteuerung des Zeitungspapiers und ein nachlassendes Leserinteresse die Einstellung der meisten Zeitungen. Ter-Petrossian ließ 1994–1997 die Daschnaken-Presse schließen. Es gab auch Bombenanschläge auf mißliebige Redaktionen. Staatliche Druckereien weigerten sich, Oppositionsblätter zu drucken, und der Staatsvertrieb, sie zu verteilen. Wegen des geringen Anzeigenaufkommens wurden die meisten Zeitungen für ihre verarmten Leser unerschwinglich. Schließlich konnten sie sich eigentlich nur noch die Oligarchen-Zeitungen leisten.

Erst langsam löste sich Armenien von den Notstandsreflexen der Kriegszeit und dem sowjetischen Erbe. 1996 wurde die lokale Selbstverwaltung eingeführt. Mit einer 2005 beschlossenen Verfassungsreform wurde die Macht des Präsidenten seit den Wahlen 2008 etwas eingeschränkt. So kann jetzt der Premierminister nur noch mit Zustimmung des Parlaments vom Präsidenten ernannt und nur nach Verlust der Vertrauensfrage abgesetzt werden. Auch die Gewaltenteilung, die örtliche Selbstverwaltung und der Grundrechtsschutz sollten nunmehr besser funktionieren. Tatsächlich herrscht jedoch auch nach dem Übergang der Präsidentschaft Kotscharian zu Sarkisjan in Eriwan weiter nach Ter-Petrossians versuchter Revolte noch immer eine Atmosphäre von Einschüchterungen, willkürlichen Verhaftungen, Geheimdienstaktionen und politischen Säuberungen.

Wirtschaftsprobleme

Die wirtschaftlichen Kosten des ungelösten Konflikts mit Aserbaidschan sind neben der Abhängigkeit von Moskau die geschlossenen Landgrenzen zu den beiden größten Nachbarn. Da der Weg über das Hochgebirge in den Iran unwegsam ist, können die georgischen Freunde auf dem Weg zu den Schwarzmeerhäfen Batumi und Poti nahezu jeden beliebigen Wegezoll – offiziell sind es $ 200 – einfordern. Vor allem in der Zeit des Bürger- und Bandenkriegs in Georgien (1992–1993) florierte dort die moderne Form der Wegelagerei. Deshalb blühen in Armenien eigentlich nur drei Exportindustrien: der von Eriwan per Flugzeug organisierte Diamantenhandel aus der ehemaligen Diamantenschleiferei der Sowjetunion nach Antwerpen, Tel Aviv und in die Schweiz, die Exporte des im Panzerbau unverzichtbaren Molybdän nach Rußland sowie der Handel mit Kupfer, das in Armenien, einer Wiege der Hüttenindustrie, auf eine 3.000jährige Tradition zurückblicken kann.

Doch brach 1992/93 die in Sowjetzeiten extrem spezialisierte armenische Wirtschaft unter dem Einfluß von Krieg, Blockade, Hyperinflation und postsowjetischer Desintegration so gut wie völlig zusammen. Die Industrie kam fast zum Erliegen. Die Inflation stieg auf 1.100 %. Der Anteil der Landwirtschaft wuchs statistisch von 25 % (1990) auf 41 % (1995) und bestand hauptsächlich aus Subsistenzwirtschaft für den Eigenbedarf. Der Anteil der Schattenwirtschaft – zumeist Straßencafés und Straßenhandel von aus dem Iran stammenden Importgütern – wurde auf 40 % geschätzt.

1996 lebten 80 % unter der offiziellen Armutsgrenze von $ 1 pro Tag. 120.000 Armenier waren arbeitslos. Das Durchschnittsgehalt betrug $ 15 im Monat, die Durchschnittsrente $ 6,50. Der 1993 eingeführte Dram verlor zunächst fast seinen gesamten Wert. Doch halfen die Roßkuren des IWF ab 1997, die Währung bei Inflationsraten von 5 % zu stabilisieren.

Bis Ende 1992 war die gesamte Landwirtschaft in Kleinbauernstellen privatisiert worden. Ab 1995 kam die Industrie an die Reihe. Davon profitierten etwa 30 bis 40 „Oligarchen", die mit einem Vermögen von um die $ 10 Millionen als Mittelständler jedoch kaum mit ihren milliardenschweren russischen Kollegen zu vergleichen sind. Doch haben auch sie wie die „richtigen Oligarchen" politischen Ehrgeiz und Sitze im Parlament, die Immunität verleihen und die sie zur Unterstützung der Präsidenten Kotscharian und Sarkisjan und ihrer eigenen Geschäftsinteressen nutzen. Ein Oligarch, Andranik Manukjan, wurde vorübergehend Verkehrsminister. Am prominentesten ist Gagig Zarukjan, auch er ein früherer Sportlehrer, der die Privatisierung einer Blumenkolchose nutzte, um daraus eine „Multigroup" mit einer Fluggesellschaft, einem Tankstellennetz, dem Abbau von Marmor und Travertin, mit einer Aluminiumschmelze, einer Brauerei und Schnapsfabrik und Casinos zu bauen. Steuern zahlen seine Betriebe so gut wie keine. Doch ist auch in Armenien das Los der Oligarchen kein leichtes. Wie in Rußland werden sie von der Politik mißtrauisch beäugt und ständig um Tribute aller Art angehalten.

1994 war die armenische Wirtschaft so tief gefallen, daß auch doppelstelliges Wachstum seit 2000 es noch nicht vermochte, das Niveau von 1988 wieder zu erreichen. Damals hatte ein Erdbeben in Nordarmenien zwischen 25.000 und 50.000 Tote gefordert und einen Großteil der Industrie Gumrus, der zweitgrößten Stadt Armeniens (1924–1990: Leninakan), zerstört. Das zu Sowjetzeiten auf einer tektonischen Bruchstelle, 24 km von Eriwan entfernt erbaute Atomkraftwerk Medsanor, das dem Typ Greifswald entsprach, war 1989 abgeschaltet worden. Trotz Warnungen der IAEA ging es 1995 wieder ans Netz – und erwirtschaftet seither Erträge mit dem Elektrizitätsexport.

Wichtiger noch ist für Armenien die Solidarität der Diaspora, die zahlreicher ist als die Einwohnerzahl selbst. Ihre Überweisungen werden auf $ 500 Millionen jährlich geschätzt, plus etwa $ 100 Millionen in bar. Nur dank jener Transfers hatte das Land wirtschaftlich überleben können. Kirk Kerkorian, der mit Spielcasinos in Las Vegas und mit Filmstudios in Hollywood viel Geld verdiente und dann Hauptaktionär bei General Motors und DaimlerChrysler wurde, spendierte zwischen 2002 und 2004 allein $ 172 Millionen. Dies entsprach 6 % des armenischen Nationaleinkommens. Er ließ damit die Straßen von Eriwan, den Platz der Republik und die Oper sanieren. Vache Manukjan, der Großaktionär der HSBC, der ehemaligen Midlands Bank, brachte nicht nur zwei Filialen seiner Bank nach Eriwan, sondern kaufte dort auch die Armimpex-Bank dazu. Jene Überweisungen der Auslandsarmenier und die Investitionen der Diaspora lösten einen Bauboom aus, der zwar nicht nachhaltig, doch – solange die im Ausland erwirtschafteten Gelder fließen – seit 2000 ein Durchschnittswachstum von 12 % erzeugt, was zu einer Verdoppelung des tief gefallene BIP innerhalb von sieben Jahren geführt hat.

Gleichzeitig wird Armenien von westlicher Entwicklungshilfe begünstigt. Die US leisteten 1996–2001 € 235 Millionen an Projekthilfen. Die EU zahlte seit 1991 mehr als € 380 Millionen. In den nächsten Jahren sollen weitere € 100 Millionen folgen, hautsächlich für Infrastrukturbauten und Reformvorhaben. Deutschland erbrachte 1995–2004 € 120 Millionen an finanziellen und technischen Hilfen – für das Schreiben wirtschaftlicher Reformgesetze, die Ausbildung von Bankkaufleuten und die Beratung von Existenzgründern.

Als Ergebnis der Kapitalimporte und der graduellen wirtschaftlichen Erholung wurden seither die Arbeitslosenzahl auf 8 % verringert und das Steueraufkommen so verbessert, daß die Löhne im öffentlichen Dienst, darunter die der Lehrer, auf $ 20 monatlich verdoppelt werden konnten. Die Renten wurden verdreifacht. Das half, die Armutsquote von 59 % auf 29 % zu reduzieren.

Doch sind seit 1991 bereits zwischen 400.000 und einer Million Armenier ausgewandert, oft als Saisonarbeiter nach Rußland. Meist sind es Männer mit guten Qualifikationen. So liegt die tatsächliche Zahl der Einwohner derzeit eher bei 3 Millionen als bei den offiziell angegebenen 3,8 Millionen.

Der Völkermord

Schon in der Spätphase des Niedergangs des Ottomanenreiches unter Abdul Hamid II. (1878–1908) hatte es periodisch Massaker an Armeniern gegeben. Auslöser waren armenische Steuerproteste und Demonstrationen gegen Behördenwillkür. Damals gewann die Idee Anhänger, die kleinasiatischen Kernlande des zerbröckelnden Vielvölkerreiches durch eine Türkisierung zu erhalten. Dabei störten die dort seit Vorzeiten ansässigen Griechen, Armenier, Chaldäer und Aramäer. Den im Osten eigentlich als Schutz gegen die Perser angesiedelten Kurden und den aus dem Nordkaukasus stammenden Tscherkessen wurde deshalb Straffreiheit, das Recht auf Plünderung und der Grundbesitz ihrer Opfer versprochen. Während 1893–96 wurden 320.000 Armenier ermordet und 570 Kirchen und Klöster zerstört. 1909 gab es in Kilikien noch einmal 30.000 Tote. In der Form entsprachen diese Massenmorde der traditionellen Christenschlächterei, so wie sie auf den Molukken, im Sudan und in Nigerien noch heute praktiziert wird. Bei allen Scheußlichkeiten gab es für manche durch Bestechungen oder Konvertierungen zum Islam noch ein Entrinnen. Der Genozid von 1915/16 dagegen war von den Jungtürken und im Kriegsministerium gnadenlos mit militärischer Präzision geplant worden. Ihr Ziel war ein monoethnischer Nationalstaat, der unter Ausschluß aller Nichttürken alle Turkvölker bis nach Mittelasien als „Turan" vereinigen sollte. Dieser Plan beinhaltete die Endlösung der Westarmenierfrage.

Anfang 1915 wurden alle armenischen Soldaten und Offiziere im türkischen Heer entwaffnet und wie alle armenischen Männer zwischen 16 und 65 Jahren in Zwangsarbeiterbataillone gesteckt. Dort wurden sie als Schanzarbeiter und Lastenträger „zu Tode gearbeitet" oder nach Abschluß der Arbeiten erschossen.

Am 24. April 1915 wurden dann in Konstantinopel die gesamte geistige und politische Führung der Armenier verhaftet und summarisch hingerichtet und die armenische Bevölkerung in ihren traditionellen Siedlungsgebieten in Kilikien, Nordsyrien, Westarmenien und Westanatolien entweder sofort ermordet oder in wochenlangen Todesmärschen – unter unausgesetzten Plünderungen und Vergewaltigungen in den Kurdengebieten – in die Wüsten Syriens und des Nordiraks getrieben, wo die bis dahin Überlebenden verhungerten oder erschlagen wurden. In Wan, dem kulturellen Zentrum Westarmeniens, gelang es den Armeniern, bis zum Entsatz durch russische Truppen wochenlang Widerstand zu leisten. Die 40 Tage der Verteidigung des Musa Dagh im Sandschak Alexandrette[1] wurden in Franz Werfels berühmtem Epos gewürdigt. Hier wurden die Überlebenden von zufällig präsenten alliierten Kriegsschiffen nach Port Said gerettet. Die meisten waren jedoch nicht so glücklich. Nach ihrem verzweifelten Widerstand wurden sie ausnahmslos niedergemetzelt. In dem damals überwiegend von Griechen besiedelten Smyrna (heute: Izmir) gelang es General Otto Liman von Sanders, dem Sieger von Gallipoli, die armenische Gemeinde durch Aufhebung der Deportationsbefehle zu retten – zumindest bis zum Brand von Smyrna im Jahre 1922. Andere deutsche Militärberater waren dazu nicht willens oder in der Lage. Schließlich war die Türkei keine Kolonie, sondern ein unabhängiger Staat unter Kriegsrecht.

Nach dem Zusammenbruch der russischen Front 1917 fielen beim türkischen Vorstoß in den Transkaukasus Anfang 1918 wieder zahlreiche Zivilisten der türkischen Armee und kurdischen und „tscherkessischen" Banden zum Opfer. Armenische Kriegsgefangene, die zuvor auf russischer Seite gekämpft hatten, wurden systematisch ermordet. In dem von 500.000 Flüchtlingen überschwemmten Ostarmenien brachen bald Seuchen und Hungersnöte aus.

Im Friedensvertrag von Sevres erhielt Armenien 1920 zwar einen Großteil des vormaligen Siedlungsgebiets von Westarmenien, einschließlich
der Schwarzmeerküste von Batumi bis Giresun, zugesprochen. Von Sowjetrußland unterstützt, zerriß Atatürk jedoch das alliierte Friedensdik-
tat und ließ seine Truppen erneut nach Westarmenien einrücken. Wieder
folgten Massaker. Nach einem kommunistischen Putsch im November
1920, der kurzfristig niedergeschlagen werden konnte, gab die seit 1918
regierende, von türkischen Annektionsdrohungen bedrängte, kriegsmüde
Daschnaken-Regierung beim Einmarsch der Roten Armee im April 1921
auf. Einmal mehr verschwand Armenien von der Landkarte. Von zwei-
einhalb Millionen Armeniern im Ottomanischen Reich hatten den Krieg
und Massentötungen nur eine Million – zumeist als Flüchtlinge – überlebt. In Kilikien, Westarmenien und den türkischen Großstädten war
das armenische Leben weitgehend erloschen. Etliche der für die Massenmorde verantwortlichen Jungtürken, die nach Disputen mit dem Diktator Atatürk ins Exil gezwungen wurden, wurden dort in den 1920er
Jahren von Auslandsarmeniern aufgespürt und erschossen.

Bekanntlich streitet die Türkei den an den Armeniern begangenen
Völkermord weiter ab. Lediglich kriegs- und seuchenbedingte Trans-
portverluste werden zugegeben. Wer in der Türkei von jenem Genozid spricht, riskiert, wie beispielsweise der Schriftsteller Orhan Pamuk,
wegen Beleidigung der Nation Gefängnisstrafen. Gegen Kritik aus dem
Ausland zieht die Türkei alle Register. Vor parlamentarischen Resolutionen in den USA und Frankreich, wo es mit einer bzw. einer halben
Million Armenier eine einflußreiche Diaspora gibt, drohte sie mit der
Schließung des US-Luftstützpunktes Incirlik bzw. mit der Annulierung
milliardenschwerer Exportaufträge für die französische Industrie. Individuelle Kritiker wie die Berliner Historikerin Tessa Hofmann werden in
der türkischen Presse und im Internet mit Beleidigungen und üblen Un-
terstellungen überzogen. Oft knicken rückgratlose Institutionen wie das
Land Brandenburg, das den Völkermord 2005 eigentlich in seine Schul-
lehrpläne aufnehmen wollte, schon beim Stirnrunzeln der türkischen
Botschaft ein. Auch der Bundestag bekleckerte sich am 16. Juni 2005
nicht mit Ruhm, als er eine Resolution zum Armeniergenozid ablehnte.
Zur Unterstützung ihrer Desinformationskampagne hat die Türkei auch
die führende amerikanische Lügenfabrik Hill & Knowlton engagiert,
die, zum Beispiel seinerzeit die Mär von den von irakischen Soldaten im
Irakkrieg 1990 getöteten Säuglingen in Kuwait verbreitete, die vorher
aus Brutkästen herausgerissen worden sein sollen.

Die Leiden des armenischen Volkes waren in Sowjetarmenien nicht
zu Ende. 1928–1934 wurde die Zwangskollektivierung durchgeführt.
Die stalinistischen Säuberungen gegen Volksfeinde, Nationalisten und
die Kirche begannen 1936 mit dem Fenstersturz des Ersten Sekre-
tärs der KP-Armeniens Chandschjan aus Berijas Verhörzimmer. Sie

endete drei Jahre später nach rund 300.000 Opfern, die das national-
bewußte Land zu beklagen hatte. Der Zweite Weltkrieg forderte weitere
300.000 Kriegstote. Die sowjetische Repression und ihre gesellschaftliche Unterentwicklung erklären, warum zwischenzeitlich die vor allem
in Nordamerika und Frankreich zahlreiche Diaspora ein wesentlich
reicheres kulturelles, religiöses und intellektuelles Leben als die in der
ostarmenischen Heimat Verbliebenen entwickeln konnte. Die bitteren
Folgen der Geschichte dauern an.

---

1   Der Sandschak Alexandrette war eine osmani-
    sche Verwaltungseinheit.

ASERBAIDSCHAN: ÖLREICHTUM UND MASSENARMUT IM SULTANAT VON BAKU

Es war absehbar, daß Ilcham Alijew als getreuer Sohn seines 2003 verstorbenen Vaters die ererbte Präsidentenmacht nicht freiwillig räumen würde. Jetzt, wo die Pipeline von Baku ins türkische Ceyhan fertig geworden war, die BP die Ölfelder im Kaspischen Meer erschlossen hat und der Dollar richtig zu rollen beginnt. Von $ 2 Milliarden jährlich (2005) würden die Öleinnahmen auf $ 30 Milliarden bis 2008 steigen. Da überläßt man das Feld nicht den Klans der orangetragenden Opposition, meinte auch der vom Vater ererbte starke Mann hinter dem Präsidenten, der Chef der allmächtigen Präsidialverwaltung, Ramis Mechtijew, vormals der Ideologiesekretär der aserischen KP (AKP).

So verkündete die regierende Neue Aserbaidschan-Partei (YAP) bald nach Schließung der Wahllokale am 6. November 2005, sie habe mit 58 % der Stimmen wie im alten Parlament mindestens 75 der 125 Direktmandate gewonnen. Die Opposition habe, ebenfalls wie im alten Parlament höchstens 5 Sitze und folglich verloren. Die restlichen Mandate hätten mit der Regierung freundschaftlich verbundene Unabhängige errungen. Die Opposition und die zahlreichen internationalen Wahlbeobachter dagegen erlebten Wahlfälschungen im üblichen Stil, vor allem, kaum erstaunlich, bei der Auszählung. Eine Kritik aus dem Westen war kaum vernehmlich

Daß die YAP, die Staatspartei Ilcham Alijews, bei den Parlamentswahlen vom November 2005 unter normalen Bedingungen kaum eine Mehrheit erhalten hätte, lag auf der Hand. Dennoch war die Wahlbeteiligung mit 46 % niedrig. Dem oppositionellen „Freiheitsblock" war eine Mobilisierung angesichts der allgemeinen Einschüchterung und Resignation nicht gelungen. Denn allzu offensichtlich schaufelte der aus der Exklave Nachitschewan stammende Klan des Präsidenten die immer reichlicher sprudelnden Ölgelder in die eigenen Taschen und ließ der Mehrheit des 8-Millionen-Volkes außerhalb der glitzernden Boomviertel von Baku sehr wenig. 50 Prozent leben weiter unter der Armutsschwelle. Das Durchschnittseinkommen beträgt € 60 im Monat. 25 % sind arbeitslos. Industrie und Landwirtschaft liegen danieder. Die 800.000 Flüchtlinge aus dem Kriegsgebiet von Karabach leben ein Jahrzehnt nach dem Waffenstillstand noch immer in Barackenlagern.

Nur sehr zögerlich baut man ihnen feste Unterkünfte, will man doch
die Flüchtlinge und Heimatvertriebenen weiter gegen Armenien mobilisieren können. 1,5 Millionen Aseiris arbeiten im Ausland, meist als
Saisonarbeiter in Rußland und in der stammesverwandten Türkei. Absehbar war, daß Alijew die Wahlen nach bewährter Methode fälschen
würde. Dazu zählten mehrfaches Abstimmen, präparierte Wahlurnen,
gefälschtes Auszählen und falsche Wahlprotokolle, ganz nach Stalins
Motto: Es kommt nicht darauf an, wer wie wählt, sondern wer auszählt.
Hunderte von Oppositionskandidaten wurden von der Kandidatur ausgeschlossen oder zogen sie nach Drohungen zurück. Zum Fernsehen
und anderen Medien hatten sie im Gegensatz zum allgegenwärtigen Präsidenten ohnehin nur stark zensierten Zugang. Die Oppositionspresse,
darunter das Blatt „Azadlik" („Freiheit"), wird mit allen Schikanen verfolgt, die von Beleidigungsklagen, Gewalt gegen Redakteure und Kündi-
gung des Mietraums umfassen. Unabhängigen Fernsehsendern wird die
Lizenz entzogen oder nicht erneuert.

Bei den Präsidialwahlen im Oktober 2003 hatten angeblich 78 % für
Ilcham Alijew gestimmt und 14 % für den Oppositionellen Isa Gambar.
Für Vater Gaidar Alijew waren es 1993 noch bewährte 99 % gewesen.
Vor den Parlamentswahlen von 2005 wurde die Oppositionssammlung
„Azadlik", zu der die nationalistische Volksfront der Unabhängigkeitsbewegung ebenso zählt wie die Muslimische Demokratische Partei
„Musawat" („Gleichheit") sowie etliche einstige, mittlerweile verfein-
dete Verbündete der Alijews, auf die übliche Art eingeschüchtert. Eine
Demonstration, die den exilierten Oppositionsführer Rasul Guliew,
früher Parlamentssprecher, am Flughafen von Baku begrüßen wollte,
wurde unter Schlagstockeinsatz unterbunden. Guliew selbst sagte seine Rückkehr ab. Ein oppositioneller Journalist wurde mysteriös ermordet und ein Umsturzkomplott in den eigenen Reihen mit obskuren
Waffenfunden zeitgerecht enthüllt. So wurden die Chefs des zweitreichs-
ten Klans, die (mit dem Präsidenten nicht verwandten) Brüder Farhad
und Rafik Alijew – der erste galt als reformorientierter Vizepremier und
Wirtschaftsminister, der zweite war Chef der Mineralölkette AzPetrol
– sowie der Gesundheitsminister und der pensionierte Leiter der Akademie der Wissenschaften zur allgemeinen Abschreckung wegen der
angeblichen Planung eines gewaltsamen Umsturzes verhaftet. Sodann
wurden dem staunenden Fernsehpublikum der märchenhafte Reichtum
der Luxusvillen der Gebrüder Alijew und einige beschlagnahmte Sturm-
gewehre vorgeführt. AzPetrol wurde seither – ähnlich wie Jukos in Rußland – zerschlagen und unter den Freunden des Präsidenten aufgeteilt,
während die Brüder weiter ohne Prozeß in Einzelhaft blieben.

Solche öffentlich ausgetragenen Fehden deuten auf starke Meinungs-
unterschiede und verschärfte Verteilungskämpfe unter den herrschenden
Klans hin. Das bestätigt die Richtigkeit vieler Beobachter, die in Ilcham

Alijew (47), einem früher umgänglichen Lebemann und häufigen Casinobesucher, ein politisches Leichtgewicht sehen. Seinem Vater Gaidar,
einem Meister im Manipulieren und Ausspielen der Klaninteressen,
wäre das nie passiert. Der von Kemal Atatürk inspirierte Personenkult
um den 80jährig im Jahr 2003 in einer Herzklinik in Cleveland Verstorbenen ist in Aserbaidschan allgegenwärtig. Von allen öffentlichen Plätzen und Amtsstuben starren seine wässrig-blauen Augen durchdringend
auf den Betrachter. Im April 2003 war er bei einer Fernsehansprache
zusammengebrochen und hatte die Regentschaft seinem ursprünglich
unwilligen Sohn gerade noch übertragen können. Die wahre Macht ging
allerdings auf seine alten Klansleute aus Nachitschewan über.

Alijews System der korrupten Repression

In dieser von Armenien und dem Iran begrenzten Exklave war Gaidar
Alijew 1923 geboren worden. Als 18jähriger trat er in die Dienste des
NKWD und stieg dank eines Übersolls an Gerissenheit und Brutalität
binnen eines Jahrzehnts mit 29 Jahren zu einem Generalleutnant des
nunmehrigen KGB auf. Danach wurde er der erste nicht-russische KGB-
Chef einer Sowjetrepublik. 1969–1982 amtierte er als Erster Sekretär
der AKP und bewährte sich weiter bei der Russifizierung und der Säuberung von einheimischen Nationalisten. Von Breschnew begünstigt, stieg
Gaidar Alijew ins Moskauer ZK auf, wo er 1982–1987 als stellvertretender Ministerpräsident für den Maschinenbau der UdSSR zuständig
war. 1987 wurde er wie viele der korrupten Breschnew-Jünger von Gorbatschow gesäubert. Er war der einzige, dem später ein *comeback* gelang.
    Zunächst kehrte Alijew ins heimatliche Nachitschewan zurück. Dort
mobilisierte er alte Netzwerke, um sich nach der schon im Januar 1990
mit 2.000 Toten versuchten Unabhängigkeit Aserbaidschans zum Vorsitzenden des Obersten Sowjets von Nachitschewan aufzuschwingen und
als Separatistenführer nun seinerseits die Autonomie von Baku durchzusetzen. Derweil hatte auch das mehrheitlich armenisch besiedelte
„Autonome Gebiet von Berg-Karabach" seine Unabhängigkeit erklärt.
Als Aserbaidschan mit Pogromen an Armeniern und einem schlecht organisierten militärischen Vorstoß auf Karabach reagierte, wurde es in
einem dreijährigen Krieg (1991–1993) von dem von Rußland bewaffneten, christlichen Armenien besiegt. Der Führer der aserischen Unabhängigkeit und Volksfront, Albufaz Elcibey, sah sich im Angesicht seiner
Niederlage von einer Armeerevolte, die unter Alijews Mithilfe in einen
allgemeinen Bürgerkrieg zu münden drohte, bedrängt. In seiner Not
machte Elcibey den hartgesottenen KGB-General zum Parlamentspräsidenten in Baku. Binnen weniger Monate hatte Alijew dann in den politischen Wirren die totale Macht errungen, die er sich prompt von den

üblichen 99 % der Wähler im Oktober 1993 absegnen ließ. Er schloß mit Armenien 1994 einen Waffenstillstand, der den Krieg mit seinen 25.000 Toten und einem 14 %igen Gebietsverlust vorläufig beendete, und stabilisierte dadurch das Land einigermaßen.

Bei einer Politik der korrupten Repression nach innen, bei der sich die führenden Klans – und der eigene am meisten – umschichtig mit Ölgeldern und Schmuggel die Taschen füllen konnten, führte Alijew gemeinsam mit dem von russischen Großmachtinteressen hart bedrängten, benachbarten Georgien das Land auf einen außenpolitisch prowestlichen Kurs. 150 Mann schickten die Lieblingsschiiten der Amerikaner in den Irak. Der Lohn waren massive angloamerikanische Investitionen im Ölsektor – die einzigen nennenswerten Investitionen, die der verarmte Staat mit seiner korrupten Bürokratie je erhielt – und die schon von der Regierung Clinton betriebene Ölpipeline Baku–Tiflis–Ceyhan (BTC). Für $ 3 Milliarden Baukosten errichtet, werden hier seit 2006 eine Million Faß (*barrel*) Rohöl täglich über 1750 km unter Umgehung Armeniens und der potentiellen kurdischen Aufstandsgebiete zum östlichen Mittelmeer gepumpt. Danach wurden Erdgasleitungen auf der gleichen Strecke verlegt. Hauptinvestoren sind British Petroleum (BP), die norwegische Statoil, die amerikanische Unocal, Turkish Petroleum und die aserische Staatsgesellschaft Socar. Mit jenen Pipelines entfällt die Abhängigkeit von den russischen Leitungen, durch die Öltransporte über Dagestan und Tschetschenien – das meist mit Tankwagen umfahren werden mußte – bis Noworossijsk am Schwarzen Meer unter Kontrolle der konkurrierenden Gasprom bisher abgewickelt wurden.

Wirtschaftsboom durch Öleinnahmen

Dank der Öleinnahmen ist Aserbaidschan heute die am schnellsten wachsende Wirtschaft der Welt. 2005 wuchs die Wirtschaft um 26, 2006 um 37 %. Das Land hatte das Glück, daß die neuen von BP erschlossenen Felder und die BTC-Pipeline mehr oder weniger zeitgleich mit den aktuellen Höchstpreisen des Ölbooms in Betrieb gingen. Andererseits ist Aserbaidschan auf diese Einnahmeflut kaum vorbereitet. Ein Teil geht nach norwegischem Vorbild in einen Staatsölfonds namens Sofaz, der für die schlechten Zeiten vorsorgen soll, wenn ab 2020 das aserische Öl und Gas wieder knapper werden sollte, falls keine neuen Felder gefunden werden. Das meiste aber fließt in die Finanzierung eines Klientelsystems und die Inflationierung der Korruption. Kritiker werden eingekauft und die Opposition isoliert. Mit dem vielen Geld versiegt der Reformanreiz zur Liberalisierung der Wirtschaft und Gesellschaft. So wurde zum Beispiel der Verteidigungshaushalt von $ 175 Millionen (2004) auf $ 1,1 Milliarden (2008) hochgefahren, ohne daß das in sowjetischer Tradition ausgebildete Militär in der Lage ist, das neue US-Kriegsgerät taktisch vernünftig einzusetzen. Ein neuer Waffengang mit Armenien würde ohnehin die schönen großen Pipelines akut bedrohen und den Geldfluß jäh unterbrechen. Darüber hinaus droht die „holländische Krankheit", die Ökonomen nach den Erdgasfunden in den Niederlanden beobachteten. Dank der hohen Deviseneinkünfte wurde die Landeswährung überbewertet. Die Wettbewerbsfähigkeit sowie die Gewinnträchtigkeit aller anderen Exporte und Industriezweige sanken. Das beste Personal und meiste Kapital strömte in die Grundstoffindustrien. Damit verlor die Volkswirtschaft eher, als daß sie gewann. In Aserbaidschan ist es heute ähnlich. Das Ölgeld heizt einen Immobilien- und Konsumboom der Privilegierten in der Hauptstadt an. Die Inflation liegt offiziell bei 16 % – inoffiziell beim Doppelten. Der Rest der Wirtschaft liegt danieder. Produktive Auslandsinvestitionen im Nichtenergiebereich gibt es nicht. Dazu sind die Infrastruktur und die Rechtssicherheit zu schlecht. Selbst für türkische Unternehmen sind die Korruption und Behördenobstruktion zu abschreckend.

Die Ölfelder von Baku erzeugten um die vorletzte Jahrhundertwende rund die Hälfte des Weltbedarfs. Alfred Nobel, die Rothschilds und Rockefellers multiplizierten hier ihre Vermögen. Aufgrund der strategischen Kriegsziele des Dritten Reiches verbluteten Zehntausende beim vergeblichen Vorstoß der Heeresgruppe Süd durch die Schluchten des Kaukasus. Heute werden die Öl- und Erdgasreserven Aserbaidschans auf 1 % des Weltvorkommens geschätzt. Vom einstigen Reichtum künden in Baku die nahe der historischen Altstadt gelegenen, zumeist abgewirtschafteten Gründerzeitvillen, an die sich die vergammelte Plattenbauarchitektur der Sowjetära und die Glitzerbauten der Neuzeit mit ihren futuristischen Glasfassaden reihen. Soziale Kontraste bestimmen das Stadtbild. Nobelkarossen rollen über Schlaglochpisten. Müllberge und heruntergekommene Plattenbauten säumen ungeteerte Straßen. Verhärmte Straßenhändler versuchen vor Luxusboutiquen ihr ärmliches Angebot abzusetzen.

Auf den Ölfeldern sieht es ähnlich aus. Historische Fördertürme und 7.000 „nickende Pferdeköpfe" als Pumpen mit ihren meist leckenden Leitungen operieren weiter auf der Halbinsel Abseron, während vor der Küste die modernen Förderinseln von BP aus den oft im Konflikt mit dem Iran und Turkmenistan erschlossenen neuen Ölfeldern – vor allem des riesigen Schah-Deniz-Feldes – den neuen Ölreichtum fördern. Am günstigsten wäre für alle Beteiligten am zentralasiatischen Ölpoker – Kasachen, Aseris und Turkmenen – sicher der Transport per Pipeline zum iranischen Ölterminal auf der Insel Karg gewesen. Allein die Abhängigkeit von den feindseligen Mullahs birgt für die laizistischen Postkommunisten zu hohe Risiken. Für die kapitalgebenden Amerikaner ist diese Alternative ohnehin kein Thema.

Spiegel aktueller Konfliktlagen

So vereinigen sich in Aserbaidschan, einem verarmten reichen Ölstaat im Transkaukasus, so gut wie alle aktuellen Konflikte. Jene des Zugangs zum Ölreichtum und seiner Verwendung, des Kampfes zwischen dem Laizismus und dem schiitischen Fundamentalismus im benachbarten Iran, des Zivilisations- und Territorialkonflikts mit dem christlichen Armenien, das nicht ganz reibungslose Bündnis mit dem großen, oft als arrogant empfundenen Bruder Türkei (Gaidar Alijew und Suleyman Demirel hatten sich auf die Formel „Eine Nation, zwei Staaten" [*bir millet, iki devlet*] geeinigt) und schließlich die Unvereinbarkeit zwischen der autokratischen Klanherrschaft und den formal bestehenden demokratischen Institutionen. Kaum hatten die Wahllokale im November 2005 geschlossen, da verkündete das Hausblatt der Alijews, die Zeitung „Bakinski rabotschi" (Bakuer Arbeiter), bereits den Wahlsieg der Regierungspartei. Lügen haben in dem Blatt Tradition. Es wurde 1906 von einem georgischen Klosterschüler und Schustersohn, der sich Josef Stalin nannte, gegründet.

Die internationalen Proteste gegen die Wahlfälschung halten sich in Grenzen. Im Oktober 2008 kann sich Ilcham Alijew seiner Wiederwahl zum Präsidenten sicher sein. So oder so. Hat er nicht den USA angeboten, nach dem Verlust der usbekischen Luftstützpunkte den ehemals sowjetischen Militärflughafen Nassosnji benützen zu können? Und arbeitet Geheimdienstchef Namik Abassow nicht vertrauensvoll mit der CIA zusammen? Und leben nicht 18 Millionen Aseris – mehr als das Doppelte als die Titularnation der Heimat – im benachbarten Iran, wo im Großraum Täbris eine „Südaserbaidschanische Befreiungsfront" zum Losschlagen gegen das Mullahregime bereitstehen soll? Doch auch Putin bot Bush 2007 die gemeinsame Nutzung des russisch betriebenen Großradars Gabala in Aserbaidschan zur Beobachtung des iranischen Luftraums an. Damals lehnten die Amerikaner dankend ab. Doch Alijew hatte seinen strategischen Wert einmal mehr bewiesen.

Ilcham Alijew, der charmante Ex-Playboy mit dubiosen Freunden in türkischen Casinos, mag ein schlechter Redner und Politiker sein, als strategischer Partner Washingtons hat er seine Meriten. Der Doyen der US-Außenpolitik, Zbigniew Brzezinki, bestätigte ihm deshalb schon vor den Wahlen 2005 die mehrheitliche Unterstützung durch seine Wähler. Dies sei nicht die Ukraine, Georgien oder Kirgisien vor den Farbrevolutionen, heißt es in Washington und London. Aus Sicht jener Hauptstädte besteht die Alternative zum Alijew-Regime und seinem Zugang zum zentralasiatischen Öl und Gas aus einem russischen Satellitenstaat oder einem schiitischen Mullah-Regime. An den Sieg des bürgerlich-nationalistischen Freiheitsblocks glaubt man nicht. Dabei weiß die nationalistische Opposition um die unguten Absichten des großen russischen

Nachbarn und der iranischen Mullahs. Sowohl Rasul Guliew in seinem New Yorker Exil, die Brüder Alijew im Gefängnis und Isa Gambar von Musawat gelten als Männer des Westens. Geostrategisch gibt es für sie kaum eine Alternative, zumal sich Rußland mit Aserbaidschans Feinden (Armenien und dem Iran) verbündet und mit seinen Freunden, den Türken, Georgiern und Tschetschenen, verfeindet ist. So scheint es, als würde der Westen das Vertrauen der demokratischen Opposition einmal mehr enttäuschen.

ZENTRALASIEN – DIE UNBEKANNTE ZEITGESCHICHTE

Die Völker und Kulturen Zentralasiens waren bis 1991 für den westlichen Leser weitgehend in der vermeintlich vom *homo sovieticus* besiedelten UdSSR subsumiert. Außer einem einzigen Reiseführer[1], den Novellen des Kirgisen Tschingis Aitmatow[2], den etwas angestaubten, in der Vorkriegszeit sehr populären Reiseberichten (1885–1935) von Sven Hedin und den Erzählungen deutscher Kriegsgefangener[3] und Zivilverschleppter, gab es sehr wenig originäre Informationsquellen. In den Wendejahren überlagerten die friedlichen Revolutionen in Mittelosteuropa und im Baltikum, die Kriege auf dem Westbalkan, um Transnistrien und im Südkaukasus den ebenso blutig geführten Bürgerkrieg in Tadschikistan (1992–1995) und die Entwicklung der anderen rasch zu Armenhäusern mutierten mittelasiatischen Republiken, deren Erste Parteisekretäre nach der Unabhängigkeit bald den Despotismus der einstigen Emire von Buchara, Chiva und Kokand übernahmen. Mit dieser negativen Diagnose blieb der verlassene Hinterhof des Sowjetreiches, der auch die pantürkischen Phantasien Ankaras und die islamistischen Eiferer unter den Iranern und Saudis bald frustrieren sollte, zunächst einmal strategisch, ökonomisch und publizistisch sich selbst überlassen.

Im Vielvölkerreich der Zaren

Das hat sich erst in den letzten Jahren deutlich zum Besseren verändert. Die Einsicht wuchs um die Wichtigkeit der halbvergessenen Geschichte der nichtrussischen Ethnien im Zarenreich, der Sowjetunion und im ersten nachsowjetischen Jahrzehnt. Denn der Zerfall der UdSSR war nicht nur das Ergebnis der Krise des Staatssozialismus, sondern auch der vorläufige Schlußakt des 400jährigen Vielvölkerreiches Rußland. Die Auflösung polyethnischer Imperien und ihre Aufsplitterung in Nationalstaaten, die mit dem Ottomanischen und Habsburger Reich einsetzte und sich mit der außereuropäischen Entkolonisierung fortsetzte, war ein universeller Prozeß, der von der Sowjetherrschaft nur um einige Jahrzehnte verzögert wurde. Ihr autoritäres System überdeckte die nationalen Probleme mit harmonisierender Propaganda, Repression und ihrem Informationsmonopol, das nationalen Widerstand stets als reaktionär-feudal bzw. reaktionär-bürgerlich diffamierte. Dem entsprach westliches Wunschdenken, die Supranationalität mache nationale Kategorien obsolet.[4]

Mit der Eroberung des muslimischen Kazan 1552 und Astrahan 1556 erweiterte sich das mittelalterliche „Sammeln der Völker Rus" zur imperialen Mission. Die zersplitterten Steppenreiche der Khane der ehemaligen „Goldenen Horde" wurden nach und nach in wechselnden Koalitionen durch Treueeide und nach Feldzügen mit Territorialabtretungen unterworfen. Unter Aussparung der reiternomadischen Wüstengebiete Mittelasiens wurde bis 1689 Sibirien erobert. Der Bergbau im Südural und Siedlungsprogramme im südwestsibirischen Schwarzerdegürtel folgten. Der Widerstand unterworfener Völkerschaften wie der muslimischen Baschkiren und Tataren wurde in Vernichtungsfeldzügen in den Jahren 1735–1740 und nach ihrer Beteiligung am Pugatschew Aufstand 1773–1775 gebrochen. Die Eroberung des Transkaukasus und die Befreiung der Georgier und Ostarmenier von der Herrschaft der Iraner und Ottomanen zog sich bis 1878 hin. So lange dauerte auch die in brutalen Vernichtungskriegen geführte Unterwerfung der Kaukasusstämme, von deren Kämpfen auch Leo Tolstoi, Alexander Puschkin und Michail Lermontow eindrucksvoll berichteten.[5] Es ist interessant festzustellen, daß in diesen Erzählungen der kaukasische Widerstand durch „edle Wilde" stark romantisiert erscheint, während das Schicksal der Muslime Zentralasiens russische Literaten viel weniger faszinierte. Gegen die Steppenvölker Zentralasiens schützte sich Rußland im 18. Jahrhundert durch die Orenburger Linie, deren Festungssysteme von Omsk bis Semipalatinsk reichten. Die Region selbst litt unter dem Bedeutungsverlust des Karawanenhandels der einstigen Seidenstraße gegenüber dem Seehandel und unter dem despotischen Regime dreier rückständiger Reiche: dem Emirat Buchara und der Khanate von Chiva und Kokand.

„Das Große Spiel"

Um Einfluß in jener Weltregion ging es unter dem Einschluß Persiens, Afghanistans und chinesischer Randprovinzen bei jenem *great game*[6], das fast während des ganzen 19. Jahrhunderts – genauer: ab den napoleonischen Kriegen von 1810 bis zum Ende des russisch-japanischen Kriegs 1906 – mit oft tödlichem Einsatz zwischen Rußland und Großbritannien gespielt wurde.[7] Nach der Niederlage Napoleons wurde Rußland, das zuvor das Schwedische Reich zerlegt und Polen geschluckt hatte, der einzige strategische Rivale für das Britische Weltreich. Zwischen dessen wertvollstem Teil, Britisch-Indien, und dem Russischen Reich lag Afghanistan, das unbekannte, unwirtliche und von feindseligen Kriegerstämmen besiedelte Niemandsland Zentralasiens, das schon von Alexander dem Großen genutzte einzige Einfallstor zum indischen Subkontinent. Britische und russische Offiziere und Abenteurer begannen, die Gegend, die Stämme, ihre despotischen und räuberischen Herrscher und die Bergpässe zu erkunden, mit oft tödlichen Konsequenzen für die Betroffenen. Manchmal halfen britische Offiziere den Einheimischen, wie 1827 den Tscherkessen, die im Kaukasus gegen die russische Okkupation kämpften, oder 1837 bei der Verteidigung von Herat gegen eine von Rußland angestiftete persische Belagerung. Die Briten versuchten auch den Emir von Chiva zu überzeugen, Hunderte russischer Sklaven freizulassen, um der bevorstehenden russischen Invasion ein machtvolles Motiv zu nehmen.

Während Rußland über Jahrzehnte hinweg langsam aber sicher sein Reich nach Zentralasien ausweitete, schwankte Britisch-Indien zwischen der *masterly inactivity* liberaler Regierungen und der *forward school* der Tories. Zweimal führte dies in Afghanistan zu Desastern, als die Engländer 1839 und 1879 versuchten, unfreundliche örtliche Potentaten durch Invasionen abzusetzen und pflegeleichte Quislinge einzusetzen. Jedesmal wurde zunächst durch reichliche „Subventionen" an örtliche Stammesführer ein zeitweiliger Frieden erkauft. Als die Subventionen gekürzt wurden, wurden bei plötzlichen Aufständen sämtliche fremden Truppen und Zivilbeamte bis zum letzten Mann abgeschlachtet. Im ersten Afghanistankrieg fielen 16.000 Mann, im zweiten 35.000. In Summe ist die Zahl der britischen Opfer genauso hoch wie jene der Sowjets während der Invasion von 1979–1989. Man kann den hier seit 2001 stationierten Besatzungstruppen der NATO nur wünschen, rechtzeitig abgezogen zu werden, bevor es einmal mehr zu spät ist.

Als Rußland nach seiner Niederlage im Krimkrieg (1854–1856) das Ziel der Kontrolle der Dardanellen endgültig aufgeben mußte, suchte die Generalität einen Ausgleich in Zentralasien. So wurde Taschkent als die reichste Stadt 1865 besetzt, gefolgt von Buchara und Samarkand 1868. Chiva wurde 1873 besiegt und Kokand 1876. Als die letzten freien mittelasiatischen Reiterstämme wurden die Turkmenen 1879 in ihrer Wüstenfestung Geok Tepe besiegt. Die Überlebenden wurden von den Kosaken niedergemacht. Das Emirat von Buchara und das Khanat von Chiva wurden russische Protektorate. Der siegreiche General Konstantin von Kaufmann schaffte als Generalgouverneur von Turkestan nur die Sklaverei ab und gliederte das Territorium in das russische Zollgebiet ein. Die meisten örtlichen Sitten, Gebräuche und politischen Strukturen blieben bis zum Einmarsch der Roten Armee 1924 erhalten.

Als Rußland Eisenbahnlinien von Krasnowodsk (heute: Turkmenbaschi) am Ostufer des Kaspischen Meers durch die Wüsten bis nach Merw und von Orenburg nach Taschkent und Andijan (1899) baute, fürchtete die damals stark russophobe öffentliche Meinung in Großbritannien, die Invasion Indiens stehe bevor. Ende des 19. Jahrhunderts weitete sich die strategische Rivalität auf das Territorium der chinesischen Mandschu-Kaiser aus. Einflußagenten beider Seiten wurden in Tibet, Ostturkestan (heute: Xinjiang), der Mongolei und der Mandschurei aktiv. Während der Rebellion der Uiguren unter Jakub Beg (1864–1877) besetzten russische Truppen das Ili-Tal mit seinen strategischen Bergpässen, auch um möglicherweise den Rest Ostturkestans zu besetzen. Nach der Niederschlagung des Aufstandes durch chinesische Truppen räumte das russische Heer 1881 jedoch wieder das Gebiet, um einen Krieg mit China zu vermeiden[8].

Um einer russischen Annektion zuvorzukommen, besetzten britische Truppen 1903/04 Lhasa, und Rußland beließ nach der Niederschlagung des Boxeraufstandes 170.000 Mann in der Mandschurei. Dies machte Japan so nervös, daß es sich der russischen Bedrohung durch Überraschungssiege des Heeres und der Marine (1904/05) entledigte und damit auch den imperialen Rivalen Großbritanniens entsorgte. Bald sollte das Deutsche Reich diese Rolle einnehmen. Rußland wurde dabei ein Bundesgenosse der Briten. Persien wurde einvernehmlich in gegenseitige Einflußzonen aufgeteilt, die russische Herrschaft über Zentralasien anerkannt und Afghanistan zum Pufferstaat. 1907 war das „Große Spiel" vorbei.

In den Jahren 1906–1908 wurde ein im Krieg gegen Japan bewährter junger Oberst namens Carl Gustav Mannerheim zur Erkundung der Lage des chinesischen Militärs von Turkestan durch das Tien-Shan-Gebirge durch die Grenzgebiete Nordwestchinas bis nach Peking geschickt. Seine Tarnung war die eines Entdeckers und ethnografischen Sammlers. Zum Glück für die Nachwelt nahm Mannerheim auch seine zweite Rolle sehr ernst. Seine auf seiner 14.000 km langen Erkundung erworbenen Sammlungen von Gemälden, Textilien, Terracotta, Münzen, Schmuck und Amuletten, die von den von ihm besuchten und eindrucksvoll fotografierten Usbeken, Tadschiken, Kirgisen, Uiguren, Mongolen, Mandschus und anderen nordchinesischen Minderheiten und ihren chinesischen Machthabern stammten, sind heute im Museum der Kulturen zu Helsinki ausgestellt.[9] Sie dokumentieren eindrucksvoll die lange Reiseroute, die er meist auf dem Pferd zurücklegte, und die umfangreichen Sammlungen Mannerheims, der bekanntlich später Oberkommandierender der finnischen Armee während des Unabhängigkeitskriegs (1917–1918), des Winterkriegs (1939–1940) und des Fortsetzungskriegs (1941–1944) sowie erster Nachkriegspräsident Finnlands werden sollte.

Als die Revolution von 1905 auch die nichtrussischen Nationalitäten erfaßte, war die Reaktion der menschewistischen Georgier und der nationalistischen Armenier im Transkaukasus wesentlich virulenter als die der Völker in den zurückgebliebenen asiatischen Kolonialgebieten. Erst als 1916 hunderttausende Zentralasiaten zum militärischen Arbeitsdienst einberufen wurden, brach ein antikolonialer Aufstand aus, der blutig niedergeschlagen wurde. Dieser Aufstand forderte ca. 100.000 Menschenleben. Nach der Oktoberrevolution waren die Arbeiterräte dort fast überall ausschließlich von Russen bestimmt. Die Kasachen formierten eher die feudal-nationalistische Bewegung Alasch Orda, die ein Ende der Kolonisation und die Ausweisung neuer Siedler verlangte.[10] Als sich die Bolschewisten durchzusetzen begannen, wurde dies als ein Sieg der Russen über die Nichtrussen aufgefaßt. Dennoch gelang es den nationalistischen Weißen Armeen nicht, ein dauerhaftes Bündnis mit den nichtrussischen Nationalitäten zu schließen. 1919–1921 setzte die Rückeroberung der meisten verlorengegangenen Randgebiete des Russischen Reiches ein. Lenin hatte bekanntlich entschieden, daß das Selbstbestimmungsrecht nur für Kolonialvölker, nicht aber innerhalb der Sowjetunion gelten könne. Deshalb befahl er auch 1921 den Angriff und die Liquidierung des international anerkannten, unabhängigen Georgien.

Kokand wurde schon 1918 vom Taschkenter Sowjet zerstört. 1924 wurden Buchara und Chiva annektiert. Die örtlichen Aufstände der Basmatschen („Banditen") gegen die Bolschewisten blieben disparat und unkoordiniert. Sie waren auf Stammes- und Klanebene von traditionellen Klanführern organisiert und wurden, obwohl sich die Kämpfe im oberen Ferganatal, in Turkmenistan und im südlichen Tadschikistan bis 1931 hinzogen, unschwer zerschlagen.

Instruktiv sind die Entwicklungen in der russischen Kolonialgesellschaft in Taschkent, der Hauptstadt Russisch-Turkestans bis 1923.[11] Sie begann nach der Eroberung Taschkents 1865 durch den späteren Generalgouverneur General von Kaufmann mit hohen Erwartungen und Ambitionen einer zivilisatorischen Mission Rußlands, auch wenn die Überlegenheit der „rückständigen" Einheimischen im Handel und in der Behandlung mancher örtlichen Krankheiten bald anerkannt werden mußte. Die Masse wurde durch ständige Präsenz russischen Militärs, Siegesfeiern und gelegentliche Einsätze mit Waffengewalt eingeschüchtert, ihre politische und soziale Elite dagegen geschickt kooptiert. Zu Konflikten kam es besonders bei seuchenhygienischen Maßnahmen zur Bekämpfung der Cholera-Epidemien von 1872 und 1892, deren rücksichtslose Durchsetzung die religiösen Normen der Muslime verletzten. Mit der massenhaften Zuwanderung russischer Proletarier, die als arbeitslose Hilfsarbeiter, demobilisierte Soldaten oder landlose Bauern von der sich rasch entwickelnden Baumwollindustrie oder in der oft vergeblichen Hoffnung auf Siedlerstellen angelockt wurden, entstanden große Elendsquartiere, in denen Kriminalität, Alkoholismus und Prostitution blühten; Verhaltensweisen, die sich mit der zivilisatorischen Mission Rußlands auch aus Sicht der Kolonisatoren kaum vereinbaren ließen. Mit dem Bau der Eisenbahn kam mit den Bahnarbeitern und -bediensteten auch eine besser ausgebildete, kulturell aktive und politisch agitierende Arbeiteraristokratie nach Taschkent, die sich ab 1905 im Verbund mit vielen Verbannten rasch radikalisierte. Mit den wachsenden Unruhen, Requisitionen, Meutereien, Streiks und Versorgungsproblemen wurde das Kolonialregime ab 1916 immer mehr geschwächt, bis 1917 schließlich der Taschkenter Sowjet, der sich auf russische Eisenbahner, Soldaten und Kriegsgefangene der Mittelmächte stützte, die Macht übernahm. Diese wurde zunächst dazu gebraucht, um auf eigene Faust und Rechnung einen Klassenkampf zu führen, willkürliche Massenerschießungen und als Requisitionsmissionen getarnte Raubzüge in die Umgebung vorzunehmen. Dabei erschüttert die hemmungslose Entfesselung der angewandten Gewalt. Waren bei den gelegentlichen Übergriffen zaristischer Truppen in früheren Jahrzehnten jeweils wenige Dutzend Tote zu beklagen, so lagen bei den Massakern der Bolschewisten die Opferzahlen meist im vierstelligen Bereich. Dazu kam noch ein Vielfaches an Hungertoten durch logistisches Chaos und wirtschaftliches Unverständnis der neuen Machthaber. Die einheimische Bevölkerungsmehrheit wurde dabei von ihnen als reaktionär und feudalistisch ebenso abgelehnt wie das örtliche russische Lumpenproletariat und die einstige Kolonialelite. Erst der Durchgriff der Moskauer Zentrale in Gestalt des ZK-Mitgliedes und Militärtheoretikers Michail Frunze erzwang ab 1922 die vermehrte Besetzung politischer Funktionen in der späteren Autonomen Sowjetrepublik durch Kader der jetzt sogenannten Turkvölker gegen den Widerstand der russischen „Altkommunisten" vor Ort. Nach etlichen Säuberungen wurden auch die Requisitionszüge ins Umland, die dort den Widerstand der Basmatschen schürten, eingestellt und der daniederliegende Baumwollanbau im Interesse der russischen Textilindustrie wieder belebt.

Künstliche Nationen

Als Nationalitätenkommissar war Stalin auch für die Behandlung der national noch wenig definierten Kulturen Zentralasiens zuständig. Sie bestanden einerseits aus den städtischen, schon lange islamisierten multiethnischen Zivilisationen von Buchara, Chiva, Kokand und den Städten des Ferganatals, deren Kultursprache Persisch (Tadschikisch) war, andererseits aus den Nomadenkulturen der Kasachen, Kirgisen und Turkmenen, deren noch jüngerer Islam noch voller schamanischer Elemente war. Für Stalin, der im europäischen und transkaukasischen Teil der UdSSR bemüht war, die existierenden nationalen Identitäten der Völker zu brechen, galt es, in Zentralasien zweierlei zu verhindern, nämlich eine panislamische und eine pantürkische Identität (oder ohne die Türkei: den Pan-Turanismus der Turkvölker). Dies bewerkstelligte er mit einer diabolischen Gründlichkeit und einem bis heute nachhaltigen „Erfolg"[12]. Stalin perfektionierte das zaristische System des *divide et impera* durch das gegenseitige Aus- und Hochspielen ethnischer Differenzen, willkürliche Nationalitätenbestimmungen, ständige Gebietsverschiebungen und Grenzkorrekturen, die stets neue Verbitterungen und Minderheitenprobleme schufen. Ab 1924 begann er das vormalige Turkestan in Nationen aufzuteilen. Zunächst waren dies Usbekistan, Kirgisien (das später in

Kasachstan umbenannt wurde) und Kara-Kirgisien (jetzt: Kirgistan). Bei den beiden letztgenannten handelt es sich um kasachische Stämme, die sich nur durch ihre physische Umwelt unterschieden. Die ersten wanderten mit ihren Herden in den flachen Steppengebieten des Westens und die zweiten in den Weidegebieten des östlichen Berglandes. 1929 wurde Tadschikistan von Usbekistan getrennt, wiederum zwei Völker mit starken sprachlichen und kulturellen Ähnlichkeiten.

Nach der sowjetischen Ethnographie, die sich auf Stalins „Marxismus und die nationale Frage"[13] (1913) zu berufen hatte, mußte jedes Volk (*narod*) für seinen Status als Nation eine eigene Sprache, Kultur und Geschichte haben. Sobald also aus taktischen Erwägungen eine ethnische Gruppe in Zentralasien zur „Nation" erhoben wurde, mußten Anthropologen, Linguisten und Historiker eiligst die wissenschaftliche Unterfütterung liefern. Roy betont, daß diese Fabrikationen nicht besonders anspruchsvoll waren[14]; hauptsächlich wurde Folklore gepflegt. Die neue Nationalliteratur bestand meist aus Übersetzungen. Auf dem Umweg zum *homo sovieticus* war Originalität nicht wichtig. Mehr Sorgfalt wurde auf neue nationale Symbole und Institutionen verwendet. Nationale KPs wurden gegründet, Ministerräte, eine Akademie der Wissenschaften und eine nationale Universität geschaffen. Dies schuf einen effektiven Bezugsrahmen für die neue nationale Bürokratie und Intelligentsia. Mit dem dazugehörigen Territorium, den Symbolen, der Sprache und der neuen Nationalgeschichte wurde eine nationale Weltsicht vermittelt. Die Idee von Turkestan als gemeinsamer Kultur- und Lebensraum schwand.

Die neuen Republiken wurden absichtsvoll so geschaffen, um als autonome Nationalstaaten nicht funktionsfähig zu sein. Ein geschlossener Wirtschaftsraum wie das Ferganatal wurde auf Usbekistan, Tadschikistan und Kirgistan aufgeteilt. Der Verlauf von Flüssen und Verkehrswegen blieb bei den Grenzziehungen unberücksichtigt. Auch wurden die städtischen Kulturzentren der Tadschiken, Buchara und Samarkand, Usbekistan zugeschlagen. Den Tadschiken blieben nur ländliche Stammesgebiete, deren Bewohnern eine nationale Identität fehlte. Dafür bekam Tadschikistan die Territorien der Ismailiten im Pamirgebirge als autonome Region zugeteilt. Wegen ihrer ausschließlich religiös definierten Identität wurde ihnen der nationale Status verweigert. Um die Usbeken gegen die Kasachen zu stärken, erhielt Usbekistan 1936 die autonome Region von Karakalpakistan, in der östlich und südlich des Aralsees kasachische Nomaden leben. Als Hauptstädte der zentralasiatischen Sowjetrepubliken wurden stets Neugründungen oder solche Städte, in denen die Titularnation eine Minderheit darstellte, gewählt.

Im Falle Turkmenistan war der Prozeß der Nationenbildung vergleichsweise unproblematischer.[15] Nach ethnographischen Untersuchungen wurde den bislang weitgehend staatenlos Operierenden ein

Territorium mit einer Hauptstadt (Aschgabat) zugewiesen, nach langen Debatten aus den verschiedenen Dialekten auch eine Schriftsprache mit russischen Lehnworten fixiert. Die Sowjets hatten zunächst Schwierigkeiten, angesichts des weitverbreiteten Analphabetentums die vielen neuen Verwaltungs- und Parteiposten mit halbwegs geeignetem einheimischen Personal zu füllen. Oft übernahmen regional führende Klans die örtlichen Partei- und Verwaltungsstellen und konnten so als nominelle KP-Mitglieder die Ihrigen begünstigen. Als Nomadenvolk hatten die Turkmenen eine traditionell egalitäre Sozialstruktur. Weideland and Zugang zum Wasser war im Gemeinbesitz der Stämme und Klans und wurden dem Einzelhaushalt nur zur zeitweisen Nutzung zugewiesen. Die Größe der Herden, die der einzige Indikator des Wohlstands war, konnte sich dank der Härten der Witterung und bei räuberischen Nachbarn schnell ändern. Für die Sowjets war die Idee einer staatsfernen, rückständigen klassenlosen Gesellschaft jedoch unerträglich. Für ihre sozialistische Moderne war Klassenkampf und die Ausmerzung reaktionärer Gebräuche unabdingbar. Deshalb bestanden sie 1929/30 auf einer Landreform, die wie in Rußland die reichen Kulaken enteignen sollte. Angesichts des Fehlens von Kulaken wurden in Turkmenistan die Mitglieder einflußloser Klans und ethnischer Minderheiten enteignet. Bei der Zwangskollektivierung von 1929/30 suchten die Sowjets dem unabhängigen Nomadenleben ein Ende zu machen, die Bevölkerung als Kolchosbauern staatlich zu kontrollieren und durch den massiv forcierten Baumwollanbau die Industrialisierung der Sowjetunion zu fördern. Der Hungersnöte der Kriegszeit eingedenk lösten diese Zwangsmaßnahmen bewaffnete Aufstände und die Flucht Tausender mit ihren Herden nach dem Iran und Afghanistan aus.

Zur sozialistischen Modernisierung zählte die Unterdrückung des traditionellen Stammes- und Familienrechts. In Usbekistan gelangen der Partei spektakuläre Entschleierungsaktionen. In Kasachstan und Turkmenistan dagegen, wo die Frauen keinen Schleier trugen, waren die Verhältnisse komplizierter. So sahen europäische Kommunisten die Praxis des Brautgeldes, ohne die in Turkmenistan keine Ehe Gültigkeit hatte, als Frauenkauf. Auch wenn turkmenische Kommunisten argumentierten, dies sei eine für die familien- und klanorientierte turkmenische Identität entscheidende Kompensation armer Bauern für die Erziehung ihrer Töchter, die die Familie endgültig verließen, wurde das Brautgeld ebenso wie die Vielweiberei 1923 verboten – und weiter mit diskreten Barzahlungen umgangen.

In der Religionspolitik wurde ähnlich experimentiert. Zuerst (1921–1927) wurden „rote Mullahs" gefördert. In einer zweiten Phase (1927–1939) versuchte Stalin, den Islam insgesamt auszurotten. Kriegsbedingt wurden danach konservative Mullahs akzeptiert, die eine politisch harmlose Variante des Islam predigten. Gleichzeitig wurden während

der ganzen Sowjetzeit die Kontakte der zentralasiatischen Kleriker zum
Rest der islamischen Welt so weit wie möglich unterdrückt.

Mit der Zwangskollektivierung wurde ab 1928 die nomadische Weidewirtschaft, die sich der Kontrolle der Partei entzog, unterbunden und
Baumwolle als Monokultur eingeführt. Das Ergebnis dieser Maßnahmen
war, daß die meisten Herden verhungerten. Aber auch etwa vier Millionen Menschen starben bei den Hungersnöten in Zentralasien. Hunderttausende flüchteten über die Grenzen nach China und Afghanistan.
Während des „Großen Terrors" rottete Stalin die jungen nationalen
Eliten und ihre Intelligenz aus. Auch die traditionellen Klanführer, die
die Revolution überlebt hatten, muslimische Geistliche und bürgerliche
Städter wurden entweder ermordet oder nach Sibirien deportiert. Hatte die Kolonialpolitik des Zarenreiches die örtlichen Strukturen trotz
der zivilisatorischen Ambitionen russischer Beamter vor Ort („russische
Orientalisten") weitgehend intakt gelassen,[16] so war in Sowjetisch-Zen-
tralasien der zivilisatorische Missionsglauben des Westens als brachiale
Modernisierungsdiktatur mit dem Versuch der Liquidation des Islam
und der Stammeseliten durchgeführt worden.[17]

Von 1920–1945 verlor Zentralasien durch Bürgerkrieg, Hungersnöte, Terror und Krieg etwa ein Viertel seiner Bevölkerung. Diese Verluste wurden durch die Massendeportationen aus dem europäischen Teil
der Sowjetunion, die ganze Völkerschaften, wie die Wolgadeutschen,
Krimtartaren, Meschketen, Kalmücken, Inguschen und Tschetschenen,
umfaßten und durch die ausgedehnten Gulags vor allem in Kasachstan[18],
teilweise wieder ausgeglichen.

Nach der Zerstörung der traditionellen Strukturen formierten sie sich
in Gestalt der Kolchosen neu. Die früher nomadischen Bauern wurden
an den Kolchos gebunden, der sie mit Arbeit, Wohnung, Einkommen,
sozialen Diensten und internen Pässen versorgte. In Zentralasien reflek-
tierten die Zusammensetzung und das Territorium der Kolchosen oft die
alten Klans. Kolchoschefs kamen häufig aus einst führenden Familien,
die rechtzeitig auf die sowjetische Karte gesetzt hatten. Sie spielten dann
die Rolle traditionalistischer Notabeln als klientelistische Ortskaiser unter neuen Vorzeichen weiter. In der Hauptstadt ihrer Republik vertra-
ten sie die wirtschaftlichen Interessen ihres Kolchos und seiner Region.
Auch nach dem Aufstieg in den Parteiapparat blieb der Kolchoschefs
stets ihre Macht- und Rückzugsbasis. Als regionale Elite kontrollierten
die Kolchoschefsdie wirtschaftlichen Ressourcen ihrer Republiken und
verwendeten sie nach den Prinzipien der Patronage, des Klientelismus
und der Selbstbereicherung ähnlich der alten Khans und Beys.

Während der langen Breschnew-Jahre (1964–1982) hatten die regionalen Kader mit ihren lokalen Machtbasen trotz ihrer formalen Russifizierung, ihrer Ingenieursausbildung und dem unbefragten ideologischen
Sowjetkode ihre Rolle als regionale Interessensvertreter verinnerlicht.

Obwohl die Säuberungen korrupter Regionalkader in Zentralasien unter Andropow und Gorbatschow 1983–1987 zu einer Entfremdung der bisherigen Loyalitäten geführt hatte, traf die nationale Unabhängigkeit die meisten regionalen Parteisekretäre, die den Putsch vom August 1991 noch begrüßt hatten, unvorbereitet. Sie hatten gelernt, fraglos der Parteilinie zu folgen. Jetzt aber gab es keine Partei mehr. Doch bald funktionierten sie die regionale KP zu ihrer Präsidentenpartei um, bereicherten sich und ihren Klan ohne falsche Zurückhaltung am Staatseigentum, verwendeten neue nationale und muslimische Slogans und behielten dabei den gut verinnerlichten Habitus altgedienter Apparatschiks.[19]

Auch innerhalb Rußlands gab es intensive Nationalitätskontroversen. So lehnte Tatarstan beim Zensus 2002 eine separate Kategorie für Kriaschen (christliche Tataren) ab, weil es eine Spaltung der – muslimisch definierten – tatarischen Nation befürchtete.[26] Die Kriaschen selbst, die in Tatarstan 7 % der Bevölkerung (1889) ausmachten, sehen sich als eigenständige Nation, die sich in der „Tatarisierung" der Titularrepublik religiöser, politischer und kultureller Diskriminierung ausgesetzt fühlt.[27]

Schon während der Kollektivierung waren früh innerethnische Konflikte geschürt worden, als etwa 1929 tatarische Dörfler in Samara ermutigt wurden, mit brutaler Waffengewalt und Terror von ihren russischen Nachbarn Getreide einzutreiben.[28] Dagegen wurden bei der Hungersnot von 1921–1923 die den Bolschewiken verdächtigen Nationalitäten, wie etwa die nach Unabhängigkeit strebenden Baschkiren, bewußt unterversorgt. Damals gelang es der US-Hilfsorganisation American Relief Administration (ARA), in der besonders hart getroffen Ural-Region trotz aller logistischen Widrigkeiten und politischen Schwierigkeiten seitens mißtrauischer und feindseliger bolschewistischer Administratoren durch die jahrelange Speisung von zwei Millionen Menschen ein Massensterben zu verhindern und die innerethnischen Spannungen bis zu ihrem unbedankten Abtreten im Jahre 1923 zu mindern.[29]

Die Unabhängigkeit

Schon vor 1991 hatten die Wirtschaftsprobleme Zentralasiens massiv zugenommen.[20] Seit 1970 war das Investitionsvolumen stark rückläufig. Auch die landwirtschaftlichen Erträge fielen. Die Qualität der Baumwolle litt unter der wachsenden Versalzung der Böden. Ein Gutteil des für Bewässerungszwecke vorgesehenen Wassers ging verloren. Der Aralsee begann, dramatisch zu schrumpfen. Die Transformation funktionierte auch nicht. Parteibürokraten nannten sich nun Manager. Die Staatsbanken mußten konkursreife Staatsfirmen weiter finanzieren.

In Usbekistan fand die von den Saudis gesponserte islamische Agitation im verarmten Ferganatal mit seinen sieben Millionen Einwohnern einen fruchtbaren Grund. Ein Drittel der Bevölkerung wurde und ist seither arbeitslos. Gleichzeitig blühen im Karimow-Regime die Korruption und der Schwarzmarkt, während Privatisierungen und Privatunternehmen weiter blockiert bleiben.[21] Nur durch harte Repression hält sich das Regime an der Macht.

Kasachstan wurde bei seiner Unabhängigkeit mit dem im Lande befindlichen 104 Interkontinentalraketen sogleich die viertgrößte Atommacht der Welt. Baikonur, das sowjetische Kosmodrom, befand sich ebenso auf seinem Territorium wie Semipalatinsk, das von 467 Atomtests verseuchte sowjetische Testgebiet.[22] Die rohstoffreiche kasachische Wirtschaft ist weiter aufs engste mit der Russischen verflochten. Als Ergebnis der Deportationspolitik, aber auch der von Chruschtschow verfolgten Neulandgewinnung mit zwei Millionen russischen und ukrainischen „Freiwilligen" in den 1950er Jahren (Breschnew war damals als regionaler Parteisekretär für den Erfolg der Operation zuständig[23]) bestand ein Drittel der Bevölkerung aus Nichtkasachen. Während sich Kasachstans Staatschef Nasarbajew deshalb stark um ein gutes Verhältnis zu Rußland bemühte, versuchte im benachbarten Kirgistan Präsident Akajew in Ermangelung eigener Ressourcen in jenen frühen Jahren hauptsächlich und mit einigem Erfolg, westliche Hilfsgelder ins Land zu holen. Als ein unter den Machthabern der Region seltener Intellektueller pflegte er damals ein liberales Image und tolerierte die Opposition.

In Tadschikistan dagegen brachen bald grausam geführte Stammeskriege aus. 1993 setzten sich die von Rußland und Usbekistan unterstützten Kulabis und die Khojenter Fraktion der „Ex-Kommunisten" gegen die von Iran, Pakistan und Afghanistan unterstützten „islamistischen" Stämme aus Kurgan Tube und Garm durch. Tatsächlich handelte es sich um einen Bandenkrieg bewaffneter Kolchosen und um das Recht, die Ressourcen des verwüsteten Landes und die Hauptstadt Duschanbe zu plündern.[24]

Im Wüstenland Turkmenistan an der iranischen Grenze übernahm der ab 1985 amtierende Parteisekretär Nijasow die Macht, ließ sich fortan Turkmenbaschi (Vater der Turkmenen und oberster Herrscher aller Turkmenenstämme) nennen und führte als Präsident auf Lebenszeit sein rohstoffreiches Land in die Isolation und Armut. Da Nijasow bis zu seinem Ableben am 24. Dezember 2006 die Marktwirtschaft nicht verstand, gibt es bislang auch keine Privatisierungen und keine Entwicklung der Wirtschaft.[25]

Die Wirtschaft Zentralasiens

Zentralasien ist mit seiner Baumwolle, dem Rohöl, Erdgas, seinen Erzen und der Wasserkraft im Hochgebirge zweifellos eine der rohstoffreichsten Regionen der Erde. Diese Regionen sind jedoch sehr unterschied-

lich verteilt und gerade in den Gebirgsregionen Kirgistans und Tadschikistans nur spärlich gesät. Die Startbedingungen 1991 waren auch sehr
ungleich, als die fünf Republiken sich völlig unvorbereitet mit einer
Serie unerwarteter Herausforderungen konfrontiert sahen: der institutionellen Unabhängigkeit, dem Ende der Zentralplanungswirtschaft,
den Verwerfungen beim Zerfall der Sowjetunion, der Hyperinflation
des Rubels 1992/93 und die mehr oder minder gelungene Einführung
der Marktwirtschaft. Entscheidend für den relativen Erfolg erscheinen
weniger die natürlichen Ressourcen als die Auswirkungen der unterschiedlichen Wirtschaftspolitiken und der häufig despotischen Regie-
rungspraktiken, die fehlende regionale Zusammenarbeit und die kaum
bewältigten Erblasten des Sowjetsystems.[30]

Usbekistan hatte wegen hoher Weltmarktpreise für Baumwolle in
den 1990er Jahren weniger starke Einbrüche erlitten, obwohl – oder
weil – es kaum privatisierte und marktwirtschaftliche Reformen ein-
führte. Jedoch begann ab 2000 die Wirtschaft zu stagnieren. 1996
wieder eingeführte Währungskontrollen schädigten die Kleinhändler. Auch litten die Einkommen der Bauern unter den niedrigen staatlichen Aufkaufpreisen für Baumwolle und Weizen. Dennoch blieben
Ungleichheit und die Korruption weniger dramatisch als in Kasachstan.
Öffentliche Gelder wurden nicht für eine neue Hauptstadt wie Astana
oder für Prestigeobjekte wie in Ashgabad verschwendet.

Kasachstan gelang es ab dem Jahr 2000 durch die Erschließung neuer Ölfelder, den Bau neuer Pipelines nach Westen und Osten und nach
der Versechsfachung der Weltölpreise die sozialen und wirtschaftlichen
Verwerfungen der politischen Fehler und korrupten Privatisierungen der
1990er Jahre zu überspielen.

Dagegen blieb die Wirtschaft Tadschikistans weiter von den Zerstörungen des Bürgerkriegs von 1992–1994 beeinträchtigt. Da die hohen Zölle, Transport- und Grenzabfertigungskosten nach Usbekistan
die meisten traditionellen Exporte verunmöglichen, bleiben nur noch
zwei Exportgüter: Aluminium und Hydroenergie – sieht man einmal
vom Waffen- und Drogentransit aus Afghanistan ab. Wegen der Abhängigkeit von westlichen Spendern und Kreditgebern wurden liberale
Wirtschaftsgesetze erlassen, jedoch selten umgesetzt. Statt dessen sind
„spontane Privatisierungen" üblich.

Kirgistan galt ursprünglich als relativer Musterschüler guter Ratschläge aus dem Westen. Deshalb gelang es ihm, die Hyperinflation am
schnellsten (1995) unter Kontrolle zu bringen und als erster der Welt-
handelsorganisation beizutreten (1998). Jedoch wurde es als kleine offene Wirtschaft von seiner Bankenkrise und der russischen Krise von
1998 hart getroffen. Die kirgisische Wirtschaft ist dazu von einer Aus-
landsschuld in Höhe von 112 % des BIP belastet, die von Präsident
Akajew, der in der „Tulpenrevolution" von 2005 stürzte, hauptsäch-

lich für konsumptive Zwecke in seiner Heimatregion im Norden und in Bischkek ausgegeben wurde. Der Süden und der ländliche Raum verarmten derweil. Die Subsistenzlandwirtschaft, der Straßenhandel, die Schattenwirtschaft und die Arbeitsmigration nach Rußland mußten wie sonst auch in der Region das Überleben sichern.

Turkmenistan hat für Autarkiepolitiken optiert und nutzt seine Einkünfte aus den Erdgas- und Baumwollexporten für Importsubstitutionsprojekte wie den Bau neuer Raffinerien und Textilfabriken, leere Luxushotels sowie andere Marmorpaläste in Ashgabat. Dabei bleibt Turkmenistan vom russischen Pipeline-Netz für sein Erdgas abhängig, weil Streit mit Aserbaidschan über die Seegrenzen im Kaspischen Meer und die Unlust des Iran, einem Wettbewerber den Gastransit über sein Territorium zu erlauben, Alternativen bisher verunmöglichten.

In Zentralasien ist angesichts selbstsüchtiger bis feindlicher Nachbarn, die den Zugang zum Meer kontrollieren, die Binnenlandsproblematik besonders akut.[31] Bekanntlich waren in Folge der unwirtlichen politischen Verhältnisse der Region ab Anfang des 17. Jahrhunderts die Karawanenwege der Seidenstraße mittels des Seetransportes durch den Indischen Ozean abgelöst worden. Neue Hindernisse – die seit der späten Sowjetzeit abgewirtschaftete, überlastete Infrastruktur, die mangelnde Containerisierung und die hohen Kosten der Grenzüberquerungen in Gestalt von Zeitverlust, willkürlichen Zöllen und Dokumentationserfordernissen sowie offizieller und privater Wegelagerei – verunmöglichen die Wiederbelebung der alten Transportkorridore und bestärken damit die Unterentwicklung der Region. Effektive Auswege sind einmal das wichtige EU-Instrument TRACECA (Transport Corridor Europe–Caucasus–Asia), mit dem die Ost-West-Korridore gefördert werden, und zum anderen die von China organisierte Exportroute Almaty–Urumtschi–Schanghai.

1   Klaus Pander: Reiseführer Zentralasien, Ostfildern 2005.
2   Die meisten Werke des 2008 als Botschafter Kirgisiens in Brüssel verstorbenen Tschingis Aitmanow erschienen ursprünglich zumeist im Züricher Unionsverlag.
3   Erwin Peter (Hg.): Von Workuta bis Astrachan. Kriegsgefangene aus sowjetischen Lagern berichten. Graz/Stuttgart 1998.
4   Andreas Kappeler: Rußland als Vielvölkerreich. München 2001 (auf englisch erschienen als: The Russian Empire: A Multiethnic History, New York 2001), S. 10.
5   Leo N. Tolstoi: Gesammelte Novellen (Der Überfall, Der Holzschlag), Jena 1924, und sein Alterswerk: Hadschi Murat, Zürich 2001; Alexander Puschkin: Die Reise nach Arzrum während des Feldzugs im Jahre 1829, Berlin 1998; und: Der Gefangene im Kaukasus, Leipzig 1948; Michail Lermontow: Ein Held unserer Zeit, Frankfurt/Main 2003.
6   Der Begriff wurde in Rudyard Kiplings Abenteuerroman „Kim" (1902) [London: 1987] geprägt.
7   Peter Hopkirk: The Great Game. On Secret Service in High Asia, Oxford 2001.
8   Bruce A. Elleman: Modern Chinese Warfare, 1795–1989, London 2001, S. 71.
9   Petteri Koskikallio und Asko Lehmuskallio (Hg.): C. G. Mannerheim in Central Asia 1906–1908, Helsinki 1999.
10 Kappeler, op. cit., S. 294.
11 Jeff Sahadeo: Russian Colonial Society in Tashkent, 1865–1923. Bloomingdon 2007.
12 Olivier Roy: The New Central Asia. The Creation of Nations, New York 2005 (ursprünglich veröffentlicht als: La nouvelle Asie Centrale ou la fabrication des nations, Paris).
13 J. W. Stalin: Marxismus und die nationale Frage, Berlin 1950.
14 Roy, op. cit., S. XIV.
15 Adrienne Lynn Edgar: Tribal Nation. The Making of Soviet Turkmenistan, Princeton 2006.
16 Andreas Kappeler: „Rußlands zentralasiatische Kolonien bis 1917", in: Bert Fragner, A. Kappeler (Hg.): Zentralasien, 13. bis 20. Jahrhundert. Geschichte und Gesellschaft, Wien 2006, S. 144.
17 Paul Georg Geiß: „Staat und Gesellschaft im sowjetischen Zentralasien", in: B. Fragner, A Kappeler (Hg.), op. cit., S. 166.

18 Anne Applebaum: Gulag. A History of the Soviet Camps, London 2003, S. 102 und 258 (auf deutsch: Der Gulag, Berlin 2003).
19 Roy, op. cit., S. 130.
20 Ahmed Rashid: The Resurgence of Central Asia. Islam or Nationalism?, Karachi 1995.
21 Ibid., S. 97.
22 Vgl. Internationale Atomenergiebehörde Wien. The Semipalatinsk Test Site, Kazakhstan; im Internet unter: www.iaea.org
23 L. I. Brezhnev: Virgin Lands: Two Years in Kazakhstan, 1954–1955, Amsterdam 1980.
24 Rashid, op. cit., S. 175 ff.
25 Ibid, S. 205. Leider wurde mir Nijasows „Ruchmana" („Buch des Geistes"), das laut verschiedenen wohldokumentierten Medienberichten (u. a. Deutsche Welle, 7. Februar 2002, Berliner Zeitung, 12. September 2005; Märkische Allgemeine, 7. Januar 2006; Neue Rheinische Zeitung, 16. Mai 2006) von DaimlerChrysler verdienstvoll zum Zwecke der Geschäftsvertiefung ins Deutsche übertragen wurde und in Aschgabat prominent käuflich angeboten wird, nach Anfrage auf der Netzseite des Unternehmens mit der Begründung, DaimlerChrysler habe die Übersetzung, den Druck und den Vertrieb nicht veranlaßt, nicht zugesandt, so daß ein Bezug auf das Original des Werkes hier bedauerlicherweise unterbleiben muß.
26 Marlies Bilz: „Stiefkinder der Nation. Zur Brisanz der Kategorie ‚krjaseny' im russischen Zensus von 2002", in: Andreas Frings (Hg.): Neuordnung von Lebenswelten? Studien zur Gestaltung muslimischer Lebenswelten in der frühen Sowjetunion und in ihren Nachfolgestaaten, Berlin 2006, S. 128.
27 Ibid., S. 150 ff.
28 Christian Teichmann: „Kollektivierung tatarisch. Asekeevo, Mittlere Wolga 1929–1930", in: A. Frings (Hg.), op. cit., S. 99–125.
29 Julia Chmelevskaja: „Kampf gegen den Hunger in der Ural-Region 1921–1923", in: A. Frings (Hg.), op. cit., S. 25–61.
30 Richard Pomfret: The Central Asian Economies since Independence, Princeton 2006.
31 Gael Raballand: L'Asie Centrale ou la fatalite de l'enclavement?, Paris 2005.

KASACHSTAN: EINE ENTWICK-LUNGSDIKTATUR IM ÖLBOOM

Nasarbajews Diktatur

Kasachstan ist eine zivilisierte Diktatur. Dissidenten werden nicht zu Tode gefoltert wie im benachbarten Usbekistan oder verschwinden in den Gulags von Turkmenistan. Sie bekommen als Journalisten Prozesse wegen Beleidigung oder werden als Ex-Minister wegen Untreue verurteilt. Sie werden nächtens verprügelt, und ihren Zeitungen kündigen die Druckereien. Gelegentlich zeigt der Geheimdienst auch einen eigentümlichen Humor: geköpfte Hunde werden in den Hof geworfen, oder die Haustüren der Organisatoren werden vor angekündigten Demonstrationen nächtlich zugemauert. Es wird aber selten jemand umgebracht. Eine „konstruktive" Opposition wird toleriert, auch wenn im Parlament nur die Regierungspartei sitzt. Präsident Nasarbajews in Ungnade gefallener Schwiegersohn Rachat Alijew erhielt zwar 20 Jahre Gefängnis, dies jedoch *in absentia* und im ziemlich sicheren Wiener Exil. Gemessen an zentralasiatischen Verhältnissen ist Nasarbajews Diktatur relativ milde. Mißt man sie jedoch am hohen Entwicklungsstand, dem Bildungsniveau Kasachstans und dem europäischen Maßstäben entsprechenden Benehmen seiner Mittelschicht, dann erscheint das Abgleiten in die Diktatur eines sich selbstbedienenden Familienklans jedoch als höchst entbehrlich und für die Entwicklung dieses potentiell reichen und erfolgreichen Landes kontraproduktiv.

Dennoch hält sich das Regime nahezu ohne Anstrengung seit der Unabhängigkeit an der Macht. Dank des seit 2000 immer reichlicher sprudelnden Ölreichtums konnte Nasarbajew die Renten und Staatsgehälter erhöhen, Stipendien sowie Sozialwohnungsbauprogramme einführen. Es gelang ihm, den durch Stalins Deportationspolitik wild zusammengewürfelten Vielvölkerstaat ohne ethnische Massaker und ohne russischen Separatismus im industrialisierten Norden und Osten einigermaßen zu konsolidieren. Dies war keine Selbstverständlichkeit. Angesichts einer zersplitterten Opposition wäre er auch ohne alle Tricks 1999 und 2005 seiner Wiederwahl sicher gewesen. Mit den Manipulationen seiner Wahlkommission, Staatspartei und Medienmacht erhielt er 81 % und später 91 %. Bis 2012 kann er nun amtieren.

Nursultan Nasarbajew wurde 1940 in den Klan der Shapyrashty, der zur „Großen Horde"[1] gehört, in einem Dorf im Süden Kasachstans in der Nähe von Alma Ata (heute: Almaty) geboren. Nach dem Besuch einer technischen Fachschule arbeitete er zehn Jahre lang am Hochofen des Metallkombinats von Karaganda. In der Kantine lernte er eine attraktive Aushilfe namens Sara Alpysowna, die heutige *first lady* Nasarbajewa, kennen, die er heiratete. Sie hatte zudem den Vorteil, aus einer politisch prominenten Familie der „Mittleren Horde"[2] zu stammen. Nasarbajew konnte somit nach seiner Trauung den Hochofen verlassen und als echter Proletarier hauptamtlicher Funktionär der KPdSU werden. Als Protegé des kasachischen Langzeitparteichefs Dinmuhamed Kunajew machte Nasarbajew eine steile Karriere und wurde im zarten Alter von 44 Jahren Ministerpräsident der Sowjetrepublik. Als Kunajew 1986 von Gorbatschow wegen Korruption gestürzt wurde und in Alma Ata antirussische Krawalle ausbrachen, wechselte er hurtig die Seite und diente seinem neuen Boß, dem großrussischen Aufpasser Gennadi Kolbin, getreulich. Als Kolbin dann mit seinen antikasachischen Allüren untragbar wurde und im Juni 1989 vom Kreml abgelöst werden mußte, wurde Nasarbajew als Gorbatschows Verbündeter Erster Sekretär der Kasachischen KP und wenig später Präsident der Sowjetrepublik Kasachstan. Aus Angst vor der Teilung des Landes mit seinem stark russifizierten Norden und Osten hielt er Gorbatschow und der untergehenden Sowjetunion noch am längsten die Treue und versuchte auch nach dem Augustputsch 1991 konföderale Modelle, die alle an Jelzins Desinteresse scheiterten. Als letzte Sowjetrepublik erklärte Kasachstan im Dezember 1991 seine Unabhängigkeit. Sicherheitshalber ließ sich Nasarbajew gleich von 98 % als Präsident bestätigen. Als das Eigentum der KP an Hotels, Wohnungen und Instituten nun Regierungseigentum wurde, bemerkten Nasarbajew und seine Leute mit wachsender Begeisterung die neuen Möglichkeiten für Patronage und schnellen Reichtum, die die neue Unabhängigkeit bot.

1995 wurde Nasarbajew mit 95 % der Stimmen wiedergewählt, 1999 mit 81 %. Aussichtsreiche Kandidaten waren jeweils vor den Wahlen nicht zugelassen worden. Danach wurden die Ergebnisse frisiert. 1995 ließ er das wegen Privatisierungsdisputen unzufriedene und unbotmäßig gewordene Parlament auflösen, regierte eine Weile per Dekret und erließ schließlich eine Präsidialverfassung, bei der beide Kammern, Senat und *majilis* (Unterhaus), nur noch konsultative Befugnisse haben. Dennoch wurde das Wahlrecht so gestaltet, daß mit 67 Direktmandaten und zehn über das Verhältniswahlrecht vergebenen Sitzen die von den Wahlmanipulationen begünstigten Präsidentenparteien, darunter die Vaterlandspartei „Nur otan" und die damalige Partei „Aser" (Zusammen) von Tochter Dariga, stets eine Mehrheit haben würden. So gab es nach den Wahlen vom September 2004 gerade einmal einen einzigen Sitz für die gemäßigte Opposition der Partei „Ak schol" (Lichter Weg), obwohl sie mindestens 17 % der Stimmen erhalten hatte.

Bei den Wahlen von 2007 fielen sowohl „Ak schol" wie die Gesamtnationalen Sozialdemokraten unter die 7 % Hürde. Das Parlament wurde zur Einparteienveranstaltung der Staatspartei „Nur otan", der im
übrigen auch alle wichtigen Amtsträger der Hauptstadt und der Provinz
angehören.

Hatte Nasarbajew zu Beginn seiner Präsidentschaft noch versucht,
sich öffentlich als aufgeklärter Demokrat zu geben, so fand er immer
wieder Gründe, um seinem angeblich nicht genügend vorbereiteten Volk
demokratische Rechte vorzuenthalten: so zum Beispiel die Vermeidung
von Spannungen mit der russischen Minderheit, die noch knapp 30 %
der Bevölkerung ausmacht, die bis 1999 anhaltende Wirtschaftskrise
und der Fall der autoritären Nomenklatura-Kollegen in Georgien, der
Ukraine und im benachbarten Kirgisien zwischen 2003 und 2005. Dies
ging ihm besonders nahe, war doch Aidar, der Sohn des dortigen Präsidenten Akajew nach 1998 mit seiner jüngsten Tochter Alija verheiratet.
Mittlerweile ist sie in zweiter Ehe anderweitig liiert.

Seine drei Töchter sorgen ohnehin für einigen geschäftlichen und politischen Wirbel. Die lange das Fernsehgeschäft kontrollierende älteste
Tochter Dariga war bis 2007 mit dem Mediziner Rachat Alijew verheiratet, der zunächst berufsfremd die einträgliche Steuerfahndung leitete,
dann den Geheimdienst und die Leibwache, wo er auch im Waffenhandel
und Nukleargeschäft aktiv war. Weil er mit seinem ungestümen Einsatz
in den Führungsetagen Zwietracht säte, fiel er Ende 2001 zum ersten
Mal vorübergehend in Ungnade und wurde deshalb als Botschafter nach
Wien exiliert. Zwischenzeitlich war er dann wieder als Vizeaußenmi-
nister in Astana rehabilitiert. 2007 wurde Alijew, nachdem er sich als
Nachfolger für die Wahlen von 2012 allzu offensichtlich ins Spiel gebracht hatte, erneut nach Wien geschickt, wo er dann im Mai 2007 beim
Schwiegervater endgültig zur *persona non grata* und von seiner ambitio-
nierten Frau Dariga durch eine per Fax übermittelte Nachricht geschie-
den wurde. Seine Gefolgsleute wurden nun in Astana gesäubert. Alijew
wurde wegen der Entführung und (mutmaßlichen) Ermordung zweier
Manager und Teilhaber seiner Nur-Bank verurteilt. Anscheinend hatten
sich beide geweigert, ihm ihre Anteile zu übertragen. Sie verschwanden
im Februar 2007 auf Nimmerwiedersehen, nachdem sie zuletzt mit ihm
und seinem Sohn Nurali (20) einen Geschäftstermin gehabt hatten.

Nun wurde der Geheimdienst KNB (der dem KGB entsprang) und
der nationale Sicherheitsrat, in dem Alijew als Chef seine Leute plaziert
hatte, gesäubert. Fünf KNB-Generäle wurden wegen Vorbereitung eines
Putsches verhaftet, ebenso wie der Sekretär des Nationalen Sicherheitsrates und der stellvertretende Justizminister. Der Chef des Sicherheitsrates, Generalmajor Zhomarta Mazhrenowa, beging in der U-Haft des
Geheimdienstes „Selbstmord" durch Erhängen, eine technische Unmög-
lichkeit in postsowjetischen Geheimdienstverliesen.

Alijews Rache bestand in der Verbreitung seiner Intimkenntnisse der schmutzigen Wäsche der Präsidentenfamilie. Als erstes tauchten – ähnlich wie bei Kutschma in der Ukraine – Tonbandmitschnitte des Geheimdienstes auf, die korrupte Transaktionen zugunsten Nasarbajews und seiner Partei „Nur otan"[3] enthüllten. Alijew erklärte sich bereit, bei dem lange verschleppten „Kazakhgate"-Prozeß in New York auszusagen, bei dem es um Bestechungsgelder von $ 78 Millionen ging, die der Ölhändler James Griffen in den 1990er Jahren im Auftrag von US-Konzernen an Nasarbajew und sein Umfeld gezahlt haben soll. In Interviews mit Radio Free Europe sagte er weiter, Nasarbajew habe höchstpersönlich bei einem Österreichurlaub im Februar 2006 in Klagenfurt den Befehl zur Hinrichtung des Oppositionsführers Altynbek Sarsenbajew gegeben. Sarsenbajew war vorher Informationsminister und Botschafter in Moskau gewesen. Er wurde dann, zusammen mit seinem Leibwächter und seinem Fahrer, erschossen aufgefunden. Als Anstifter wurde später der Chef des Senats Erschan Utembajew zu 20 Jahren Zwangsarbeit verurteilt. Schon damals hatte die Opposition an der Rechtmäßigkeit des Verfahrens gezweifelt.

In der Tradition der Nomaden, bei der die Familie den Reichtum des Landes teilt, ist auch die mittlerweile seßhafte Familie Nasarbajew an allen lukrativen Geschäften beteiligt. Die mittlere Tochter Dinara ist mit Timur Kulibajew verheiratet. Er ist Präsident von KazMunaiGaz, die alle Öl- und Gaspipelines im Lande besitzt, und kontrolliert die erfolgreichen und größten Privatbanken, darunter die KazKommertsbank und die Halyk Bank. Nasarbajews Neffe Kairat Saltybalty ist Vizepräsident des staatlichen Mineralölkonzerns KazakhOil, der an allen Ölförderungen gewinnträchtig mitwirkt. Unter den Schwiegersöhnen des Präsidenten herrschte und herrscht eine intensive Rivalität, wobei der alternde Präsident seine Gunst stets unberechenbar zuwendet und wechselhaft entzieht. Die Thronfolge bleibt in dieser „schrecklich netten Familie" deshalb stets ungewiß.

Ansonsten bekommt der Nasarbajew-Klan von allen wichtigen Lizenzen und Privatisierungen seinen Anteil. Dies wurde in den USA aktenkundig, als der dortige Mittelsmann des Präsidenten, der erwähnte Ölkonsulent James Griffen, wegen $ 78 Millionen Bestechungsgeldern von ExxonMobil auf Veranlassung des US-Justizministeriums verhaftet wurde. Seit Nasarbajew ein kleines Heer von politischen Lobbyisten[4] in Washington D. C. für teures Geld – bis zu $ 1 Million pro Auftrag – engagiert, verlaufen die Untersuchungen weitgehend im Sande[5], riskiert doch auch ExxonMobil, seiner Förderlizenz in Kasachstan verlustig zu gehen. Noch peinlicher war, als ruchbar wurde, daß Chevron den Kaufpreis seines Anteils am Ölfeld von Tengiz, den stolzen Betrag von $ 1 Milliarde, 1996 auf ein Schweizer Konto überwiesen hatte, auf das nur der Präsident Zugriff hatte. Dem verblüfften Parlament in Astana ließ er darauf von seinem Premierminister erklären, das Geld sei für

Pensionen bedürftiger Rentner und zur Stützung der Landeswährung, des Tenge, restlos ausgegeben worden.[6]

Die Selbstbereicherung des Nasarbajew-Klans stößt nicht überall auf ungeteilte Zustimmung – vor allem nicht bei den Chefs der „Kleinen Horde", die, im Westen beheimatet, das dortige Öl- und Gasgeschäft zu kontrollieren suchen, und den Häuptlingen der „Mittleren Horde", die, im Nordosten zuhause, den heimatlichen Mineralreichtum und die dortige Schwerindustrie als ihr eigen ansehen. So gehört Ex-Premier Akezhan Kazhegeldin (1994–1997) zur schwermetallhaltigen „Mittleren Horde" und sein Nachfolger, Ex-Premier Nurlan Balgimbajew (1997–1999) als Ölmann zur „Kleinen Horde"[7]. Im Vertrauen auf seine Beziehungen zum russischen militärisch-industriellen Komplex und zum FSB überwarf sich der frühere KGB-Mann Kazhegeldin radikaler mit Nasarbajew und ist jetzt – nicht ganz zu Unrecht – wegen Geldwäsche und Steuerhinterziehung in Haft, während Balgimbajew gutgelaunt und wohlbezahlt die Geschicke von KazakhOil leitet, das mit dem Präsidentenneffen als Stellvertreter an allen ausländischen Ölinvestitionen im Lande profitabel beteiligt ist.

Ein Gutteil der aktuellen Oppositiontätigkeit hat seinen Ursprung in nomenklatura-internen Disputen über die Früchte der Privatisierung und des Rohstoffgeschäftes. So wurde die von Nasarbajew mittlerweile verbotene Partei „Kasachstans Wahl" vom stellvertretenden Premier Jandosow 2001 nach einem erbitterten Streit mit Schwiegersohn Alijew gegründet. Auch die Oppositionspartei „Ak schol" wurde von entfremdeten Führungskadern wie Alichan Bajmenow, vormals Chef der Präsidialverwaltung, und Schandosow, ehemals Zentralbankchef, begründet. Beides sind Parteien mit wirtschaftsliberalen Programmen, die sich eine politische Dezentralisierung mit der Wahl der bisher von Präsidenten ernannten Regionalgouverneure (*akim*) und eine verstärkte Rechtsstaatlichkeit als Ziele gesetzt haben. Nationalisten, Gewerkschaftler und Umweltaktivisten werden von Nasarbajew entweder kooptiert oder mit staatlichen Schikanen isoliert. Politische Morde finden eher selten statt. Neben Altynbek Sarsenbajew, dem Vorsitzenden von „Ak schol", kam ein anderes ehemaliges Nomenklatura-Mitglied, nämlich der vormalige Bürgermeister von Almaty, Zamanbek Nurkadilow, der sich im Vorjahr mit Nasarbajew überworfen hatte, im November 2005 durch zwei Brustschüsse und einen Kopfschuß ums Leben. Offiziell war es ein Selbstmord. Auch fielen in den Jahren 2002–2005 ein halbes Dutzend Oppositionsjournalisten ähnlich bemerkenswerten „Jagd- und Verkehrsunfällen" zum Opfer.

Staatliches Mißfallen erregen auch russische Nationalisten und die Traditionsverbände der Kosaken, deren Vorfahren dereinst als berittene Wehrbauern den Nordteil des Landes für den Zaren erobert und unter den Pflug genommen hatten. Auch der wiedergegründeten KP wird keine nennenswerte Rolle mehr erlaubt. Islamistische Gruppen haben, von einigen Usbekenzirkeln im Süden abgesehen, in dem weitgehend säkularisierten Land trotz aller neuen, mittels saudischer und türkischer Gelder erbauten Moscheen noch keinen sichtbaren Einfluß.

Russen, Deutsche und andere Minderheiten

Zu Nasarbajews bleibenden Verdiensten zählt, das Land mit seinen 16 Millionen Einwohnern zusammengehalten zu haben, obwohl die Industriestädte des Norden und Ostens zum Zeitpunkt der Unabhängigkeit mehrheitlich russisch bewohnt waren. Rußland hatte in der bewaffneten Unterstützung der Transnistrier (gegen Moldawien) sowie mit aggressiven Kampagnen gegen Estland und Lettland hinlänglich bewiesen, daß es gewillt war, die russische Minderheitenkarte gegen unbotmäßige Ex-Sowjetrepubliken zu spielen. Im Falle Kasachstans lagen die potentiellen Teilungslinien klar auf der Hand. Rußland hätte die Industrie und die Bodenschätze des Nordens und Ostens reklamiert. Für die Kasachen wären die Steppen, die Wüsten und ein zur Hälfte ausgetrockneter Aralsee geblieben. Für Nasarbajews Politik des Ausgleichs und der kaum merklichen Kasachisierung half, daß der Norden, die Intelligenz und die Klans der „Kleinen" und „Mittleren Horde" weitgehend russifiziert waren. Auch wanderten die in der Krise der 1990er Jahren arbeitslos gewordenen russischen Industriearbeiter ebenso wie die vordem deportierten Deutschen, Tschetschenen, Krimtataren und Ukrainer in großen Zahlen ab. Da sie nicht wie die Kasachen auf die Unterstützung durch solidarische Klans zählen konnten, wurden sie von der Arbeitslosigkeit, den Versorgungsengpässen und ungezahlten Löhnen ungleich härter getroffen. Seit 1992 gingen zwei Millionen Russen und eine Million Deutsche. Manche Mono-Industriestädte wurden nach Schließung des einzigen Kombinats zur Geisterstadt. Mangels Nachfrage wechselten dort Wohnungen für nur eine Flasche Wodka den Besitzer.

Drei russische Genozidversuche haben die Kasachen überlebt und sehr vorsichtig werden lassen. Die Hungersnöte Ende des 19. Jahrhunderts, als sie von ihren traditionellen Weidegründen vertrieben wurden, die Deportationen, die nach einem Aufstand gegen Einberufungen 1916 einsetzten, sowie die Epidemien und Hungersnöte im Bürgerkrieg in den Jahren 1918–1922 und schließlich Stalins Zwangkollektivierung, die in den 1930er Jahren nach der Zerstörung der Weidewirtschaft 4–6 Millionen Tote in Zentralasien forderte. Aus Moskauer Sicht war Kasachstan nun „leer" und wurde als Strafkolonie für „Volksfeinde", für unerwünschte soziale und ethnische Gruppen, darunter 1941 die Wolgadeutschen und Koreaner und 1944 die Tschetschenen, Inguschen und Krimtataren, genutzt. Chruschtschow unternahm hier in den 1960er Jahren den Schwerpunkt seiner vom amerikanischen Westen inspirierten, fehlgeleiteten Urbarmachungspolitik mit wiederum Hunderttausenden von Neusiedlern aus dem europäischen Rußland. 1959 war der Bevölkerungsanteil der Kasachen im eigenen Land auf 30 % gesunken. Dank einer höheren Geburtenrate wuchs er bis 1979 auf 36 %. Zwanzig Jahre später war ein Viertel der Russen sang- und klanglos abgewandert, vor allem die besser ausgebildeten und jüngeren und ein Gutteil der anfänglich lautstarken russisch-nationalistischen Aktivisten von „Vedinstwo" (Einheit). Der Anteil der Kasachen stieg wieder auf 53 % (1999) und heute auf nahezu 70 %. Sie wurden in allen Bezirken wieder zur Mehrheitsethnie. Diskret wurde die Einwanderung ethnischer Kasachen aus der Diaspora, aus der Mongolei und Xinjiang, gefördert. Jene 170.000, die kamen, waren jedoch noch dem traditionellen nomadischen Lebensstil verhaftet, konnten kein Russisch und fanden sich in der urbanisierten Industriegesellschaft des modernen Kasachstans kaum zurecht.

Von der bis 1991 drittgrößten Bevölkerungsgruppe, den Deutschen, leben in Kasachstan noch 230.000 (2006), davon in der einstigen Gulag-Region Karaganda 50.000. Ihre Organisation „Wiedergeburt" unterhält in Almaty ein „Deutsches Haus" einschließlich eines Theaters und einer Bibliothek, gibt als Wochenblatt die „Deutsche Allgemeine Zeitung" heraus und organisiert Jugend- und Volkstanzgruppen sowie Sozialstationen für die Generation der überlebenden Deportierten, die als ehemalige „Trudarmisten" mit Renten von € 66 auskommen müssen. Doch selbst viele der Kader jener „Wiedergeburt" sprechen kaum noch oder nur mit Mühe Deutsch.

Der 1997 erfolgte Wechsel der Hauptstadt von Almaty (Alma Ata) in der südlichen Peripherie ins nördliche Astana („Hauptstadt") sollte ebenfalls möglichen russischen Territorialforderungen begegnen. Astana war 1832 als Kosakenfestung Akmola (Weißes Grab) gegründet worden. Es wurde in den 1940er Jahren von deutschen Kriegsgefangenen ausgebaut. Unter Chruschtschow wurde es in Zelinograd (Neulandstadt) umgetauft, blieb aber ebenso wie Karaganda Zentrum der Rußlanddeutschen. In den 1990er Jahren war einer von ihnen, Andrej Braun, *akim* (Gouverneur) des Bezirks. Heute ist Astana mit 600.000 mehrheitlich kasachischen Einwohnern und mit seinen aufwendigen Marmortempeln und Hochhausglasfassaden als Denkmal für Nasarbajew das politische und Verwaltungszentrum des Landes, während Almaty mit 1,1 Millionen Einwohnern das Wirtschafts- und Finanzzentrum blieb.

In Astana wurde ein Großteil des Ölreichtums ($ 7 Milliarden bis 2006) in eine sterile Ansiedlung gigantomanischer Prunkbauten als einer Schachbrettstadt in der Steppe investiert. Nasarbajew sieht sich dabei in der Tradition Peters des Großen (St. Petersburg) und Atatürk (Ankara). Sein eklektischer Geschmack reicht dabei von neostalinistischen Torbogenpalästen, die auch Ceaușescu gefallen hätten, bis hin zu einer kitschigen, von Norman Foster entworfenen, neomodernen Glaspyramide des Friedens. Die hohen Temperaturschwankungen und die Sand- und Winterstürme der Steppe setzen den Hochbauten und ihren nur bedingt tauglichen Materialien bereits heftig zu und indizieren eine beschränkte Lebensdauer dieses Babels in der Wüste.

Ein 1989 eingeführtes Sprachgesetz bestimmte Kasachisch binnen 15 Jahren zur Amtssprache, die von allen öffentlichen Führungskräften zu beherrschen und durch Prüfungen nachzuweisen war. Damit schieden die meisten Russen, die wie in den anderen GUS-Staaten keinerlei Neigung zeigten, die Sprache der Einheimischen ernsthaft zu lernen, aus solchen Positionen aus. Russisch blieb jedoch weiter die *lingua franca* im Wirtschafts- und Wissenschaftsbetrieb. Im Gegensatz zu Usbekistan äußert sich das wachsende kasachische Nationalbewußtsein nicht antirussisch. Russische Kultur wird durchaus als Vehikel zum Zugang zur europäischen Moderne, zu zeitgenössischer Bildung und Technologie geschätzt. Allerdings träumen junge Kasachen mittlerweile nicht länger von einem Studium in Moskau, sondern präferieren die USA oder England. Da dies oft unerschwinglich ist, besteht durchaus Interesse an einem Gratisstudium in Deutschland, vor allem in den Ingenieur- und Agrarwissenschaften und in der Betriebswirtschaft.

Wilde Privatisierungen

Die rohstoffreiche Wirtschaft Kasachstans ist aus Sowjetzeiten mit der Südsibiriens eng verzahnt. Kasachische Erze werden in Magnitogorsk und Nowosibirsk verhüttet, die Kohle in Omsk verstromt, westkasachisches Öl in Orenburg raffiniert. Als die russische Wirtschaft in den Wirrnissen von Jelzins erratischer Herrschaft nahezu zusammenbrach, geriet auch Kasachstan ins Schlingern. Der Tiefpunkt wurde 1994 erreicht. Damals brachen Industrie und Landwirtschaft um 30 % ein. Die Inflation stieg auf 1.900 %. Erst nach der Überwindung der russischen Krise geht es seit dem Jahre 2000 mit zehnprozentigen jährlichen Wachstumsraten aufwärts.

Wie in vielen Transformationsländern verursachten die Fehlentscheidungen der wilden Anfangsjahre nachhaltige Schmerzen. In Kasachstan waren der Transfer des Wohneigentums an die Mieter und der Verkauf von Läden und Handwerksbetrieben unproblematisch. Die „Kuponprivatisierung" von Teilen der Großbetriebe schuf dann schon eine privilegierte Schicht junger Fondsmanager, die über die von ihnen verwalteten Industrieanteile zu schnell verdientem Reichtum und Macht aufstiegen. Am abträglichsten waren jedoch jene geschlossenen Versteigerungen, bei denen wie in Rußland Großbetriebe zu einem Bruchteil ihres Wertes – oft unter Beteiligung der Präsidentenfamilie und anderer mächtiger Klans – verschoben wurden. So wurde das riesige Kazmet Kombinat, eine Stahlhütte mit einem Jahresausstoß von 3,8 Millionen Tonnen, in

Termitau bei Karaganda zunächst für nur $ 50 Millionen an die indische
Ispat verkauft. Ispat ist im Besitz von Lakshmi Mittal, der auf der ganzen
Welt meist abgewirtschaftete staatliche Stahlhütten billigst aufkauft und
erfolgreich saniert. Nach dem Erwerb von Arcelor, dem vormals luxem-
burgischen Arbed und lothringischen Ucilor, ist Mittal seit 2007 der mit
Abstand größte Stahlmagnat der Welt. Mittlerweile hat er in Termitau
für weitere $ 330 Millionen 15 Kohlegruben, ein Erzbergwerk und ein
E-Werk gekauft, Anlagen, die in Summe einen Neuwert von $ 8 bis
$ 10 Milliarden haben. Immerhin setzt Mittal dort 60.000 Arbeiter in
Arbeit und Brot, bezahlt den örtlichen Monatslohn von $ 300 pünktlich
und stellt 10 % des kasachischen BIP her. Mit Investitionen von weiteren
$ 5 Milliarden soll der Ausstoß der Stahlhütte Termitau verdoppelt wer-
den,[8] um den anhaltenden Stahlboom des östlichen Eurasiens zu bedienen.
Um den nächsten 4.000 km entfernten Frachthafen am Schwarzen Meer
für seine Exportmärkte zu erreichen, muß er allerdings $ 70 pro Tonne
an die russischen Eisenbahnen zahlen. An Sicherheitsinvestitionen wurde
anscheinend bislang zu stark gespart. So starben bisher bei verschiedenen
Grubenunglücken in Mittals Bergwerken seit 1994 191 Bergleute.

Andere Privatisierungsverkäufe waren problematischer. So erwarb die
Transworld Gruppe der israelitischen Metallhändler David und Simon
Reuben die Aluminiumschmelze von Pawlodar und die Edelstahlschmelze
von Aksu. Nach Kashegeldins Abtritt als Premier wurde ihnen ihr günstig
erworbenes Eigentum von einem Ex-Partner namens Alexander Marke-
witsch mit Hilfe Nasarbajews, den er auf Auslandsreisen oft begleitet,
wieder abgenommen.[9] Ähnlich undurchsichtig waren der Verkauf der
Goldmine Wasilkowskoje und der Uranaufbereitungsanlage Tselinuji in
Stepnogorskan an den israelischen Diamantenhändler Lew A. Leview, des
Blei-Zink-Kombinats KazZinc an Marc Rich mit seiner Gencore Com-
pany und des Goldbergwerks Bakyrchik an Robert Friedland, einen US-
Kanadier, der sonst im burmesischen Kupfergeschäft aktiv ist. Andere
Privatisierungskünstler waren Grigory Loutschansky, Arkady Gaidamuk,
die Tschernoi-Brüder Lew und Michail sowie Leonid Blawatnik, die als
Waffenhändler oder Mitglieder der russisch-jüdischen Unterwelt nicht
den besten Leumund genossen. Laut Professor Martha Olcott, der Ka-
sachstan-Expertin der Carnegie-Stiftung, war Nasarbajew in den 1990er
Jahren angesichts der Wirtschaftsmisere an schnellem Bargeld durch So-
fortverkäufe interessiert. An Steuereinnahmen durch eine nachhaltige seriöse Investorentätigkeit lag ihm wenig.[10] Daß jene Verkäufe der antisemi-
tischen Agitation der einheimischen Islamisten Vorschub leisteten, schien
ihn auch nicht zu stören. Mittlerweile lernte die kasachische Führung allerdings von den Tricks der wilden Frühkapitalisten und Glücksritter und
traktiert diese nun mit Korruptionsuntersuchungen und Steuernachforderungen. Das schmälert die Gewinnspannen. Eine unabhängige Justiz, die
Rechtsschutz für Eigentum bietet, gibt es ohnehin nicht.

Der Ölboom

Das große Geld in Kasachstan wird seit der Entdeckung des Kaschagan-Ölfeldes im Kaspischen Meer und der Fertigstellung der Pipeline vom Tengiz-Ölfeld nach Noworossijsk und der BTC-Pipeline im Ölgeschäft gemacht. Mit den drei großen Ölfeldern im Westen – Tengiz am Ufer des Kaspischen Meers, Kaschagan im Meer und Karachaganak im Nordwesten – fördert Kasachstan derzeit 1,3 Millionen Faß (*barrels*) Rohöl am Tag. Das entspricht der Produktion Algeriens oder Libyens. 1999 waren es erst 400.000 Faß. Bis 2015 sollen es 3 Millionen werden. Alle wichtigen Ölmultis sind mit Milliardenbeträgen an der Entwicklung der Ölquellen beteiligt: Chevron, Texaco, ExxonMobil, ConocoPhillips, ENI-Agip, Royal Dutch Shell, British Gas, natürlich KazakhOil und, auch aus politischen Gründen, Lukoil und Gasprom. Als Agip im Jahr 2000 mit dem Kaschagan-Ölfeld den größten Ölfund seit 30 Jahren machte, der mit 10 Milliarden Faß in 5.000 m Tiefe dem Umfang des Nordseeöls entspricht, wandte sich Rußland aus „Umweltschutzgründen" gegen die Ausbeutung des Ölfeldes. In der Tat ist das Kaspische Meer dort nur vier Meter tief. Das flache Meer ist mit seinen Stören und Robben auch wegen der winterlichen Eisdecke durch die Ölförderung stark gefährdet. Doch dürfte es Rußland eher um den Konkurrenten im Ölgeschäft gehen.

Die Erschließung von Kaschagan als dem technisch, geologisch und klimatisch schwierigsten Ölfeld der Welt wuchs sich für den italienischen Konsortialführer ENI-Agip, der sich davon den Aufstieg in die Weltliga der Ölmultis erhofft hatte, zum veritablen Alptraum aus. Sechs Jahre nach dem Beginn der Erschließungsarbeiten und nachdem $ 19 Milliarden schon investiert worden waren, mußte man feststellen, daß die Gesamtkosten von $ 59 Milliarden auf $ 136 Milliarden explodieren und sich die erste Förderung auf das Jahr 2013 verzögern würde. Das sich in 5.000 m Tiefe befindende Öl ist stark säurehaltig und steht unter hohem Druck, was besondere Förderanlagen nötig macht. Gleichzeitig wird bei den Bohrungen hochgiftiges Wasserstoffsulfat frei, das die auf den künstlichen Bohrinseln beschäftigten Arbeiter gefährdet. Extreme Klimaschwankungen von – 40 °C im Winter bis + 40 °C im Sommer belasten Mensch und Material. Die Kasachen hatten ursprünglich mit dem Konsortium einen Vertrag mit einem sogenannten *production sharing* abgeschlossen. Damit würde Kasachstan erst dann für sein Öl bezahlt, wenn alle Erschließungskosten, die Agip hatte, ausgeglichen worden sind. Aufgrund der stets wachsenden Kosten wurde die kasachische Führung zunehmend ungehalten und nervös. Sie nahm taktische Anleihen beim russischen Mobbing der Shell-Erschließung von Sachalin II und verhängte im September 2007 einen dreimonatigen Baustop, angeblich weil Umweltschutzauflagen nicht eingehalten worden waren und Baby-Seehunde und Störe behindert wurden. Dazu gab es Strafan-

zeigen wegen Zoll- und Steuerverstößen und schließlich Entschädigungs-
forderungen von $ 10 Milliarden für die eingetretenen Verspätungen.
Nach einigen harten Verhandlungen dämmerte es den Kasachen, daß sie
technisch kaum in der Lage waren, das Projekt weiterzuführen, sollten
die Ausländer abziehen. Schließlich einigte man sich Anfang 2008, den
Anteil der Staatsgesellschaft KazMunezGas am Konsortium auf 16,8 %
zu verdoppeln und den Preis von $ 1,8 Milliarden in künftigem Öl ab-
zugelten. Ab Tag eins der Förderung soll für das kasachische Öl gezahlt
werden. Die Konsortialführerschaft ging auf die französische Total über.
Mit diesem Kompromiß war nicht nur die Entwicklung von Kaschagan,
sondern auch nicht zuletzt die Reputation des Landes als halbwegs verläßlicher Produktionsstandort wieder gerettet.

Bei der Benutzung des russischen Ölleitungsmonopols mußten die Kasachen oft die Nachrangigkeit ihrer Rechte und Bedürfnisse erfahren, indem sie stets das Nachsehen hatten. Denn das schönste Öl nützt nichts,
wenn es nicht zum Abnehmer kommt. So baute denn die KazTransOil
des Präsidentenschwiegersohns Kulibajew eine 1.600 km lange Pipeline
von Tengiz zum Erdölhafen Noworossijsk am Kubanbrückenkopf des
Schwarzen Meers. Vom Ölhafen Atyrau können Tankschiffe die BTC-
Pipeline in Baku beliefern. Doch auch die Aseris nutzen sie lieber mit
eigenem Öl. Dann gibt es als Option des Pipelinebaus durch Turkmenistan und den Iran bis zum Persischen Golf; ein Vorschlag, auf den die
Amerikaner hysterisch reagieren. Doch auch die Iraner sind Konkurrenten im Ölgeschäft. Damit bleibt nur China als Großabnehmer außerhalb
russischer Kontrolle. Bis 2005 brachten Tankwaggons der Eisenbahn das
Öl von Westkasachstan nach Nordostchina. 2004 begann die Staatliche
Chinesische Ölgesellschaft CNPC mit dem Bau einer insgesamt 4.300 km
langen Pipeline durch die Kasachensteppe nach Urumtschi. Jetzt fließen
hier 200.000 Faß am Tag. Kasachstans Ölvorkommen sollen bei dem
projektierten Fördervolumen noch 70 Jahre halten. Dazu kommt eine
ähnlich geschätzte Förderdauer für Schwefelgas, das noch nicht gefördert
wird. Es darf jedoch nicht abgefackelt werden, sondern wird technisch
aufwendig in die Tiefe zurückgepreßt.

Wie in vielen armen reichen Ölländern von Indonesien bis Venezuela besteht in Kasachstan das Risiko von Korruption, Verschwendung
und Fehlinvestitionen in Prestigeobjekte und der Vernachlässigung der
restlichen Volkswirtschaft. Am Kontrast zwischen den Glaspalästen von
Astana und der vernachlässigten Infrastruktur und den verarmten Dörfern und Kleinstädten sind die acht Jahre seit dem Beginn des Ölbooms
das Dilemma der außerhalb des Energie- und Rohstoffsektors vernachlässigten Wirtschaft bereits deutlich zu erkennen. Immerhin spricht
Nasarbajew selbst die Problematik an und hat durch die Schaffung eines privatwirtschaftlichen Bankenwesens in Almaty dafür gesorgt, daß
ein Gutteil jener 25 Milliarden Petrodollar im eigenen Land angelegt

wird. Auch helfen sie, die sozialen Wohltaten und die Wiederherstellung mancher in der Wirtschaftskrise geopferten staatlichen Bildungs- und Gesundheitsleistungen für seine Wiederwahl bis 2013 zu bezahlen. $ 13 Milliarden werden angeblich als Rücklagen in einem Nationalen Sonderfonds verwaltet.

Mit einem BIP von $ 76 Milliarden (2006) ist die Wirtschaft Kasachstans größer als die der vier anderen mittelasiatischen Staaten zusammengenommen. Mit 9 % Wachstum seit 1999 hatte sich das BIP seither verdoppelt. Der überhitzte Bauboom und eine leichtfertige Kreditpolitik der Banken führte zu einer Immobilienspekulationsblase, die 2008 nicht nur in Großbritannien, den USA und Spanien, sondern auch in Kasachstan platzte und mit mindestens 20 % faulen Krediten die im Ausland mit $ 20 Milliarden verschuldeten Großbanken Kasachstans in schwere Bedrängnis bringt. Dazu steigen die Nahrungsmittelpreise mit 50–80 % für Brot, Reis und Mehl massiv an und schüren in einem Land, in dem sich die Regierung und ihr sich allwissend gebender Präsident für alles zuständig erklären, die öffentliche Unzufriedenheit.

Zentrale Akteure im weltweiten Energie-Poker: Gaidar Alijew (1993 bis 2003 Präsident der Republik Aserbaidschan), Nursultan Nasarbajew (seit 1990 Präsident Kasachstans) und Wladimir Putin 2001 in legerer Kleidung auf einem „informellen Gipfel" am Schwarzen Meer.

Die Außenpolitik als Schaukelpolitik

Ablai Khan war der berühmteste Kasachenhäuptling des 18. Jahrhunderts und wird von Nasarbajew, der seine Herrschaft nach Art eines Khans mit wechselnden Klanbündnissen konsolidiert hat, durch neuerrichtete Denkmäler als Vorbild geehrt. Ablai Khan hatte es geschickt geschafft, Chinesen und Russen gegeneinander auszuspielen, um die Unabhängigkeit seines Steppenreiches zu erhalten. Seine Nachfolger brauchten dann aber den Schutz der Kosaken gegen die mongolischen Kalmücken, die räuberischen Turkmenen und die Manchu-Kaiser, bis es zu spät war.

Mit seiner eurasischen Identität fühlt sich Kasachstan sowohl zu Europa wie zu Asien zugehörig.[11] Im Prinzip gehört mit den westlich des Urals gelegenen Landesteilen ein weitaus größeres Territorium Kasachstans zu Europa, als es beim thrakischen Teil der Türkei der Fall ist.

Mit 7.500 km gemeinsamer Grenze versucht Nasarbajew Rußland am wenigsten zu irritieren. Er ließ alle Atomwaffen – tausend nukleare Sprengköpfe und hundert Interkontinentalraketen – zurückexpedieren und verpachtete den Russen das Weltraumzentrum Kosmodrom Baikonur mit den zwei angeschlossenen Städten Baikonur und Leninsk in der Hungersteppe für die eher symbolische Jahrespacht von $ 115 Millionen als extraterritoriales Gebiet. Auch über die Genozide der Vergangenheit, die Zerstörung des Aralsees und die nukleare Verseuchung des Atombombentestgebiets von Semipalatinsk beschwert Nasarbajew sich nicht. Allein die Unfähigkeit der russischen Führung, mit Partnerländern gleichberechtigte Beziehungen einzugehen, stört seine Kreise und blockiert seine verschiedenen Pläne für eurasische Wirtschaftsunionen nach dem Vorbild der EU.

Während Rußlands Stern demographisch und wirtschaftlich – sieht man einmal vom aktuellen Rohstoffboom ab – langfristig im Sinkflug begriffen ist, wächst die Macht des östlichen Nachbarn zusehends. Historisch waren große Teile Kasachstans einstens Teil der chinesischen Provinz Xi Yu, die bis zum Kaspischen Meer reichte. Für das überbevölkerte China ist der Raum mit seinen lockenden Rohstoffen eigentlich menschenleer und von nicht weiter zählenden Barbaren bevölkert. Dabei ist den Kasachen das Schicksal der Tibeter, Manchus, Inneren Mongolen und der uigurischen Stammesbrüder im benachbarten Ostturkestan (Xinjiang) nur allzu bewußt, zumal dort auch eine Million ethnischer Kasachen von den Han-Chinesen bedrängt wird. Dabei vertritt China seine Ansprüche durchaus aggressiv, und Kasachstan gibt oft nach. 400 km² an umstrittenem Grenzgebiet trat Kasachstan 1998 an China ab. 7.000 ha wurden in der Grenzprovinz Alakol an chinesische Siedler verpachtet. Erst als China anbot, für den Bau der Ölpipeline aus Westkasachstan auch gleich 50.000 Kulis zu schicken, lehnte Kasachstan dankend ab. Jetzt will China 40 % des Irtysch-Flusses, der Nordost-Kasachstan bewässert und dort für Trinkwasser sorgt, mit dem Bau eines Kanals für sich selbst abzweigen. Das gleiche soll dem Fluß Ili passieren, der in den Balkaschsee mündet und dem damit ein ähnliches Schicksal wie dem Aralsee blühte. Auf kasachische Proteste reagierte China bislang nicht. Im Grenzgebiet allein ist die chinesische Armee dreimal stärker als die gesamte, schlecht ausgerüstete und nach dem Abgang russischer Offiziere noch undisziplinertere kasachische Armee und Luftwaffe von 70.000 Mann, die nach dem Wachsen des Islamismus in Usbekistan an die Südgrenze stationiert wurde.

Bleiben Nasarbajew andere Optionen als seinem erlauchten Vorfahr, dem Ablai Khan? Die pantürkische Solidarität des türkischen Premiers Özal stellte sich mangels Potenz als leeres Gerede heraus. Auch die am nächsten verwandten Aserbaidschaner sind mit sich selbst und ihrer Dauerfehde mit den Armeniern vollauf beschäftigt. Von den Europäern kommen wohlfeile Menschenrechtslektionen und in ihrer Zentralasienstrategie von 2007 ein Potpourri an gutgemeinten Wünschen für politisch korrekte Demokratien und Marktwirtschaften. Diese beeindrucken niemanden übermäßig. Ihre Wirtschaftshilfe hat Kasachstan auch nicht länger nötig. Bleiben die Amerikaner. Sie haben nach dem 11. September 2001 die von ihnen zunächst geförderte Landplage der Taliban ausgeräuchert und den Islamisten der Region so das Hinterland genommen. Dafür hat Kasachstan ihnen Überflugsrechte eingeräumt und eine Pionierkompanie in den Irak geschickt. Als regionalen Bundesgenossen hatten sich die Amerikaner wegen Nasarbajews Schaukelpolitik 2001 allerdings dann den Despoten Karimow im benachbarten Usbekistan ausgewählt, der eigene regionale Großmachtsallüren pflegt. Anno 2005 hatte Islam Karimow auf Druck Moskaus und Pekings den Amerikanern die Stützpunkte gekündigt. Wie alle Diktatoren der Region mißtraut Nasarbajew ihren innenpolitischen Absichten. Daß sie sein Öl kaufen und seine Pipelines bauen, ist in Ordnung. Aber er muß weiter zwischen Rußland und China leben und die eigene Macht erhalten. Die scheint ihm zu Lebzeiten weiter sicher.

Doch könnte bei einer ungeklärten Nachfolge und Diadochenkämpfen zwischen den „Horden" und Klans der eine oder andere durchaus die russische Karte spielen. So könnte der Mangel an demokratischer Legitimität doch noch den Bestand von Nasarbajews Erbe und die friedliche Einheit des Landes gefährden.

1 Als „Große Horde" (oder auch „Ältere Horde") werden die nomadisierenden Stämme im südlichen Kasachstan bezeichnet.

2 Mit „Mittlere Horde" werden nomadisierende Stämme des zentralen, nördlichen und östlichen Kasachstan bezeichnet.

3 Die Partei *nur otan* („Licht des Vaterlands") ist die größte Partei Kasachstans und umfaßt etwa 700.000 Mitglieder.

4 Joshua Chaffin: „The Kazakh Connection", in: Financial Times, 26. Juni 2003.

5 Nikola Kastew: Radio Free Europe/Eurasia Insight, 30. August 2005.

6 „President denies misuse of fund", in: Financial Times, 16. Februar 2002.

7 Mit „Kleiner Horde" werden die westkasachischen Stämme bezeichnet.

8 Financial Times, 11. Juni 2008.

9 Inge Klöpfer: „Rohstoffgeschäfte in Osteuropa können gefährlich sein", in: Frankfurter Allgemeine Zeitung, 27. Oktober 1999.

10 Martha Brill Olcott: Kazakhstan. Unfulfilled Promise, Washington D. C. 2002, S. 142 ff.

11 Nurbakh Rustemow: „Eurasia in real politics", in: Eurasia Transition Group (Hg): Foreign Policy of Kazakhstan, Bonn 2008, S. 6–9.

USBEKISTAN, EINE ORIENTALISCHE MUSTERDESPOTIE

Es ist schwer, dem strategischen Reiz Usbekistans nicht zu erliegen. Mit 25 Millionen Einwohnern liegt es im Herzen Zentralasiens auf gewaltigen Erdgas-, Erdöl- und Goldvorkommen. Sechs Millionen Usbeken leben als beachtliche Minderheiten (mit Anteilen von 15–25 %) in anderen zentralasiatischen Republiken, wo sie als besonders aggressiv, tüchtig und einflußreich gelten. Zwei Millionen Usbeken leben im Nordwesten Afghanistans, wo der ursprünglich mit den Sowjets verbündete Usbeken-General Abdul Raschid Dostum sich abwechselnd als russischer und amerikanischer Alliierter und als Liquidator talibanischer Gefangener einen fragwürdigen Namen machte. Eine seiner Innovationen war 2001 der *death by container*: Gefangene wurden zu dutzendweise solange in Container gesperrt, bis sie erstickt waren. Heute kontrolliert er als Vize-Verteidigungsminister Afghanistans den Heroinexport über Usbekistan[1].

Das Bündnis mit den USA

Islam Karimow, der Präsident und Diktator Usbekistans, ein in der (Baum-)Wolle gefärbter Apparatschik der KPdSU, hatte drei Schlüsselerlebnisse, die ihn um seinen Machterhalt und sein Leben fürchten ließen: die Revolution der Mullah im Iran, der Bürgerkrieg zwischen kommunistischen und muslimischen Klans im benachbarten Tadschikistan (1992–1997) und der Sieg der Taliban 1996 in Kabul, die dort den Sowjetkollaborateur Nadschibullah nach schwerer Folter an einem Laternenmast aufhängten. Um einem ähnlichen Schicksal zu entgehen, entschloß sich Karimow zur brutalen Unterdrückung jeglicher Islamisten und anderer politischer Gegner im Inneren und 2001 zum Bündnis mit den USA nach außen. Auf die Russen, so damals der usbekische Präsident, der besser Russisch als Usbekisch spricht, sei kein Verlaß. Außerdem störte russisches Großmachtgehabe – vor allem in Gestalt russischer Truppen in Tadschikistan – die Kreise seiner Außenpolitik, die selbst auf eine Vormachtstellung in Zentralasien abzielt. Da kamen amerikanische Militär- und Wirtschaftshilfen sehr praktisch.

Usbekistan wurde deshalb Mitglied der gegen Rußland gerichteten Gruppierung GUUAM (Georgien, Ukraine, Usbekistan, Aserbaidschan, Moldawien)[2] und trat schon 1994 der NATO-Partnerschaft für den

Für die „graue Eminenz" der US-Geopolitik, Zbigniew Brzezinski, hier auf einer NATO-Konferenz in Riga im Jahre 2002, ist die Welt ein großes „Schachbrett". Usbekistan schreibt er die Rolle eines „Ankerstaates" der US-Interessen im zentralasiatischen Raum zu.

Frieden bei. Doch als Karimow 1996 Washington besuchte, bekam er erst dann einen Kurztermin mit Clinton, nachdem er einige politische Gefangene symbolisch freigelassen hatte. Zbigniew Brzezinski definierte Usbekistan zum amerikanischen „Ankerstaat" in Zentralasien. 1998 besuchte Karimow als erster zentralasiatischer Staatschef Israel. Klar, daß seine Gastgeber ihn nicht mit unpassenden Menschenrechtsfragen nervten. Bei dem US-Feldzug gegen die Taliban wurden im Oktober 2001 5.000 Mann, hauptsächlich Gebirgsjäger, auf dem Luftwaffenstützpunkt Chanabad stationiert, die auch die 80.000 Mann starke Armee, die Milizen des Innenministeriums und die Grenztruppen des Geheimdienstes ausbildeten. Aus Sicht des Pentagons und des Weißen Hauses war Usbekistan seinerzeit ein verläßlicher Verbündeter geworden, dessen Wohlverhalten mit einem Anstieg der Wirtschaftshilfe auf $ 300 Millionen jährlich belohnt wurde. Auch an deutscher Entwicklungshilfe flossen seit 1992 € 220 Millionen nach Usbekistan und aus EU-Kassen zusätzlich € 120 Millionen. Die Weltbank spendierte noch einmal $ 600 Millionen und Japan $ 100 Millionen. Gelegentlich monierte das amerikanische Außenministerium das Ausbleiben marktwirtschaftlicher Reformen und das Verschwinden von Dissidenten. Diese Kritik und das Einfrieren von $ 18 Millionen an US-Wirtschaftshilfe entnervten Karimow schon 2004 so, daß er mit der Wiederbelebung der Freundschaft mit Moskau drohte. Bekanntlich erfolgte dies ein Jahr später. Schon damals forderte Rußlands Außenminister Iwanow den Abzug der Amerikaner aus dem „Hinterhof Rußlands".

Die Bundeswehr

Seit 2001 ist auch die Bundeswehr mit 300 Heeresfliegern und Luft-
waffensoldaten in Usbekistan stationiert. Aus der Grenzstadt Termes
werden von dem dortigen Einsatzgeschwader Versorgungs- und Evaku-
ierungsflüge nach Nordafghanistan durchgeführt. Termes, ein Ort, den
wohl die meisten Bundesminister und Abgeordneten nur mit Schwierigkeiten auf einer Landkarte finden dürften, wird von der Zeitschrift
Time so beschrieben: „Termes ist ein Grenzort, rauh und einsam. Es
gibt ihn aus keinem anderen Grund, außer weil hier die Landstraße zu
Ende ist. Ein ehemaliger sowjetischer Außenposten an der südlichen
Ecke Usbekistans mit ein paar Baumwollkolchosen in der staubigen
Wüste." In diesem trostlosen Kaff, wo lediglich Ruinen und Ausgra-
bungen von besseren Zeiten künden und die Temperaturen zwischen
40 °C im Sommer und – 45 °C im Winter schwanken, soll in den Worten des Gelöbnisses „das Recht und die Freiheit des deutschen Volkes
tapfer verteidigt" werden. Das ist jedoch 4.000 km weit weg, wenn man
von den Friedhöfen hunderter deutscher Kriegsgefangener, Deportierter
und Zivilverschleppter einmal absieht. Der seinerzeitige Bundeskanzler
Schröder meinte jedoch, ohne Termes „hätten wir unseren Beitrag im
Kampf gegen den internationalen Terrorismus und zum Wiederaufbau
Afghanistans nicht leisten können". Dieser Beitrag ist leider zeitlich un-
befristet und im Ausgang mehr als ungewiß.

Das Karimow-Regime

Islam Karimow wurde 1938 in Samarkand geboren. Er verlor früh seine
Eltern und wuchs, wie sein Diktatorkollege Nijasow im benachbarten
Turkmenistan, in einem staatlichen Waisenhaus auf, eine in der Sowjetzeit beliebte Nachwuchsschmiede noch ganz junger Kader. Nach einem
Maschinenbaustudium machte er in der Planungsbehörde Gosplan Karriere und wurde 1985 Parteichef in Usbekistan. Nachdem die meisten
usbekischen Kader Stalins Säuberungen zum Opfer gefallen waren, hatten es sich die überlebenden Apparatschiks gemütlich eingerichtet. Unter Scharif Raschidow (1959–1983) wurden Netzwerke von Korruption
und Patronage gepflogen, die im bereits angesprochenen „Baumwollschwindel" gipfelten, bei dem die usbekische KP-Führung Moskauer
Zahlungen für immer höhere, fiktive Baumwollernten einstrich. Stets
neue Rekordernten wurden vermeldet und von den Zentralplanern offensichtlich bereitwillig geglaubt. Obwohl Karimows Karriere von den
anschließenden Säuberungen unter Andropow beflügelt wurde, sind
auch heute alle usbekischen Wachstumsstatistiken weiter gefälscht.
1983 wurde er Finanzminister in Usbekistan und 1990 Chef des Obersten Sowjets der Republik. Den Moskauer Putsch vom August 1991 be-

grüßte Karimow wie die anderen meisten zentralasiatischen KP-Chefs, erkannte dann aber schnell die Zeichen der Zeit, in dem er die KP verbot und als Volksdemokratische Partei Usbekistans mit allen Kadern und Besitztümern und sich selbst als Chef neugründete. Im Dezember 1991 ließ Karimow sich mit 86 % der Stimmen zum Präsidenten wählen. Sein Gegenkandidat Muhammad Salih, der damalige Sekretär des usbekischen Schriftstellerverbandes, erhielt mit dem pantürkischen Programm der nationalistischen säkularen Parteien „Erk" (Ruf) und „Birlik" (Einheit) 14 % der Stimmen. Salih hatte sich gegen die Russifizierung Usbekistans und für die Rückbesinnung auf seine nationalen Traditionen ausgesprochen. Er mußte bald ins norwegische Exil flüchten und wurde von Karimow wegen von vermutlich vom Regime selbst gelegten Bomben in Abwesenheit zum Tode verurteilt. Die Parteien „Erk" und „Birlik" wurden 1993 verboten. Die meisten Mitglieder wanderten wegen Präsidentenbeleidigung ins Gefängnis, wenn ihnen nicht rechtzeitig die Flucht ins Ausland – zumeist in die Türkei – gelang. Kurioserweise übernahm nun Karimow selbst das kulturpolitische Programm der Nationalisten. Die kyrillische Schreibweise wurde durch die lateinische ersetzt und die Geschichte national umgedeutet. Der Kampf der muslimischen *basmachi* (Plünderer, Banditen) gegen die Bolschewisten in Ferganatal 1918–1922 wurde nach 70jähriger Diffamierung wieder zum Freiheitskampf des usbekischen Volkes. Ja selbst der grausame Timur Lenk (dt. Timur der Lahme, verballhornt zu „Tamerlan"), der im 14. Jahrhundert in der Tradition Dschingis Khans den ganzen Orient in 40 Raubzügen bis nach Bagdad verheerte und sich von den versklavten Handwerkern und Künstlern Samarkand zur Märchenstadt umbauen ließ, wurde zum neuen Nationalhelden stilisiert.

Um westliche Kritik zu befrieden, ließ Karimow mehrere Parteien gründen, die so klangvolle Namen wie „Gerechtigkeit", „Wiedergeburt" und „Selbstopfer" tragen und die alle weniger um Wähler als um die Gunst des Präsidenten buhlen. Karimow selbst verließ seine Volksdemokraten und trat 1996 zu den „Selbstopferern" (*fidokorlar*) über, die 1999 prompt die nächste Parlamentswahl gewannen. Bei den Präsidentschaftswahlen im Januar 2000 gab es dann auch wieder einen Gegenkandidaten, diesmal den Volksdemokratenchef Abdulhafez Jalalow, der jedoch im Gegensatz zu seinem Vorgänger soviel Verstand und Vorsicht besaß, öffentlich zu verkünden, er werde selbstverständlich selbst für den geliebten Präsidenten stimmen. Deshalb ist er weiter auf freiem Fuß und Karimow wurde mit mehr als 92 % wiedergewählt. Später ließ er sich seine Amtszeit per Referendum bis Dezember 2007 verlängern. Obwohl laut Verfassung nur zwei Amtszeiten möglich sind, ließ sich Karimow (70) dann noch ein drittes Mal wählen.

Die Islamisten

Am brutalsten ging Karimow gegen die Islamisten vor. Die Partei der Islamischen Wiedergeburt (IRP), die gegen die Korruption des Kommunismus und die moralisch-soziale Dekadenz des Kapitalismus agitierte, ließ er 1991 verbieten und zerschlagen und ihren Parteichef Utajew auf Nimmerwiedersehen verschwinden.

Kurz nach der Unabhängigkeit im Dezember 1991 wurde die Stadt Namangan in dem konservativ-islamischen Ferganatal von militanten Islamisten besetzt, die dort die Scharia einführten. Als usbekisches Militär anrückte, setzte sich der Kommandeur der Islamisten, der sich Juma Namangani nannte, ins benachbarte Tadschikistan ab, wo er im Bürgerkrieg als ehemaliger Fallschirmjäger und sowjetischer Afghanistankämpfer einigen Erfolg hatte. Der geistige Leiter, ein Mullah namens Tohir Juldaschew, suchte und fand den Kontakt zu Osama bin Laden. Juldaschew und Numangani gründeten dann die Islamische Bewegung Usbekistans (IBU), die sich dem *jihad*, dem bewaffneten Kampf gegen das Regime der Ungläubigen der von ihnen sogenannten „Taschkenter Juden" verschrieb. Der IBU gelangen tatsächlich bis 2001 einige bewaffnete Vorstöße aus Tadschikistan in den usbekischen und kirgisischen Teil des Ferganatals, das 1924 zwischen den drei Republiken unter bewußter Mißachtung der ethnischen Siedlungsgebiete aufgeteilt worden war. Vermutlich wurde der charismatische IBU-Kommandeur Numangani im November 2001 bei einem amerikanischen Bombenangriff auf seine Truppe bei Mazar-i-Scharif in Nordafghanistan getötet, auch wenn der russische Geheimdienst FSB lange behauptete, er habe seinen Tod nur vorgetäuscht. In jedem Fall trat er seither nicht mehr in Erscheinung.

Ohne Zweifel hat der amerikanische Sieg über die Taliban den Rückzugsraum der zentralasiatischen Islamisten bis auf weiteres zerstört. Als im Sommer 2004 in Taschkent einige Selbstmordattentäter gefaßt wurden, deutete die Schlichtheit ihrer primitiven Ausrüstung, einige Kalaschnikows und Molotow-Cocktails, und der Mangel an internationalen Kontakten nicht auf die IBU und ihre Beziehung zu al-Qaida hin.

Im Untergrund der Moscheen Usbekistans gibt es seit 1997 allerdings eine weitere islamistische Befreiungsbewegung, die Hizb-ut-Tahrir, die bislang mit angeblich gewaltfreien Mitteln den Sturz des Karimow-Regimes und die Einführung eines Kalifats als Gottesstaat zu bewirken sucht. Die HT agiert geschickter als die IBU und kann, da sie *prima vista* keine terroristische Vereinigung ist, aus dem Londoner Exil agieren und sich für ihre etwa 7.000 inhaftierten Anhänger im Ausland öffentlich einsetzen. In Usbekistan stehen schon auf den Besitz ihrer Flugblätter drakonische Strafen von zehn und mehr Jahren im Gulag, der Salzwüste von Karakalpakstan am Aralsee. Die brutale Folter aller Verdächtigen und die Verhaftung naher Verwandter sind die Regel, zumal der usbekische Geheimdienst stets auf die Nennung saudischer Finanziers und einer Verbindung zur terroristischen IBU aus ist. An diesen unter der Folter gewonnenen Erkenntnissen sind nicht nur der amerikanische und britische Geheimdienst, sondern auch der Bundesnachrichtendienst sehr interessiert. Er pflegt laut F. A. Z. die Kontakte zu dem aus dem usbekischen KGB nahtlos hervorgegangenen Staatssicherheitsdienstes (SNB), „um der Gefahr eines zentralasiatischen Terrorismus entgegenzutreten, den der BND als groß einschätzt". Dazu leistet das Bundeskriminalamt Ausbildungshilfen für die dem SNB unterstellten Grenztruppen und Zolldienste.

In einer ebenso skurrilen wie potentiell massenmörderischen Episode wurde im September 2007 in Oberschledorn, einem unauffälligen Dörfchen im Hochsauerland, ein Trupp islamischer Terroristen dingfest gemacht, der dabei war, aus Düngemitteln Sprengstoffe herzustellen. Sie waren Mitglieder der Islamischen Dschihad Union, die sich im afghanisch-pakistanischen Grenzgebiet in Wasiristan aus den Trümmern der IBU unter Führung von Tohir Juldaschew regruppiert hatte. Die Absicht der Bombenbauer war es, durch ihren Terror den Abzug der Bundeswehr aus Termes zu erzwingen, damit die Logistik des NATO-Einsatzes in Afghanistan zu stören und zum Sturz des Karimow-Regimes beizutragen. Gesinnungsgenossen werden verdächtigt, im Frühjahr 2004 bei Bombenanschlägen in Taschkent und Buchara 47 Menschen getötet zu haben. Der Export ihres Terrors nach Deutschland war allerdings neu.

Nach der weitgehenden Liquidierung der IBU gibt es im Untergrund im Ferganatal wie in der Hauptstadt Taschkent weiter einen harten Wettbewerb zwischen den von den Saudis finanzierten wahhabitischen Fundamentalisten, die wie etwa Hizb-ut-Tahrir in ganz Zentralasien ein Kalifat errichten wollen, und dem traditionellen Sufismus der Region, der auch vorislamische, mystische Elemente enthält und sich eher in friedlicher Meditation und im Glauben an Wunder und örtliche Heilige äußert. Das Karimow-Regime mißtraut und unterdrückt sowohl den geheimen Sufi-Bruderschaften wie die Wahhabiten. Dennoch ist die Islamisierung des Alltagslebens der zu Sowjetzeiten noch Alkohol trinkenden Usbeken und unverschleierten usbekischen Frauen unübersehbar.

Allgemein unterscheidet man in Zentralasien zwischen dem eher gemäßigten Islam der nomadischen Steppenvölker der Kasachen, Kirgisen und Turkmenen, die als Viehhirten mit ihren schamanistischen Traditionen die strengen religiösen Vorschriften weder kannten noch einhalten konnten, und dem ernsthafteren Islam der seßhaften Bevölkerung der Oasenstädte Buchara, Chiwa und Samarkand, des Ferganatals und Tadschikistans, die unter dem Einfluß von islamischen Rechtsgelehrten (*ulamas*) standen. Gegen den militanten Atheismus der Oktoberrevolution und die Zerstörungszüge der von Russen beherrschten Taschkenter Sowjets wehrten sich die muslimischen Turkvölker bis 1923 in den bereits erwähnten Aufständen der Basmatschen. Schon zu Lenins Zeiten wurden die Verschleierung, die Kinderehe, der Brautkauf und die Vielweiberei verboten. In der Stalinära wurden ab 1927 fast alle Moscheen und Religionsschulen geschlossen und die Stiftungen konfisziert. In der Zeit des „Großen Terrors" ließ Stalin neben der nahezu gesamten usbekischen Bildungs- und Oberschicht auch die meisten Geistlichen ermorden oder in den Gulag deportieren. Erst 1941 gab es kriegsbedingte Lockerungen mit der Zulassung eines streng kontrollierten, regimekonformen und konservativen Islam mit einem Minimum an Lehranstalten und Moscheen. Dessenungeachtet lebte der Islam im Untergrund fort: auf jeder Kolchose, die nach Klanzusammengehörigkeit organisiert war, gab es illegale Gebetshäuser, in denen von wenig ausgebildeten Teilzeit-Mullahs die traditionellen Lebenszyklusrituale (Beschneidung, Heirat, Bestattung) und Gebete durchgeführt wurden. Zudem benötigen der eher privat praktizierte Sufismus und seine Derwischorden keine große Gelehrsamkeit und formelle Organisationen.

Craig Murrays unangenehme Wahrheiten

Viel spricht dafür, daß das Karimow-Regime die Gefahr der von ihr selbst dauernd plakatierten wahhabitischen Revolte saudisch gesteuerter Extremisten selbst provoziert. Für den früheren englischen Botschafter Craig Murray war es ein Schlüsselerlebnis, als er zwei Leichen sehen mußte, die als Häftlinge zu Tode gekocht worden waren. Sofern dies möglich war, hat der örtliche Geheimdienst FSS die erlernten Methoden des KGB um eine zentralasiatische Variante brutalisiert. Nachdem sich der Botschafter später mit einem älteren Dissidenten getroffen hatte, fand dieser vier Stunden später seinen Enkel auf der Türschwelle: alle Gliedmaßen und der Hinterkopf des Jungen waren mit Hammerschlägen zerschlagen, die Fingernägel ausgerissen und die Arme gekocht worden. Die klare Handschrift und eine politische Warnung des SNB, dessen Chef dann Premierminister wurde. Murray denunzierte dann in einer öffentlichen Rede die systematischen Menschenrechtsverletzungen des Regimes und wurde anschließend nicht nur in Taschkent, sondern auch in London *persona non grata*, weil er über einen mit dem USA verbündeten Staat die häßliche Wahrheit gesagt hatte. Der mit 43 Jahren jüngste britische Botschafter wurde nun mit Disziplinarverfahren überzogen, unter anderem wegen Alkohols im Dienst – einer Berufspflicht für Diplomaten. Schließlich wurde Murray abberufen und vom Dienst suspendiert, weil er mit der Presse geredet hatte. Er kandidierte dann bei den Unterhauswahlen im Mai 2005 im Wahlkreis Blackburn als Unabhängiger gegen Jack Straw, der als Außenminister seine Abberufung verfügt hatte – allerdings mit vorhersehbar geringem Erfolg. In einer Rede vor dem renommierten Londoner Chatham House zeichnete der Ex-Botschafter ein deprimierendes Bild der usbekischen Realitäten.[3] Das Land entwickle sich nicht, weil es keine Eigentumsrechte gebe. Wer wirtschaftlich Erfolg hat, dem nähmen die mächtigen Klans sein Geschäft gleich weg. Während Karimow 10 % der Goldproduktion von 87 Tonnen im Jahr für sich selbst einstreicht, lebt die Nomenklatura von den Baumwollexporten. Die Staatsfarmen, auf denen 60 % der Bevölkerung wie zu Sowjetzeiten als schollengebundene Sklavenarbeiter schuften, erhalten gerade einmal 4 % des Weltmarktpreises. Ab einem Alter von 8 Jahren sind die Schulkinder wochenlang auf den Baumwollfeldern im Ernteeinsatz. Um den Kleinhandel zu kontrollieren, hat die Regierung die Basare geschlossen und, um den Schmuggel zu unterbinden, die Grenzen dicht gemacht und im Ferganatal die meisten Brücken ins Ausland sprengen lassen. Die IBU sei nach der Niederlage der Taliban längst zerschlagen worden, es gäbe auch sonst keine extremistischen islamistischen Gruppierungen in Usbekistan mehr. Karimow, der schlimmer sei als Lukaschenko in Weißrußland, bausche die islamistische Bedrohung maßlos auf, und westliche Geheimdienste nähmen diese dann ernst. In Wahrheit seien die Leute arm und verzweifelt und die Regierung verhaßt. Es sei die brutale Unterdrückung des politischen Widerstandes, die den Untergrund radikalisiere. Wegen der massiven amerikanischen Unterstützung des Regimes, so Murray damals, steige der Haß auf den Westen. Dabei sei diese Hilfe oft sinnlos: Der Zoll sei vom Westen gut ausgerüstet. Dennoch passierten die dunklen Limousinen des General Dostum, eines persönlichen Freundes des Präsidenten, mit ihrer Heroinfracht aus Afghanistan unkontrolliert die Grenzposten von Termes, während die Hilfstransporte der UNO dort tagelang aufgehalten werden.

Gulnara Karimowa

Der 2004 verstorbene Journalist Carl Gustav Ströhm nannte sie einmal die „gewitzte Zarin von Usbekistan". Sie ist mit 35 Jahren die ältere der beiden Töchter, die Karimow mit seiner russischen Frau zeugte. Ihr Glamour-Foto zeigt eine sehr attraktive, blondgefärbte, juwelenbehangene eurasische Schönheit, die ihre Gegenüber kalt mustert. Die junge Dame trägt den schwarzen Gürtel diverser Kampfsportarten, lernte in New York Schmuckdesign und erhielt in Harvard ihren Hochschulabschluß. Als 19jährige heiratete sie in den USA einen gewissen Mansur Maksudi, den Sproß einer reichen usbekisch-afghanischen Emigrantenfamilie. Als Schwiegersohn des Präsidenten erhielt Mansur die Coca-Cola-Konzession für Usbekistan; in einem durstigen Wüstenland ein einträgliches Geschäft. Allein, das Glück war nicht von Dauer. Als Mansur 2001 in New Jersey die Scheidung einreichte, enteilte Gulnara mit ihren zwei Kindern nach Taschkent. Da ihr Ex-Gatte das Sorgerecht zugesprochen erhielt, wurde nun ein internationaler Haftbefehl gegen die Präsidententochter ausgestellt. Der Coca-Cola-Konzession ging der Ex-Schwiegersohn auch bald verlustig. Er wurde prompt in Usbekistan der Steuerhinterziehung, Geldwäsche, Bestechung und des Betrugs angeklagt, kurz aller Delikte, die in der Präsidentenfamilie so üblich sind. Der Scheidungsprozeß in New Jersey brachte es mit sich, daß die Vermögensverhältnisse der jungen Dame, die bislang noch nicht gearbeitet hatte, unfreiwillig transparent wurden. Gemeinsam mit ihrem Ex-Gatten besaß sie 2001 ein Haus in New Jersey, zwei Luxusautos, Anteile an der ROZ-Handelsfirma im Wert von $ 6 Millionen, $ 440.000 auf dem Sparkonto und $ 3,3 Millionen in bar, für sich alleine Schmuck im Wert von $ 4,5 Millionen, $ 11 Millionen an Kontenguthaben, Firmenbeteiligungen in Genf und Dubai, ein Haus in Taschkent, dazu die „Kontrolle" über ein Einkaufszentrum von $ 10 Millionen und einen Hotelkomplex namens Chungan Resort im Wert von über $ 13 Millionen, Penthäuser in Moskau und Taschkent für $ 4 Millionen, einen Fernsehsender mit Aufnahmestudio im Wert von $ 5,5 Millionen, drei Nachtklubs in Taschkent sowie einen Anteil von 20 % an Uzdemrobita, der einzigen Mobiltelefongesellschaft Usbekistans, dessen Wert auf $ 15 Millionen geschätzt wurde. Mittlerweile soll ihr Uzdemrobita zur Gänze gehören, ebenso wie die größte Zementfabrik des Landes namens Quvasay.

Auf den Netzseiten der Islamisten wird Gulnara mit besonderem Haß verfolgt. So wird behauptet, sie locke junge Usbekinnen unter falschen Versprechungen in den ihrer „Revi Holdings" gehörenden Vergnügungskomplex in den Vereinigten Arabischen Emiraten und zwinge sie nach Aussagen eines ehemaligen Mitarbeiters dort zur Prostitution. Besonders plausibel ist diese Geschichte nicht. Der Wahrheitsbeweis ist naturgemäß schwer zu erbringen.

Nach der offiziellen Biographie arbeitete die geschäftstüchtige junge Dame später als Botschaftsrätin an der usbekischen Botschaft in Moskau und beriet Außenminister Safajew, den sie nach Berichten der BBC auch gleich geheiratet haben soll. Das hätte, wenn es denn wahr gewesen wäre, die Karriere des Ministers sehr beflügeln können, hegt doch der angeblich seit Jahren schwerkranke Karimow wie alle Herrscher Zentralasiens dynastische Ambitionen. Und niemand bezweifelt, daß seine älteste Tochter nicht über die Härte und Intelligenz verfügt, ihm nachzufolgen. Safajew wurde übrigens schon 2005 von seinem Posten abgelöst. Im Februar 2008 wurde die Karimowa stellvertretende Außenministerin für Kulturfragen. Als solche moderiert sie zur Behübschung ihrer Reputation Volksmusikwettbewerbe im Staatsfernsehen, eröffnet Modeschauen und Designmessen und verteilt Fernsehgeräte an Bedürftige, um, wie sie meint, deren kulturelles Niveau zu heben.[4]

Der Machtkampf der Klans

Als ein mit einer Russin verheirateter tadschikischer Waise gehört Karimow nicht zu den großen usbekischen Klans. Er hält sich an der Macht, indem er kunstgerecht die Klans aus Buchara, Samarkand und Taschkent gegeneinander ausspielt, sie mit wirtschaftlichen Privilegien bei Laune hält und alle potentiellen Rivalen, wie etwa 1992 seinen Vizepräsidenten Mirsaidow, den Klanchef von Taschkent, rechtzeitig absetzt. Direkt ernennt und entläßt der Präsident alle Gouverneure und Bürgermeister (hokim). Über staatliche Aufsichtsräte kontrolliert er auch die meisten Industrieunternehmen. Lange waren Rustam Inojatow, der Geheimdienstchef, und Zakir Almatow, der Innenminister, die starken Männer in Karimows Kabinett. Ihren Machtkampf beflügelte der Präsident nach Kräften. So gehört Inojatow, der 1968 beim KGB anheuerte und lange an der Sowjetbotschaft in Kabul diente, zu einem Taschkenter Klan. Almatow dagegen kommandierte als Innenminister und Polizeichef einen Klan aus Samarkand. Beide kontrollierten schwerbewaffnete, militärisch ausgerüstete Verbände als effektive Privatarmeen ihrer Klans. Um Inojatow gegen Almatow zu stärken, unterstellte Karimow ihm und seinem Geheimdienst Anfang 2005 den Zoll und die Grenztruppen. Im Dezember 2005 war er stark genug, um Almatow zu stürzen. 2006 wurden dann Verteidigungsminister Gulamow und 20 Generäle „gesäubert". Gulamow, der mit den Amerikanern und der NATO zu gut zusammengearbeitet hatte, wurde wegen angeblicher Korruption beim Treibstoffverkauf in einem Geheimprozeß zu einer langjährigen Haftstrafe verurteilt.

Nachfolgefragen sind in Despotien naturgemäß die heikelsten und potentiell destruktivsten. So werden derzeit sowohl die Karimowa als auch Inojatow gehandelt. Möglicherweise werden im bevorstehenden Diadochenkampf der mächtigen Klans auch islamische und russische Karten gespielt.

Die Wirtschaftskrise

Während die Klans Kasse machen, verarmt das Land. Für die Landarbeiter der Baumwollkolchosen beträgt der Monatslohn $ 2. Dazu können sie wie zu Sowjetzeiten auf Eigenparzellen Gemüse und Obst anbauen und auf gepachtetem Land das, was der Kolchoschef will, nämlich Baumwolle oder Weizen, und ihm die Ernte dann zum Niedrigstpreis verkaufen. Auch besteht das sowjetische propiska-System weiter. Reisen im Lande müssen von der Ortspolizei genehmigt werden. Ihre Einhaltung wird an zahlreichen Polizeisperren kontrolliert. Fahrrad und Esel sind auf dem Land die üblichen Fortbewegungsmittel. Bei einer verbesserten Verteilung des Wassers und angemessenen Erzeugerpreisen

könnten die fruchtbare Gegend von Samarkand und das Ferganatal eigentlich zu Wohlstand kommen. Statt dessen grassieren Armut und Arbeitslosigkeit – in dem dichtbesiedelten Ferganatal liegt sie bei 35 % –,
und die Infrastruktur und die Dorfschulen verfallen. Offiziell liegt die
Arbeitslosigkeit bei 4 %, real eher bei 30 %, in manchen ländlichen
Gegenden um 60 %. Verantwortlich ist auch das hohe Bevölkerungs-
wachstum, das die Bevölkerungszahl in den letzten 15 Jahren um 50 %
anwachsen ließ, ohne daß der Arbeitsmarkt mithielt. Eine ausgedehnte
Schattenwirtschaft und die Gastarbeiterüberweisungen halten die Wirtschaft noch halbwegs am Laufen.

Mit dem relativ hohen Bildungsniveau der Bevölkerung – 99 % der
Usbeken können lesen und schreiben – und seinen großen Vorkommen
an Gold, Kupfer, Erdgas und Erdöl könnte Usbekistan reich sein. Nach
den gefälschten Statistiken ist es das auch. Statt dessen geht es in Wirklichkeit immer mehr bergab. Die von den Sowjets ererbte Industrie, die
Tschkalow-Flugzeugwerke in Taschkent, die Bergwerke und Metal-
lurgiebetriebe von Almalyk, die Kunstdüngerwerke von Navoi und die
Baumwollspinnereien Bucharatex sind alle weiter in staatlichem Besitz
und werden von den Klans der örtlichen Nomenklatura ausgebeutet.
Das Navoi-Staatskombinat, das ein Drittel des sowjetischen Goldes förderte, arbeitet direkt für die Rechnung des Präsidenten, der als alter Gos-
plan-Funktionär nichts von Privatisierungen (außer, wenn sie sich für ihn
auszahlen) hält. Es gibt keine funktionierenden Banken, und wegen der
Kontingentierung des Bargeldes herrscht oft Realtausch. Angesichts der
allgemeinen Rechtsunsicherheit, der Korruption und der hohen Steuern
und Zölle haben sich die einheimischen Investitionen, die ohnehin rückläufig waren, seit 2001 noch einmal halbiert. Ausländische Investoren
nehmen schnell reißaus. Genehmigungen erteilt ohnehin nur Karimow
selbst. Seine Minister trauen sich nicht. Oft gibt es auch „vertrauliche
Gesetze" und „interne Anweisungen", die für Wirtschaftstreibende
ohne deren öffentliche Kenntnis angewandt werden. Der südkoreani-
sche Mischkonzern Daewoo, der hier als einziger tollkühner Investor ein
PKW-Werk baute, ist zwar mittlerweile längst pleite. Doch werden hier
UzDaewoo-PKWs noch weiter zusammengebaut und meist nach Rußland verkauft. Auch der Außenhandel ist rückläufig. Mangels Geschäft
schloß die Repräsentanz der deutschen Industrie in Taschkent im Juli
2004 wieder ihre Pforten. Der bilaterale Handel beträgt gerade einmal
€ 300 Millionen im Jahr. Eigentlich zu wenig, um wegen Karimow die
politische Seele zu verkaufen. Die größte Investition ist ein mittelständi-
sches Gemeinschaftsunternehmen, die Deutsche Kabel AG. Ansonsten
kauft Metro Melonen und Weintrauben für den Absatz in Rußland. Erfolgreich gewordene Investitionen, wie das amerikanische Newmont,
das in der Wüste im Tagebau das größte Goldbergwerk der Welt betrieb,
oder das britische Oxus Gold, das Zink und Gold abbaute, wurden durch

massive Steuernachforderungen oder Lizenzentzug enteignet und als Staatsbetriebe Freunden des Präsidenten zugeschoben. Selbst chinesische Konzerne engagieren sich angesichts der Rechtlosigkeit, der Zollschranken und der mangelnden echten Konvertibilität der Landeswährung Som entgegen den Anweisungen der Pekinger Führung kaum. Nur türkische Kontraktoren scheinen sich sprachlich und kulturell bedingt wohlzufühlen. Sie sind unübersehbar bei Infrastrukturprojekten, in der Telekom und beim Bau von Autobahnen, Hotels und Fabrikanlagen aktiv.

Die Erdgasvorkommen und das Hydroenergiepotential sind gerade einmal zu einem Viertel erschlossen. Gasprom und Lukoil versuchen mit entsprechenden Lizenzen und Erschließungsinvestitionen, den Erdgas- und Ölreichtum zu kontrollieren. Doch auch die chinesische CNPC erschließt gemeinsam mit Uzbekneftegas Öl- und Gasfelder am Aralsee.

Die russische Minderheit, die in den Städten insgesamt noch eine Million Einwohner zählt, wandert angesichts der sich verschlechternden Lebensverhältnisse immer stärker ab. Ohnehin werden fast alle Führungspositionen mittlerweile von Usbeken, die 75 % der Bevölkerung stellen, eingenommen. Unter den fehlenden Ingenieuren, Ärzten und Technikern leiden dann die medizinische Versorgung, die Strom- und Wasserversorgung und andere technische Dienste. Vier Millionen Usbeken arbeiten derweil als Saisonarbeiter im Ausland, vor allem in Rußland, wo sie bis zu $ 100 im Monat verdienen können, ein kleines Vermögen in Usbekistan.

Die widrigen politischen und Lebensverhältnisse belasten auch den Fremdenverkehr. Hat doch Usbekistan mit den Märchenstädten der Seidenstraße, wie zum Beispiel Samarkand, Buchara oder Chiwa, wo noch im 19. Jahrhundert auf dem größten Sklavenmarkt der Welt insgesamt eine Million Sklaven verkauft wurden, die schönsten und touristisch reizvollsten Baudenkmäler Zentralasiens. Das läßt sich leider von Kokand, Taschkent und dem Aralsee nicht mehr sagen. Kokand wurde 1918 vom Taschkenter Sowjet gründlich zerstört. Taschkent selbst fiel 1966 einem verheerenden Erdbeben zum Opfer und wurde im Stil der trostlosen „sowjetischen Moderne" wieder aufgebaut. Es wirkte als faktische Hauptstadt Zentralasiens mit den größten Behörden, Betrieben und Forschungsinstituten bis zum Untergang der Sowjetunion. Der Aralsee wurde von den Sowjets in weniger als einer Generation sehenden Auges zerstört, ohne daß sich seither die mittelasiatischen Nachfolgestaaten zu irgendwelchen Rettungsaktionen bemüßigt gesehen hätten. Seit 1960 die Zuflüsse Amu und Syr für den wasserintensiven Baumwollanbau umgeleitet wurden, verlor er 75 % seines Volumens und 50 % seiner Oberfläche. Er wird in wenigen Jahren bis auf ein kleines abgedeichtes nördliches Fragment ganz ausgetrocknet und verschwunden sein. In Sandstürmen werden jetzt die freigesetzten Chemikalien des monokulturell betriebenen Baumwollanbaus und das Salz des verdunsteten Sees übers Land geblasen und erreichen als Giftstaub schon das

Schwarze Meer. Als Ergebnis wird auch an anderen Orten Zentralasiens das Trinkwasser mit Schwermetallen, Pestiziden und erhöhter Salzhaltigkeit belastet. Nierenkrankheiten sind die Folge. Um den Aralsee selbst sind Tuberkulose und die Bluterkrankungen stark gestiegen, ebenso wie die Kindersterblichkeit durch Lungenkrankheiten. Das Erbe der kommunistischen Mißwirtschaft ist gnadenlos.

Der Aufstand von Andischan

Mit der Verelendung des Landes ist die Unzufriedenheit der verarmten 25 Millionen Usbeken, eines Volkes talentierter Handwerker und Händler, das zu Zeiten der Seidenstraße einmal wohlhabend war, groß. Am stärksten ist die Opposition im Ferganatal, dessen 7 Millionen Einwohnern, von denen ein Drittel arbeitslos ist, Karimow am stärksten mißtraut. Von Stalins 1924 willkürlich und absichtsvoll konfliktträchtig gezogenen Republikgrenzen ist das 300 km lange Hochtal zwischen Usbekistan, Tadschikistan und Kirgisien mehrfach durchteilt und leidet deshalb besonders unter Karimows häufigen Grenzschließungen und Straßensperren. Am 13. Mai 2005 brach dann in Andischan, dem Hauptort des Tals, ein Aufstand aus. Auf die Verhaftung von 23 frommen Geschäftsleuten, die der unpolitisch-religiösen Akromija-Bewegung angehörten und die in der verarmten Stadt eine erfolgreiche Kooperative mit vielen neuen Arbeitsplätzen gegründet und Schulen und Kindergärten saniert hatten, reagierte eine spontane Menschenmenge vor dem Prozeßbeginn mit einer gewaltsamen Gefangenenbefreiung. Gleichzeitig wurde eine Kaserne gestürmt. Darauf ließ Karimow, der eine „Tulpenrevolution" wie im benachbarten Kirgisien befürchtete, die Stadt mit ihren 300.000 Einwohnern abriegeln, den Hauptplatz Babur vom Militär umstellen und den Feuerbefehl auf die stark angewachsene Menge von Demonstranten erteilen. Über 700 Zivilisten kamen dabei ums Leben. Die Leichen von Kindern und Frauen wurden schnell weggeschafft, um nur männliche tote „Terroristen" vorführen zu können. Über 400 Teilnehmern gelang die Flucht ins nahe Kirgisien und von dort ins weitere Ausland. Doch nicht nur aus Kirgisien, selbst aus der Krim gelang dem usbekischen Geheimdienst die gewaltsame Rückführung einzelner Gesuchter, denen alsbald der Prozeß gemacht wurde.

Schon beim ersten „stalinistischen Schauprozeß" (so der US-Senator und jetzige republikanische Präsidentschaftskandidat John McCain) gestanden 15 offenkundig schwer gefolterte Angeklagte, Teil einer islamistischen Verschwörung zum Sturz der Regierung gewesen zu sein; die Akromija-Bewegung sei, wie von Karimow behauptet, ein Ableger von Hizb-ut-Tahrir. Alle Angeklagten baten um „gerechte Strafen". Alle erhielten 20 Jahre verschärfte Lagerhaft. Eine vom Westen geforderte unabhängige internationale Untersuchung des Massakers lehnt Karimow weiter strikt ab.

Nach der westlichen Kritik an dem Massaker und der Repression in Andischan, die ihm vorhielt, durch seine Brutalität und die Unterentwicklung des Landes den militanten Fundamentalismus erst recht zu schüren, war es mit der Bundesgenossenschaft vorbei. Karimow gab dem Druck der Russen und Chinesen, die ihn für seine „effektive Terrorbekämpfung" lauthals lobten, bereitwillig nach, kündigte das Stützpunktabkommen auf und warf die Amerikaner im Sommer 2005 aus Usbekistan hinaus. Der Mohr hatte seine Schuldigkeit getan, er konnte gehen. Usbekistan verließ auch die GUUAM, die so eines „U"s verlustig ging, und schloß sich der SOZ und dem russischen CSTO-Bündnis an. Nur die Bundeswehr, deren Regierung sich stets für die Lockerung der EU-Sanktionen gegenüber dem Regime einsetzt, darf gegen entsprechende Zahlungen (€ 17 Millionen) noch weiter in Termes bleiben und helfen, Karimow die Taliban vom Hals zu halten.

Auch die meisten verbliebenen internationalen Stiftungen und Medien, darunter die Deutsche Welle, Radio Liberty, Freedom House und die Soros-Stiftung mußten schließen. Die EU erließ ein Waffenembargo und einen Visabann gegen Karimow und seine engsten Helfer. Doch als Innenminister Almatow, der den Einsatz von Andischan geleitet hatte, sich zur medizinischen Behandlung nach Hannover begeben wollte, erhielt er aus „humanitären Gründen" umstandslos ein deutsches Visum. Schon 2007 sah Staatsminister Gernot Erler (SPD) in Usbekistan „Lichtblicke" in der Menschenrechtslage. Zwei Menschenrechtsaktivisten hatten ihre zehnjährigen Haftstrafen verkürzt bekommen. Nicht zuletzt auf deutschen Druck hin wurde dann der Visabann 2008 von der EU vorläufig aufgehoben.

Der Zahl der politischen Häftlinge in Usbekistan wird auf 7.000 geschätzt. Mit der Ausmerzung der weltlichen und der gemäßigten islamischen Opposition gibt es für Karimow keine Verhandlungspartner mehr. Statt dessen wächst die Islamisierung des Alltagslebens, die allgemeine Unzufriedenheit und der islamische militante Untergrund, der für das Ableben des Diktators betet. Usbekistan ist keine totalitäre Diktatur wie Nordkorea oder Turkmenistan unter dem Turkmenbaschi. Es fehlen der Personenkult, eine Massenorganisation und eine verpflichtende Staats- und Parteiideologie. Doch da es keine friedliche Alternative gibt, ist dem Karimow-Regime ein gewaltsames Ende so gut wie sicher. Es ist zu befürchten, daß ein möglicherweise nachfolgendes Islamistenregime nicht besser sein wird.

---

1 Dies schreibt z. B. Craig Murray, der frühere britische Botschafter in Usbekistan, in seinem Weblog am 1. Juni 2007; siehe auch: The Independent, 3. März 2005.
2 Mittlerweile wieder GUAM, weil Usbekistan, das 1999 Mitglied geworden war, seine

Mitgliedschaft Anfang Mai 2005 suspendierte. Siehe die Ausführungen weiter unten.
3 Craig Murray: „The Trouble with Uzbekistan", in: RIIA, 8. November 2004.
4 Die Presse, 16. Juni 2008.

DAS ERBE DES TURKMENBASCHI

Am 7. März 2005 war es wieder einmal so weit. Saparmurat Nijasow, Präsident auf Lebenszeit von Turkmenistan und selbsternannter Turkmenbaschi, warf seinen Vizepremier wegen Unfähigkeit und Korruption heraus und kündigte ihm einen Prozeß an. Raschid Meredow war nicht der erste Vizepremier, den der Turkmenbaschi vor laufender Kamera öffentlich beleidigte und kündigte. Er war der 58. in dreizehn Jahren Unabhängigkeit.

Wer sich nicht rechtzeitig ins Ausland rettete, dem drohte ein Schauprozeß mit Schuldeingeständnis und Ergebenheitsadresse an den Turkmenbaschi im Staatsfernsehen, in der oft vergeblichen Hoffnung, die lebenslange Haft im turkmenischen Gulag noch abzuwenden. Für die Apparatschiks des mittelasiatischen Wüstenstaates war als logische Konsequenz der unberechenbaren Despotie zwingend: soviel Geld wie möglich in der kurz bemessenen Zeit der Gunst des Turkmenbaschi an sich zu raffen und sich dann rechtzeitig mit Familie ins Ausland abzusetzen. Das passierte fast jede Woche. Auch die meisten Botschafter des Landes setzten sich früher oder später ab. Der wütende Diktator konnte dann nur noch die Familienresidenz abreißen und entfernte Verwandte des Verräters einsperren lassen. Ex-Außenminister Schikmuradow denunzierte Nijazow aus dem sicheren Moskauer Exil. Seine Herrschaft sei eine persönliche Tyrannei, die sich auf einen primitiven Polizeistaat gründe. Der Staatshaushalt verschwinde in dem schwarzen Loch seiner persönlichen Konten, die nicht nur von den Öl- und Erdgaseinnahmen, sondern auch vom Drogenhandel alimentiert würden. Mit einem „Fremdwährungsfonds" war der Diktator gewinnbringend an allen internationalen Gemeinschaftsunternehmen im Lande beteiligt. Auch die Devisenreserven der Zentralbank wurden von der „Präsidentenstiftung" des Turkmenbaschi kontrolliert, zu denen nur Nijasow Zugang hatte. Die Depot- und Kontenführung der präsidialen Schätze in Höhe von $ 3–5 Milliarden oblag der Deutschen Bank.

Saparmurad Nijasow wurde 1940 geboren. Laut offizieller Biographie fiel sein Vater an der Front. Nach anderen Berichten kam er aus deutscher Kriegsgefangenschaft nicht zurück. Seine Mutter und die meisten Verwandten kamen am 6. Oktober 1948 ums Leben, als bei einem großen Erdbeben die turkmenische Hauptstadt Aschkabad völlig zerstört wurde und 110.000 Menschen, zwei Drittel der Einwohner – darunter fast die gesamte Mittel- und Oberschicht des Wüstenlandes –, umkamen. Nijasow wuchs in einem Waisenhaus in der Spätphase des Stalinismus auf, der ihn offenkundig nachdrücklich prägte. 1962 wurde er Mitglied der KPdSU und in den 1960er Jahren im Leningrader Polytechnikum zum Kraftwerksingenieur ausgebildet. 1985 zum Ersten Sekretär der KP Turkmenistans befördert, saß er auch bald im Moskauer Politbüro. 1990 wurde er Präsident der turkmenischen Sowjetrepublik. Den Putsch gegen Jelzin begrüßte er; wurde aber von der Entlassung in die Unabhängigkeit eher kalt erwischt. Nach diesen Fehleinschätzungen gewann Nijasow im Rückgriff auf alte Rezepte wieder die Fassung.

Die KP wurde kurzerhand in Demokratische Partei umbenannt. Die Opposition blieb weiter verboten und die Presse unter Zensur. Privatisierungen und Reformen waren nicht beabsichtigt. Nijasow ließ sich 1992 mit 99,5 % aller Stimmen zum Präsidenten wählen und 1999 der Einfachheit halber zum Präsident auf Lebenszeit deklamieren. Sein Personenkult imitierte den seines Jugendidols Stalin. Nijasows Porträt grüßt weiter überlebensgroß von allen öffentlichen Gebäuden, ist auf allen Banknoten und Wodkaflaschen verewigt und wurde bei den Sendungen des Staatsfernsehens stets eingeblendet. Die Hafenstadt Krasnowodsk am Ostufer des Kaspischen Meeres wurde ebenso in Turkmenbaschi umbenannt wie der Monat Januar. Der April dagegen wurde nach seiner frühverstorbenen Mutter Gurbunsoltan benannt, so wie auch das Brot seinen Namen nach ihr bekam.

Der Turkmenbaschi bot seinen Untertanen gratis Strom, Gas, Wasser und verbilligten Wohnraum und Brot. Wenn sie in der Hauptstadt Aschgabad (Stadt der Liebe) wohnen, können sie sich auch an seinen Springbrunnen, der Turkmenbaschi-Prachtstraße mit neuen Marmorpalästen, leeren Luxushotels und Denkmälern des Präsidenten erfreuen. Eines zeigt eine 11 m hohe goldene Statue des Diktators, die sich auf einem 75 m hohen Turm stets der Sonne entgegendreht. Ein anderes zeigt die übergroße Fibel des Turkmenbaschi, ein pseudophilosophisches Traktat namens Ruhnama (Buch des Geistes), das alle Beamten, Lehrer und Studenten auswendig lernen mußten, auf einem Triumphbogen. Ausländische Firmen, die in Turkmenistan Geschäfte treiben wollten, waren gut beraten, eine Übersetzung und den Vertrieb des Werkes in der jeweiligen Landessprache anzufertigen. Für Deutschland besorgt DaimlerChrysler dieses verdienstvolle Werk. Aus Dankbarkeit hat Daimler dem Autor auch gleich noch eine gepanzerte Edellimousine geschenkt. Auch Siemens ließ sich nicht lumpen. Es ließ deutsche Professoren als Leibärzte einfliegen, vom Herzchirurgen bis zum Zahnarzt. Um dem Turkmenbaschi einen *Bypass* legen zu lassen, spendierte Siemens ihm eine Herzklinik für $ 40 Millionen. Dafür darf es in Turkmenistan Kraftwerke, Kliniken, Fernsehsender, Ölförderanlagen und Kommunikationsnetze ausrüsten sowie, laut „Spiegel", auch Abhöranlagen installieren.[1] Bei solchen Projekten geizte der Turkmenbaschi nicht.

Beim Bau seiner Paläste durch französische Konzerne mußte alles vom
Feinsten sein. Der Marmor stammte aus Italien. Türkische Firmen bauten ein leeres Einkaufszentrum, ein Nationalmuseum und eine übergroße
Moschee. Nachdem des Turkmenbaschis großherzige Pläne, in der Wüste
Karakum (Schwarzer Sand), die 80 % des Territoriums ausmacht, Zuckerrüben und Weizen anzubauen, scheiterten, stand als nächstes Wahn-
sinnsprojekt der Bau eines Riesenstausees in der Wüste an. Er sollte
120 km lang und 60 km weit sein und von dem Wasser des Amudarja,
des antiken Oxus, gespeist werden, der wie alle im Pamir entspringenden
Flüsse ohnehin schon unter übergroßen Entnahmen zur Bewässerung
der Baumwollplantagen leidet. Alles sprach dafür, daß der neue Stausee
unweigerlich die ökologische Katastrophe des Aralsees beschleunigt und
wiederholt hätte. Die Baukosten von $ 7 Milliarden wären ebenso verpul-
vert worden wie das in Zentralasien so knappe Wasser.

Derweil verarmte die Bevölkerung zusehends. Selbst nach den ge-
schönten offiziellen Statistiken leben 34 % des 5-Millionen-Volkes unter der Armutsschwelle. Das Einkommensniveau liegt auf dem Durchschnitt von Kamerun. Die Arbeitslosigkeit beträgt je nach Schätzung
zwischen 20 und 60 %. Die Säuglingssterblichkeit liegt bei 7,3 %, die
Lebenserwartung bei nur 61 Jahren. Die Krankenhäuser sind meist
ohne fließendes Wasser und Strom. Der Turkmenbaschi ließ die meisten
Provinzkrankenhäuser 2004 schließen. Stationäre Behandlungen in dem
Land von der Größe Schwedens gab es deshalb nur noch in der Hauptstadt. Medikamente gibt es nur gegen Barzahlung. Schulkinder verbringen ein Drittel ihrer Schulzeit bei der Arbeit auf Baumwollkolchosen.
Ihre Schulzeit wurde auf neun Jahre verkürzt. Auch das Studienangebot
wurde weitgehend ausgedünnt, die Studienzeit auf zwei Jahre verkürzt
und die Lehrbücher abgeschafft. Im Januar 2006 erklärte der Turkmenbaschi Rentner zu parasitären Existenzen. Er verfügte, ihre Renten seien
um die Zahl der Wochenenden, Feiertage und Ferien, die sie in ihrem
Arbeitsleben genossen hatten, zu kürzen. Ehemaligen Kolchosarbeitern
seien die arbeitsfreien Wintermonate abzuziehen.

Von regionaler Zusammenarbeit mit seinen Nachbarn hielt das Binnenland Turkmenistan unter Nijasow wenig. Mit dem nördlichen Usbekistan stritt es um das Wasser des Amu-Flusses und um Erdgasfelder, mit
dem völkisch eng verwandten Aserbaidschan um die Seegrenze im Kaspischen Meer. Im Juli 2002 explodierte im Hafen von Turkmenbaschi
unter ungeklärten Umständen der aserbaidschanische Tanker „General
Schiklinski" nach öffentlichen Disputen um Ölfelder unter dem Kaspischen Meer. Sechs Seeleute starben. Da sich die Diktatoren Alijew und
Nijasow persönlich herzlich abgeneigt waren, wurde aus menschlichen
Antipathien zwischen den autokratischen Herrschern schnell ein zwi-
schenstaatlicher Disput. Als Ergebnis fiel ein amerikanisch unterstützter
Plan durch, das turkmenische Öl und Gas durch transkaspische Groß-

leitungen über Aserbaidschan und Georgien durch die BTC-Pipeline an türkische Häfen zu pumpen. Jetzt bleibt weiter nur die beschränkte Absatzmöglichkeit des Verkaufs über das Gasprom-Leitungsmonopol nach Rußland und der Ukraine. Die 2,8 Billionen sicheren und zusätzlich 5,5 Billionen Kubikmeter wahrscheinlichen Erdgasvorkommen entsprechen den Gesamtvorräten Rußlands, konnten bisher aber nur zu Bruchteilen gefördert werden. Neben den fehlenden Pipelinetrassen schreckte die internationalen Energiegesellschaften auch das unberechenbare Geschäftsgebaren des Turkmenbaschi ab, der als Alleinentscheider zuletzt von den Amerikanern $ 500 Millionen Vorkasse verlangte.

Die Zahl der politischen Gefangenen wird weiter auf 30.000 geschätzt, die Nijasow im Gulag und in der Psychiatrie hat einsperren lassen. Folter, Schauprozesse, die Zerstörung der Häuser und das spurlose Verschwinden politischer Gefangener waren an der Tagesordnung. Nach einem angeblichen Attentatsversuch am 25. November 2002, als der Turkmenbaschi Schüssen auf die Präsidentenkarosse wundersam entrann, wurde ein Vizepremier, neben 65 anderen Verdächtigen, zu 248 Jahren Haft verurteilt. Vorher mußte er sich im Fernsehen als „Null" und „Verbrecher" beschimpfen lassen und Nijasow um Gnade anflehen. Es wird vermutet, daß Nijasow das „Attentat" als Vorwand für neue Säuberungen inszenierte. Die Zahl der Verhaftungen aus seinem Umfeld wird auf 700 geschätzt. Dabei wurde Sippenhaftung praktiziert. Mit dem Oppositionsführer Iklimow wurden alle 100 Familien- und Klanangehörige inhaftiert. Dazu wurde das Strafrecht verschärft. Ein neuer Paragraph droht für Landesverrat lebenslängliche Haft ohne Amnestierungsmöglichkeit all jenen an, die Zweifel über die Politik des ersten und ewigen Präsidenten Turkmenistans, des Großen Saparmurat, verbreiten.

Weiter führte Nijasow islamische Regeln wie die Vielweiberei wieder ein. Auch der traditionelle Brautkauf mit Schafen und Kamelen wurde wieder belebt. Ausländer dagegen mußten für die Hochzeit einer Turkmenin $ 50.000 an die Staatskasse entrichten. Als Religionen sind nur der sunnitische Islam und die Orthodoxie erlaubt. Die Kirche von Adventisten und einen Tempel von Hindus ließ der Turkmenbaschi kurzerhand abreißen. Die schiitische Praxis der aserischen und iranischen Minderheit (5 % der Bevölkerung) im Westen bleibt verboten.

Kein Zweifel: Die einundzwanzigjährige Despotie des Turkmenbaschi wurde von sechs Jahrzehnten Kommunismus begünstigt. Stalin hatte, wie erwähnt, 1937 die gesamte Intelligenz und die nicht gerade zahlreiche Führung der turkmenischen KP als „Pan-Türkisten" und „britische Agenten" hinrichten lassen. Das Erdbeben von 1948, das das Regierungsviertel von Aschgabat zerstörte, brachte einen ähnlichen Aderlaß. Wirtschaftliche und politische Führungsfunktionen wurden seither fast nur von Russen ausgeübt, die unter dem Regime des Turkmenbaschi

jedoch nach und nach verdrängt wurden und abwanderten, ohne daß
einheimischer Führungsnachwuchs ausgebildet wurde oder sich halten
konnte. So sind Führungsfunktionen mittlerweile ausschließlich reinen
Turkmenen (die 75 % der Bevölkerung ausmachen) vorbehalten. Zum
Besuch einer Militärakademie muß zum Beispiel ein Ahnennachweis
über 3 Generationen vorgelegt werden. Im Jahr 2003 mußten sich die
Russen zwischen der turkmenischen und russischen Staatsbürgerschaft
entscheiden. Wer sich für die russische entschied, wurde ausgewiesen
und bekam seine Habe konfisziert. 40.000 russische Ärzte und Lehrer
verließen damals das Land.

Turkmenistan nach dem Turkmenbaschi

Kurz vor Weihnachten, am 21. Dezember 2006, starb der Diktator.
Ein überraschendes Herzversagen. Kurz zuvor war Saparmurat Nijasow (66) noch quicklebendig gewesen. Im November hatte er Bundes-
außenminister Frank-Walter Steinmeier (SPD) hemdsärmlig mit einem
kräftigen Handschlag begrüßt und den Außenminister mit seinen Men-
schenrechtsanliegen kaum zu Worte kommen lassen. Steinmeier meinte
anschließend, in Turkmenistan werde der Weg zu Rechtsstaatlichkeit
und Demokratie zu langsam beschritten.[2] Das war nie Nijasows Absicht
gewesen. Wenig später hatte er, wie bei zahllosen Säuberungen zuvor,
vor laufender Kamera des Staatsfernsehens den Straßenbauminister aus
dem Amt geworfen, ihn beschimpft und seine Verhaftung angekündigt.
Drei Tage vor seinem Tod traf sich der Turkmenbaschi noch mit EU-
Diplomaten. Er war wieder bester Laune, verhöhnte die benachbarten
Diktatorenkollegen Nasarbajew (Kasachstan) als „Dschingis Khan"
und Karimow (Usbekistan) als „Tamerlan-Imitate". Er war voller Ta-
tendrang, seine Erdgasexporte endlich von Gasprom unabhängig verkaufen zu können. Eine neue Pipeline solle mit amerikanischem Geld
durch den Westen von Afghanistan, das Land seines Freundes Hamid
Karzai, zum pakistanischen Hafen Gwadar führen, eine andere mit chi-
nesischem Kapital durch Tadschikistan nach Kaschgar. Sein Drang nach
Unabhängigkeit und Neutralität – auch der GUS trat Turkmenistan nie
bei – machte Nijasow im Kreml keine Freunde.
Obwohl nichts auf ein baldiges Ableben hindeutete, schienen manche
in der Wüstenhauptstadt Aschgabat gut vorbereitet gewesen zu sein.
Schon wenige Stunden nach dem mysteriösen Hinscheiden des „innig
geliebten Vaters der Nation" sangen im Fernsehen schwarzgewande-
te Trauerchöre in sorgsam dekorierten Studios. Und noch in den frühen Morgenstunden der angeblichen Todesnacht ließ sich Gurbanguli
Berdymuchammedow, der auch als Nijasows Leibarzt amtierte, zum
interimistischen Präsidenten und Oberkommandeur der Streitkräfte
ausrufen. Er übernahm in guter poststalinistischer Tradition auch den

Vorsitz der Begräbniskommission. General Akmurat Redschepow, der in KGB-Diensten geschulte Chef der Leibwache und der Sicherheitsdienste, der als starker Mann und mutmaßlicher Parteigänger Moskaus im Hintergrund die Strippen zog, ließ darauf sofort Parlamentspräsident Atajew, dem laut Verfassung eigentlich die Nachfolge zustand, und 120 andere unsichere Kantonisten aus dem Sicherheitsapparat verhaften. Die meisten unmittelbaren Mitarbeiter Nijasows, darunter Alexander Schadan, der die Vollmacht für die Gaskonten des Turkmenbaschis bei der Deutschen Bank hatte (mutmaßlicher damaliger Kontostand: $ 1,7 Milliarden), sind seither verschwunden: abgetaucht oder hinter Schloß und Riegel.

Beim Staatsbegräbnis des Diktators, der am Heiligabend im Familienmausoleum an der Prunkmoschee seines Heimatdorfes Kiptschak beigesetzt wurde, nahmen der russische Premier Michail Fradkow, Gasprom-Chef Alexej Miller, der ukrainische Präsident Juschtschenko, der türkische Premier Erdoğan, der afghanische Präsident Karzai, der kasachische Präsident Nasarbajew sowie hochrangige Delegationen aus China, den USA, dem Iran und Saudi-Arabien teil. Sie sind die Hauptakteure der nächsten Runde des zentralasiatischen Erdgaspokers und machten der neuen Führung ihre Aufwartung. Die Europäer schickten nur ein paar Botschafter.

Da Wahlen in Zentralasien selten zu Überraschungen führen, verliefen auch die Präsidialwahlen in Turkmenistan im Februar 2007 nicht sonderlich überraschend. 98,6 % der Bürger gingen brav zur Wahl, und 89,3 % stimmten korrekt für Berdymuchammedow (49). Der Sieger stand von Anfang an fest. Berdymuchammedow, ein gelernter Zahnarzt, hatte als langjähriger Gesundheitsminister und Vizepremier alle Säuberungen seines Vorgängers als einer der wenigen Überlebenden stets unbeschadet überstanden. Vielleicht, weil er so harmlos wirkte. Vielleicht, weil er, wie Gerüchte kolportierten, ein außerehelicher Sohn des Diktators war, der seine legitime Familie ins Exil nach London geschickt hatte.

Wenige Tage nach dem Ableben des Turkmenbaschi wurde Berdymuchammedow einstimmig von der einzigen Partei des Landes, der Demokratischen Partei (der einstigen KP), und der einzigen Massenorganisation Galkynysch (Wiedergeburt) nominiert. Damit er kandidieren konnte, mußte der 2.500 Mitglieder starke Volksrat extra die Verfassung ändern und die Altersgrenze auf 40 Jahre herabsetzen. Und damit sich die ins Exil vertriebene Opposition keine falschen Hoffnungen machte, wurde ein vorheriger zehnjähriger Dauerwohnsitz im Lande gleichfalls vorgeschrieben. Ohnehin erhielt niemand von ihnen ein Einreisevisum, auch der im schwedischen Exil lebende ehemalige Zentralbankpräsident Orasow nicht, der als gemeinsamer Oppositionskandidat nominiert worden war. Auch die von Nijasow zu Tausenden in Wüsten-Gulags inhaftierten politischen Gefangenen und ihre Angehörigen bleiben weiter in Haft.

Das Rote Kreuz hat dort weiter keinen Zutritt. Auf die Nachricht von
Nijasows Tod war in dem für seine grausamen Haftbedingungen berüchtigten Gefängnislager von Ovadandepe ein Aufstand politischer
Gefangener – wie einst in Workuta und Kengir nach Stalins Tod – aus-
gebrochen, der mit 23 Toten niedergeschlagen wurde.

Für das Ausland wurden zu Dekorationszwecken fünf weitere Kandidaten nominiert, jeder aus einer anderen Provinz: Bürgermeister, Vize-
gouverneure und ein Vizeminister, verläßliche Parteigänger des Regimes
aus dem zweiten Glied, die mit Anstand verlieren sollten. Zu ihren Auftritten im Wahlkampf fuhren sie alle gemeinsam im Minibus. Vor dem
abkommandierten Publikum lasen sie dann brav ihre abgesegneten Re-
den und die Antworten auf die vorher zugeteilten Fragen ab. Nachdem
alles so gut klappte, bat Turkmenistan die OSZE, Wahlbeobachter zu
schicken und den ordnungsgemäßen Ablauf der Wahlen zu bescheini-
gen. Dazu fehlte der OSZE, wie sie sagte, dann aber die nötige Vorbe-
reitungszeit. Berdymuchammedow versprach seinen Wählern, die vom
Turkmenbaschi gekürzten Renten wieder voll zu zahlen und die von ihm
selbst als Gesundheitsminister auf Befehl Nijasows geschlossenen Krankenhäuser in der Provinz wieder zu eröffnen. Die freie Berufswahl und
die Meinungsfreiheit solle eingeführt, das sowjetische Propiska-System
der Wohnortzuteilung abgeschafft, der Zugang zum Internet ermöglicht
und in einer fernen Zukunft auch ein Mehrparteiensystem entstehen.
Von all diesen Freiheiten war im Wahlkampf leider noch nichts zu spüren. Das Regime war sichtbar nervös. Die Grenzen blieben weitgehend
geschlossen. Die Polizei und die Truppen des Innenministeriums führten
verstärkt Straßenkontrollen durch. Doch hielten sich internationale Proteste und die üblichen Abmahnungen in Grenzen. Anscheinend glaubte
die internationale Diplomatie, schlimmer als unter Nijasow könne es
kaum werden, und läßt Berdymuchammedow, der von den Kreml-Me-
dien schon vor der Wahl bejubelt wurde, trotz aller Skepsis seither ohne
Kritik gewähren.

So stehen die goldenen Statuen des Turkmenbaschi noch weiter. Seine öffentlichen Portraits wurden derweil durch die seines Nachfolgers
ersetzt. Die Monatsnamen wurden rückbenannt und die übelsten und
skurrilsten Auswüchse seiner launenhaften Herrschaft beseitigt. Lehrbücher wurden wieder erlaubt und die Schul- und Studienzeiten wieder auf
zehn bzw. fünf Jahre verlängert. Naturwissenschaften, Fremdsprachen
und klassische Musik wurden rehabilitiert. Dennoch wird es einige Zeit
dauern, bis das vom Turkmenbaschi seit 2001 schwer beschädigte Bil-
dungs- und Gesundheitssystem wieder funktionieren wird und die verlorenen Jahre der jungen Generation aufgeholt sind.

Das neue Regime bezahlt wieder die gesamten Renten. Auch wird die
versprochene Gratiszuteilung von – freilich rationiertem – Gas, Strom,
Wasser und Salz sowie von verbilligtem Brot und Mehl durchgeführt.

Einige Internet-Cafés wurden eröffnet. Interne Straßensperren wurden – womöglich nur vorübergehend – aufgehoben und die zuvor verbotenen Grenzregionen wieder besuchbar gemacht. Die Herrschaft von Berdymuchammedow hat natürlich mit Demokratie und Marktwirtschaft nichts zu tun. Die politischen Gefangenen sind weiter inhaftiert und von Amnestien, für die begünstigten Verurteilten zahlen müssen, ausgenommen. Gefoltert wird weiter. Die Gefängnisse, in denen die Gefangenen nur geringe Überlebenschancen haben, sind noch überfüllt. Die Richter sind weisungsgebunden. Die Wirtschaft wird nach den Prinzipien einer staatlichen Planwirtschaft weiter geführt. Obwohl die Löhne niedriger sind als in China, gibt es so gut wie keine Auslandsinvestitionen. Dafür sorgen schon das Fehlen jeder Rechtssicherheit und die Willkür einer korrupten und verarmten Beamtenschaft. Als ein Leverkusener Autohändler namens Adem Dogan für € 5 Millionen eine Geflügelfarm erfolgreich aufzog, wurde er bald enteignet und sein Kompagnon inhaftiert.

Turkmenistan bleibt ein Einparteienstaat. Zunächst herrschte Berdymuchammdow zusammen mit dem anfangs starken Mann Redschepow, als dessen Marionette er in den ersten Monaten angesehen wurde, mit Verteidigungsminister Agagelgy Mametgeldyjew und Geheimdienstchef Geldymurad Aschirmuhammedow als Junta in dem verfassungsmäßig aufgewerteten Nationalen Sicherheitsrat. Im Mai 2007 wurde Redschepow, der unter dem Turkmenbaschi 20 Jahre lang alle Säuberungen überlebt hatte, verhaftet und wegen Korruption – er verfügte zwischenzeitlich über die Auslandskonten des Regimes – zu 20 Jahren Haft verurteilt. Berdymuchammedow hatte sich offenkundig von seinem Förderer emanzipiert.

Der neue Erdgaspoker

International hat Berdymuchammedow eine gute Presse. Im Gegensatz zum cholerischen und streitsüchtigen Nijasow ist er höflich und sachlich. In den knapp zwei Jahren seiner bisherigen Herrschaft hat er mehr Auslandsreisen absolviert als der Turkmenbaschi in zwei Jahrzehnten. So tauchte er sowohl bei GUS-Gipfeln als auch 2008 beim NATO-Gipfel in Bukarest und 2007 bei der VN-Generalversammlung auf. Die F. A. Z. hält ihn sogar für „deutschfreundlich"[3], ein positives Attribut, das immer seltener zu spüren und lesen ist. Die vorher feindseligen Beziehungen zu den Nachbarn Kasachstan, Usbekistan und Aserbaidschan hat er deutlich entspannt. Damit steigen wieder die Aussichten auf die vom Westen erhoffte transkaspische Pipeline für turkmenisches Gas, die für die Rentabilität der geplanten Nabucco-Gasleitung unerläßlich ist. So wird denn seit dem Machtwechsel das neue Regime von einer wachsenden Flut hochrangiger ost-westlicher gasinteressierter Delegationen visitiert.

Das bitterarme 7-Millionen-Volk der Turkmenen sitzt bekanntlich auf
dem kaum erschlossenen fünftgrößten Erdgasvorkommen der Welt. Bisher werden sie fast ausschließlich durch das Netz der Gasprom durch die
bislang einzige Großgasleitung („Mittelasien Zentrum") über Rußland
nach der Ukraine und nach Westeuropa exportiert. Für die Gasprom
ein lukratives Geschäft mit minimalem Aufwand. Sie kaufte jahrelang
1.000 Kubikmeter turkmenisches Erdgas für $ 100 ein und verkaufte es
zu $ 230 weiter. Ab März 2008 zahlt Gasprom $ 130 und verkauft zu
$ 350 weiter. Dieses noch schönere Geschäft soll jedoch nicht mehr
lange währen. So setzten in gemeinsamen Verhandlungen Kasachstan,
Usbekistan und Turkmenistan ab 2009 einen Verkaufspreis auf West-
niveau von $ 200 bis 300 durch. Gasprom will dann im Gegenzug von
den Europäern $ 350 haben. Im Gegenzug verpflichteten sich Turkme-
nistan und Kasachstan, unter Putins Mitwirkung den Bau einer zweiten
Pipeline nach Rußland zuzulassen, die entlang des Ostufers des Kaspischen Meers führen soll. Mit einem Fassungsvermögen von 30 Milliarden Kubikmetern würde Rußland dann zusätzlich zu den 50 Milliarden
Kubikmetern der „Mittelasien Zentrum"-Pipeline die gesamte turkmenische Jahresproduktion abnehmen. Gleichzeitig hat Turkmenistan den
Chinesen 30 Milliarden Kubikmeter versprochen, für die diese derzeit
auf eigene Kosten eine Pipeline nach Kaschgar bauen. Da die Chinesen
besser zahlen (derzeit $ 195) als die Russen, sind sie sicher, ihr Gas auch
zu bekommen. Im Mai 2008 unterzeichneten Berdymuchammedow und
EU-Energiekommissar Andris Pibalgs ein gemeinsames Memorandum,
das den Europäern 10 Milliarden Kubikmeter – der Jahresverbrauch
Österreichs – zusagt, die für die Realisierung der ab 2010 zu bauen-
den Nabucco-Pipeline entscheidend sind. Gleichzeitig hat Turkmenistan
auch dem benachbarten Iran zwischen 8 und 14 Milliarden Kubikmeter
geliefert, ab Dezember 2007 jedoch den Hahn abgedreht.
   Klar ist, daß Turkmenistan aus der aktuellen Förderung seine versprochenen Lieferungen nicht wird leisten können. Es braucht in jedem
Fall noch milliardenschwere Prospektierungs- und Erschließungsinvestitionen. Bis dahin wird Turkmenistan die Begehrlichkeiten ihrer Erd-
gasklientel nach allen Künsten des Orients gegeneinander ausspielen.
Menschenrechtsfragen werden dabei keine Rolle spielen.

---

1 Der Spiegel, 10. November 2003.
2 Frankfurter Allgemeine Zeitung, 4. November
   2006.

3 Frankfurter Allgemeine Zeitung, 18. März
   2008.

DIE WELKE „TULPENREVOLTE" VON KIRGISIEN

Die Folgen der „Tulpenrevolution" vom März 2005 stimmen notgedrungen zwiespältig. Vertrieben wurde der relativ liberalste Herrscher unter den Despoten Zentralasiens, der Physiker Askar Akajew (1990–2005), dessen Klan sich im Laufe der Zeit immer schamloser bereichert hatte und dessen Herrschaft zunehmend repressiver geworden war. Die Revolte war weniger ein Aufstand der edlen „Zivilgesellschaft", von idealistischen Studenten und gradlinigen Dissidenten, als vielmehr von organisierten Drogenschmugglern im Süden und soll im Norden, so will es jedenfalls Akajew, von amerikanischen Einflußagenten in ihren politischen Stiftungen organisiert und finanziert worden sein. Das Ergebnis war die Übernahme der Macht durch ehemalige Gefolgsleute Akajews mit lupenreinen Nomenklatura-Karrieren, unter denen sich Kurmanbek Bakijew bald durchsetzte, um, allerdings gegen erheblichen öffentlichen Widerstand, binnen zwei Jahren ein präsidiales Regime, das Akajew an Korruption, Vetternwirtschaft und Repression um wenig nachsteht, durchzusetzen. Dennoch bleiben bislang zwei Errungenschaften der „Tulpenrevolte". Es gibt weiter relativ mehr Freiheiten, vor allem mit Blick auf die Meinungs-, Versammlungs- und Pressefreiheit in Kirgisien, aber auch mehr Chaos und offenkundig auch mehr organisierte Kriminalität, die staatsfreie Freiräume auf ihre Art nutzt, als in den despotischen Nachbarstaaten mit ihren sultanistischen Präsidialregimes.

Das Regime Akajew

Kirgisien genoß lange den Ruf, das relativ liberalste Land unter den zentralasiatischen Despotien zu sein. Es stilisierte sich zur „Schweiz Mittelasiens", nicht nur wegen des Tienschan-Gebirges, seiner Weidewirtschaft und des malerischen Issyk-Kul, eines warmen Hochgebirgssees. Askar Akajew, ein in Leningrad ausgebildeter Physikprofessor, gab sich im Gegensatz zu seinen apparatschikgeprägten Präsidentenkollegen als kultivierter und aufgeklärter Herrscher, der von der Notwendigkeit einer Marktwirtschaft nach dem Vorbild von Ludwig Erhard, der Einführung der Demokratie und friedlicher Beziehungen zu allen Nachbarn sprach und den Amerikanern einen Luftwaffenstützpunkt überließ und dafür für sein verarmtes Land $ 2 Milliarden an internationalen

Hilfsgeldern (€ 160 Millionen allein aus Deutschland, 2001–2005 € 95 Millionen von der EU) kassierte. 1990 war er vom kirgisischen Obersten Sowjet zum Präsidenten gewählt worden. 1995 wurde er ohne Gegenkandidaten wiedergewählt. 2000 wurden von 14 Kandidaten wegen schlechter kirgisischer Sprachfertigkeiten nur die Hälfte zugelassen; der schärfste Konkurrent Akajews, sein Vizepräsident, der ehemalige Bürgermeister der Hauptstadt Bischkek (vormals: Frunse) und Sicherheitsminister Felix Kulow, gar gleich eingesperrt (und im März 2001 wegen Amtsmißbrauch zu sieben Jahren Haft verurteilt) – er war als charismatischer Führer schlicht zu populär und eigenständig geworden. Die Oppositionspresse, die Zeitungen „Asaba", „Res Publica" und „Moya Stolitsa", wurden mit Beleidigungsprozessen und empfindlichen Geldstrafen überzogen. Fernseh- und Radiosender waren schon rechtzeitig von Akajews Familie aufgekauft worden. So wurde Akajew trotz gesunkener Popularität, starker Korruptionsvorwürfe gegen seine Umgebung und verheerender Wirtschaftsdaten mit 75 % der Stimmen wiedergewählt. Nach den Wahlen gab er im Lichte der internationalen Kritik öffentlich „Fehler" zu und versprach, mit der Opposition zusammenzuarbeiten, um die Entwicklungshilfe und den Fremdenverkehr nicht zu gefährden. Dessen ungeachtet ließ er den Abgeordneten Azimbek Beknazarow 2002 verhaften und die Polizei auf protestierende Demonstranten schießen. Es gab fünf Tote. Nach internationaler Kritik entließ Akajew den verantwortlichen Ministerpräsidenten Kurmanbek Bakijew.

Bei den Parlamentswahlen vom Februar 2000 wurden die Parteien seiner schärfsten Konkurrenten, darunter Felix Kulows „Ar-Namys" (Ehre), nicht zugelassen. Die oppositionelle KP durfte kandidieren und erhielt 27 %. Die vier Regierungsparteien, die Union der Demokraten, die Demokratische Frauenpartei, „Mein Land" und die Partei der Afghanistan-Veteranen erhielten 40 % der Stimmen und eine Mehrheit der 75 Mandate. Die meisten Stimmabgaben erfolgten eher nach Klanzugehörigkeit als nach dem politischem Bekenntnis der Kandidaten.

Auch die Parlamentswahlen vom Februar 2005 galten eher als Vorlauf für die im Herbst vorgesehenen Präsidentschaftswahlen. Eigentlich war Akajews Präsidentschaft von der Verfassung auf zwei Wahlperioden begrenzt. Die hätte er wie seine Nachbarn ändern lassen oder ähnlich wie Aserbaidschans Präsident Alijew dynastische Nachfolgeregelungen treffen können. Sohn Aidar hatte er bereits in royaler Tradition mit Tochter Aliya von Kasachstans Präsident Nasarbajew verheiratet. Seine eigene Tochter Bermet Akajewa führte die Bewegung „Vorwärts Kirgistan" bei diesen Parlamentswahlen. Ihre Wahlkreisgegnerin, die frühere Außenministerin Rosa Otunbajewa, wurde prompt disqualifiziert. Die Begründung: Sie habe als Botschafterin Kirgistans in Washington und London die letzten fünf Jahre nicht dauerhaft im Lande gelebt. Mit einer so sorgsam vorbereiteten Wahl war der Sieg der Akajewa keine Überraschung. Sie galt als aussichtsreichste Nachfolgerin ihres Vaters.

Täglich gab es in Bischkek Demonstrationen des Studentenverbandes mit hunderten Trägern gelber Schals gegen die auch vom US-Botschafter öffentlich befürchteten Wahlfälschungen. 300 unabhängige gesellschaftliche Organisationen und Verbände schlossen sich zum Bündnis für „Freie und faire Wahlen" zusammen. Akajew warnte vor äußeren Einmischungen und „ukrainischen Verhältnissen". Er ließ das Versammlungsrecht weiter einschränken und sich vom Fernsehen noch mehr bejubeln.

Die Kirgisen hatten aber kaum Grund zum Jubeln. Seit der Unabhängigkeit 1991 ging die Wirtschaftsleistung Jahr um Jahr um 5,4 % zurück. Als rohstoffarmes Hochgebirgsland kann es nur den Strom aus alten sowjetischen Flußkraftwerken exportieren und im Sommer Wasserlieferungen aus seinen Stauseen gegen Öl- und Gaslieferungen der flußabwärts liegenden Kasachen und Usbeken tauschen. Ein einziges Goldbergwerk in Kumtar stellt 40 % der industriellen Wertschöpfung her. Ansonsten bleiben nur der Kleinhandel mit billigen chinesischen Importen und die traditionelle Weidewirtschaft von Schaf-, Ziegen- und Pferdeherden des früher in Jurten lebenden nomadischen Hirtenvolkes. Das Bruttosozialprodukt pro Kopf betrug nur noch $ 300 jährlich. Der durchschnittliche Monatslohn $ 18. Die Renten bewegten sich zwischen $ 2 und $ 10, 55 % der Kirgisen lebten unter der ohnehin niedrig bemessenen Armutsgrenze.

Das Auslandskapital machte um das verarmte Binnenland einen großen Bogen. Seine Gesamtsumme machte gerade einmal $ 60 Millionen aus. Nur die von Öl und Erdgas verwöhnten Kasachen investieren bei ihren verarmten Stammesvettern. Dabei betrugen die aufgelaufenen Auslandsschulden die stolze Summe von $ 1,7 Milliarden, 50 % mehr als das Bruttosozialprodukt von 2005. Der Schuldendienst machte mit $ 87 Millionen 44 % des laufenden Staatshaushaltes aus. Keine Frage, Kirgisien war so gut wie bankrott. Dabei meinte es die internationale Gemeinschaft gut mit Kirgisien. Mit allen Nachbarn und den mächtigen Rivalen der neuen Runde des „Großen Spiels" in Zentralasien versuchte Akajew mit seiner „Diplomatie der Seidenstraße" gut auszukommen. Er ließ amerikanische Truppen ins Land und beteiligte sich gleichzeitig an der antiamerikanischen SOZ, mit der Rußland und China den US-Einfluß einzudämmen suchen. Einem Bonmot zufolge ist die kirgisische Armee multinational: die Uniformen kommen aus Rußland, die Verpflegung aus China und das Gerät aus den USA. Allen Sponsoren gemeinsam ist die Angst, das zu 75 % sunnitische Kirgisien könnte von der islamistischen Untergrundbewegung des nahen usbekischen Ferganatals infiziert und unter Ausnutzung der örtlichen Armut und Mißwirtschaft unterwandert werden. Dabei sind die vier Millionen Kirgisen, im Ge-

gensatz zu den seßhaften Usbeken und Tadschiken, als pragmatisches
Hirtenvolk keine fanatischen Muslime. Vor allem in den Städten des
Nordens ist die russische Minderheit noch zahlreich (20 %). Auch lebten
in Kirgisien Anfang der 1990er Jahre von ursprünglich 100.000 dorthin
deportierten Volksdeutschen noch 20.000 Rußlanddeutsche. Politisch
waren die Verhältnisse jedoch nur noch an der Oberfläche stabil.

*Der kirgisische Präsident Kurmanbek Bakijew, der kasachische Präsident Nursultan
Nasarbajew, der chinesische Präsident Hu Jintao, der tadschikische Präsident Emomali
Rachmon, der russische Präsident Alexander Medwedjew und der usbekische Präsident
Islam Karimow auf dem Gipfel der Mitglieder der Schanghaier Organisation für Zu-
sammenarbeit im tadschikischen Duschanbe im Jahre 2008. (v. l. n. r.)*

Die „Tulpenrevolte"

Bei den Parlamentswahlen am 28. Februar 2005 und der zweiten Runde
am 13. März gewannen die Regierungsparteien, darunter als Manda-
tare die Präsidentenkinder Aidar und Bermet, eine komfortable Mehrheit und die Opposition nur 6 von 75 Sitzen. Angesichts des massenhaften Stimmenkaufes und der Manipulationen im Vorfeld der Wahlen
wurden sie von internationalen Beobachtern als weder frei noch fair
eingeschätzt. Daraufhin ließ Akajew Nachwahlen in 15 Wahlkreisen zu.
Nun begannen allenthalben Proteste der unberücksichtigten Wahlver-
lierer, die im usbekisch geprägten Süden bald eskalierten. In Osch und
Dschalabad wurden Regierungsgebäude und die Flughäfen besetzt und
Gegenverwaltungen ausgerufen. Milizen und die Truppen des Innenministeriums gelang nur zeitweise die Rückeroberung. Im Bezirk Tals im
Norden brachten Demonstranten den Gouverneur und die Kreisverwal-

tung in ihre Gewalt, um die Revision der Wahlergebnisse zu erzwingen. Zwar gab es auch in Kirgisien eine zivilgesellschaftliche, oppositionelle Studentenvereinigung namens „KelKel" (Neue Epoche), doch übernahm bald in Bischkek der Mob in Gestalt zumeist betrunkener Jugendlicher die Macht und plünderte und brandschatzte, nachdem die Miliz abgetaucht war, nach Herzenslust Basarstände und Ladenlokale. Erst nachdem Felix Kulow, der einstige KGB-General, aus dem Gefängnis befreit worden war, gelang es ihm binnen weniger Tage, die Polizei zu reaktivieren und dem Spuk ein Ende zu machen.

Am 24. März flüchtete Akajew nach Moskau. Bakijew, dessen Machtbasis im aufrührerischen Süden lag, lehnte eine Rückkehr des Präsidenten ab. Nach Verhandlungen mit einer kirgisischen Abgeordnetendelegation trat er schließlich gegen die Zusicherung von Immunität zurück. Öffentlich verfluchte Akajew im Exil die Revolutionäre als Verbrecher, Verräter und Usurpateure. Selbst auf dem Höhepunkt der Proteste seien in Bischkek nie mehr als 20.000 Menschen auf den Beinen gewesen. Es habe sich um einen gelenkten Aufstand gehandelt, der von den amerikanischen Politstiftungen NDI, IRI und Freedom House organisiert worden sei. Die USA hätten der Opposition eine Druckerei gebaut, in der sie Gratiszeitungen in hunderttausendfacher Auflage hätten herstellen können. Dies beschreibt auch seine Tochter Bermet, die nach dem Verlust ihres Mandats als Mathematiklehrerin in Moskau arbeitet, in ihrem Buch „Früchte des Bösen". Akajew glaubt, die Amerikaner hätten Kirgisien und ihn als Brückenkopf für weitere „Farbrevolutionen" in Zentralasien auserkoren. Doch hatten sie die Folgen nicht bedacht, denn alle Nachbarn, vor allem Usbekistan und Kasachstan, zogen prompt die Daumenschrauben an, schwenkten voll ins russische Lager und liquidierten so gut wie alle potentiell subversiven Medien und zivilgesellschaftlichen Pflänzchen.[1] Auch sein Nachfolger Bakijew zog ähnliche Schlußfolgerungen ...

Was die Akajews übersehen, ist die starke Rolle, die auch von Gangsterbossen in der Revolte gespielt wurde. So organisierte und finanzierte der Herrscher des Drogenumschlagplatzes Osch die Revolte im Süden. Bajaman Erkinabajew (38) haßte Akajew wegen 40 eingeleiteten Strafverfahren. Um seine Straffreiheit als Abgeordneter zu erhalten, mußte er jedes Mal seine Kollegen teuer von der Notwendigkeit seiner fortgesetzten Immunität überzeugen. Als „Pate der Revolution" wurde er später aus Dankbarkeit zum Leiter des Nationalen Olympischen Komitees ernannt, bis er im September 2005 schließlich erschossen wurde.[2] Auch die Gebrüder Rysbek und Tynychbek Akmatbajew schickten als Bosse des Issyk-Kul-Oblastes ihre „Sportler"-Brigaden zum „Revoluzzern" nach Bischkek. Auch sie waren Abgeordnete. Der erste wurde im Mai 2006 beim Verlassen einer Moschee erschossen, der zweite bei einer Gefängnisrevolte im Oktober 2005 gelyncht.

Dazu gab es auch sozialen Zündstoff in der verelendeten Bevölkerung. Landlose Bauern besetzten Felder im überbevölkerten Ferganatal des Südens und zogen in der vergeblichen Hoffnung auf Landtitel nach Bischkek. Bergleute besetzten ihre privatisierten Gruben.

Im Gegensatz zu den neuen Seilschaften brachte ihnen die Revolte nichts, sieht man einmal von dem üblichen *per diem* von € 5 pro Demonstranten ab. Unter den siegreichen Revolutionären hatten zunächst Bakijew und Kulew Anspruch auf das verwaiste Präsidentenamt geltend gemacht. Der charismatischere Kulew nahm jedoch dann mit dem Posten des Ministerpräsidenten vorlieb, wohl auf Bakijews Versprechen trauend, nach einer baldigen Verfassungsreform würde eine parlamentarisierte Regierung gegenüber dem Präsidentenamt an Macht und Einfluß gewinnen. Das sollte sich als fataler Fehler herausstellen. Zunächst entschloß sich das revolutionäre „Komitee 27. März" zur Vermeidung weiterer Unruhen keine Neuwahlen des Parlaments auszuschreiben, sondern den meisten Parteigängern Akajews ihre Mandate zu belassen. Statt dessen wurden für den 10. Juli 2005 Präsidentschaftswahlen anberaumt, die Bakijew als dominanter, landesweit organisierter und besser finanzierter Kandidat mit 88,7 % der Stimmen dann unschwer gegen 6 Gegenkandidaten in freien Wahlen gewann. Bakijew, ein gelernter Elektroingenieur, hatte eine regionale KPdSU-Karriere hinter sich. Er galt als politischer Boß seiner Heimatstadt Dschalabad und hatte, mit einer Russin verheiratet und weitgehend russifiziert, nur mit Mühe den kirgisischen Sprachtest für die Präsidentschaft bestanden. Von 2000 bis Mai 2002 war er unter Akajew Ministerpräsident gewesen, mußte aber zurücktreten, als er auf Demonstranten in Aksy, die gegen eine geheime Gebietsabtretung eines Hochgebirgsteils an China protestiert hatten, schießen ließ. Fünf Menschen wurden damals getötet.

Das Regime Bakijew

Bischkek kam nicht zur Ruhe. Im Juni 2005 veranstalteten Tausende bezahlte Anhänger des alten Regimes Krawalle und waren nach der Besetzung von Regierungsgebäuden nur mit Mühe wieder zu vertreiben. Allgemein wurde vermutet, daß Sohn Aidar Akajew und Schwiegersohn Adil Tojgunbajew hinter jener konterrevolutionären „Volksbewegung" standen. Beide hatten sich unter Vater Akajew als besonders raffgierig gezeigt. Ihre Spezialität war die erpresserische Übernahme gutgehender Unternehmen gewesen. Das Gewerbe hatten jetzt andere übernommen.

Da weder Bakijew noch das Parlament Anstalten machten, die versprochene Verfassungsreform umzusetzen, kam es im Mai 2006 zu neuerlichen Pro-Reform-Kundgebungen mit ca. 15.000 Demonstranten. Im November ließ Bakijew aus dem Süden eigene Anhänger gegen die Demonstranten der Opposition herbeitransportieren. Straßenschlachten waren die Folge. Bakijew warf der Opposition, zu der jetzt wieder Ex-Außenministerin Otunbajewa zählte, die sich mit ihm überworfen hatte, Putschabsichten vor. Zehntausende errichteten wieder Zeltstädte aus Jurten auf den zentralen Plätzen Bischkeks. Neben Protesten gegen das grassierende organisierte Verbrechen, die Vetternwirtschaft und die Korruption der neuen Machthaber wurde an die gebrochenen Versprechen der Revolution erinnert: das ausbleibende Ende der Zensur des Staatsfernsehens und die fehlende parlamentarische Verfassung.

Nach langem Sträuben und wochenlangen Demonstrationen unterschrieb Bakijew am 10. November 2006 schließlich eine Verfassung, die nach dem Vorbild der ukrainischen „orangen Revolution" noch radikaler mit den Präsidialregimes des Postsowjetismus brach: das Parlament ernennt die Regierung und wählt die Präsidenten der Nationalbank, des Rechnungshofes etc. Der Sicherheitsdienst des Präsidenten wird der Regierungskontrolle unterworfen. Mit einer Dreiviertelmehrheit kann der Präsident abberufen werden. Das Parlament selbst wird jeweils hälftig durch Verhältniswahlrecht aus Landeslisten und mit Mehrheitswahlrecht in Direktmandaten gewählt.

Bakijew dachte jedoch nicht daran, sich an die neue Verfassung zu halten. Er setzte vielmehr das Parlament unter Druck, die Verfassung abzulehnen, und zog im Dezember seine Unterschrift zurück. Kulow fühlte sich nun verraten und trat als Premierminister zurück.

Bakijew gelang es dann nach einigen Wochen, einen der bisher radikalsten Oppositionsführer, Almasbek Atambajew, zum Ministerpräsidenten zu bestellen, während Kulow als neuer Oppositionsführer die Parole ausgab, solange weiterzudemonstrieren, bis die neue Verfassung verkündet und umgesetzt würde.

Im April 2007 verhärtete Bakijew seine Gangart. Er ließ die Jurten des Ala-Too-Platzes mit Polizeigewalt durch den Einsatz von Tränengas, Gummiknüppeln und Blendgranaten räumen, die Büros der Vereinigten Oppositions-Front durchsuchen und ihre Anführer verhören und verhaften. Kulow flüchtete in sein Heimatdorf, wo er von seinen Klansleuten geschützt wurde.

Der Gang jenes Verfassungskonflikts zeigte, daß die Auseinandersetzungen nicht institutionell, sondern weiter durch die finanziell machbare Mobilisierung der Straße „gelöst" wurden. Das Chaos der kirgisischen Konflikte schien allen jenen Recht zu geben, die von der Demokratisierung Zentralasiens die Destabilisierung der Region befürchteten.

In der Folge zog Bakijew immer mehr durch restriktivere Gesetze und repressivere Praktiken die Daumenschrauben an. Die Parlamentsmehrheit war ihm gefügig. Bei Ernennungen in Zentralverwaltungs-, Richter- und Provinzialposten plazierte er ausschließlich persönliche Gefolgsleute oder verläßliche Angehörige seiner Ak-Schol-Partei. Die Opposition wurde organisatorisch, finanziell und politisch immer schwächer. Kulow verlor die Kontrolle über seine letzte Zeitung und seine Internet-Nachrichtenagentur.

Während Bakijew seine persönliche „Machtvertikale" stärkte, verschärften sich die sozialen Probleme. Die rückläufige Baukonjunktur in Kasachstan und Rußland verminderte die Gastarbeiterüberweisungen. Die weltweite Inflation bei Nahrungsmittel- und Energiepreisen trifft das arme Land besonders. So stiegen 2007 die Nahrungsmittelpreise um 31,5 % – die von Brot- und Backwaren um 62 % – und die Preise für Gas, Strom und Benzin um 30 %. Innerhalb Bakijews Seilschaften, ja selbst in seiner Familie zwischen Sohn Maxim und Bruder Janisch, zertritt man sich derweil über Privatisierungsgeschäfte und Staatsposten. Wegen der Ursprünge seiner Machtbasis im Süden strömten nun vermehrt fromme Muslime aus den usbekisch geprägten Süden in die Hauptstadt und in einflußreiche Posten. Angesichts des Staatsversagens, des Verrats an der Revolution, der allgemeinen Korruption, Armut, Gesetzlosigkeit und des Justizversagens gewinnt der militante Islam mit seinen strikten simplen Regeln immer mehr Anhänger. Die verbotene radikale Hizb-ut-Tahrir nutzt vor allem religiöse Massenfeiern und öffentliche Gebete zur Propaganda, zum Verteilen von Handzetteln und eigenen Veranstaltungen. Angeblich gehören ihr schon 30–40 % der usbekischen Jugendlichen im Süden Kirgisiens an. Auf die gescheiterte „Tulpenrevolte" droht dann die „grüne Revolution" zu folgen.

---

1 Frankfurter Allgemeine Zeitung, 7. August 2006.

2 Frankfurter Allgemeine Zeitung, 23. September 2005.

TADSCHIKISTAN NACH DEM BÜRGERKRIEG

Der Bürgerkrieg

Tadschikistan, das ärmste Land der ehemaligen Sowjetunion, gilt heute als weithin gescheiterter Staat. Die Unabhängigkeit begann mit einem folgenschweren Fehlstart. Im November 1991 wurde in einer manipulierten Wahl der Altkommunist Rachmon Nabijew zum Staatschef gekürt. Er bemühte sich sofort um die Wiederherstellung der absoluten Macht der KP. Antikommunistische Massendemonstrationen einer Koalition von muslimischen, nationalistischen und westlich-demokratischen Regimegegnern zwangen Nabijew von März bis Mai 1992 ein Drittel der Parlamentssitze der Opposition anzubieten. Im Süden brachen dann Kämpfe zwischen Gegnern und Anhängern Nabijews aus. Die Waffen stammten aus dem benachbarten Afghanistan und aus sowjetischen Armeebeständen. Im September 1992 wurde Nabijew mit Waffengewalt zum Rücktritt gezwungen. Am 24. Oktober 1992 eroberten die Kommunisten die Hauptstadt Duschanbe (1929–1963: Stalinabad) zurück. Doch schon zwei Tage später wurden sie wieder vertrieben. Bis dahin hatte der Bürgerkrieg 18.500 Tote und 300.000 Flüchtlingen die Heimat gekostet. Doch es sollte noch schlimmer kommen.

Im November 1992 wurde dann der KP-nahe ehemalige Kolchoschef Emomali Rachmanow zum Staatsoberhaupt gewählt. Er sollte eine Koalition mit den Demokraten und Islamisten bilden. Nach ihrem Scheitern ließ er Duschanbe militärisch besetzen. Darauf brachen wieder Kämpfe auf, bei denen alte Stammesrivalitäten zunehmend die ideologischen Etiketten überlagerten. Die prokommunistischen, von der russischen 201. mot. Schützendivision unterstützten Rachmanow-Leute waren zumeist Kuljaben aus dem Süden. Dagegen stammten die von Professor Said Abdullo Nuri geführten „Islamisten" fast alle aus dem östlichen Pamir und dem oberen Garmtal. Sie waren mit Ahmed Massoud, dem tadschikischen Chef der Nordallianz und Erzfeind der Taliban in Afghanistan verbündet. Gelegentlich führten abtrünnige Offiziere der Regierungstruppen auf eigene Faust Krieg. Häuptlinge von Räuber- und Drogenhändlerbanden behaupteten ihr eigenes Territorium als örtliche Kriegsherren. Oft wurde der Kampf zwischen bewaffneten Kolchosen und zwischen den Klans um umstrittenes Ackerland und Weidegründe geführt. Nachdem etliche Vermittlungsversuche von Moskau, Teheran und der UNO stets am Wortbruch Rachmanows scheiterten, willigte er 1997 unter dem Eindruck militärischer Niederlagen endlich in einen Waffenstillstand ein, blieb auf Druck von Moskau und Washington, die eine islamistische Übernahme Tadschikistans befürchteten, jedoch Regierungschef. Ein Drittel der Ministerien sollte die Opposition erhalten. 5.000 bewaffnete Rebellen wurden in die tadschikische Armee eingegliedert. Fünf Jahre Bürgerkrieg hatten 100.000 Menschen das Leben gekostet, darunter auch der österreichische Oberstleutnant Wolf Sponner, der als Chef der UNO-Beobachtertruppe im September 1995 im Garmtal fiel. Das Land, das zu Sowjetzeiten mit einer Vielzahl von Forschungsakademien zu einer Art Vorzeigeprovinz der Völkerfreundschaft hergerichtet worden war, war völlig verwüstet. Nichts war erhalten oder repariert worden. Was noch einen Wert darstellte, wurde entweder geplündert oder zerschossen. Aufgrund der Zerstörung des Bewässerungssystems wurde Ackerland zur Wüste, Industrie zu Schrott und eigentlich gut ausgebildete Facharbeiter zu Subsistenzbauern. Zu allem Überfluß organisierte das benachbarte Usbekistan 1998 einen bewaffneten Überfall auf die zweitgrößte Stadt, das im Norden des Landes gelegene Chudschand (früher: Leninabad). Chudschand ist nur im Sommer über Bergpässe auf tadschikischem Territorium erreichbar. Die Usbeken vermuteten in dem gesetzlosen Tadschikistan die Ausgangsbasis usbekischer, von den Taliban unterstützter islamistischer Terroristen. Als der Angriff mit russischer Hilfe zurückgeschlagen wurde, schlossen die Usbeken die Grenze und legten Minenfelder an.

Die Diktatur des Emomali Rachmon

Staatschef Emomali Rachmon(ow), der seine russische Nachsilbe „ow" vor einiger Zeit ablegte, konzentriert sich derweil weiter auf die Konsolidierung seiner Macht. 1999 ließ er sich mit 96,99 % der Stimmen wiederwählen. Sieben Jahre später, im November 2006, ließ er vier Gegenkandidaten aus dem Regierungslager zu, die dann zwischen 2 und 6 % der Stimmen erhielten. Er selbst bekam 79,3 %. Mit zwei weiteren möglichen Wiederwahlen (die Verfassung wurde passenderweise geändert) könnte seine Amtszeit bis 2020 dauern. Die Machtteilung mit der Opposition schaffte Rachmon ohnehin schon bald ab. Die Demokraten und eine weitere Oppositionspartei namens Tarrakjot sind schon lange kaltgestellt und ihre Führer inhaftiert. Die Islamische Partei der Wiedergeburt ist zwar noch legal. Ihr werden aber nur zwischen zwei und fünf Abgeordnete unter den 65 Sitzen des Parlaments zugestanden. Sie hat als einzige Oppositionspartei noch eine nationale Basis. Nach dem Krebstod ihres langjährigen Vorsitzenden Said Abdullo Nuri (59), der aus einer Familie angesehener Religionsgelehrter stammte und von den

Sowjets verfolgt worden war, wird die Partei von einem sanftmütigen Oppositionellen namens Muhiddin Kabiri (42) geführt, der offen zugibt, daß ihm die Kontrolle über die jungen, wütenden Männer des islamischen Untergrunds entgleitet.

Rachmon strangulierte unter dem Bruch der Friedensabkommen nicht nur die laizistische und (weitgehend) die islamistische Opposition – die meisten sind heute im Exil, verhaftet oder ermordet –, er fiel auch über einstige Bundesgenossen her. So sperrte er seinen Innenminister und den Geheimdienstchef als potentielle Rivalen ein und befiehlt unter dem Vorwand der Drogenbekämpfung bewaffnete Angriffe in das Territorium der Kuljabis, deren Stammeschefs ihm zu unabhängig und mächtig geworden sind. Solche Exkursionen der Zentralgewalt werden häufig in blutigen Feuergefechten zurückgeschlagen.

In der Zwischenzeit versucht der Klan des Präsidenten, der aus Danghara stammt, sich die Wirtschaft weitgehend untertan zu machen. Dabei schreckt er auch intern nicht vor Mord und Totschlag zurück. So erschoß mutmaßlich im Mai 2008 der älteste Präsidentensohn Rustam auf Geheiß seiner Schwester Tamina den Schwager des Präsidenten Hassan Sadullojew (40) im Streit um den Besitz der Orion Bank.[1] Sadullojew hatte bis dahin als reichster Mann Tadschikistans und als rechte Hand des Präsidenten gegolten. Natürlich stritt das Regime den Mord ab und behauptete, Sadullojew habe eine längere Auslandsreise angetreten, von er jedoch bisher nicht zurückgekehrt ist. Damit waren die Begehrlichkeiten von Tochter Tarima aber noch nicht befriedigt. So übernahm sie auch die Orima-Supermarktkette, nachdem deren rechtmäßiger Besitzer praktischerweise wegen Steuerhinterziehung inhaftiert, zu 8 1/2 Jahren Gefängnis verurteilt und sein Eigentum konfisziert worden war.

Die Erlasse des Präsidenten gemahnen wie die seines verstorbenen Kollegen Turkmenbaschi mittlerweile mehr und mehr an Cäsarenwahn. So verbat er das Vergolden der Schneidezähne, das die Tadschiken in sowjetischer Tradition weiter für sehr modisch halten. Feiern sind wochentags nur zwischen 6 und 11 Uhr abends erlaubt. Der Besuch von Hellseherinnen und der Autotransport von Kindern zur Schule sind verboten. Während er die Bevölkerung zur Sparsamkeit anhält, ließ er sich selbst eine überdimensionierte Kopie des Weißen Hauses bauen, das sein Original in Washington D. C. wie eine Hundehütte erscheinen läßt. Auch die allgegenwärtigen Rachmon-Porträts im Stil des nordkoreanischen Realismus künden vom wachsenden Größenwahn.

Eine Wirtschaft in Trümmern

Die Wirtschaft befand sich bis 1997 im freien Fall und stagniert seit einiger Zeit. Das Pro-Kopf-Einkommen liegt bei $ 280 im Jahr. Ein Lehrer verdient auch in der Doppelschicht nur $ 10 im Monat. Die 40.000 auf

das „Dach der Welt" deportierten Volksdeutschen sind längst ausgewandert. In den Städten gibt es nur einmal die Woche fließendes Wasser und zwei Stunden Strom am Tag. Im Winter 2007/08 drehte der
Nachbar Usbekistan einmal mehr das Gas ab. Damit blieben nicht nur
die Wohnungen ungeheizt, auch die verbliebene Industrie wurde damit stillgelegt. 70 % der Exporte bestehen aus Aluminium der großen
Tadaz-Schmelze. Der Rest der legalen Exporte besteht aus Baumwolle, Elektrizität sowie aus getrockneten Aprikosen, Karakulschafen und
Seidenraupen. Auslandsinvestitionen bleiben aus. Die Auslandsschulden dagegen betragen $ 880 Millionen bei einem BIP von bestenfalls
$ 1,2 Milliarden. Weil $ 500 Millionen eines IWF-Kredits zur Förderung der Baumwollwirtschaft verschwunden zu sein scheinen, verlangt
der IWF seit März 2008 eine erste Rate von $ 47 Millionen zurück. Das
könnte das Regime in den Konkurs treiben.

Die deutsche Entwicklungshilfe hat vornehmlich die Brücken und Fäh-
ren nach Afghanistan wieder repariert, was sicherlich den einzig florieren-
den Wirtschaftszweig, den Heroinhandel, an dem auch tadschikische Diplomaten beteiligt sind, dankbar stimmt und sehr belebt. Frankreich hat
für seinen Afghanistan-Einsatz in Duschambe 250 Pioniere einquartiert
und nutzt den Flughafen für Transport- und Mirage-Kampfflugzeuge.

Die Russen selbst hatten bis 2006 die 201. motorisierte Schützendivision zur Grenz- und Friedenssicherung in Tadschikistan stationiert.
Allerdings wurden jene Truppen so stark vom örtlichen Drogenhandel
korrumpiert, daß sie schließlich abgezogen werden mußten.

Es gibt in Tadschikistan eine intensive iranische Kulturarbeit, denn
auch die Tadschiken sind persischsprechende Indogermanen, die im
16. Jahrhundert von den Turkvölkern aus ihren Tälern und Oasen ins
Hochgebirge verdrängt wurden. Allerdings sind die Tadschiken Sunni-
ten und deswegen für die religiöse Agitation der schiitischen Iraner eher
unempfänglich. Der Alptraum einer islamischen Übernahme Tadschikistans machte in Washington allein $ 135 Millionen an Militärhilfe für
das Rachmon-Regime locker und ließ die Kritik an seinen Untaten und
politischen Morden verstummen. Auch der Abriß der einzigen Synagoge
in Tadschikistan im Sommer 2008, die im Umfeld des neuen Präsiden-
tenpalastes störte und die kleine und verarmte jüdische Gemeinde in
Duschambe ihres Gotteshauses beraubte, löste keinerlei internationale
Reaktionen aus.

Die grobschlächtigen Grenzziehungen von 1924 hatten jede Menge Minderheiten jenseits der nationalen Grenzen – darunter auch gut
eine Million Usbeken in Tadschikistan – gelassen und auf naturräum-
liche Gliederungen keine Rücksicht genommen. So trennten Grenzen
die Straßenverbindungen des südlichen Tadschikistans in den Norden
des Landes sowie das Eisenbahnnetz gleich mehrfach. Wenn jene eine
Million Tadschiken (mehr als 15 % der Gesamtbevölkerung) ins russi-

sche Ausland zur Land- oder Bauarbeit fahren, kreuzen sie mit der Eisenbahn Duschanbe–Astrachan viermal die usbekische und dreimal die kasachische Grenze, mit sieben Gelegenheiten, von korrupten Zöllnern verhaftet und geplündert zu werden. Das gilt auch für den unbegleiteten Warenverkehr.

Während die am besten ausgebildeten und unternehmungslustigsten Tadschiken für schlechtes Geld unter prekären Bedingungen im russischen Ausland arbeiten, herrscht im eigenen Land – bedingt auch durch die Kriegsverluste – Männermangel. Die Antwort des Rachmon-Regimes war, die Vielweiberei wieder zuzulassen. Ansonsten herrscht der Frauenhandel in Richtung Golfstaaten, Türkei und Rußland.

Vor dem Hintergrund des aktuellen Elends will vielen Tadschiken die Sowjetzeit mit geheizten Wohnungen, sicherer Stromversorgung, freier Gesundheitsversorgung, Billigflügen nach Moskau, funktionierenden Schulen und Studienplätzen ohne Bakschisch wie eine goldene Ära erscheinen. Als Alternative zu jener Illusion bleibt vielen nur noch die massiv zunehmende Vertröstung in die islamische Religiosität. Es ist die Korruption und Repression des Regimes, die den religiösen Extremismus im Lande verschärft. Gleichzeit ist das Regime mit seinem Rekurs zu bewaffneten Angriffen auf einstige Gegner (die als Polizeieinsätze gegen das organisierte Verbrechen dargestellt werden) und damit dem beständigen Zündeln am Bürgerkrieg unfähig, rechtsstaatliche Sicherheit zu gewähren und seine Grenzen zur Terrorabwehr effektiv zu kontrollieren. Sollte Afghanistan wieder in die Hände der Taliban fallen, wäre der gescheiterte Staat Tadschikistan unmittelbar betroffen. Die Fundamentalisten stünden dann bald mitten im Ferganatal, im strategischen Herzen Zentralasiens.

---

1 Frankfurter Allgemeine Zeitung, 18. Juni 2008.

RUSSISCH-FERNOST UND DER CHINESISCHE NACHBAR

Mit der Befreiung vom Kommunismus brach auch in Rußland die Geburtenrate ein. Sie liegt jetzt bei 1,1 Kindern pro Frau, eine der niedrigsten Raten der Welt. Zunächst konnte der Bevölkerungsverlust durch die Zuwanderung von etwa 8 Millionen Russen vor allem aus Zentralasien ausgeglichen werden. Seitdem dieser Zustrom um die Jahrtausendwende versiegte, sank die Bevölkerung von 149 Millionen auf derzeit 142 Millionen. Doch auch die Todesraten nehmen wegen steigender Unfälle, Verbrechen, Drogenmißbrauchs, einer schlechten Volksgesundheit und verschlimmerter medizinischer Versorgung zu. Die Lebenserwartung des schwachen „starken" Geschlechts ist bereits unter 60, und zwar auf 58,4 Jahre, gesunken. Deshalb wird sich die Abnahme der Russen über die aktuelle Zahl von bis zu 750.000 jährlich weiter beschleunigen. Nach mittleren Projektionen der Vereinten Nationen wird die Zahl der Einwohner Rußlands im Jahr 2050 die 100-Millionen-Marke unterschreiten. Der Anteil der wesentlich fertileren muslimischen Bevölkerung wird dann 20–30 %, bei weiteren Zuwanderungen auch bis zu 40 % betragen.

Am dramatischsten ist jetzt schon die Entwicklung in Russisch-Fernost, jenen zehn Gebietskörperschaften, die zwischen Ostsibirien, dem Eismeer, dem Pazifik und der Grenze zur Mandschurei liegen. Es handelt sich um den Oblast Amur, den Jüdischen Autonomen Oblast, die Bezirke (*krai*) Chabarowsk und Primorje, die Insel Sachalin, Jakutien (Republik Sacha), den Oblast Magadan, den Tschukotka und den Korjaken *okrug* sowie die Halbinsel Kamtschatka. Sie umfassen 36 % des russischen Territoriums. Dort lebten 1989 noch 8,1 Millionen Menschen. Im Jahr 2004 waren es weniger als 6,9 Millionen. Tendenz: weiter stark fallend. Auch Putin hält die demographische Situation dort für „alarmierend". Passiert ist deshalb aber noch lange nichts. Mit zehn verschiedenen Gebietskörperschaften, die alle mit Moskau unterschiedliche Zuständigkeiten und Rechte ausgehandelt haben, gibt es keinen einheitlichen politischen Raum. Die Bevölkerung fühlt sich nicht ganz zu Unrecht im Stich gelassen. Die Zentrale in Moskau scheint alle Steuern und die Erträge der Rohstoffexporte zu schlucken. Im Gegenzug kommt wenig zurück. Gewählt werden im allgemeinen nur linkspopulistische, autoritäre Ortskaiser, die dann um die Gunst des Präsidenten und um Subventionen aus Moskau rivalisieren. Damit bleibt die Region politisch zersplittert. Mit ihrem biographischen Hintergrund als Alt-Apparatschiks oder Funktionäre der Staatsindustrie besteht, wie bei allen ihren Gesinnungsgenossen, der erste Reflex darin, die persönliche Macht im eigenen Revier zu zementieren[1]. Interregionale Zusammenarbeit oder gar eine offene internationale Entwicklung Russisch-Fernosts sind nicht Teil ihres politischen Programms.

Die Krise

Ursprünglich waren alle Prognosen für die Region nach der Wende von 1991 positiv gewesen. Russisch-Fernost ist reich an Bodenschätzen (Öl, Erdgas, Kohle, Gold, Diamanten, Edelmetalle sowie Holz und Fische), dabei arm an Arbeitskräften, Kapital und moderner Technologie. Das ist bei seinen pazifischen Nachbarn umgekehrt. Japan, Korea, Taiwan und China haben zwar Menschen, Kapital und Technologie im Überfluß, nicht aber die Rohstoffe, die in Sibirien und in Fernost der Erschließung harren. Doch statt jene Komplementarität zu nutzen, sollte es anders kommen. Schon in den 1980er Jahren hatten interessierte japanische Konzerne im Umgang mit unwilligen sowjetischen Behörden reichlich Lehrgeld zahlen müssen. Anfang der 1990er Jahre ging es koreanischen Firmen ebenso. Voller Begeisterung hatten sie nach der Normalisierung der diplomatischen Beziehungen das benachbarte Fernost bereist und hatten Hunderte von Entwicklungsprojekten in Höhe von insgesamt $ 5 Milliarden vorgeschlagen. Die meisten blieben im Widerstreit zwischen unwilligen Moskauer Ministerien, mißtrauischen Regionalmachthabern und einheimischen, oft mafiosen Wirtschaftsinteressen stecken. Nur der risikofreudige, mittlerweile in Konkurs gegangene Hyundai-Konzern führte schließlich zwei Großinvestitionen durch. Das Svedaya-Projekt wurde nach internationaler Kritik nach dem maßlosen Abholzen gewaltiger Waldflächen in Primorje 1993 eingestellt. Das einzig überlebende Projekt, ein weitgehend leerstehendes 13stöckiges Geschäftshochhaus in Wladiwostok, wurde von willkürlich erhobenen Steuernachforderungen langsam ausgeblutet. Ähnliche Erfahrungen machten australische Firmen, als sie das Stahlwerk Amurstal in Komsomolsk am Amur oder ein Goldwergwerk in Sukhoi Log sanieren wollten. Stets erfolgten nach ersten Investitionen blockierende Interventionen und Dispute zwischen vorgesetzten Moskauer Behörden und Regionalpolitikern über die Verfügung über die Rohstoffe, Steuerquellen und Exportlizenzen, die das Gesamtprojekt dann verzögerten, unmäßig verteuerten und letztlich verhinderten. Obwohl Fernost dringend Auslandskapital nötig hätte, blieb es – abgesehen von den Öl- und Erdgasquellen Nordsachalins – stets unwillkommen oder sah sich als wohlfeile Beute geldgieriger Regionalpolitiker mißbraucht und machte sich nach erstem Lehrgeld entsprechend rar.

So wurde Holz benutzt, um japanische Maschinenimporte zu bezahlen. Oft wurden die Märkte mit sibirischem Holz geflutet, was die Preise ruinierte. Gleichzeitig erhielten die russischen Bundesforste kein Geld für die Wiederaufforstung. Auch jenes Mißmanagement schreckte potentielle Investoren ab.

Vor allem der in der Region Primorje um Wladiwostok bis 2001 unumschränkt herrschende Gouverneur Jewgenij Nasdratenko, der dort die meisten Unternehmen, die Regionalverwaltung, die Justiz und Teile der Unterwelt kontrollierte, hatte an der Einführung international üblicher Geschäftsgepflogenheiten wenig Interesse. Nasdratenko wurde von Putin erst nach einer Energiekrise gestürzt, als nach monatelangem Kohle- und Stromausfall im Winter 2000 in Wladiwostok mindestens zwölf Menschen in ihren vereisten Wohnungen erfroren waren. Das Geld für die Kohle und ihre Transportkosten blieb verschwunden.

Im Sowjetkommunismus war dies alles kostenfrei geliefert worden. Nach Stalins Tod 1953 wurde das Gulag-System, dem im Bergbaubezirk Magadan allein 2,5 bis 4 Millionen Häftlinge[2], darunter viele deutsche und japanische Kriegsgefangene, zum Opfer fielen, langsam aufgelöst. Deshalb mußten neue Arbeitskräfte mit hohen Lohn- und Transportsubventionen für die knochenbrechende Arbeit unter subarktischen Bedingungen angeworben werden. Dabei blieb Fernost und Ostsibirien im sowjetischen Plansystem ausschließlich die Rolle eines Rohstofflieferanten zugewiesen. Diese sollten, abgesehen von Rüstungsgütern und dem Fisch, nur in Westsibirien und im europäischen Rußland verarbeitet werden. Gefördert wurde unter sowjetischen Autarkieprämissen ohne Rücksicht auf die Wirtschaftlichkeit. So waren angesichts der weiten Strecken und des widrigen Klimas die Transportkosten für die in Fernost abgebaute Kohle dreimal höher als der Wert der Kohle selbst.

Nachdem Jelzin im Zuge der Staatskrise von 1991 alle Subventionen gestrichen hatte, stellten sich die meisten fernöstlichen Wirtschaftsaktivitäten bald als unrentabel heraus. Die Transportkosten für die Versorgung der Belegschaften und alle geförderten Bodenschätze übertrafen ihren Marktwert bei weitem.

Als Ergebnis der verteuerten Frachtraten, der reduzierten Förderung und der gefallenen Kaufkraft der Fernostbewohner halbierte sich bald das Frachtaufkommen der Transsibirischen Eisenbahn, die nach wie vor die Hauptachse des Verkehrs zwischen dem Fernen Osten und dem europäischen Rußland darstellt. In den frühen 1980er Jahren war jene Transsibirische Landbrücke gegenüber dem zeitaufwendigeren Frachtschiffverkehr Japan-Westeuropa noch wettbewerbsfähig gewesen. Seither haben sich die früheren Nutzer angesichts des Verfalls der Häfen und der Eisenbahn sowie wegen überhöhter Hafen- und Frachtraten und regelmäßigen Verspätungen, Beschädigungen und Diebstählen von jener Landbrücke längst abgewandt. Die Baikal-Amur-Magistrale

(BAM), die in den 1970er Jahren mit einem gigantischen Aufwand an Propaganda, Menschen und Material als nördliche Parallele und Denkmal Leonid Breschnews gebaut werden sollte, ist in den letzten, geologisch überaus schwierigen Tunnelabschnitten immer noch nicht fertig und transportiert nur auf einer Nebenlinie Kohle. Die meisten Flug- und Schiffahrtslinien gingen in Konkurs, auch weil Armee und Grenzschutz nie für den Transport ihrer Leute zahlten. Die meisten Provinzflughäfen schlossen. Die Personenschiffahrt entlang der Pazifikküste wurde eingestellt. Doch ohne den Transport von Menschen, Nahrung und Energie überlebt in dieser schon seit ihrer Besiedlung in der Zarenzeit einseitig als Rohstofflieferant strukturierten Region kein arbeitsteilig organisiertes Leben. Von der Regierung in Moskau fühlte sich der subventionsabhängige Fernosten nicht zu Unrecht abgeschrieben.

Die allesamt der kommunistischen Nomenklatura entstammenden einheimischen Politikeliten führten sich bei der Ausübung der von Jelzin eingeräumten regionalen Autonomierechte noch schlimmer auf. Nach linkspopulistischer Wahlagitation suchten sie vornehmlich ein Maximum an einheimischen Betrieben unter ihre persönliche Kontrolle zu bringen und für sich und ihre Gefolgsleute auf eigene Rechnung soviel Rohstoffquellen wie möglich sprudeln zu lassen. Umgekehrt bemühen sich die Moskauer Ministerien und ihre Dienststellen seit Putins Machtantritt, diese Absichten zu eigenen Gunsten zu durchkreuzen. In der Folge blieben auch einheimische Investitionen aus. Die wenigen Gewinne wurden ins Ausland vertunnelt. Ohne Erneuerungen und Instandsetzungen verrotten Betriebe, Gebäude und die Infrastruktur in dem rauhen Klima schnell. Nur mit dem Alteisen läßt sich angesichts hoher Schrottpreise in China noch gutes Geld verdienen. So fehlen in den Städten schon häufig die Kanalroste und Verkehrszeichen.

Statt dessen blüht die Mafia, die sich allerorts höchster politischer Protektion vor Polizei und Justiz erfreut. Laut Innenminister Boris Gryzlow genießt Russisch-Fernost die höchste Verbrechensrate pro Kopf Rußlands. Dies will einiges heißen. Seit Ende der 1990er Jahre wird die einheimische Unterwelt von härteren Banden aus Zentralasien, Tschetschenien und von chinesischen Triaden verdrängt. Von den Zentralasiaten wird der Drogenhandel aus Afghanistan kontrolliert. Angesichts der grassierenden Suchtverbreitung unter der Jugend (auch in den besseren Familien) ist er die einzige Wachstumsbranche in den Großstädten Chabarowsk und Wladiwostok. Tschetschenische Banden kontrollieren im Raum Nachodka etliche Grenzübergänge in die Nordmandschurei, über die nach China gekaperte Öltankwagen, illegal gefälltes Holz, gewilderte Tiger und Bären, Waffen und in Gegenrichtung Drogen, Alkohol und Unterhaltungselektronik verschoben werden. Mit den japanischen Yakuza organisieren sie den Tausch illegal in japanischen Provinzhäfen angelandeter russischer Fische gegen gestohlene Luxusautos, die über

Nachodka nach Fernost eingeschleust werden. Die chinesischen Triaden sind ebenfalls mit Schmuggel befaßt. Sie kontrollieren die Spielhöllen, erpressen Schutzgelder von ihren Landsleuten und organisieren die illegale Immigration. Russische Pässe sind in Wladiwostok unschwer für jeden, der zahlt, zu erhalten. Angesichts der politischen Protektion der Syndikate werden nur kleine Fische oder Amateure erwischt, wie jene nordkoreanischen Diplomaten, die 1994 und 1999 Opium verkaufen wollten. Unterweltdispute und Schutzgeldanwerbungen werden wie sonst in Rußland auch durch Entführungen, Feuerüberfälle aus fahrenden PKWs und Autobomben geregelt. Eine fernöstliche Spezialität ist es dagegen, Bomben vom Dach herabzulassen und sie vor dem Schlafzimmerfenster des Opfers zu zünden.

Die 200.000 unterversorgten russischen Grenztruppen sehen sich ähnlich wie Polizei und Justiz im Stich gelassen. Die ihnen gegenüberliegenden chinesischen Truppen sind besser versorgt, bezahlt und ausgerüstet – auch dank zahlreicher russischer Waffenexporte. So ist der einzige Lichtblick am düsteren Wirtschaftshimmel von Russisch-Fernost die Flugzeugfabrik von Konsomolsk am Amur. Dort bestellte das chinesische Militär 1998 38 Suchoj SU-30-Abfangjäger, die den amerikanischen F 15 überlegen sein sollen. Im Sommer 2001 wurden noch einmal 40 SU 30 für einen Gesamtpreis von insgesamt $ 3,8 Milliarden bestellt. Seither machen die rund 5000 Flugzeugbauer Überstunden. Noch 1969 hatten Grenzkämpfe am Ussuri hunderte Tote gefordert. Putin hat im übrigen in seiner Amtszeit, gegen den Widerstand der fernöstlichen Gouverneure, einen Großteil der umstrittenen Ussuri-Inseln und Überschwemmungsgebiete an seine chinesischen Freunde abgetreten.

Die russische Abwanderung

60 Prozent der Einwohner Russisch-Fernosts sind außerhalb der Region geboren. Von besseren Verdienst- und Aufstiegschancen angelockt, hatten sie sich bis 1989 in der unwirtlichen Gegend niedergelassen. In aller Regel beabsichtigten die meisten, vor ihrer Pensionierung mit 55 Jahren in ihre osteuropäische Heimat, zu der die Verbindung selten abriß, zurückzukehren. Im Blick auf ausbleibende Gehälter, die wirtschaftliche und physische Unsicherheit, die schmerzlichen Versorgungsengpässe, bei denen im Winter oft Elektrizität, Heizöl und selbst Leitungswasser ausfallen, fällt den meisten der Entschluß zur Rückkehr leicht. 1991 setzte mit seither ca. 100.000 Menschen pro Jahr die Abwanderung – oft nach Krasnodar oder Rostow am Don – machtvoll ein. Seit 1993 wurde zusätzlich auch der „natürliche Zuwachs" der relativ jungen Region negativ: Die Sterberaten übertreffen die Geburtenziffern. Am stärksten ist die Abwanderung in den menschenarmen Nordprovinzen, in Tschuchotka und in Magadan. Dort betrug der Bevölkerungsverlust im letz-

ten Jahrzehnt 50–60 %. Im relativ dichter besiedelten Süden entlang
von Ussuri und Amur liegt er erst bei (noch) 10 %. Nach offiziellen, das
heißt sehr optimistischen Schätzungen wird der Bevölkerungsrückgang
der Gesamtregion bis 2015 weitere – 9 % ausmachen.

Viele der Arbeitslosen und Rentner der südlichen Städte werden von
ihrer Armut an der Rückwanderung gehindert. Denn der Staat honoriert
seine früheren Anwerbungsversprechen, in die Gratisrückfahrten inklu-
diert waren, nicht mehr. Die Hyperinflation der frühen 1990er Jahre
und der Bankenkollaps von 1998 hat ihre Lebensersparnisse vernichtet.
Die teuren Fahrscheine der Transsib sind damit für viele unerschwinglich geworden. Wer nicht von seiner Familie ausgelöst wird, ist in seiner
Armut in Fernost gefangen. Sollten sich ihre Renten wieder substantiell
erholen, würde dies die Abwanderung weiter beschleunigen.

Oft werden entlegene Bergwerkssiedlungen zur Gänze verlassen und
aufgegeben. Der Tag ist absehbar, an dem die eingesessenen Volksgrup-
pen der Jakuten, Tschuktschi und Korjaken, die meist in ihren armen
Dörfern, von der Wirtschaftskrise kaum betroffen, weiter der Jagd und
Fischerei nachgehen, wieder die Mehrheit als Titularnation ihrer Oblaste bzw. der „Republik Sacha" (Jakutien) stellen werden. In dem Jüdischen Autonomen Bezirk mit der Hauptstadt Birodischdan sank der
Anteil der von Stalin dorthin verbrachten Juden von ursprünglich 23 %
auf nur noch 4 % (15.000 Menschen), nachdem die meisten zwischenzeitlich in die USA und nach Israel ausgewandert sind.

Die chinesische Einwanderung

Attraktiv ist Russisch-Fernost nur für seine südlichen Nachbarn: die
130 Millionen Chinesen, die in der überbevölkerten Mandschurei, dem
wirtschaftlich daniederliegenden „Rostgürtel" Chinas, und in der Inneren Mongolei wohnen, und die 26 Millionen Nordkoreaner, die im stalinistischen Armenhaus und Hungerparadies des Despoten Kim Jong-il
ihr Dasein fristen. 1938 hatte Stalin alle Chinesen, die damals noch die
Bevölkerungsmehrheit in Wladiwostok stellten, vertreiben lassen. Die
Koreaner, die er für japanische Spione hielt, wurden nach Kasachstan
verbannt. Heute leben legal wieder 200.000 Chinesen – 3 % der Bevölkerung – in Fernost. Die Zahl der Illegalen wird dort offiziell auf
400.000 geschätzt. Die Dunkelziffer liegt in Rußland bei 3,5 Millionen
(2 % der Bevölkerung), davon in Fernost wahrscheinlich 2 Millionen.
Für alle Chinesen ist eine visumfreie Einreise für bis zu 30 Tage möglich,
genug Zeit, um sich von Landsleuten aus der Unterwelt die richtigen
Papiere zu beschaffen. Mittlerweile betreiben die Chinesen alle Casinos
und die meisten Hotels, Gaststätten und Wäschereien der Region als
klassische Einstiegsobjekte. Schon 1998 gab es 1.500 chinesische Firmen
in Rußland, 80 % davon residierten in Fernost. Wenig überraschend

sind nicht nur die kriminellen Triaden, sondern auch Parteizellen und der chinesische Geheimdienst unter den Immigranten aktiv. Sie arbeiten als Schuster, Näher, als Land- und Forstarbeiter, in Baubrigaden und organisieren als Kleinhändler den in keiner Handels- und Zollstatistik auftauchenden Realtausch über den Ussuri und den Amur. Für Arbeitgeber sind die chinesischen und nordkoreanischen Arbeitskolonnen sehr begehrt, weil sie fleißiger und billiger sind und klaglos länger arbeiten als die Russen. Gouverneur Sergej Darkin lud im Jahr 2003 200.000 Nordkoreaner als zusätzliche Arbeitskräfte ein. Denn von Koreanern, von denen bereits 500.000 in den Nachfolgestaaten der ehemaligen Sowjetunion verstreut leben, fühlen sich die Russen im Gegensatz zu Chinesen und Japanern, die auf die Südkurilen Gebietsansprüche erheben, nicht bedroht. Wegen des Mangels an Arbeitskräften wird nur noch ein Drittel des Ackerlandes von Russisch-Fernost bestellt. Dabei gelang es chinesischen Pächtern, von ihrem Land sechsmal höhere Erträge als die Einheimischen zu erwirtschaften. Nordkoreanische Land- und Bauarbeiter verlangen mit $ 100 monatlich nur die Hälfte des Lohns eines Russen. Chinesische Näherinnen fertigen Hemden für den US-Markt für gar nur 11 Cent die Stunde in den von Südkoreanern organisierten Textilfabriken. Die Arbeit von Russinnen würde das Fünffache kosten.

Die meisten Chinesen leben unauffällig in den Vorstädten von Chabarowsk und Wladiwostok, die mehr als 600.000 Einwohner haben, und in Grenzstädten wie Ussurisk, Pogranitschni und Blagoweschtschensk, wo sie schon die Mehrheit der Bevölkerung stellen.

Unter der Federführung der UNIDO (Organisation der Vereinten Nationen für industrielle Entwicklung) sollte das Grenzgebiet von China, Rußland und Nordkorea im Tumendelta gemeinsam entwickelt werden. Bei einem Staatsbesuch in Moskau im Juni 2003 schlug Premier Hu Jintao die chinesische Pacht der Häfen Posiet und Zarubino an der Mündung des Tumen für 49 Jahre vor. China würde die verrotteten Häfen auf die zehnfache Kapazität ausbauen und modernisieren und 34 Eisenbahnkilometer in die Nordmandschurei, die so endlich einen direkten Zugang zum Japanischen Meer und zum Pazifik erhielte, finanzieren. Putin lehnte brüsk ab. Zu stark ähnelte das Projekt jener Mandschurischen Eisenbahn, die das Zarentum seinerzeit, auf dem Höhepunkt des europäischen Einflusses in Ostasien, nach Port Arthur (heute: Dalien) hatte bauen lassen, um das ganze Gebiet prompt zur russischen Einflußsphäre zu erklären. Seit dem Zerfall der Sowjetunion 1991 reagiert die – gesteuerte – öffentliche Meinung in Rußland allergisch auf die Andeutung weiterer Gebietsverluste. Deshalb gelang es den Japanern trotz attraktiver Offerten mit gesichtswahrenden, zeitlich verschobenen Souveränitätstransfers bislang auch noch nicht, die von der Sowjetunion 1945 illegal annektierten Südkurileninseln zurückzukaufen. China dagegen weiß die Zeit auf seiner Seite. Unverdrossen bereitet es die infrastrukturellen Vorarbeiten für die Rückgewinnung von Fernost vor. Von Dalien ausgehend, wird der Bau einer Eisenbahnlinie in Angriff genommen, die nunmehr auf chinesischer Seite den Osten und Norden der Mandschurei bis zur russischen Grenze verbindet.

Auf russischer Seite wird versucht, dem anscheinend unweigerlichen Verlust an Territorium und Wirtschaftsmacht durch Megaprojekte der sowjetischen Tradition entgegenzusteuern. So ist seit 1966 schon eine transkontinentale Autobahn von Wladiwostok bis Moskau im Bau, für deren 2.200 km langes Teilstück am Amur die Osteuropabank EBRD vor einigen Jahren $ 25 Millionen beisteuerte. Mit einem Pipelineprojekt aus Ostsibirien spielt die russische Führung ihr übliches Katz- und Mausspiel. Seit einem Jahrzehnt verspricht Moskau in vielen Gipfelkommuniqués sowohl China wie Japan jeweils sich ausschließende Streckenführungen für das sibirische Öl. Sie haben einen gemeinsamen Ursprung: Angarsk oder Taischet im südlichen Ostsibirien. China wünscht als Zielort die Raffinerien von Daqing in der Mandschurei. Diese Pipeline wäre nur 2.400 km lang und würde $ 1,8 bis $ 2,4 Milliarden kosten. 400.000 Tonnen Öl pro Tag könnten in die ölhungrige Petrochemie der Nordmandschurei gepumpt werden. Der japanische Gegenentwurf, der aus geopolitischen Gründen den Segen Putins und der Amerikaner findet, ist mit 4.000 km länger und führt über die erdbebengefährdete Taiga, beschwerliche Gebirge bis nach Nachodka an die Pazifikküste. Dort könnten nicht nur Japaner, sondern auch andere Pazifikanrainer russisches Öl kaufen. Doch Moskau ließ sich mit einer Entscheidung Zeit. Den Japanern schickte es statt der bisherigen Kostenschätzung von $ 5–6 Milliarden einen neuen Voranschlag über $ 12 Milliarden zur allfälligen Finanzierung; ein Preis, der jegliche Rentabilität weit übersteigen dürfte. Falls die Japaner akzeptiert hätten, wären sie wohl mit Putin handelseinig geworden. Doch auch die Japaner begannen, kalte Füße zu bekommen.

Im Jahr 2006 begann Transneft, ohne internationale Vereinbarungen abzuwarten, das Projekt in Eigenregie durchzuziehen. Binnen Jahresfrist war von 2.740 km von Taischet in Mittelsibirien bis nach Skoworodino am Amur bereits ein Drittel fertiggestellt. Ab Ende 2008 sollen dann 30 Millionen Tonnen Öl jährlich per Bahn über die verbleibenden 1.760 km zu dem neuen Ölhafen in der Kozmino-Bucht an der Pazifischen Küste gebracht werden.

Gleichzeitig hat China mit dem Bau einer Pipeline von Daqing mit seinen vor der Erschöpfung stehenden Ölfeldern und Raffinerien nach Skoworodino begonnen, um jenes flüssige Gold doch noch abzuzapfen. Ob das letzte Pipeline-Teilstück zur Küste und die Erweiterung der Kapazitäten auf 80 Millionen Tonnen tatsächlich doch noch gebaut werden, steht weiter in den Sternen oder vielmehr in unerforschten sibirischen Tiefen, deren Ölvorräte nach wie vor sehr unklar sind.

Als einstige Strafkolonie der Zaren spielte Sachalin[3], dessen Südhälf-
te (*karafuto*) unter japanischer Herrschaft von 1905–1945 entwickelt
wurde, von jeher eine Sonderrolle. Seit 1999 fördern die auf dem nördlichen Kontinentalsockel der Insel vorgelagerten Ölfelder Sachalin I
und II reichlich Öl und Erdgas. Die Vorkommen sind zwar kleiner als
die der Nordsee, doch sind sie für die Energiewirtschaft Nordostasi-
ens nicht unwichtig. Sachalin I (entwickelt von Exxon Mobil, Itochu
und Marubeni) und Sachalin II (erschlossen durch Shell, Mitsui und
Mitsubishi) sind mittlerweile auch mit langfristigen Lieferverträgen für
Flüssiggaslieferungen an die führenden E-Werke Japans rentabel. Unter Putins Regie und mit Medwedjews Hilfe erzwang Gasprom 2006,
wie bereits beschrieben, mit unfeinen Methoden einen kontrollierenden
Mehrheitsanteil der Förderprojekte, nachdem die Ausländer sie erfolgreich erschlossen hatten. Doch auch auf Sachalin ist die Abwanderung
hoch. 1995 hatte ein Erdbeben die Stadt Neftegorsk zerstört und 2.000
Menschen getötet. Der Ölboom wird bestenfalls 9.000 Arbeitsplätze
schaffen. Für mehr als die Hälfte der noch verbliebenen 500.000 Einwohner Sachalins bleibt weiter nur ein Leben unter der Armutsschwelle.
Denn dank Gasprom fließen die Gewinne hauptsächlich an Begünstigte,
die ihren Wohnsitz in St. Petersburg und Moskau haben.

---

1 Tamara Troyakova: „The Political Situation
   in the Russian Far East", in: Michael J.
   Bradshaw (Hg.): The Russian Far East and
   Pacific Asia, Richmond 2001, S. 71.
2 Eindrucksvolle Erfahrungs- und Fluchtberichte
   sind: Josef Martin Bauer: Soweit die Füße

tragen, Reinbek 1975 (1955); und: Slawomir
Rawicz: Der lange Weg, Berlin 1999.
3 Siehe Anton Tschechows ebenso meisterliche
wie erschütternde Beschreibung: Die Reise
nach Sachalin, Hamburg 2001.

ABKÜRZUNGSVERZEICHNIS

APEC   Asia-Pacific Economic Cooperation
(Asiatisch-Pazifische Wirtschaftszusammenarbeit)
APSA   American Political Science Association
ASEAN   Association of Southeast Asian Nations
(Internationale Organisation südostasiatischer Staaten)
BDM   Block der Demokraten Moldawiens
BIP   Bruttoinlandsprodukt
BJuT   Blok Juliji Tymoschenko (Block Julia Timoschenko/Ukraine)
BTC   Pipeline Baku–Tbilisi–Ceyhan
CIA   Central Intelligence Agency
(Zentraler Nachrichtendienst/USA)
CSTO   Collective Security Treaty Organization
(Organisation des Vertrags über kollektive Sicherheit)
EBRD   Europäische Bank für Wiederaufbau und Entwicklung
EESU   Vereinigte Energiesysteme (Ukraine)
EU   Europäische Union
F. A. Z.   Frankfurter Allgemeine Zeitung
FAPSI   Föderale Agentur für Regierungsfernmeldewesen und
Information
FSB   Federalnaia Slushba Bezopasnosti
(Bundesagentur für Sicherheit der Russischen Föderation;
russischer Inlandsgeheimdienst)
GRU   Glavnoie Rasvedyvatelnoie Upravlenie (Hauptverwaltung
für Aufklärung [beim Generalstab der Streitkräfte der
Russischen Föderation]; russischer Militärnachrichtendienst)
GUAM   Sicherheitsallianz von vier Ländern (Georgien, Ukraine,
Aserbaidschan und Moldawien) der Gemeinschaft
Unabhängiger Staaten (GUS)
GUS   Gemeinschaft Unabhängiger Staaten
GUUAM   Sicherheitsallianz von fünf Ländern
(Georgien, Ukraine, Usbekistan, Aserbaidschan und
Moldawien) der Gemeinschaft Unabhängiger Staaten (GUS)
[GUUAM bis 2005, Austritt Usbekistans]
IBU   Islamische Befreiungsbewegung Usbekistans
IDEE   Osteuropäisches Demokratiezentrum
INF   Intermediate Range Nuclear Forces
(Nukleare Mittelstreckensysteme)
IRI   International Republican Institute
IWF   Internationaler Währungsfond

KGB	Komitee für Staatssicherheit
KNB	Nationales Sicherheitskomitee (kasachischer Geheimdienst)
KPdSU	Kommunistische Partei der Sowjetunion
KSE	Vertrag über konventionelle Streitkräfte in Europa
KSZE	Konferenz über Sicherheit und Zusammenarbeit in Europa
MAP	Membership Action Plan (Aktionsplan für die Mitgliedschaft [in der NATO])
NATO	North Atlantic Treaty Organization (Nordatlantische Verteidigungsgemeinschaft)
NDI	National Democratic Institute
NEP	Neue Ökonomische Politik
NKWD	Volkskommissariat für innere Angelegenheiten
NRO	Nichtregierungsorganisation
NTTM	Zentrum für wissenschaftlich-technisches Schöpfertum der Jugendstiftung für Jugendinitiative
NU	Nascha Ukraina (Unsere Ukraine)
ODKB	Organisation des Vertrages über kollektive Sicherheit
OMON	Otrjad Milizii Osobowo Nasnatschenija (Milizbrigade besonderer Bestimmung)
OSZE	Organisation für Sicherheit und Zusammenarbeit in Europa
PdR	Partei der Regionen (Ukraine)
SALT	Strategic Arms Limitations Talks (Verträge zur nuklearen Rüstungsbegrenzung)
SNB	(Usbekischer) Staatssicherheitsdienst
SOBR	Schnelle Spezialeingreiftruppe (Rußland)
SOZ	Schanghaier Organisation für Zusammenarbeit
SWR	Sluschba Wneschnej Raswedki (russischer Auslandsnachrichtendienst)
TACIS	Technical Assistance to the Commonwealth of Independent States (EU-Programm)
TNK	Tyumenskaya Neftyanaya Kompaniya (Tyumen Öl)
TRACECA	Transport Corridor Europe–Caucasus–Asia (EU-Programm)
UNIDO	Organisation der Vereinten Nationen für industrielle Entwicklung
UNO	United Nations Organization (Organisation der Vereinten Nationen)
UNOMiG	Die United Nations Observer Mission in Georgia (Beobachtermission der Vereinten Nationen in Georgien)
VN	Vereinte Nationen
WEU	Westeuropäische Union
WTO	World Trade Organisation (Welthandelsorganisation)
YAP	Neue Aserbaidschan-Partei

NAMENVERZEICHNIS
[in Auswahl]